THE SECRETS OF
ECONOMIC
INDICATORS

Hidden Clues to Future Economic Trends and Investment Opportunities (3rd Edition)

经济指标解读

洞悉未来经济发展趋势和投资机会

[美] 伯纳德·鲍莫尔 著 徐国兴 吴克伦 赵少平 译 （第3版）
（Bernard Baumohl） 吴汉洪 审校

人民邮电出版社
北 京

图书在版编目（CIP）数据

经济指标解读：洞悉未来经济发展趋势和投资机会：第3版 / （美）鲍莫尔（Baumohl, B.）著；徐国兴，吴克伦，赵少平译. -- 北京：人民邮电出版社，2014.10
ISBN 978-7-115-36890-4

Ⅰ. ①经… Ⅱ. ①鲍… ②徐… ③吴… ④赵… Ⅲ. ①经济指标－研究－美国 Ⅳ. ①F171.24

中国版本图书馆CIP数据核字(2014)第197379号

内 容 提 要

本书是由美国经济展望集团的首席全球经济学家伯纳德·鲍莫尔所著，旨在帮助投资者、战略家及政策制定者解读复杂的经济指标。本书在简单介绍了一些背景和行话之后，将五分之四的篇幅用在了对58个美国经济指标和14个国际经济指标的解读上，并用实时更新的数据、易于理解的图表从就业、消费、住房、国际贸易等角度综合地分析与预测未来经济的走势。尽管作者分析的大多为美国经济指标，但其分析方法却有着普遍适用的意义。本书将指导读者透过经济指标了解当下经济状况与趋势，帮助其更有效地做出经济决策，进而获取更多的投资利润。

本书尤其适合企业管理者、投资者、政策制定者、高校相关专业老师与学生以及研究机构的专业研究人员阅读。

- ◆ 著　　　　【美】伯纳德·鲍莫尔（Bernard Baumohl）
　　译　　　　徐国兴　吴克伦　赵少平
　　审　　校　吴汉洪
　　责任编辑　姜　珊
　　责任印制　杨林杰
- ◆ 人民邮电出版社出版发行　　北京市丰台区成寿寺路 11 号
　　邮编　100164　　电子邮件　315@ptpress.com.cn
　　网址　http://www.ptpress.com.cn
　　北京天宇星印刷厂印刷
- ◆ 开本：787×1092　1/16
　　印张：25　　　　　　　　　　2014 年 10 月第 1 版
　　字数：600 千字　　　　　　　2025 年 11 月北京第 39 次印刷
　　　　　著作权合同登记号　图字：01-2013-5579 号

定价：79.00 元
读者服务热线：**(010)81055656**　印装质量热线：**(010)81055316**
反盗版热线：**(010)81055315**

来自国内外各方的赞誉

王志伟

北京大学经济学教授

《经济指标解读（第 3 版）》这本书虽厚，但每一小节的设计都很简洁，而且非常实用。本书不同寻常的地方就在于，你可以坐在电脑前，在浏览相关数据的同时，将本书摊开，翻到相关章节，一步一步跟随作者的思路得出属于你自己的结论。

刘文忻

北京大学经济学教授

挖掘经济指标的真正价值，透视全球市场。《经济指标解读（第 3 版）》中详细透彻的指导对于研究经济的人来说非常重要，复杂的经济术语并没有降低本书的可读性，这可能也与作者《时代周刊》专栏记者的身份有关。读进去之后，你会发现它的参考价值远比想象中的大。

李东红

清华大学经济管理学院创新创业与战略系副主任、博导

毫无疑问，这是我读过的最有用、最基础的阐释经济指标作用的纸质读物。这绝不仅仅是一部学术著作，它从更深的层面帮我们揭示了经济指标如何在现实经济中发挥作用。鲍莫尔放大了经济的真实运作过程（每日、每周、每月），并解释了经济运作过程中所产生的数据如何分析、如何为我们所用。

杜子芳

中国人民大学统计学教授

相比第 2 版的出版日期，已经 5 年过去，全球经济形势也发生了巨大的变化，《经济指标解读（第 3 版）》也在鲍莫尔执着与严谨下更新了大量内容，删掉了过时的指标，增加了更能准确把握经济脉搏的新成员。他所做的只有一个目的，就是帮助我们更明智地做出决策。

郭杰

中国人民大学经济学教授

资本市场波动频繁，因为买家和卖家总是在依据最新的经济数据调整自己的价格预期。一些市场参与者一期要观察 50 多个经济指标才能得出自己的结论。这本书的确是一本如百科全书一样好用的经济指标指南，也许我们会在它的帮助下找到捷径。

郑超愚

**中国人民大学
经济学教授**

对于想要了解经济指标的人来说，《经济指标解读（第3版）》是一个巨大的资源库，它告诉你可以在哪里找到这些指标，它们是如何编制，它们为什么重要以及它们有什么问题。了解了这些，你才能更有效地破译每天如洪水般涌来的经济信息。

陈彦斌

**中国人民大学
经济学教授**

正如作者自己所说，经济指标的复杂让很多人望而却步，但他还是执着地研究了20多年，而且成果颇丰。我强烈建议那些关心自身财富的投资者使用本书，作者这20多年积累的宝贵经验极具参考价值。

石晓军

**中国人民大学
财政金融学院教授、
博导**

多维度、多层次、多视角的经济指标是考察经济运行真实状态的必要工具，《经济指标解读（第3版）》这本书提供了一个全景式的经济指标解读方法，是一本很好的案头参考手册。

尹伯成

**复旦大学经济
学教授**

《经济指标解读（第3版）》让经济指标变得简单而易于理解，如果你是一位嗅觉灵敏的投资者，那么你一定不会错过这本书，书中的丰富信息是让你守住财富与获得财富的重要工具。

王铁栋

**对外经济贸易
大学国际商学院副
院长、瑞士圣加仑大
学客座教授、美国斯
坦福大学富布赖特
访问学者**

夫兵形象水，兵无常势，水无常形，任何企业要想在市场中因势变化而取胜，都要正确预测自己所处的经济环境与即将面临的问题。鲍莫尔致力于向各位企业家、投资者、政策制定者解释原本枯燥复杂的经济指标其实是完全可以被掌控的有效工具。

邢春冰

**北京师范大学
经济与工商管理学
院教授、博导**

经济指标是我们认识经济生活、了解经济形势的关键数据，获取并读懂它们是经济学研究人员、政策制定者、投资者乃至公众的必修课。鲍莫尔的这本《经济指标解读（第3版）》既通俗易懂，又不失严谨。它所涉及的经济指标丰富全面，对于读者形成全球视野也大有助益。这是一本不可多得的参考书。

杨春学

中国社会科学院经济学教授

这是一本罕见的详细介绍经济指标的参考书，里面的细节让人不禁惊叹作者的工作量。书中有我们非常熟悉与常用的经济指标，也有一些指标是我们很少去关注的，但出乎意料的是，它们在预测某一行业某一时期经济形势上很准确。善于利用书中信息，也许会帮助我们改善企业与个人的资产状况。

王健

国家行政学院经济学教授

要知道，任何一家企业想在金融市场中如鱼得水，都要正确预测自己所处的经济环境与即将面临的问题。鲍莫尔致力于向各位投资者、政策制定者解释原本枯燥复杂的经济指标是怎样一种利器。

刘庆林

山东大学经济学院教授、博导

随着信息发布的逐步开放，经济指标已不在被束之高阁，它们已变成人人都可应用的一种资源。《经济指标解读（第3版）》将灰色的数据变成了有用的工具，对于学习与研究经济的人来说，这是一本不可多得的参考书。

贾颖

中国银行间市场交易商协会助理主任、中国金融学会金融统计研究专业委员会秘书长

《经济指标解读（第3版）》为社会公众全面把握经济数据、了解宏观经济提供了一把钥匙。该书全面系统地解答了经济指标从哪儿来、怎么算、如何用的问题，内容丰富、案例详实、深入浅出，是迄今我所见过的有关经济指标的最为实用的阐述。该书应该成为研究者和经济学爱好者案头的必读书。

宋首文

中国银行风险管理部主管

《经济指标解读（第3版）》这本书是解读经济指标的工具箱，是洞悉经济现象的显微镜，是穿行经济社会的导航仪。而对于初涉经济学领域的读者来说，它又是开启经济学大门的敲门砖。

赵民

正略集团董事长、正略咨询创始人

如果让我推荐一本实用的经济读物，我会毫不犹豫地推荐鲍莫尔的《经济指标解读（第3版）》一书。这本书透过大量的经济指标解读使读者了解当下的经济状况与趋势，实用性很强。

范国英

中国工商银行管理信息部资深经理

随着大数据时代的到来，各类经济数据已经充斥了经济社会的各个角落。对于我们来说，繁复枯燥的经济数据到底代表着什么？反映着什么？预示着什么？其口径算法又是怎样的？《经济指标解读（第 3 版）》用通俗易懂、生动有趣的语言阐述了经济指标的内在含义，揭示了其背后隐藏的秘密，对于新经济形态中的数据挖掘、统计分析、统计预测具有非常重要的参考价值和指导意义。

王苒

航天科工高新投资管理公司董事、总经理

《经济指标解读（第 3 版）》将孤立和枯燥的数字指标通过体系化的分析、系统化的解读以及相互交叉的对比，给予所有参与经济活动的个体和机构一个思路，使其能够根据自己的需要进行独立的经济分析和解读，令人受益匪浅。

刘向军

益民基金管理有限公司机构总监、国泓资产管理有限公司常务副总经理

《经济指标解读（第 3 版）》适合消费者、投资者、企业家、决策人等各种人群阅读和参考。该书采用生动贴切的实例来揭示经济现象和经济数据背后隐含的道理和逻辑，图文并茂，使阅读者有兴趣和耐心去翻阅和查看。在描述具体事例的同时，作者还增添了自己的亲身经历，使读者产生共鸣。在书中的结尾部分，作者列出了实际生活中投资者经常使用的网站信息，并与时俱进，增添了免费的手机应用程序列表，使投资者随时随地都能洞察周围的市场环境，增强他们的投资决策和判断能力。

梁浩

鹏华基金管理有限公司基金经理

《经济指标解读（第 3 版）》是一本学习宏观经济学、理解经济周期的必备参考书，也是从学习宏观经济学到理解宏观经济运行的一座桥梁。我们常常需要一套动态调整的指标体系来把脉宏观经济，此书提供了很好的框架和思路。

徐韶

华融国际信托有限责任公司高级项目经理

《经济指标解读（第 3 版）》一书以大众化的语言和通俗易懂的方式对经济发展所涵盖的各类指标进行了专业的分析与解读，读者可以从中找到对各行业发展趋势进行系统化分析的种种办法，这为实业投融资领域的工作提供了很多现实的帮助。相信这本书将是信托从业人员身边的良师益友。

程文卫

原渤海证券研究所所长

经济指标对于很多人来说也许是一种"沉闷""枯燥"的存在，但《经济指标解读（第3版）》却是一本生动有趣的教科书。根据鲍莫尔在书中所讲的方法，经济指标将不再是课本和冗长报告中的符号，它们会鲜活地呈现在我们的经济活动中，让一切皆有了合理的解读。

《华尔街日报》（ *The Wall Street Journal* ）

《经济指标解读（第3版）》货真价实，鲍莫尔奇迹般地让经济指标和经济数据开始呼吸，有了生命。

罗伯特·霍尔茨（ Robert Hormats ）

高盛（国际）前副董事长

鲍莫尔清晰生动地剖析了每一位投资者和企业经理都应该知道的经济指标：哪一个指标影响市场，如何解读，怎样通过这些指标发现并跟随经济趋势。《经济指标解读（第3版）》是一本出类拔萃、见解深刻的著作，请把它放在手边，遇到一大堆经济统计数据时拿出来参照一下。这样一来，你对经济指标的理解力就会提高，你的资产状况也肯定会得到改善。

大卫·怀斯（ David Wyss ）

标准普尔公司前首席经济学家

这是关于经济指标及其对金融市场重要性的最新指南。本书的内容涵盖了一些极少见诸报道、别处也很难找到的指标，尤其是一些非政府资源。《经济指标解读（第3版）》引用了大量已经发布的报表，这可以帮助投资新手从公共信息发布的渠道找到数据。这些数据与你相距不远，你可以从互联网上找到这些不难理解的数据。

艾伦·西奈（ Allen Sinai ）

Decision Economics 公司首席执行官、首席全球经济学家

伯纳德·鲍莫尔写了一本不可不读的教学参考书。这本书对于投资者观察和解读市场是不可或缺的工具。每天都在变化的大量经济指标是制造金融市场变化的题材，也可能预示着大趋势，从而形成或打断投资者的投资计划。最重要的是，伯纳德为《时代周刊》写经济专栏的长期经历足以使他有能力让"沉闷的科学"变得生动有趣。

休·约翰逊（Hugh Johnson）

Hugh Johnson Advisors 董事长, 首席投资官

伯纳德·鲍莫尔为揭示经济指标的奥秘做了一些非常有价值的工作。他透彻地解读了每天如洪水而来的金融和经济新闻。无论是从事职业投资还是偶尔涉足金融和经济领域，我们都应该感谢他所做的这一切。来自商业和金融领域那些一直让我们头晕目眩的新闻因《经济指标解读（第 3 版）》而变得很容易理解了。每一个商业人士或投资者在关注每天商业、股市以及每天发生的经济事件时手边都应该备一本鲍莫尔的书。经济指标一直让很多人迷惑不解，现在终于有人以非常简单明了的方式帮我们消除困惑，真是太好了。

杰拉尔德·斯内特（Gerald Celente）

The Trends Research Institute 创立者

如果你想做金融投资，《经济指标解读（第 3 版）》是你帮助你到达彼岸的重要工具。伯纳德·鲍莫尔神奇地让枯燥乏味的经济指标和统计数据充满生气。他熟悉题材，并且用自己的专业知识证明了这一点。

莫里斯·E. 拉斯科（Morris E. Lasky）

为市值 70 亿美元的酒店资产提供了管理和咨询服务, 同时还是 Lodging Conference 和 International Hotel Conference 的董事长

鲍莫尔具备把复杂题材变成可以轻松阅读的小说的天赋。就像《经济指标解读（第 3 版）》所描述的那样，如果我们有信心读懂经济指标，那么我们就有可能利用这些经济指标所蕴含的信息改善我们的私人资产，或者让我们的企业获得更多的利润。如果你关心你的财富的命运，那么向你推荐这本书。

哈利·多麦什（Harry Domash）

MSN Money and Publisher 专栏作家、Investing Newsletter 奖获得者

鲍莫尔的《经济指标解读（第 3 版）》引人入胜。除了那些众所周知的指标外，他还介绍了一些我从未听说过的指标。他精确地告诉我们每一个经济指标应到哪一个网站上去找，我非常欣赏这一点。急于了解经济走向的人需要阅读此书。这本书肯定会成为经典著作。

D. 奎恩·米尔斯（D. Quinn Mills）

哈佛商学院名誉教授

我认为《经济指标解读（第 3 版）》是一本优秀的著作。文笔流畅，读者面广，题材有趣而且非常重要，内容全面。应该好好阅读，发挥它的作用。

在当今的经济生活中，判断和认识经济形势及其未来的走向，是政府、企业和家庭进行相关经济决策的基础和前提。而对经济形势的分析和判断，离不开对经济指标的考察，这就是人们常说的"用事实说话"、"用数据说话"的道理。

虽然经济指标和经济数据是枯燥的，但它们确实包含揭示和反映经济运行状态的有用信息。因此，任何一个现实经济生活的决策者，如果顾及自己决策的收益和成本，就应该关注经济指标。

摆在读者面前的这本由经济展望集团（Economic Outlook Group）首席全球经济学家伯纳德·鲍莫尔编写的《经济指标解读：洞悉未来经济发展趋势和投资机会（第 3 版）》系统和清晰地介绍了最有影响的美国经济指标和其他一些国家的经济指标。本书具有如下特点。

其一，对所论述指标的介绍清晰、全面。本书不仅对所论述的指标作了清晰的介绍，包括这一指标为何重要、指标是怎么编制的、该指标对市场的影响等内容，而且还提供了该指标发布的网站（由于时间及其他一些因素，某些网站已登录不了）、发布的时间和间隔、发布者等信息。

其二，信息量大。本书不仅包括美国最有影响的经济指标，还包括其他一些国家的经济指标。更有用的是，本书还提供了记录美国和其他国家经济指标的相关网址。这对生活在网络时代的读者来说，无疑有一种"一切尽在掌控之中"的感觉。

本书既对关注经济形势和经济数据的投资者有参考价值，也对学习宏观经济学的在校学生益处颇深。

本书的翻译分工如下：由我主持全书的翻译工作。徐国兴翻译序言、第 1 章、第 2 章、第 3 章前半部分和第 5 章；吴克伦翻译第

3 章后半部分和第 4 章；赵少平翻译第 6 章。初稿完成后，由我负责全书的校译。在校译过程中，谢佩瑜、黄菁、杨佳韵、李恒轩和王淳给予了一定的帮助，在此向她们致谢。另外，我还要感谢编辑姜珊以及所有帮助本书顺利出版的朋友。

最后，由于我们的水平有限，翻译中的偏颇和错误在所难免，敬请读者批评指正。

吴汉洪

2014 年 6 月于中国人民大学明德楼

"你想写一本关于什么的书？经济指标？你怎么会有这种要命的想法？"

这是我把想法告诉《时代周刊》（*TIME*）的同事时所得到的第一反应。她本人也是金融记者，我自然期望得到她明智的忠告和支持。我们一边共进午餐，一边讨论这一话题。"我没听错吧？"她这样问道，显然不敢相信。我点点头，然后开始解释为什么这个念头会在我的脑中萦绕数月。我知道这个题目很难写，但我已经做好了接受挑战的准备。她耐心地听完我的解释，然后吐出了一连串的建议。

"咱们首先得现实一点儿。要实现你的计划，必须把这本关于经济指标的书写得煽情、尖锐，而且有趣。你可以收集一些关于消费者价格的耸人听闻的细节，给人们述说一些关于工业生产和产能利用的色情故事，多掺合一些关于耐用品订货量的笑话。然后，当你写到外贸和非农业生产率时要迸发出一种幽默感。另外……嗨，我说的这些你不做一下笔记吗？"

我刚进饭店时的胃口刹那间荡然无存。这并不是因为她拿我的想法开玩笑；恰恰相反，在她的讽刺挖苦的背后隐藏着应当真正引起我重视的信息。由于无法回避的行话和对单调乏味的统计数据的依赖，经济指标这个题材可能令人厌倦至极。从粗鲁的午餐遭遇中，我认识到写这本书所面临的最大挑战并不是识别和描述这个世界上最有影响的经济指标，而是怎样使整本书平易近人，甚至生动有趣。因此，我把本书的写作目标首先定位于向那些缺少研究重要经济统计数据经验的人伸出援助之手；同时打消了这样的观念：要弄懂这些指标，说明经济的什么问题，以及如何利用这些指标做出更好的投资和经营决策，就必须取得某个经济学学位，如 MBA（工商管理硕士）或 CPA（注册会计师）。

当然还有更广泛的问题。这本书要说些什么？为什么非经济学从业人员也要关心经济指标？一个普通人为什么也要了解有多少新住房正在建设？工厂在最近一个月生产的商品是多了还是少了？或者负责为公司采购原材料的经理们在增加订单还是减少订单？为什么要受这些问题的困扰呢？为什么不让专家们对乱七八糟的经济数字进行整理，再告诉我们这些数字的意义呢？

的确，大多数美国人都缺乏探求这些深奥数字的欲望。他们满足于对投资顾问洞察力的依赖，或是倾听电视上专家们对经济和金融市场谨慎而又喋喋不休的评论。除此之外，很少有人愿意做更深入的了解。然而，在遭遇两轮惊心动魄的冲击后，美国人的态度发生了极大的变化。

第一轮冲击发生于2000年，就在个人投资者和职业投资经理们疯狂地争抢与互联网有关的股票时，dot.com①泡沫却突然破灭了，而实际上，当时大部分互联网公司连一个子儿的盈利都没有。人们如同旅鼠般地排队疯抢，把技术和软件股权的价格推向了没有支撑的高位，导致了股市的崩盘和2万亿美元的损失。

第二轮冲击所带来的重创是历史性的，并造成了全球性的灾难。2008—2009年全球金融危机把美国经济和国际经济带入了深渊。这场大衰退源于对杠杆效应的贪恋，而人们认为房地产价格只会上升的错误判断使得形势进一步恶化。不计后果的借贷和对房地产的盲目追逐搅乱了经济秩序，而房地产市场的崩盘无疑导致了一场大萧条（第2章"新手指南：理解行话"的末尾简要地介绍了导致2008—2009年大萧条的原因）。

两轮冲击重创了很多美国人。投资者因为私人财富遭受数万亿美元的损失而感到痛苦和愤怒。不管是私人存款、进入401（k）计划②或养老金账户的钱，还是像住房这样的不动产，没有任何投资能够安然无恙地逃过厄运。人们的损失普遍达到了十分之一，对于美国人来说，这成了一种既让人痛苦又让人清醒的警钟，它告诉了人们自己有多少金融资产押在股票债券这类风险赌注上。

也许，人们从这次可怕的经历中发现的最让人头痛的事，就是那些完全独立的普通投资者，事实上已经让自己完全听命于所谓的"专家"的投资建议。而正是这些专家——资深的

---

① dot.com 指当时以网站炒作为运作方式的互联网产业，企业网站域名的常用后缀是".com"。——译者注

② 美国流行的养老金计划，名称源于《国税法》第401(k)节。由雇主和雇员各按照一定比例将钱存入401(k)账户，作为养老基金，政府则对该计划从税收政策上提供优惠。2000年，401(k)账户中的资金在股市上损失惨重。——译者注

证券经理和具有长期从业经验的市场观察员——在帮助客户保护财产、避免损失方面遗憾地失职了。更有甚者，投资者们发现投资所流向的一些公司，甚至是自己将千辛万苦赚来的钱托付于其手中的经纪公司也在对他们撒谎，这就不难理解投资者的愤怒了。

结果可想而知。经纪人拿不出有效的投资建议，大名鼎鼎的华尔街的各家公司炮制出的都是带有偏见的研究报告，公司丑闻接二连三地被披露出来，再加上形形色色的庞氏骗局，这一切都让美国人的幻想破灭了。越来越多的人不愿再受迷惑，他们决定冒着风险亲自进入投资领域。与其相信别人的直觉，他们倒不如更相信自己的。这些投资者的大胆基于这一事实：无论是在家还是在单位，无论是白天还是黑夜，他们都可以了解各种各样的信息资源。由于笔记本电脑、平板电脑、智能手机、袖珍 Wi-Fi 基站的大量普及，人们即使在遥远的海滩也可以一边享受日光浴一边浏览财经新闻。再有，现在美国人有了更多可供选择的投资工具，他们可以购买个股，也可以购买交易型开放式指数基金（ETF）。ETF 是一篮子美国或其他国家的股票，很像共同基金，所不同的是 ETF 可以随时买卖，而共同基金买卖起来则要麻烦得多。这几年 ETF 呈现出爆发式增长，因为它们在股票、债券、外汇、期货、商品投资方面给了投资者非常大的灵活性。经济指标和这些投资工具之间有什么联系呢？投资者——经理、企业家和普通职员——为什么要对这些报告给予特别关注呢？因为，它们是非常重要的晴雨表，可以告诉我们经济形势如何，更重要的是可以告诉我们未来会向什么方向发展。这些指标反映了最终影响企业收益、利率和通货膨胀的经济背景。它们会影响购买汽车和住房的融资成本、就业保障、我们的总体生活水平。企业领导者更有必要密切关注经济指标。了解经济状况能让 CEO 们在决定是否添置更多的设备、增加更多的存货、雇用更多的工人和筹集资金时对自己的决策更有信心。另外，对于参与全球市场竞争的公司来说，国际经济指标显得尤其重要，因为它们能够让企业管理者们对海外的商业机会做出评估。

但是你要从何处开始评价这些报告呢？公开的经济统计五花八门，让人眼花缭乱，全数跟踪它们肯定有损你的健康。每天、每周、每月、每季度都有新的经济数字，这些数字对美国正在发生什么经常做出相互矛盾的解释。另外，股票、债券、货币对经济指标的反应不一。一些经济新闻能引起金融市场的震荡，另外一些新闻根本没人理会。很多经济指标没有任何预测价值，有些经济指标则在预测未来 12 个月经济形势方面有着良好记录。

还有，不同的经济指标有不同的来源。美国政府从商务部经济分析局（Commerce Department Bureau of Economic Analysis）或联邦储备委员会（Federal Reserve Board）这样的机构提取大量数据。然而，还有大量的私营机构也会发布市场运行数据。其中最突出的当属美国经济咨商局（Conference Board），它以发布消费者信心指数和领先经济指数系列而闻名。另外，美国房地产经纪人协会（National Association of Realtors）每月报告现有住房销售情况，从事新职业介绍的再就业服务公司（Chanllenger，Gray and Christmas）会按月统计已经公布的公司员工解雇数量和招聘计划。请注意，这些数据资源都只是测度美国的经济活动。如果你再看看其他国家发布的多种多样的经济指标，你所获得的信息量之大简直会让你的脑袋发懵。

很明显，经济信息太多了，却并非全都有用。因此你有必要搞清楚：什么是你关注的焦点？一个投资者、一个 CEO，甚至一个经济学家会如何决定有哪些描述经济活动的数字是值得跟踪的？哪些指标能最全面地反映金融市场？哪些指标在预测经济走向方面最为显著？这些就是我试图在本书中回答的主要问题。

本书以一种我认为最符合读者旨趣的方式组织。第 1 章"揭开经济指标的面纱"，以一个围绕某种敏感的经济指标的发布最可能发生的场景开始。在禁令解除后，经济报告在世界各地的计算机屏幕上闪现，国际货币市场对最新消息作出的反应影响着每一个人的财富。

要把一本关于经济指标的书写得成功，不稍微借助一些基本的经济学概念是办不到的。在第 2 章"新手指南：理解行话"中，我尽可能深入浅出地介绍那些阅读经济指标时必不可少的关键性的术语和概念。这章最后的部分对导致灾难性的 2008—2009 年全球金融危机的原因进行了简短的探讨。

本书的精髓从第 3 章 "最具影响力的美国经济指标" 开始。这里对美国所有的主要经济指标做了评价，并设计了统一的范式来回答下述问题。

- 为什么这个指标重要？
- 这个经济指标是如何计算的？当然，并非所有人都想知道构造经济指标的精确细节。然而，通过理解这些经济指标的计算方法，我们可以更清楚它们的用途和缺陷。
- 关于未来，这个经济指标说了些什么？设计这一问题有两个目的：首先，为你演示怎样解读官方报告及相应的表格，并且特别强调了那些最有趣，最有用的数据点；其次，指导你如何从表格中发现有价值的线索，从而为你提供把握未来数月中经济走向的技巧。为了使这一任务变得容易，我复制了一些已经发布的实际数据，其中包含了本书涉及的大部分经济指标。实际上，本书所提到的所有经济数据都可以从互联网上免费得到。读者可以在相应的网址上浏览这些数据或是以 PDF 格式下载（请注意，提供本书所涉及的经济指标的网址已收于书中）。

- 债券、股票、货币对最新的经济报告是如何作出反应的？金融市场通常会对经济数据作出不同的反应。这主要取决于所发布的经济指标的特点，经济指标的时效，投资者对消息是否大惊小怪，还有，在同一时间是否还发生了其他经济事情。

第 4 章"国际经济指标：为什么它们如此重要"讨论了最具影响力的其他国家的经济指标。因为美国经济及其金融市场和世界其他地方密切相连，人们不应当忽视对其他国家经济活动的度量。如果其他国家的经济在增长，它们从美国制造商手中就会买得更多。反之，海外经济不景气对美国的许多大公司和雇员来说都是坏兆头。另外，对购买其他国家股票和债券感兴趣的美国投资者应当跟踪相应国家经济指标，弄清楚从这些国家和地区是否能得到有吸引力的回报。

从第 5 章"查询美国经济指标的最佳网站"可以看到时代巨变的证据。在不久以前，想获得当前和历史经济统计数据的人还不得不从某个专门加工数字的私人公司购买数据。你要的统计数据越多，需要付出的代价就越高。而现在，几乎所有数据都可以及时地从互联网上获取，而且是免费的！经济统计的民主化给每个人提供了下载、浏览和分析经济信息的机会，且不管你是经验丰富的专业人员还是周末投资者。在这一章中，我对那些我认为是最好的和最权威的发布经济数据的网站进行了编排。你还将发现一批手机应用资源，这样不管你在什么地方都不会错过最新的经济报告。再次声明，这里所列的所有网站都是免费的，尽管有些网站会要求用户注册。

第 6 章"查询国际经济指标的最佳网站"，收集了那些能让读者快速找到国际经济数据的网站。如果不做这一工作，读者自己搜索这些数据是十分困难的。然而有一点你必须记住：没有哪一个国家像美国这样收集和扩散这么多高质量的经济数据，其数据的全面和完整堪称世界典范。网上虽然有大量的国际经济数据，你在访问这些数据时却需要小心翼翼，因为在语言（很多网站不用英语）、数据范围、精确性、时效方面都可能遇到问题。我在这一章列出了我认为对获取国际经济数据来说是最好的、最全面的网站——而且这些网站都可以用英语访问！再说一遍，我列出的所有网站都是免费的，至少在我写这本书时是这样。

　　最后，在结束序言前，我要说的是不要把这本书看成是一本教科书，也不要将其当作经济方面的学术论著。我全部的目的就是帮助你更好地理解经济指标，这些经济指标为什么会有重要影响，它们能告诉我们多少关于未来的事情，以及人们应如何最充分地利用这些信息。如果本书在某种程度上达到了这些目的，那就足以抵消我正在为此努力时计算机突然出故障给我带来的所有怨愤和怒气了。

谈到经济指标，已故的工商管理学教授艾伦·莱文斯坦（Aaron Levenstein）的描述最精彩不过了："统计数据就像比基尼，它们所表现出来的当然不无意义，但是它们所掩盖的才至关重要。"

这个生动的比喻充分揭示了本书所面临的挑战。我从一开始就在心里设定了两个目标：第一个目标是能让读者轻松应对经济指标。这些经济指标为什么重要？到什么网站上去查找这些指标？这些经济晴雨表怎样改善投资者和企业领袖的决策程序？第二个目标则是发现这些经济指标和未来的联系。周度报告和月度报告让我们得以深入考察最新的消费者和企业支出、就业变化、通货膨胀和利率，读者要怎样在这些报告中搜寻蛛丝马迹？

实现上述两个目标是本书的主要使命。虽然宗旨明确如初，但是让一本讨论经济指标的著作始终保持内容清晰并造福于读者并不是一件轻松的工作。咱们就看看这几年发生的事吧。美国经济遭遇了自大萧条以来最严重的衰退，而在海外人们早把注意力投向了欧洲各国。该地区深陷主权债务危机，同时还要面对这片大陆以外的其他经济体的威胁。中国作为世界第二大经济体，也在承受着越来越多的痛苦，并让许多依赖中国市场的国家深感忧虑。同样令人尴尬的是很多长久以来为经济学家和投资者们坚信不疑的信条如今却正在被抛弃或怀疑。比如说，现在很多人质疑持有其他国家政府债券是否安全，把住房作为安全投资是否明智，甚至质疑美联储货币政策的效果。从本书第 2 版之后，方方面面发生了巨大的变化。

最近爆发的横跨北非、中东和部分亚洲地区的地缘政治动荡让事情变得更加复杂。石油供应中断，美国军事介入波斯湾，恐怖主义者获得大规模杀伤性武器，这些担忧越来越多地出现在人们关于经济前景的对话中。

第 3 版增加了哪些新内容

这些巨变让预测和决策都变得异常复杂。例如，美国的企业领袖们现在无论是招聘工人还是做资本投资项目都比以往更加小心谨慎了。面对全球动荡的金融和政治环境，如何既保护好自己的钱袋和客户的资金，又能获得合理回报，让投资者们大费脑筋。要确保在促进经济快速增长的同时不至于种下通货膨胀的恶果，或触发另一场痛苦的债务危机，华盛顿的决策者们要比以往更难找到两全之策。

在整个动荡过程中，经济指标的作用始终未变。这些指标就像光学系统中的关键透镜，成为我们透视经济运行和走向的重要工具。但是要保证透视的精准，就要不断地对系统进行调整。早期版本中提到过的一些指标已经被淘汰了，而另一些指标则通过修改计算方法更加贴近了预测值。最后，我在这一版中还介绍了几个非常有前途的新指标，我相信它们一定会引起读者的关注。指标选择遵循一个简单的准则，即是否能帮助企业经理、投资者、政策制定者了解经济形势。

另外，第 2 章介绍经济周期及其如何在经济上行和下行时影响商品、股票、债券价格的内容有了一些非常重要的变化。关于2008—2009 年全球金融危机的原因已经有了很多说法，而我在第 2 章以自己的视角讨论了这场灾难展开的过程。

第 3 章介绍了几个新指标。我们从美国就业市场这一热点话题开始，引入了职位空缺和劳工流动率报告（JOLT），这份根据招聘广告编制的网络出版物由美国经济咨商局发布，并经过了修改。然后是美联储发布的银行贷款周度报告，甚至还引进了拉斯维加斯博彩收入这种度量消费者信心的指数。其他新引进的指标主要关注全美运送货物的卡车和火车的忙碌程度。我还特别推出了一个非常有希望的新指标，即来自于谷歌群的谷歌搜索解析。

第 4 章关注国际经济，这部分内容有所扩充。很多指标经过了修改，同时我还特别强调了几个新的国际经济指标。第 5 章和第 6 章提到的网站我全部浏览过，以便确定网址有效，同时还加了一些新网站和新应用，比如一些手机应用，这样你在任何地方都可以监测经济新闻和经济指标。

你会发现新版的图表所参考的年份并不完全一致，这是因为对于那些内容本身没有实质性变化的图表，我选择不做重复性的劳动。只有那些经过政府部门或商业组织重构的图表，我才做更新。因此，你会发现有的表中年份是新的，而相邻表格的年份却是好几年前的。请记住，图表最重要的作用是让读者熟悉经济报告是如何表述数据的，读者从中获得的体验在他们去网上浏览最新发布的报告时会派上用场。

最后，有一件事我不得不提出来，期望得到读者的深切关注。由于华盛顿削减政府开支的压力越来越大，编制众多重要经济指标的机构（如劳动统计局、经济分析局、普查局）很有可能就处于财政削减之剑的正前方，而且这种危险越来越近。剥夺这些机构收集经济信息所需资源的任何行动都是莽撞的，而且最后注定会事与愿违。如果 CEO 们和投资者能够更准确地判断经济形势，其决策就能提高效率、减少失误，经济就更有可能步入更强劲、更持久的上升通道。相反，任何削减统计机构预算的企图都会冒破坏经济指标完整性的风险，并且会削弱经济指标的价值。假如真有此事发生，那么人人都是输家，消费者、投资者、企业经理，最后还有华盛顿的决策者，谁也跑不掉。与节约些许政府成本相比，获得全球最好的经济指标显然益处更多。我们现在只能寄希望于智慧之光普照大众，从而促使人们达成一个共识：详实、精确的经济指标对经济的正常运行和经济增长是必不可少的。

伯纳德·鲍莫尔
2012 年 5 月于
新泽西州普林斯顿

第 3 版增加与更新的内容

增加内容

◀ 2008 年到 2009 年的金融危机

◀ 职位空缺和劳工流动率

◀ 彭博消费者舒适度指数

◀ 谷歌搜索解析

◀ 拉斯维加斯博彩业收入

◀ 美国商业银行的资产和负债（美联储）

◀ 信贷经理指数

◀ 小企业经济趋势

◀ 卡斯货运指数

◀ 周度铁路货流量

◀ 建筑开支指数

◀ 标普凯斯–希勒住房价格指数

◀ 中国制造业采购经理指数

◀ 印度通货膨胀率

◀ 巴西 IBC–Br 经济活动指数

◀ 加拿大国际商品贸易、综合领先指标和毅
  伟采购经理指数

◀ 澳大利亚消费者物价、零售贸易和国际贸易

更新内容

（数据、表格以及观点论述更新的章节）

◀ 经济周期

◀ 就业形势报告

◀ 广告招聘指数

◀ 公司裁员和招聘公告

◀ 国内生产总值

◀ 领先经济指标指数

◀ 新屋销售额

◀ 里士满联邦储备银行：第五区的制造业活动

◀ 联邦公开市场委员会报告

◀ 实际收入

◀ OECD 综合领先指标

◀ 中国工业产值

目录

第1章

揭开经济指标的面纱

在大多数工作日，早晨天亮后不久，华盛顿市内都会有一种奇怪的仪式发生。24 名被挑选出来的男女手中握着报纸，急匆匆地走出家门，去度过他们这一天中实际上是被软禁的一段光阴。是的，软禁——如同被监禁一样。但确切地讲，他们每天被关的地方都不同。某个早晨可能是在一座废弃的政府大厦，第二天又可能是在一个高科技复合办公楼。如果不考虑位置，那么在所有这些地方所发生的事都是相同的：他们进入的是受到严格控制的、像监狱一样的场所，并被切断与外界的一切联系。

某个星期五早晨，就是这批人，爬过一串长长的楼梯，来到一个光滑的白石构造的大楼的侧门。大楼坐落在全国首都的心脏地段：C 街 3 条。全副武装的卫兵在门口对他们进行检查；从这一刻起，每一个人都必须一直佩戴着一个身份牌。客人们继续穿过一个大厅，沿着一个寂静狭窄的通道，最后在一扇上锁的厚重的木门前停下来。一名政府官员已在等候他们，他迅速打开门，于是众人就看见了一个褐色、L 形、长宽分别为 40 英尺和 20 英尺（12.192 米和 6.096 米）的没有窗户的房间。房间里空空荡荡，只有 24 把表面没有任何特别之处的铬黄色的椅子，沿着一溜狭窄的小书桌排开。一个数字时钟高高地挂在墙上，把时间分割为分分秒秒。现在是上午 7 点 30 分 15 秒，已经有 12 个人进入了"软禁室"，其他人将在 15 分钟内进入。所有进来的人都必须在一张专用的纸上签上自己的名字。

尽管表面上很严肃，房间里还是有一种平静的气氛，至少现在是这样。一些客人激动地谈论着昨天晚上电视转播的篮球赛。其他人或者是通过手机聊天，或者是在手机中查阅信息。一些人不和别人交流，只顾自己阅读晨报或是狼吞虎咽地吃着快餐小松饼，喝着咖啡。但是，房间里的每一个人都非常留意时间，一些人眼睛瞟数字时钟的次数过于频繁，外人很可能会把他们的动作看作是一种神经痉挛。

当时间接近上午 8 点时，大家的心态发生了明显变化。小声的谈话不知什么时候就停止了，取而代之的是启动笔记本电脑的嘈杂声。每个人都凝神注意着将要发生的事情。

刚好是上午 7 点 55 分，一名政府官员走了进来，摘下挂在墙上的电话，接通了海军天文台。那里既是美国副总统的大本营，也是超精密原子钟的所在处。她全神贯注地听了几秒钟，突然一声不响地挂上电话。紧接着，她将一把钥匙插进墙上的锁孔中，以把数字时钟调整得分秒不差。时钟调好后，这位官员转向大家，简短地宣布：

"请关掉你们的手机和其他通信设备，并把连接笔记本电脑的网络断开。"

在确定人人都已照办后，这名官员在房间中从这边走到那边，用眼睛检查了每一张书桌。这时，另外一名联邦雇员带着几份高度敏感的政府报告赶到。每份报告都面朝下放在空着的书桌上。

然后仪式开始了。

刚好上午 8 点整，通向"软禁室"的门咔嗒一声关上了。从这时起，里面所有的人都与外界隔绝了。不容许任何人离开，不容许任何电话或消息传入或传出这个房间。安全措施是严密的，一个卫兵站在门口，随时准备对想溜出去的人施加武力。

政府在保护什么秘密？是美国中央情报局要进行情报活动的秘密通报吗？是国会的调查员们聚在这里听取最新的恐怖袭击介绍吗？不，所有这些预防措施都是出于这样一个原因，政府将要公布数字：统计数字，更准确地说，是经济统计数字。房间里的客人都是经济方面的记者，代表着来自于世界各地的新闻机构。今天早晨，他们就在劳工部的保密新闻室外面工作。

为什么保密工作这么严格？因为几秒之后，这些新闻记者就将作为第一批人目睹这个国家最敏感的经济指标——关于这个国家就业形势的月报，它能够为人们确定美国经济是在增长还是面临着衰退提供最新的消息。有工作的美国人数在上一个月是增加了还是减少了？每小时的工资是提高了还是下降了？人们的工作时间是延长了还是缩短了？这些统计数字对于大部分美国人来说也许并不是特别惊心动魄，但它们能够而且确实在把全球的股票、债券和货币市场搅动到发狂的地步。对单个的投资者或职业的投资经理来说，就业报告中的信息可能意味着他们的证券是赚了还是赔了。这同时也解释了安全保密措施的必要。提前知道这些炙手可热的数字的人能够迅速赚取一大笔钱，因为他们知道了一些金融市场上其他人都不知道的事情。为了防止这种弊端，政府对这些指标，同时还对十几种其他的重要经济指标采取了如军事基地一般的保护措施。它同时也是对敏感经济新闻的扩散所采取的一种控制手段。

<u>8点0分0秒</u>　门一关上，记者们就扑上前去，抓起最新发布的就业形势文件，这些文件直到现在还面朝下趴在那儿。他们只有 30 分钟可以用来阅读、消化并撰写关于上个月劳动市场变化的稿件。这天早晨赶来的大部分记者都估计就业统计会带来悲观的经济信息：失业人员数量增加——一个意味着经济正在走弱的糟糕信号。至少，这是记者们早些时候咨询过的大部分预测专家的观点。

但在今天这个特别的早晨，就业报告打晕了每一个人。在"软禁室"里的人们惊愕地发现企业雇用的工人数量比任何人预期的都要多得多。另外，报告中的其他数字也提供了经济运行良好的进一步信号。工资在上涨，工厂加班时间在增加。不仅没有减速，最新的证据还表明经济实际上正在复苏。这是一个让人吃惊的消息，而世界上的其他人竟还懵然

不知。

在时钟还在默默地计算着时间时，忙着撰写新闻稿的记者们突然遇到了一些紧急问题。经济中到底发生了什么事？为什么这么多的"专家"毫无察觉？这对未来的通货膨胀和利率意味着什么？股票、债券、货币市场会对新闻作出什么反应？

尽管就业报告出乎意料，这些记者们也并非无备而来。作为日常工作，这些新闻记者在一两天之前就向民间的经济学家请教了各种假想的就业情势问题。如果就业市场变坏意味着什么？如果它实际上改善了又怎么样？现在记者们疯狂地翻阅着采访笔记，充实着他们的新闻稿。

8 点 28 分 0 秒　软禁室里的一个劳工部职员通知电视记者，他们现在可以在专人陪同下离开，去准备 8 点 30 分关于就业形势的实时报道。

至于房间里的其他新闻记者，只得到一句简单的通知："还剩下两分钟！"直到现在，大部分人都凑齐了他们的新闻初稿——标题，文章的第一句话，关键的数字，对经济的意义。剩下的事情只不过是在最后一分钟对数据进行核对，在文章的这儿或那儿对用词做一些调整。

8 点 29 分 0 秒　"还剩一分钟。你们可以接上网线——**但是不要发送！**"

此时此刻，气氛最紧张的地方还不是"软禁室"。在纽约、芝加哥、东京、香港、伦敦、巴黎、法兰克福，投资经理和交易者们正紧盯着电脑屏幕，焦急地等待着最重要的就业报告出炉。那是一个揪人心肺的时刻，因为关于就业形势的最新新闻在屏幕上一闪现，他们就要立即做出涉及数百亿美元的投资决策。为什么全世界都在关注美国的就业进展？原因之一是，国外的投资者拥有美国的股票、债券，其价值会随着就业报告的说法而升降。原因之二是，当前的国际经济是如此紧密地相互联系，以至于美国就业形势的强弱会直接影响其他国家的经济生活。如果美国的失业率攀升，消费者从德国购买的汽车数量，从法国购买的红酒的数量，从印度尼西亚购买的布匹数量都会随之减少。相反，就业率上涨则意味着家庭有更多的收入可以花在进口上，这就会刺激其他国家的经济。

8 点 29 分 30 秒　"还有 30 秒！"记者们的手指都悬在计算机的发送键上，准备向全世界发送最新的就业新闻。电台记者也准备好了提交实况新闻的准备。

8 点 29 分 50 秒　一位官员大声地倒数最后剩下的秒数：

"10……9……8……7……6……5……4……3……2……1！"

8 点 30 分 0 秒　"发送！"记者们同时按下键盘上的发送键。几秒后，包括彭博新闻社、美联社、路透社、美国广播公司有线商业电视公司以及日本的共同通讯社在内的电子新闻媒体就发布了他们的新闻稿。电视开始了实况新闻播报。美国广播公司有线商业电视公司、彭博电视公司、有线电视公司和微软全美广播公司等公司的电视台则进行了实况报道。一两秒钟之后，全球的计算机屏幕上都出现了最让人惊异的字眼："上个月的就业增长出人意料，失业率下降而非上升！"

再来看看"软禁室"里的新闻记者，充满紧张和压力的半小时过去了，他们重获自由，可以离开了。但是对于投资圈里的人来说，事情才刚刚开始。

在芝加哥期货交易所，美国财政部发行的公债债券和国库券正在这里交易，就业增长这一强劲的新闻引起了大混乱。债券交易者曾深信就业市场必将恶化，并把数百万的赌注压在了这一预期上。这些交易者已经抢在政府发布就业统计之前为客户买了债券，希望借此迅速赚取一大笔钱。他们考虑的策略是：如果就业人数下降，就会把消费支出拉下来，经济增长就会放慢，通货膨胀压力就会减轻，公债价格就会上涨，利率就会下降，因此就能保证这些交易者轻松获利。

策略无懈可击，但却压错了赌注。企业不仅没有解雇工人，反而扩大了劳动力队伍。经济没有放慢，却表现出引人注目的强劲势头，那些希望为顾客快捞一把的债券交易者现在却要赔钱了。由于就业的人多了，家庭收入增长，这将导致人们开销更大，借贷更多。现在的经济强劲引起了人们对未来通货膨胀的担忧，从而会提高利率。结果是：公债价格跳水，利率开始攀升。为了减少损失，芝加哥期货交易所里成百上千的交易者尖叫着，上蹿下跳，挥动着手势，拼命地要抛出手中价值正在缩水的债券。

股票交易者同样让新闻弄得头晕目眩，也立即开始行动。失业率下降意味着牛市经济。更多的消费支出可以解释成为更高的企业销售额和更丰厚的公司利润，从而会提高股票价格。然而，由于纽约证券交易所这个世界上最大的普通股交易场所在一小时后（上午 9 点 30 分）场内交易才能开盘，于是投资经理们迅速购进流行的 E-Mini 标普 500 股指期货合约，它实际上是芝加哥商品交易所经营的一种五个工作日连续 24 小时都可以通过电子撮合交易的金融产品。人们的行动快如闪电，指令执行只需 1/5 秒，比眨一下眼睛还快。在就业报告刚发布的 5 分钟内，人们总共交易了价值 30 亿美元的 E-Mini 合约，是在过去的十年中同一时间周期平均交易量的 10 倍。开市前交易者的热情是将要发生的事情的预兆。到那天中午，显示牌上的股票达到了当月的最高价。

与此同时，纽约商品交易所也突然动作起来。洞穴似的交易大厅内，商品专家也被就业报告弄得手足无措。现在他们疯狂地打着手势，喊着指令，买进石油和汽油合同，期望经济反弹会拉动未来的燃料需求。另外，所有的商业活动都加速了，工厂上班时间延长，用电量上升。商业和闲暇旅游也会热起来。航运也要消耗更多的燃油。积极的就业报告鼓励人们更多地购物和周末度假，这又会导致更多的汽油消耗。因此，劳工部刚刚发布就业新闻，汽油、供暖燃油和其他燃油的价格就飙升起来。

同时，在亚洲和欧洲货币市场，美国就业反弹的新闻使美元成了最有吸引力的货币。国外的投资者急于把他们的钱投放到国际市场中回报更多的地方。这天早晨，随着美国的利率和股票价格一起飙升，拥有美国证券是最佳选择。海外投资者开始增仓美国股票和债

6

THE 经济指标**解读**：洞悉未来经济发展趋势和投资机会（第 3 版）
SECRETS OF ECONOMIC INDICATORS: Hidden Clues to Future Economic Trends and Investment Opportunities

券，引起美元相对于其他货币的价格一路上扬。

再回到华盛顿，几小时前，一名劳工部派来的特使先向总统最高经济顾问呈交了一份装有就业统计报告的密封袋。白宫的官员们聚集在一块，讨论怎样把这份就业报告转化为政治收益。总统应当如何评价？这份就业形势报告是否意味着需要改变公共政策？怎样用它支持当局的经济计划？它对联邦预算有什么影响？

毫无疑问，对于这份至关重要的就业报告来说，最关键的评价机构还是美联储。那里的经济学家同样是在报告公之于众之前就已经知晓了其中的数据。他们开始推敲数据，寻找劳动市场中可能导致经济不稳的压力或失衡。美联储的专家们反复琢磨，失业率下降这么快，是否会抬高工资，最终造成通货膨胀压力。在他们研究就业统计时，美联储开始秘密但非正式地讨论是否需要改变利率政策。

对于投资者、公共政策制定者和记者来说，这都是一个忙乱的早晨。但是大多数美国人表现得如何呢？他们对就业报告中所描述的形势变化会作出什么反应？他们在上午 8 点 30 分会扔下一切事情，急忙抓过纸和笔，跑到最近的电视或收音机前，记着笔记，了解一个月前的经济有了哪些变化吗？这倒不一定。和世界金融市场上的疯狂举动形成鲜明对比，大部分家庭都过得很平常，送孩子上学，或是在超市的人群出现以前早点去购物。现实一点吧——公布的数据太遥远、太抽象了，激不起他们什么兴趣。但是，这不等于就业新闻影响不到他们；在某种程度上，就业报告公布后金融市场上的风吹草动会触动一个国家中的任何一个人，不管你是企业主，退休工人，家庭主妇，职员，房东还是房客，无一例外。所有人最终都会感受到那天早晨劳工部新闻办公室内传出的新闻的影响，而这种影响应该从利弊两个方面来看。

利益表现在什么地方呢？说得清楚点，就是就业增长对经济具有积极作用。美国人挣得越多，他们购买的商品和服务就越多。只要经济增长没有快到引发通货膨胀的危险，那么人人都会从就业上升中得到好处。再说，政府花在失业救济上的钱少了，也减轻了联邦预算的压力。现在再来谈谈坏的方面。你应该记得当政府公布就业出人意料地增长时，债券交易者吓得赶紧抛出国库券，这一举动迅速抬高了利率。由于信贷成本提高，银行和其他借贷者别无选择，只能提高住房抵押和汽车贷款的利率。甚至持有可变利率抵押的房东也不得不掏出更多的钱以弥补更高的月支出。还有更坏的消息，还记得纽约商品交易所的商品投资者是怎样作出反应把赌注压在石油和其他燃料价格攀升上的吗？那不久就会波及到零售部门，这意味着司机要付更多的钱购买天然气，房东要支付更多的钱购买供暖的燃料。乘飞机旅行也贵了，因为航空公司要提高收费来弥补飞行中消耗的更多的燃油成本。

现在再来看积极的后果。在外汇市场，作为对就业新闻的反应，美元弹升。美国的货币走强对于美国消费者是件好事，因为它降低了像其他国家生产的汽车、家用电器、香水这样的进口产品的价格。这反过来又迫使美国的企业降低价格；所有这一切都有利于抑制通货膨胀。美国人到国外去旅游时用 1 美元可以买到更多的东西。然而，要注意坚挺的美元的背面：如果你的工作依赖于向海外市场销售产品，那么你就有麻烦了。坚挺的美元让美国制造的产品在国外更贵，国外的购买者可能会到别处去寻找更实惠的交易。

美国经济指标

难以置信，单单一个统计数据就能引起这么多的连锁反应。如果你再加上每周、每月或每季度都要发布的 50 个以上的经济指标，你就会明白为什么股票、债券、货币市场总是处在永远不停的波动中了。其他影响较大、能搅动金融市场的经济指标有消费者价格、工业产值、零售额、新住房建设等。正因为这些指标能够轻而易举地改变投资价值，政府不得不采取特殊的程序控制敏感的经济消息的传播。

但情况并不总是这样。30 年前，在经济指标发布方面还没有任何政策。"软禁室" 只是一个用于监禁的术语，而不是指用于新闻发布的房间。这些有影响力的统计数据的宣传缺少严密有效的规则，从而产生了滥用统计的土壤。政治家们企图控制经济新闻的发布，以在选举上加分。当尼克松总统听说商业部将要公布设备开工率上升的数字时，就向其施加压力，让它把公布时间选定在政治效果最佳的时刻。在这些场合，如果经济数字是不利的，尼克松就会把报告先压下来，直到他确信不会引起太多注意时再公布。

甚至华尔街的公司也认识到只要放松对公布的监管，就能从经济数字上赚取大笔大笔的钱。一些经纪行走得更远，他们向记者进贡很多钱，换取的是记者在撰写新闻稿前就将经济新闻先透露给经纪行的交易者。任何一个人只要能先瞥一眼经济统计，就能知道应该交易什么股票或债券，也意味着他可以在几分钟之内赚取数百万。这种对经济指标明目张胆的操纵终于激怒了参议员威廉·普罗克斯迈（William Proxmire），他于 1970 年安排了国会听证会，质询这些报告是如何公布的。距那以后不到十年，政府制定了严谨的日程表，对经济数据如何分发做了严格规定。今天，几乎每一个关键的经济指标都是在严密封锁的条件下发布的，从而保证了公众获取这些敏感信息的公正性。实际上，人们已经听不到基于内部经济指标消息的交易了。

但上述举措并没有为我们解决最重要的问题——你如何破译这些指标关于经济的含义？还有，公布的关键指标中以周为统计周期的至少有 4 个，以月为统计周期的有 40 多个，以季度为统计周期的有 12 个。我们真的需要这么多数据吗？绝对需要。美国经济在世界上几乎是最强大的，也是最复杂的，没有任何一个单一指标可以勾勒出它的全貌，我们也不可能像连点游戏一样把几个指标简单组合起来就能揭示出未来走向。充其量，每一个指标只能在某一特定时刻为你提供关于一个特定经济部门状况的快照。在理想的情形下，把所有这些快照拼到一块，应当能够提供一个描绘经济如何运行、去往何处的清晰图象。然而，即使你花时间汲取每一个信息，监测指标的每一个符号，也休想发现一个水晶球似的公式，并指望靠它就能够单刀单枪地预测在以后几个月的消费支出、通货膨胀和利率。因此在处理经济指标方面应当注意几点。首先，它们通常不能协调一致地描绘经济图像。不同的指标可能会发出相互冲突的商情信号。一个指标表明经济正在好转，而另一个指标却可能指出经济在恶化。举个例子，政府可能报告失业率在下降，这通常是经济正在走强的信号。然而，一两天之后不同的就业调查可能显示出公司正在裁减工人的记录。现在你的面前呈现出两个截然不同的劳动就业情景见图 1-1，图 1-2，而且两个情景对应的时间也是相同的，你到底应该相信哪一个？

联邦政府和私营机构发布几十种经济周报、月报或季报。每种报告都是度量美国特定经济部门的晴雨表。跟踪这些指标，你可以了解经济的最新状况，并获得关于经济未来走向的宝贵启示。

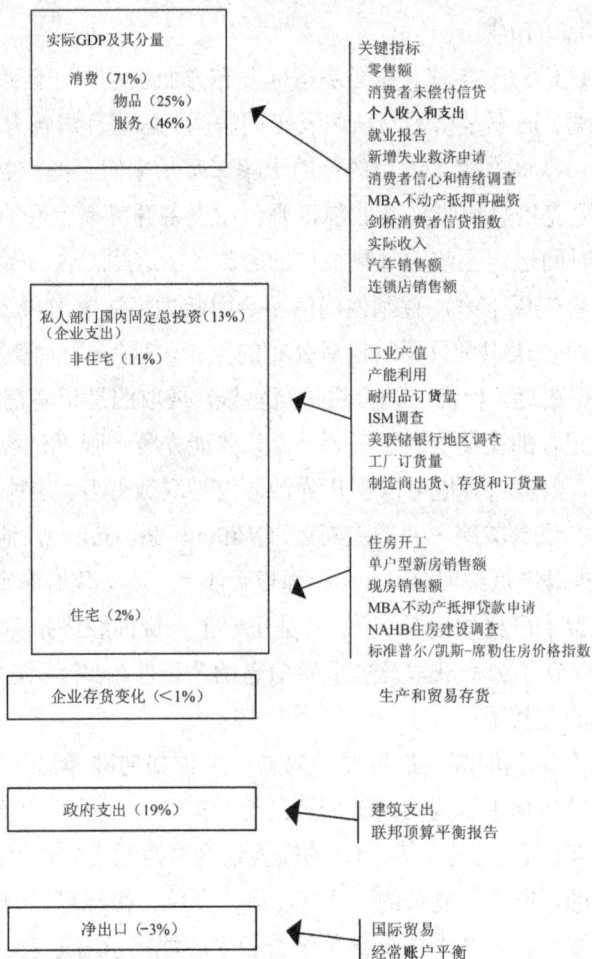

图 1-1　经济指标如何跟踪美国经济

注：百分比都是以 2011 年的经济数据计算出来的。

```
                                      消费者价格指数
                                      生产者价格指数
┌──────────────────────┐             雇佣成本指数
│        通货膨胀        │ ◀───────   非农业生产率
└──────────────────────┘             单位劳动成本
                                      进出口价格
                                      用于雇员补偿的雇主成本
                                      美联储褐皮书
```

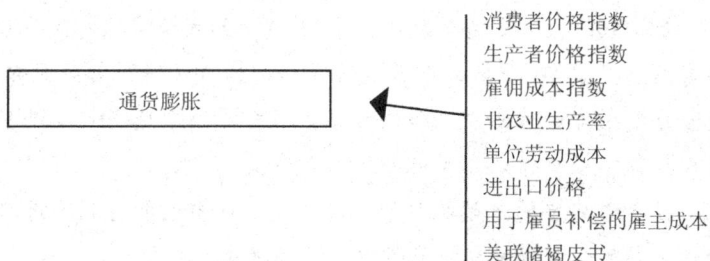

图1-2 价格压力信号

混乱到此还没有结束。另一个复杂的、特别让投资者和经济学家感到痛苦的问题是人们可能采取和直觉相反的行动。只要看看消费者信心和消费者支出这两份明显相关的报告就可以了。前者度量的是潜在消费者的一般心态，如果他们对经济感到乐观，那么你就有理由认为他们会花更多的钱。如果消费者普遍感到前景暗淡、琢磨不定，你会合乎逻辑地认为人们会控制开支，把钱存起来。但是现实世界并非如此，这两个指标每月的变化似乎并没有什么关联。在2001年温和的经济衰退中，消费者的信心指数一年之内一路下降，达到了十年的最低点。然而正是这些消费者不仅拒绝削减开支，反而破纪录地购买住房和汽车。2005年这种矛盾的现象再次出现，消费者信心指数上升时，并没有导致人们更多地购物。显然，不能仅凭对美国家庭心理状态的观察来判断消费支出的前景。支出倾向受多种因素的影响，包括个人收入增长率、就业保障、利率，以及由住房价值及所拥有的股票、债券所决定的财富结构。

另外，这里还有很多让人感到困惑的事。每一个人——从职业的投资经理到只是利用部分时间涉足金融市场的家庭妇女——都可能被烦琐的统计数据弄得头晕脑涨。怎么辨别哪些指标值得细察、哪些指标只需浏览一下甚至可以忽略呢？一个投资者怎样利用经济指标帮助自己选择在何时买卖什么股票和债券？一个景气预测者应当跟踪哪些数据以发现近期的经济走向？公司的老总们应当依赖哪些关键的经济指标以决定是否雇用新工人或投资新设备？

你可以在后续的章节中找到答案，但一些指标显然比其他指标更有说服力。一般来说，最有影响力的指标，即那些能够撼动股票、证券和货币市场的指标具有以下特性。

- **精确。**正如人们所知，某些经济指标比其他指标对经济的脉搏摸得更准。精确性与指标的编制有关。大部分经济指标基于公众调查结果。因此取得有代表性的大样本是精确性的先决条件。例如，为了测算消费品的价格变化，政府的劳动统计局每月都会派出代表，并通过电话访问调查全国26 000个商店80 000种商品。为了计算消费者信心指数，商业调查组织美国经济咨询局每月要对5 000户家庭进行民意调查。

  另一个变量是反馈回来的答案与被调查者的比例。他们反应有多快？反馈越快，数量越多，数据质量越高，以后修改就越少。如果一个经济指标老是修改，它对金融市场的重要性一般就不会太显著。毕竟，如果经济指标尚存疑虑，投资者怎么能贸然购买股票，公司又怎么能够贸然增加工人呢？由商业部公布的建筑投资指数月度报告因为修改太多而经常被投资界所忽略。比较之下，消费者价格通货膨胀数字很少修改，因此投资者对它更为关注。

- **指标的时效性。**投资者需要的是最及时的经济消息以便自己能够利用它们。数据越旧，读者哈欠越多；数据越新，它带给市场的冲击力就越大。例如，投资者非常关心就业形势报告，因为它在每个月结束后的一个星期就会发布；相反，人们对美联储的消费者分期付款信贷报告的兴趣就差得多，因为信息公布的时间经常会晚两个月。

- **所处经济周期的阶段。**人们有些时候对某些经济指标的公布翘首以待；然而，同样的经济指标在其他时间却很少引起注意。为什么这些经济数据会时而跃入、时而跳出人们的注意力范围呢？答案与处在经济周期的什么阶段有关（经济周期就是经济的循环模式，包括这样几个阶段，首先是增长，其次是疲软和衰退，最后是再次恢复增长。下一章我们会更详细地考察经济周期）。在衰退阶段，大量工人失业，生产能力闲置，人们较少关注通货膨胀。因此，消费者物价指数这种度量零售业物价膨胀水平的指标对金融市场不具有经济全速前进时的冲击力。在衰退阶段，能成为大号标题的指标是新住房开工率、汽车销售额以及主要股票指数，因为它们往往会最早提供经济将要复苏的信号。一旦经济活动活跃起来，像 CPI、工业产能利用率这些与通货膨胀有关的指标就走到了舞台中央，而其他指标则会向幕后退让一步。

- **预测能力。**最受人们密切关注的是经过实践证明能够成功预测经济转折点的指标。我们曾提到住房、汽车销售额以及股票指数如何具有这种特性。然而，另外一些没有名气的指标也可以反映经济活动变化的前奏。其中一个指标是耐用品预订量，订单数量增加将导致下个月更多的生产和更多的就业。大家都知道在经济曲线中领先的指标更受投资者重视。

- **兴趣程度。**一些指标比其他指标更能引起你的兴趣，这要看你是投资者、经济学家、生产厂商还是银行家。比方说，企业老总可能会盯着新住房销售额、现有住房销售额以及就业趋势这些数据，以确定美国人的购物积极性。通过监测这些统计数据，销售家具、室内用品、家用电器的公司可以决定是否扩大经营、增加存货投资或是关闭工厂。

那些从事预测业务的人想知道经济往后怎么走，因此把注意力集中在被称为"领先指标"的这类数据上。这类数据包括新增申请失业保险人数、ISM 采购经理报告以及收益曲线。金融市场的投资者也有他们青睐的指标；资产风险越大，他们观测的指标就越特别。那些从事股票交易的人关注的是能够预测消费者和企业开支变化的指标，因为它们会影响未来的企业收益和股票价格（见表1-1）。对债券交易者而言，最需要迫切关注的不是公司收益，而是通货膨胀和利率的前景。任何表示通货膨胀可能加速的证据都对债券有害（表1-2罗列了债券市场最感兴趣的经济指标）。游走于价值5万亿美元货币市场的人在经济新闻中搜寻驱动美元价格上升或下降的信息。比方说，指示美国经济走强的信号一般会诱使海外投资者向这个国家投资，尤其在其他主要国家的经济显得增长势头稍弱时更是如此。这会促使美元相对于其他货币升值（表1-3列出了最有可能影响美元的指标）。最后要说的是，我们在前面曾提到长期观察表明某些经济指标具有事先预测经济转折点的能力。这些前瞻性指标不同寻常的上下波动向投资者和企业管理者们传递着经济活动将要转向的信息。特别值得一提的是表1-4中列出的10个指标，因为历史证明它们在经济变化时能够成功地提前发出信号。但与其他表格不同，我在表1-4中没有对领先指标进行正式排序，因为没有哪个单独指标能够成为预知未来的水晶球。这张表真正的价值在于是否有两三个数字在向我们描述同样的经济走向。发出早期预警的指标数量越多，他们传递出来的信息就越可靠。

表1-1　股票市场最敏感的经济指标

排名	指标	页数
1	就业形势报告	28
2	ISM采购经理报告——制造业	150
3	周度失业救济申请	48
4	消费者物价指数	264
5	生产者物价指数	276
6	零售额	79
7	消费者信心指数和情绪调查	93
8	个人收入和支出	70
9	耐用品订货量预报	122
10	国内生产总值	106

表1-2　债券市场最敏感的经济指标

排名	指标	页数
1	就业形势报告	28
2	消费者物价指数	264
3	ISM采购经理报告——制造业	150
4	生产者物价指数	276
5	周度失业救济申请	48
6	零售额	79
7	新屋开工	170
8	个人收入和支出	70
9	工业产值和产能利用	140
10	国内生产总值	106

表 1-3　对美元价值影响最大的指标

排名	指标	页数
1	就业形势报告	28
2	国际贸易	229
3	国内生产总值	106
4	经常项目差额	242
5	工业产值和产能利用	140
6	ISM 采购经理报告——制造业	150
7	零售额	79
8	消费者物价指数	264
9	消费者信心指数和情绪调查	93
10	领先经济指标指数	164

表 1-4　其他重要的经济指标

指标	页数
收益曲线	304
耐用品新增订货量（减去运输和国防）	122
ISM 采购经理报告——新订单	157
生产者价格指数（粗制品不包括食品和能源）	276
个人收入和支出——耐用品实际购买额	70
建造许可证（独立屋）	170
周度抵押申请（用于购买住房）	195
住房市场指数（开发商样板房客流量）	192
周度失业救济申请	48
就业形势报告——临时工和货车司机招聘人数	28

国际经济指标

　　到目前为止，我们只讨论了美国的经济指标报告。现在我们来看看监测国际经济指标如何变得越来越重要。在 20 世纪的大部分时间里，美国人对其他国家的经济事务只是站在远处旁观，没多少人认为有认真对待的必要。美国毕竟拥有世界上最强大的独立经济，基本上不受其他国家经济周期波动的影响。就算德国、法国甚至是亚洲的各个新兴国家遭受经济下挫的打击，也很少会引起美国国内什么人的关注。

　　但是这种情况一去不复返了。21 世纪初发生的历史性变化之一就是新的强有力的表演者跃上了国际舞台。比方说，现在全球增长的主要驱动力不是来自于美国、欧元区各国、日本这些成熟的工业化国家，而是来自于亚洲、拉丁美洲的各个发展中国家。这些国家的介入让国际经济格局发生了根本性变化。尽管从规模和影响力来看，美国经济仍然首屈一指，但在其他方面却今非昔比了。举例来说，中国经济在 1995 年处于第七位，但是从那以后超速发展，2005 年超过了英国，2008 年超过了德国，2010 年超过了日本，成为世界第二大经济体。而巴西则击败加拿大和意大利，GDP 上升到了第七位。印度经济活跃，增幅巨大，其经济总量现在已经超过了荷兰、瑞士和奥地利三国的总和！这些惊人的变化是由贸易壁垒的减少、更大的贸易自由化、全球金融市场的现代化、通信技术的巨大进步、互联网、计算机技术以及软件等因素促成的。这些变化所带来的结果就是世界经济的重新洗牌。但是不管怎么说，现在全球经济比以往任何时候都更加密不可分了。

对于美国来说，这可谓意味深长。国内经济的健康表现越来越依赖于其他国家经济运行得如何。所以，别再幻想整个地球都在遭受金融和政治厄运，而你却能安然无恙了。当 OPEC[①] 在 20 世纪 70 年代的后半期决定大幅度提升石油价格时，美国人真的觉得痛了。事实上，美国由此爆发了通货膨胀，并最终引起了自大萧条以来美国历史上最严重的经济衰退。一些年后，投资者又再次在 1997 年的亚洲金融危机中遭受打击，道琼斯指数 10 月 27 日狂跌 550 点，因为投资者担心亚洲金融危机会伤害到美国经济和公司收益。再说，谁能想到经济实力只相当于伊利诺伊州和威斯康星州之和的俄罗斯的债券违约行为会被看成对世界金融市场的一个严重威胁，以至于美联储被迫制订全球救助计划以稳定全世界的投资者？最近的美国经济和金融市场似乎对国外发生的事件更为敏感了。2011 年上半年，对欧洲主权债务危机的担心以及对中东局势不稳与日俱增的忧虑不仅打击了美国股市，也把美国经济推到了衰退的边缘。

而通过销售额和利润，可以发现美国的企业也越来越依赖于国外的经济活动。还是让数字自己来说话吧。标准普尔 500 指数中的公司大约一半的收入来自境外业务。根据美国财政部的统计，超过 5 500 万的美国人就职于与外贸相关的企业。1/3 的工作岗位与出口有关，美国农场有 1/3 的土地用于种植满足海外需求的农作物。所以我们毫不奇怪为什么出口产业在最近十年中一直是美国经济中表现最优秀的部门。

所有这一切都说明了一个新的重要事实：由于世界上 95% 的消费者都居住在美国以外的其他地方，我们对其他国家经济指标的跟踪应该像对国内经济指标一样定期关注且谨慎对待。如果其他国家经济运转良好，美国的公司就处在一个比较有利的位置，可以在出口市场销售更多的产品，赚更多的钱，保证数百万人就业。通过密切监测国际经济指标，美国公司能够发现新的海外市场，决定是扩张还是关闭它们的海外机构。美国的投资者通过识别及购买能带来丰厚回报的其他国家股票和债券，可以更灵活地让投资组合多样化。

需要监测其他主要经济体的运行的另一个重要原因是，这样可以帮助我们了解外国投资者的心态。只要他们把美国看成一个安全有吸引力的投资场所，资本就会从外部源源不

---

① 石油输出国家组织（Organization of Petroleum Exporting Countries）——译者注

断地流向这个国家，这对美国经济非常重要。其他国家投资者在为美国经济增长提供融资方面扮演着不可替代的角色，他们通过购买股票、债券和其他美国资产平均每天向这个国家提供 20 亿美元的贷款。美国为什么要从其他国家借入巨款呢？因为消费者和联邦政府要花如此多的钱购买汽车、计算机、军事硬件、医疗（这里仅列出几项），以至于国内储蓄不会剩下什么了。而储蓄是维持经济生命健康的血液，它用来为有效率的投资融资，例如，建设有效率的工厂，为新的和更好的产品提供研究和开发资金。没有充足的储蓄，美国不可能表现出健康的长期增长。

为了弥补国内储蓄的短缺，美国就不得不吸引其他国家的剩余储蓄。另外，当海外资本都跑到美国来维持这里的经济繁荣的时候，由于要如此依赖海外债权人，严重的风险也接踵而来。从 20 世纪 90 年代以来，美国外债净额从 500 亿美元飙升至令人吃惊的 3 万亿美元，超过了世界上的其他国家。在这一过程中，外国人分享了美国资产的增长，他们拥有美国全部财政债券的 50%，美国公司债券的 25%，全部股票的 15%。假如这些投资者对美国的市场感到灰心——对这里投资回报的预期不如其他市场时——这种情况就可能引起海外投资者大量地抛售美国债券和股票。

由于上述原因，现在国际经济指标在投资和经营战略形成的过程中扮演着更为重要的角色。然而，每月和美国经济数据一起以书面形式发布的其他国家经济指标多达数百种。每天向投资者和企业抛出这么多的信息，人们怎么知道哪个统计是值得关注的呢？这个问题并不存在一个简单的答案。美国的公司和投资者在全球经济中着眼点不同，所面临的风险也不同。

本书通过三个因素来决定最有影响力的国际经济指标。第一个因素是，除美国外，经济上最强大的国家还有哪些？第二个因素是，这些国家的市场流动性怎么样？第三个因素是，美国最重要的贸易伙伴是谁？就贸易而言，我们现在在谈的是商品交换（如卡车、药品、计算机的销售）和服务交易（如保险、咨询、运输、娱乐）。服务部门特别重要，因为它包括了所有重要的资本流动项目。表 1-5 列出了"必须关注"的国际经济指标。

表 1-5 排名前 10 位的国际经济指标

指标	页数
德国工业产值	319
德国伊弗研究所经济景气调查	320
德国消费者物价指数	322
中国制造业采购经理报告	341
中国工业产值	346
欧元区制造业采购经理报告	339
日本短观指数	333
日本工业产值	327
印度工业产值	349
巴西工业产值	354

CHAPTER 2

第 2 章

新手指南：理解行话

每一个领域都有自己的行话，而行话就是人们理解该领域时必须熟悉的词汇和短语。经济指标也不例外，在我们讨论经济活动度量问题时，会经常碰到一些术语和公式。不用着急，经济指标的语言还是非常直截了当的，不过需要你给它机会。在很多场合，它们的意义会清楚、明白得让你吃惊。所以，从一些最重要的概念开始吧，你在阅读经济指标时会接触到它们。

年增长率

你以每小时 65 英里的速度沿着高速公路疾驶。你的目的地实际上是否在 65 英里之外并不重要。有意义的是速度计在告诉你：如果你以这个速度开足 1 个小时，你将行驶 65 英里。

术语"每小时英里"用来度量相对速度，讨论经济指标时也存在类似关系。比较经济增长有多快的一个常见方式是以年增长率的形式来度量经济活动的变化。比如，政府可能公布汽车上个月以每年 1 400 万辆的速度销售，但这并不意味着到上个月汽车生产商已经卖出了 1 400 万辆轿车和货车，它只是在说如果今后的 12 月中，每个月都能保持这个进度的话，会卖出多少辆。为什么要这么做呢？原因在于专家发现以年为基础来观察经济运行更容易。

把一个数字年度化的方法极其简单：要把一个按月的增长率转化成按年的，简单地乘以 12 就可以了。如果你手中有两个月的数据要年度化，就乘以 6。如果数据是按季度变化的——GDP 通常以季度形式发布，那就用这 3 个月的活动变化乘以 4。因此，只要你看见以年增长率发布的经济指标，它就是在告诉你如果这个速度维持满 12 个月将会发生什么。

经济周期

与人生相似，经济也有它的高低起伏。有时候经济增长强劲，随之而来的是家庭收入上升，消费者快乐地花钱，企业招聘扩张业务。然而，在某些阶段，经济看起来疲乏无力，人们几乎感觉不到它的增长。消费者购物少了，而新企业投资呢？即使有，也少得可怜。在最极端的情形下，经济实际上处于萎缩中，这就是衰退时发生的情况。然而假以时日，衰退就会让位于新一轮的经济活跃期。粗略地说，我们说的经济周期，就是指这种来回波动，从好的状况到坏的状况，再回到好的状况。

经济为什么会呈现出这样的周期性？为什么不存在稳定的、连续的、没有停顿的增长？毕竟，这样的增长会让每一个人都快乐。

经济注定要经历经济周期，其原因在于这就是它的特性。一个开放的经济实质上是成千上万每天都在做出决策的人的行为的反映。他们会买什么？他们能支出多少？到投资股票的时候了吗？公司的领导层会面临各种各样的问题。该雇用工人了吗？补充库存？再买下一家企业？

消费者和企业有时候会犯错，或者说他们的鲁莽行为可能引起连锁的经济后果。家庭借了这么多钱，还债遇到了麻烦。银行利润下滑，因为不良贷款上升了。零售商打错了算盘，因为消费者削减开支时，他们却在用新产品填满仓库。政府官员可能会犯政策错误，使经济增长陷入困境。如果错误严重到一定程度并扩散，就会导致经济滑坡，人员失业（这一章的末尾我对引起 2008—2009 年衰退的原因做了一个简单梳理）。

幸运的是，政府在振兴经济方面有几种工具可以运用，如降低利率、减税、加大联邦开支等。

经济周期本身有五个阶段（参见图 2-1）。第一阶段是指在遇到麻烦往下滑之前经济产出达到的最高点。顶峰过后是第二阶段，即衰退，这实际上是一个痛苦的经济萎缩过程。它侵蚀着家庭的财富，打击他们的信心，并给企业带来各种财务困难。这样的经济收缩可能持续 6 个月甚至几年。经济触底时就到了被称为衰退谷底的第三阶段。经济停止萎缩回到增长的轨道时，第四阶段即复苏阶段开始。最后，当经济活动水平（或产出）越过以前的高点时，经济周期到了第五个也就是最后一个阶段，这一阶段通常被称为扩张。

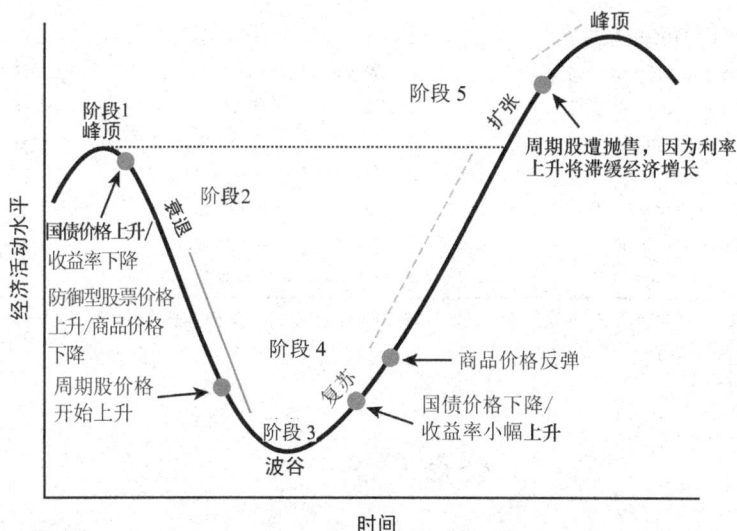

图 2-1 经济周期及其对金融市场的冲击

因为衰退是经济周期中的一个时间段，因此有必要对其下个定义。很多经济学家和新闻记者在看到两个紧挨着的季度 GDP 都出现负增长时，就宣布经济衰退了。这相当于连续 6 个月的经济收缩。然而，这只是一种粗糙的风向标式的判断，真正的任务应该是评估衰退什么时候开始什么时候结束。这项任务就留给了一些精选出来、为美国经济研究局（NBER）工作的专业经济学家。美国经济研究局位于马萨诸塞州，是一个非官方无党派背景的智囊团。这些经济学家通过评估几个关键经济指标，如就业增长、个人收入、工业产值以及 GDP 季度数据等，来判断经济是下滑还是上行。

根据 NBER 的说法，美国从 1854 年以来曾经有过 33 个经济周期，平均衰退延续时间为 16 个月。第二次世界大战后出现过 11 个完整的经济周期，平均衰退延续时间为 11 个月——这说明现代经济在遇到麻烦以前维持增长的时间更长了。但是这个趋势却在 21 世纪的第一个 10 年突然反向发展。正如你在表 2-1 中所看见的那样，2008—2009 年的衰退是 1945 年的第 12 次衰退，也是自大萧条以来延续时间最长、破坏力最强的一次衰退。关于最近经济为什么严重下滑，经济学家们一直争论不休。在本章末，我在这些经济学家们相互矛盾的观点中，又贡献了自己的一份简要分析。

表 2-1　美国历史上重大经济周期及经济衰退的发生时间

峰顶	波谷	经济收缩
（进入衰退期之前经济产出到达峰顶的时间）	（衰退最终结束、复苏开始的时间）	（衰退持续时间）
1 季度（2 月）—1945 年	4 季度（10 月）—1945 年	8 个月
4 季度（11 月）—1948 年	4 季度（10 月）—1949 年	11 个月
2 季度（7 月）—1953 年	2 季度（5 月）—1954 年	10 个月
3 季度（8 月）—1957 年	2 季度（4 月）—1958 年	8 个月
2 季度（4 月）—1960 年	1 季度（2 月）—1961 年	10 个月
4 季度（12 月）—1969 年	4 季度（11 月）—1970 年	11 个月
4 季度（11 月）—1973 年	1 季度（3 月）—1975 年	16 个月
1 季度（1 月）—1980 年	3 季度（7 月）—1980 年	6 个月
3 季度（7 月）—1981 年	4 季度（11 月）—1982 年	16 个月
3 季度（7 月）—1990 年	1 季度（3 月）—1991 年	8 个月
1 季度（3 月）—2001 年	4 季度（11 月）—2001 年	8 个月
4 季度（12 月）—2007 年	2 季度（6 月）—2009 年	18 个月

注：自 1945 年以来，美国经济共经历了 12 次衰退，平均持续时间为 11 个月，增长阶段平均持续 59 个月。2007—2009 年的衰退是自大衰退以来持续时间最长的一次衰退。

资料来源：美国经济研究局。

公众调查

你们都在准备外出散步休闲。天气预报说阳光明媚，气温宜人，所以你穿着短装就出门了，而把毛衣扔在了家里。10 分钟后，突然一场大暴雨来临，雷电交加，冷空气接踵而至。你迅速逃回来换衣服，并且不停地诅咒预报员们，他们怎么能犯这样的错误呢？

投资经理们也会碰到类似的情况，只不过他们的行动所依赖的不是天气预报，而是关于即将发布的经济指标的专家调查报告。如果经济新闻真的与预期一致，市场对新闻就不会起什么反应，因为投资者已经预见到它了。如果没出差错，那么这就说明预测人员可以掌握经济的趋势。然而，如果新闻与民间的专家们所做出的预测根本不是一回事，这些投资经理们就会立刻采取行动对投资做出调整。这些突然的举动可能就会成为动摇股票、债券、货币价值的潜在力量。为什么会有这些剧烈的市场反应呢？任何与预期的偏离都意味着经济正在发生一些专家们没有想到的事情。自然，这将产生关于当前和将来经济形势的新的不确定性。公众预期与现实的偏离越远，金融市场的反冲力就越大。

谁发布这些公众调查？这些调查是怎么做的？很多财经媒体，如彭博社、道琼斯、路透社、国际市场新闻等，他们的做法是针对即将发布的重要经济指标在经济学家之间进行抽样调查，再以此为基础编制公众调查报告。这些指标包括消费者物价指数、生产者物价指数、工业产值、零售额、产能利用，等等。采用的方法非常简单：以个别经济学家的反馈为基础进行平均，就形成了公众预测。

移动平均

根据一个月的数据就得出关于经济健康状况的结论很有诱惑力，但这不是明智之举。经济数字可能是错的、不精确的，至少可能是有误导性的，因为世间存在不可预测的事件，如大罢工、恶劣的气候条件，等等。这些情况会降低经济指标在短期内的可靠性，因此仅从一个月的数据外推信息时需要小心从事。

要想更真实地触摸到经济的潜在趋势，依靠经济数字的移动平均要好得多。简而言之，移动平均是计算连续变化的一种方法，它始终是对固定数目的最近月份数据的平均。其结果之一就是，一旦引进新的月份报告，平均数也会随之改变。举个例子，假定消费者价格在最近的一个月上涨了 1%，显然这样的上涨幅度足以亮起很多红灯。然而，在恐慌之前，更慎重的做法是观察一下过去的 3 个月或者 6 个月的移动平均。如果你想这么做，那么简单地把最后的 3 个月或者 6 个月的数据加到一起，再除以总月数就可以了。当一个月后邻近的一组通货膨胀数据公布时，在算式中加进新数据，并丢掉最旧的那个月的数据再重新计算移动平均；这样一来，你就总是在最近的 3 个月或者 6 个月的时间段上做平均。移动平均的实质就是用平滑取代随机波动，让长期趋势更加明显。移动平均的缺点在于它是一个滞后的指标，当经济的发展方向真的有了变化时，平均数的反应比较迟钝。

名义美元与实际美元

你可以从两个角度来看待以美元计算的价值。名义美元（又称为现值美元）代表一段时间内支出或赚得的实际货币数量。你会见到这样的报道，说美国工厂工人工资的总额最近 12 个月增加了 5 亿美元，或增加了 5%。也许你还会看到报道说 A 公司销售毛衣的收入从上一年度的 2 亿美元增长到了该年度的 2.2 亿美元，或上升了 10%。这些数字都是以名义美元为基础的。

然而，名义（或现值）美元只告诉了你事情的一部分，剩下的那一部分则告诉你通货膨胀如何扭曲了这些数字。让我们回到关于工厂工人收入的例子。他们可能看见自己的工资名义上上涨了 5%，但在庆祝之前，工人们应该先问个问题："如果在同一时期物品或服务价格（通货膨胀）上升了 4% 会怎么样？"在这种情况下，这些工人工资按实际（定值）美元计算就比感觉上的要少，只上升了 1%。换句话说，这些工人从工资中所获得的实际购买力的增长比 5% 要小得多。

我们现在来看看 A 公司。上面提到销售收入上升了 10%，然而那并不一定意味着多卖了 10% 的毛衣。实际上，这家企业两年中销售的毛衣数量一般多。它在第二年多赚钱的唯一原因是它把毛衣价格提高了 10%。因此，以实际（定值）美元度量的销售额增长实际上是零！

名义美元直接反映市场上被交易的物品和服务的当前价格。然而，实际美元告诉了你生产或销售的物品和服务的真实价值，因为它剥去了通货膨胀的效应。当经济学家和投资者想比较不同期间的经济表现时，他们同时采用两种尺度——名义的和实际的。他们用名义美元记录经济变化的规模，因为它表明了个人、企业和政府实际花费的数量。然而，要确定经济是否真的扩张了，是否生产了更多数量的产品，经济学家和投资者则要观察实际美元的数字了。

修订与基准

交易者和投资经理们总是渴求获取最新的经济信息。信息越新，其影响越大；投资者得到信息越早，其行动就越快。

于是问题来了。提供经济数据的政府机构和私人组织因为要求快出数据而承受着巨大压力，但这并非易事。针对具体的经济指标，统计人员每个星期乃至每个月，都要按照一个固定的工作日程表，查询相关领域的资源，收集原始反馈，组织数据，根据季节因素进行调整；也许还要针对通货膨胀重新计算，然后再在开头写上一些关于结果的评论，最后才能公之于众。这是一个忙碌的过程，有时为了如期公布数据，精确性和完备性就退居其次了。正因为如此，首次公布的很多经济指标都会包含一些远非可靠的数据，因而被认为是初步的。

当然，对于很多投资者来说，初始数据是否可靠差别不大。他们根据这些数字在各处交易，因为这些数据代表了能够得到的最新经济信息；尽管晚些时候随着收到信息的增加，或者在统计工作者有机会复查计算之后，初步的数据要经历一次或多次修订。即使投资者能看到对早期数据的修订，他们也不会启动太多新交易，因为与那时的信息相关联的时间早就过去了。投资者通常会把注意力放在未来，而不是过去。然而，经济学家对修订更为重视，因为新的数据会影响他们对未来经济活动的预测。

基准变化和每月修订不同。后者是不断进行的、旨在让统计结果更为准确的努力，这在收集数据的时间不充足时尤为必要。相比之下，基准变化一般一年左右才发生一次，只有在政府引进新的季节调整因素或决定正式改变方法时才会发生。为了比较历史数据，基准修正可能影响 5 年、10 年甚至更久以前的数据。

季节调整

发布之前，计算大多数经济指标时都需要反映季节调整。什么是季节调整？举例来回答这个问题最为简单。一年之中，消费者的购物活动在 9—10 月的休假期间要比其他时候更为活跃，人们对这一现象不足为奇。还有，圣诞购物季节一过，即 1 月和 2 月，零售额总会下降。消费行为中的这种季节性变化很平常。这些都是与经济周期毫无关系的临时变化。

再看另外一个例子。春天学校放假时，求职人数通常会急剧上升，因为学生要进入劳动市场为夏季学期挣钱。8 月中旬正好相反，学生离开劳动市场返校，就业人数就会下降。这种就业波动同样是正常的，并不意味着经济基本面发生了变化。甚至工业产值在 7 月也会下降，因为汽车厂商要调整生产线以便推出当年的新车型。任何人都不应该在看到这种工业产出下滑时就得出结论，认为制造业遇到了麻烦。所有这一切都是经济中会发生的正常的季节性变化。

你如何把季节性因素产生的变化和由于经济中更为严重的问题产生的变化区分开？这就需要做季节调整。经济专家通过回溯 5～10 年的经济数据来识别重复性趋势。这些趋势反映的变化与经济活动中更广义的经济周期没有任何联系，只能用短期的外部因素（如夏季、冬季、主要节假日）来解释。通过这样的观察，官员们会得到一个可以从经济数字中剔除季节性变化因素的公式。这使得私人部门的经济学家和投资者能够识别哪些经济事件是正常的，哪些是不同寻常的。

然而，季节调整远非无懈可击。即使考虑了季节调整，你手中也会有不正常的数据，而这些数据并不一定是经济的转折信号。暴风雪、洪水、恐怖主义、罢工和重要的破产事件都是难以预料的冲击。这些冲击会影响经济产出，而效应几乎都是短暂的。还有，这些突发事件很容易识别，因为紧随其后的就是经济活动严重偏离常轨。总体来说，季节调整很重要，因为它可以帮助我们把真正的偏离和正常的经济活动轨迹区别开来。

回顾了一些与经济指标有关的这些使用最广泛的术语后，我们就做好了进入下一章的准备。世界上最有影响力的经济指标有哪些，如何从这些统计中获取最多的信息？你到哪里去寻找它们？需要翻译吗？最重要的是，从哪里能发现揭示未来经济走向的线索？

2008年到2009年的金融危机

我们从2007年12月到2009年6月期间所发生的大衰退中，可以发现人类行为荒唐至极。欺骗、鲁莽、贪婪以及管制者的漫不经心，这些行为破坏了美国经济，导致了1 500多万人失业，16万亿美元的家庭财富灰飞烟灭，陷入贫困的美国人口史无前例地达到4 600万人，失去住房的人数突破历史纪录。你也许会问："一个现代化的、高科技的、信息充分的经济体怎么会发生这样的事情呢？"答案简单得让人吃惊：虽然美国经济有很多优秀表现，但是傲慢和愚蠢却盖过了一切。

经济史学家还会为这次衰退的真正原因长时间地争论下去，而我们现在不妨列出一个大致的事件序列，正是这些事件导致了半个世纪以来破坏性最大的衰退。

1. 很多年来，美国人一直无忧无虑地享受着购物狂欢，他们采购的东西远比美国生产的要多得多。这意味着美国需要不断进口更多的汽车、玩具、计算机、打印机、娱乐设施、服装和家用电器。事实证明支付没有任何问题，消费者从银行贷出钱来，再递上信用卡就行了。而其他国家也乐于借钱给美国，为美国人的消费融资，因为这样能维系这些国家的就业和经济增长。

2. 为美国消费加油的最主要国家是中国。通过外汇管制等措施，这个亚洲巨人得以让自身的出口价格低于大多数竞争者。其结果是：所有这些面向美国的销售为中国赚取了巨大的贸易顺差和大量的美元。中国央行再用这些美元购买美国国债。美元从中国大量流入美国促使利率下降，这让美联储非常懊恼，因为它乐于认为自己对信用成本有一定的控制能力。

3. 随着利率下降，美国人不愿意存钱了，他们大肆举债，匆忙购置房屋、汽车，其数量突破了历史纪录。而美国公司发现借钱的成本是这么诱人，他们也急不可耐地抓住机会，以更低的利率发行长期债券。

4. 但是也不是所有人都兴高采烈。那些依靠利息收入的人，比如独立投资人、保险公司、养老基金，由于回报率太低而越来越感到不安。低利率让借款人高兴，但是对于那些依靠固定收入达到某些金融目标的人却未必是好事。他们热切盼望着收益更高的投资。

5. 美国的金融机构察觉到赚取大笔酬金的机会，他们向那些沮丧的投资者伸以援手。投资银行开始不顾一切地吸收劣质的次级抵押贷款，因为这些抵押贷款能产生较高的利息回报。紧接着发生的事情真是让人目瞪口呆。这些以高风险抵押为基础的产品被转化成莫名其妙、难以理解的证券，而且通过了主要信用评级机构的评估，被这些信用机构归入 3A 类安全投资。3A 级认证为那些大的理财公司和机构投资者（不管是美国的还是其他国家的）开了绿灯，这些机构赶紧为自己和客户购进这些证券，尽管他们根本就不了解投资对象。

6. 由于公众对于这些神秘、高收益的证券的需求上升，银行连忙打包更多的产品。他们开始敦促抵押贷款的发起人加快向购房者提供贷款的节奏。发起人当然乐意配合，因为他们发放的贷款越多，获取的报酬也就越高。但是为借款人设立的标准就崩溃了。抵押贷款实际上可以发放给任何人，哪怕是一个信用历史已经被彻底毁坏的人。贷款申请经常在申请人的工作或收入还没有得到证明的情况下就被批准，甚至连买房子的人是否能支付首付也无关紧要了。简而言之，只要你会吹，你就有资格贷款。

7. 因为很容易获得抵押贷款，房地产市场空前火爆。住房价格升高进一步坚定了人们的信念，即房地产价格只能沿着一个方向变动：上升。

8. 由于信贷宽松，成本低廉，各种消费都膨胀起来。快乐的居民感受到了富有，因为股票和房地产都大幅升值了，似乎每个人都兴高采烈，但是一些理财经理和经济学家开始发声，警告人们危险的房地产和债券泡沫正在形成。

9. 随着美联储第一次提高利率，警告的声音进一步扩散。基准利率缓慢地（有人认为过于缓慢）从 2003 年的 1% 上升至 2006 年的 5.25%，其结果是可调整按揭利率的贷款成本更高了。由于债务负担更重，越来越多的家庭出现了资金问题。负担过重的美国人发现这么快资金状况就开始恶化，先是延期还款，然后干脆违约，最后完全拒绝还款义务，并放弃了他们的住房。结果是，投资者基于良好收益预期购买的数万亿美元的抵押贷款证券突然面目全非，他们的投资变得一文不值。

10. 评级机构的厄运也降临了。他们开始认识到用于评估抵押贷款债券的模型出现了可怕的失误。接下来的事情更是让人心烦意乱，在 2006—2007 年被评为 3A 级的抵押贷款证券有 90% 在一夜之间降级为垃圾类。

11. 堤坝溃口越来越大，投资者对评级机构、银行、抵押贷款发起人的信任崩溃了。几十万亿美元的地产价值和抵押贷款债券市值人间蒸发，美国人开始陷入金融恐慌。银行迅速关闭了贷款窗口，住房建筑商冻结了工程，消费者进入了冬眠期，经济上演了可怕的自由落体运动。

12. 住房和债券泡沫的破灭是如此猛烈，全球没有哪个角落能够幸免。始于美国的经济崩溃席卷了欧洲、亚洲和拉丁美洲各国。世界进入新世纪还不到 10 年，就被迫面对自大衰退以来破坏力最大的金融危机。这场集中发生于 2008—2009 年的大衰退在华盛顿采取了美国有史以来最积极的金融政策和财政政策后终于结束了。虽然从技术层面上来说，大衰退结束于 2009 年的夏季，但是其影响仍然在全世界回荡着。

CHAPTER 3

第3章

最具影响力的美国经济指标

就业

就业形势报告
Employment Situation

市场敏感度：非常高。

含义：最为人们热切期盼的经济信息。增加新的就业岗位了吗？最新的失业率是多少？具有重要的经济和政治意义。

发布新闻的互联网网址：http://stats.bls.gov/news.release/pdf/empsit.pdf

网址主页：www.bls.gov

发布时间：上午 8 点 30 分（美国东部时间）；一般在每月的第一个星期五宣布，数据覆盖刚结束的月份。

频率：每月一次。

来源：劳工部劳动统计局。

修订：修改可能非常大。每次公布的数据修订通常会回溯两个月。政府每年 6 月对企业（或工资册）调查做基准调整。家庭调查的基准变动较少，每 10 年左右调整一次。

为什么重要

这可是一个大家伙！没有哪个经济指标能像就业形势报告一样搅动股票和债券市场。为什么会这样呢？首先，就业形势报告（Employment Situation）非常及时，一般来说，所观察的那个月刚过去一周就会公布。其次，这份报告在就业市场和家庭收入方面内容丰富具体，这些信息可以用来预测未来的经济活动。最后，让我们面对现实——我们正在谈美国工人的福利。来源于就业的工资和薪水构成了家庭的主要收入来源。工人们挣的越多，他们就买的越多，推动经济前进的作用就越大。如果工作的人少了，那么支出会下降，企业就会遭殃。因为家庭开支占经济总量的 2/3 还多，所以你就该明白为什么投资界那么密切关注就业形势报告的原因了。

就业形势报告能如此抓住金融市场和决策者还有另一个原因：就业数字经常会出人意料。如果该月的其他信息非常少，专家们就很难预测失业人数。

就业形势报告的亮点当然是失业增长率，就是没有被雇用的社会劳动力的百分比。我们说的社会劳动力是什么意思呢？它的定义是所有 16 岁以上受雇用和未受雇用的人（军队、监狱、精神病院、疗养院里的人口除外）。经济学家根据两个不同资源度量就业市场在每个月的变化：其一是基于**家庭调查**，是由政府实施的对家庭的电话和信件访问；另一个是**机构（工资册）调查**，这项调查会直接向企业咨询最近的人员变动。把这两项加起来，就勾勒出关于劳动市场，而且从更广泛的意义上来说，是关于经济状况的概貌。

如何计算

家庭调查

被广泛报导的失业率来自于家庭调查。每个月，政府都要联系 6 万家庭，这个人群包括农业和非农业工人，个体经营者和从事家务的人员，甚至还有——不管你相信与否——那些长期往返于墨西哥和加拿大工作的美国居民（后者的关键是，这些美国人挣钱，并且向美国国税局交税，他们与美国的联系如此紧密以至于要在这儿花掉他们的一部分收入）。这里列出几个调查中会给出的问题：你上班吗？你做全职工作还是打零工？如果你在打零工，是不是因为你找不到合适的全职工作？如果你没有工作，那么你失业几周了？你找工作有多长时间了？最近 4 周内你尝试找工作了吗？

家庭的反馈率非常之高——大约 95% 的家庭会对这些调查作出反应。就 6 万家庭而言，意味着 5.7 万个家庭会反馈，3 000 个家庭没有回应。采访一般都在含有当月的第 12 天的那周或以后的周进行。根据收到的信息，相关部门会计算出社会劳动力的规模，以及其中有工作的人的数量。接下来就是一个简单的算式：用 16 岁以上没有工作的人数除以社会劳动力的总人数，瞧瞧！你得出失业率了。如果社会劳动力的规模是 1 亿，而其中的 500 万没有工作，那么全国的失业率就是 5%。

虽然甄别某人是否失业并不复杂，但是弄清劳动力应该包含哪些人还是稍微麻烦了一点。一般情况下，我们不计入军事人员，因为穿军装的人都有工作，那就是保卫国家。因此社会劳动力是对经济中可以获得的劳动资源进行量化的主要尺度。然而，接下来的定义有些含糊。在失业人员中，政府在劳动力中只计算了积极寻找工作的人。"积极寻找工作"是什么意思呢？简而言之，就是说一个人在最近的 4 周内通过具体行动去寻找工作。那些对就业前景感到悲观而没有去积极寻找工作的人虽然没有工作，但在计算劳动力时却被排除在外，因而他们在主要的失业率中得不到反映。（公平地说，就业形势报告中确实还单独发布了一份甚至包含了那些悲观工人的失业率，然而这个罕为人知的数字被埋在了厚达 35 页的文件中。你在下一节"表：关于经济未来走向的线索"中能准确地看到它在哪儿。）

家庭调查中的数据可能对任何从事人口统计学和营销研究的人都很有价值。它对那些有工作和没有工作的人群从年龄、性别、种族、学历、婚姻状况等方面进行了分类。不管是男性还是女性，高失业率通常都分布在 16～19 岁的人群中，然后依次为黑人、拉丁美洲或有着西班牙血统的人、白人。已婚男人总是失业率最低。另一个有趣的现象是失业和教育之间的联系。失业率最高的人群几乎总是那些连高中毕业证都没有拿到的人——然后，随着受教育程度的提高，失业率也会下降。失业率始终最低的是受教育程度不低于 4 年制大学的人群。

显然，你从数据中可以收集到大量的有用信息。然而，你也应当铭记在心的是家庭就业调查有一个非常严重的弱点——它的完整性完全取决于家庭成员的回答，因此并非永远准确。例如，有些人羞于承认自己失业，因此把自己的工作描述为"顾问"。

机构调查

很多人认为机构调查——经常被称为工资册调查——是比家庭调查更好的就业测算方法，因而吸引了全世界新闻界和投资经理的绝大部分注意力。它的特别之处在什么地方呢？它收集的就业市场信息直接来自于企业组织，而不是家庭。劳动统计局（BLS）跟 44 万家公司和政府单位保持着联系。这些实体雇用的工人在 50 万以上，大约占全部非农业人口的 1/3。信息渠道既有邮件也有电话，并按照与家庭调查相同的月中计划进行。尽管联系的地方这么多，在如期第一次公布就业人数时，只有 60%～70%及时反馈回来。开头反馈率低的原因在于那些小企业回答调查之慢是声名远扬的，但是最早雇用和解雇工人的总是他们。随着他们中有更多的成员做了回答，反馈率上升到 80%左右，这就形成了以后两个月相应调整的基础（顺便提一下，你在这个网址上可以查到具体月份的调查问卷回收率：www.bls.gov/ web/empsit/cesregrec.htm）。

机构调查涵盖了非农企业、非营利性的团体以及地方、州、联邦政府部门工资册上的所有人员，甚至旅行到美国工作的墨西哥、加拿大居民也被计入其中。最后一种在某些人看来也许荒唐。但是记住，所有机构调查要做的就是登记在美国的企业和政府部门中创造的或失去的工作数量，而不管填充这些岗位的是什么人。唯一被排除在机构调查之外的是农业工人、个体经营者和从事家务劳动的人。

机构调查之所以能受到经济学家和投资者的青睐，是因为它蕴藏着真正的数据金矿，反映了就业和收入的最新变化，这些信息能揭示美国经济这部机器的很多运行状况。为了让你感觉工资册数据的丰富，政府调查了 500 多个不同的工业部门。这个报告中最重要的统计数据之一是上个月形成或失去的岗位的净数量。工作周平均有多长？加班时间有多少？该月平均每小时和每周的收入是多少？和以前同期比较起来有什么变化？机构调查还对这些问题从地理位置、特殊的工业部门等方面做了分类，因此你可以迅速了解这个国家的哪些行业和地区运行良好，哪些行业和地区显现出消沉衰退的迹象。

现在就出现了一个有趣的问题。既然家庭和机构调查是基于不同的资源，那么两者在多大程度上对就业市场做出了一致的描述呢？在它们的说法偶尔相互冲突时人们不应当大惊小怪。举个例子，如果从家庭调查中得出的某个月失业率下降了，它就会给人这样一种印象，即经济状况正在改善，更多的人找到了工作。但是与此同时，机构调查可能报道这个月成千上万的人丢掉了工作。

为什么两种测算方法有时候会产生分歧呢？原因是每种方法都是从不同的侧面来探测就业市场的。家庭调查收集工作年龄段的个人数据，而机构调查却不为年龄操心。它只问企业雇用新工人了没有。其次，两种调查的指导方针不同。家庭抽查同时覆盖农业和非农业工人、个体经营者、从事家务劳动者。相反，机构调查覆盖的是更为狭窄的人口范围，只关注经济中的非农业工人，排除了其他工人。

两种调查的另一个关键区别是，机构调查报告对全日工作和非全日工作不作区分。记住，它的主要着眼点是创造了多少新岗位。如果一个人兼职两份工作，那么家庭调查只将其算作一个雇员，但机构调查视其为两份工作。因此，如果根据机构调查新创造了 100 个职位，那并不一定意味着有 100 个人找到了新职业，单独一个人可能拥有多份兼职工作。另一个关键区别体现在如何对待自我雇用的人上；这类人在家庭调查中被计入而在机构调查中却被忽略了。因此，你不难明白为什么两份报告可能相互冲突。然而，这并不能否认它们的有效性。每种调查都提供了另一种调查所不具备的经济信息。不管怎么说，从长远来看，家庭调查和机构调查所得出的结论是并行不悖的。

表：关于未来经济走向的线索

现在我们就来考察一下官方就业形势报告的主要内容，看看这份报告能为我们深入了解当前劳动市场的形势提供哪些新信息，以及这些信息对经济未来走向的意义。

- **表 A　家庭数据总览**

这一页把相关月份的就业形势报告浓缩为一些关键数据，表中的数字完全依赖于家庭反馈。读者值得花些时间来熟悉这张表的结构。

家庭数据
总览表A　经过季节调整的家庭数据（单位：千人）

分类	2011年2月	2011年12月	2012年1月	2012年2月	人口变化2012年1-2月
就业状态					
社会非机构人口	238 851	240 584	242 269	242 435	166
社会劳动力	153 302	153 887	154 395	154 871	476
参与率	64.2	64.0	63.7	63.9	—
就业人数	139 551	140 790	141 637	142 065	428
就业——人口比	58.4	58.5	58.5	58.6	0.1
失业人数	13 751	13 097	12 758	12 806	48
失业率	9.0	8.5	8.3	8.3	0.0
非劳动力	85 550	86 697	87 874	87 564	-310
失业率					
全部（16岁及以上）	9.0	8.5	8.3	8.3	0.0
成年男人（20岁及以上）	8.8	8.0	7.7	7.7	0.0
成年妇女（20岁及以上）	7.9	7.9	7.7	7.7	0.0
少年（16～19岁）	23.9	23.1	23.2	23.8	0.6
白人	8.0	7.5	7.4	7.3	-0.1
黑人或非洲裔美国人	15.4	15.8	13.6	14.1	0.5
亚裔（未经季节调整）	6.8	6.8	6.7	6.3	—
西班牙或拉美裔	11.6	11.0	10.5	10.7	0.2
全部（25岁及以上）	7.6	7.2	7.0	7.0	0.0
高中毕业以下	13.7	13.8	13.1	12.9	-0.2
高中毕业但未接受高等教育	9.5	8.7	8.4	8.3	-0.1
受过一定程度高等教育或获得副学士学位	7.8	7.7	7.2	7.3	0.1
学士学位以上	4.3	4.1	4.2	4.2	0.0

（1）这一部分从"社会非机构人口"开始。拜托，这样的经济学术语要不了几个就会让读者恹恹入睡，但是请再忍耐一会儿。试想用一个数字来最大范围地囊括美国潜在的可以获得的劳动参与人口。为什么说是"潜在的"呢？显而易见，在这个国家并不是每个人都可以被雇用。而"可以获得"是指年龄在16岁以上的人，但是又不包括军事人员，以及监狱、精神病院或其他机构设施中的人口，因为这些人事实上是不能有效参与工作的。因此，社会非机构人口实际上就是雇主理论上可以雇用的全部劳动大军。

在表A中你可以看到一个叫做"社会劳动力"的类别，乍一看这个概念和上一个概念好像完全一样，但其实不同。"社会劳动力"是指全部已经有了工作的人，再加上那些虽然未被雇用但是正在积极寻找工作的人。政府对修饰词"积极"的定义是在最近的4个星期内至少提交过一次就业申请。那些虽然未被雇用但是在最近4个星期内没有寻找工作的人不再被计入社会劳动力（虽然他们还是社会非机构人口的一部分）。换一种说法，社会劳动力就是有工作的人，再加上那些有能力且愿意工作，并通过每月的寻职表达自己意愿的人。

接下来是参与率（通常写成劳动参与率）。我们从这里对劳动市场又多了一重了解。这个数据告诉我们在全部符合"劳动年龄"的人口（也就是社会非机构人口）中，有多少实际上已经被雇用，或者有劳动能力并且已经做好了工作的准备（即社会劳动力）。

为什么要把参与率和上面的指标放在一块呢？我们做一个简单的说明。就一个国家而言，我们乐于看到尽可能多的人在上班，或者至少在努力寻找工作。我们不希望出现的局面是没有被雇用的人对经济灰心丧气而放弃寻找工作。这样的人群极有可能削减支出，从而阻碍经济增长，并且也不会对税收做出多少贡献。

在典型的经济周期中，经济强劲增长时劳动力参与率就会上升。之所以如此是因为当就业和报酬的前景好时，那些由于挫折而停止寻找工作的人又开始填写申请了。积极的行动表明他们重新进入了劳动市场。相反，参与率下降表明经济步履蹒跚。当就业形势严峻时，更多未被雇用的人会选择停止寻找工作，其结果是这些人被剔除出劳动力名单。他们也许会选择靠储蓄生活，旅游，重返学校学习新的技艺，或者进入地下经济，所有这一切都将降低劳动力参与率。

我们补充一些历史背景。自 20 世纪 60 年代起，更多的妇女加入就业市场，劳动力参与率随之上升，从开始的 59.1%跃升到 2000 年的 66.9%。但是从那以后发生的两次大衰退打击了就业市场，将劳动力参与率又拉回到 64%左右。

这一指标可以作为经济好转的一个敏感的领先指标，因为它覆盖了个体经营者和他们雇用的人数，而工资册调查未能做到这一点。在复苏阶段早期，个体经营者的数量和为小企业工作的人数比其他劳动市场增长更快。因此，当衰退接近尾声时，眼睛要盯住家庭就业人数，它可能会赶在工资册统计数据之前就开始爬升。

接下来是另一个值得关注的指标——就业率，它告诉我们在人口增长时，我们的经济能否产生足够的新岗位。就业率高或上升表明企业随着人口增加而扩大招聘。随着美国的工作人口增加，家庭收入也增加了，这将促进更多的消费支出及更强劲的经济增长。从另一个方面来看，就业率如果显著下降就会带来麻烦，因为这意味着当下的经济不足以产生充足的岗位来吸收不断增加的潜在劳动力。这既会伤害到失业者，也会伤害到有工作的人。归根结底，如果找工作的队伍膨胀，而招聘需求却没有跟着扩大，雇主就有了更多压低报酬的筹码。那么历史上就业率是如何变化的呢？总体来看，因为双职工家庭越来越多，这个数字自第二次世界大战以来越来越高。从 20 世纪 40 年代到 60 年代，该数字围绕 55%左右上下波动，70 年代上升到 60%，2000 年达到峰值，即 64.7%。但是在这么长的历史跨度内，就业率是随着经济周期上下起伏的。由于这种波动，我们才能够对经济变化的路径进行总结。举例来说，2008—2009 年的严重衰退让太多的人丢掉了工作，以至于就业率跌到 60%以下，并在这样的低位徘徊了好几年。通过密切监控这个数字的变化，我们能够更好地预测就业市场的变化和职工收入的增长，发现决定经济的潜在力量。

（2）从这儿你可以发现全部工人的最新月度失业率，还有对人群的分类。很多经济学家把失业率看作滞后的经济指标，意思是它比经济变化来得慢。他们由此得出结论说，不能指望据此对经济做出什么预测。然而，这不是事实。一般来说，失业率本身对预测经济复苏没有什么用处。失业人数在衰退结束后可以顽固地居高不下达 2 年之久，雇主不愿在工资册上加进新人除非他们确信经济真的步入了稳定的增长轨道。新就业数反弹缓慢的另一个原因是企业在提高运营效率方面付出了大量努力。这得益于计算设备的普及、更好的库存管理、生产过程中外部采购份额的增加，雇主即使不像以前那样召回美国工人也可以轻松地提高产量。

失业率之所以能够作为领先经济指标是因为它能够对即将来临的经济下滑发出警报。从 20 世纪 80 年代早期，由于应用了复杂的软件和电子网络，企业可以对商品和服务需求做出比过去更快捷的反应。经理们一旦发现商业活动疲软的信号，他们就会更迅速地控制成本。因为劳动力对于企业来说是一项最大的开销，在衰退开始前数月解聘就发生了。在 1990—1991 年的衰退中，失业率在商业活动掉头下行的一年前就开始上升。当 2001 年衰退开始时，失业率在 11 个月前就达到了最低点。在 2008—2009 年经济掉头向下之前也出现了类似的一幕，经济开始下滑的 7 个月之前失业率就开始攀升。因此说，这个指标可以用做早期预警系统，提醒人们经济可能遇到了麻烦。

关于失业率的最后一点——仅仅由于人口增长、学生毕业和移民，每月大概有 15 万人达到工作年龄段成为新的劳动力。这意味着美国经济光是为了不让失业率上升，平均每月都要创造不低于这个数量的岗位。大多数经济学家好像都同意，每月为了创造那么多的新职位，经济同一时期的年增长率必须保持在 3%～4%。倘若增长比这个步子慢，创造的就业少了，失业率就会升得更高。

- 表 B 企业数据总览

表 A 从家庭侧面反映就业形势，而本表是从企业侧面反映岗位创造的最新统计。

机构数据
总览表 B 经过季节调整的机构数据

分类	2011年2月	2011年12月	2012年1月中	2012年2月中
按产业分类的就业人数（跨度为1个月的变化，单位：千人）				
全部非农部门	220	223	284	227
全部私营部门	257	234	285	233
物品生产	73	62	83	24
采矿和伐木	3	8	10	6
建筑	33	26	21	-13
制造业	37	28	52	31
耐用品¹	29	30	42	31
汽车及零部件	2.6	7.4	7.7	5.6
非耐用品	8	-2	10	0
私营服务业¹	184	172	202	209
批发	12.8	14.7	14.5	8.4
零售	5.4	6.8	26.1	-7.4
运输和仓储	25.1	5.1	16.1	10.6
信息	-4	1	-20	-1
金融	3	5	-1	6
专业和商业服务¹	49	72	76	82
临时服务	13.8	18.7	32.1	45.2
教育和健康服务¹	29	33	37	71
医疗和社会救助	16.1	29.5	43.0	61.1
休闲和酒店	57	28	46	44
其他服务	5	6	7	-6
政府部门	-37	-11	-1	-6
女性、生产工人及非管理雇员占全部雇员的比例				
全部非农部门女性雇员	49.5	49.3	49.3	49.3
全部私营部门女性雇员	48.1	47.8	47.8	47.8
全部私营部门生产工人及非管理雇员	82.4	82.5	82.6	82.7
全部私营部门雇员的工作时数和收入				
每周平均工作时数	34.3	34.5	34.5	34.5
平均每小时收入	$22.88	$23.25	$23.28	$23.31
平均每周收入	$784.78	$802.13	$803.16	$804.20
每周工作总时数指数(2007=100)³	93.2	95.3	95.5	95.7
过去1个月的变化（%）	0.2	0.5	0.2	0.2
每周工资总收入指数(2007=100)⁴	101.7	105.6	106.0	106.4
过去1个月的变化（%）	0.3	0.6	0.4	0.4
全部私营部门生产工人及非管理雇员的工作时数和收入				
每周平均工作时数	33.6	33.7	33.7	33.8
平均每小时收入	$19.33	$19.59	$19.61	$19.64
平均每周收入	$649.49	$660.18	$660.86	$663.83
每周工作总时数指数(2002=100)³	100.4	102.4	102.7	103.3
过去1个月的变化	0.9	0.2	0.3	0.6
每周工资总收入指数(2002=100)⁴	129.6	134.1	134.6	135.6
过去1个月的变化	0.9	0.3	0.4	0.7

（3）想知道每一个月哪种经济统计最让股票和证券市场激动吗？是来自于机构调查的非农就业的月度变化。这一部分数据全部来自工资记录，为这个国家是否在创造新的就业岗位提供了最强有力的证据。很多分析人员根据净增加了多少新职位来评估经济的强弱。然而，你在下结论之前应当小心谨慎。非农业中新的就业变化包括了政府部门。要弄清楚私人经济部门正在发生什么，就得从全部非农业工资册中减去政府部门的贡献。下面解释一下这么做的重要性。比方说，机构调查表明，一个月中非农就业的净下降数量为 5 万名工人。这是经济遇到麻烦的信号吗？不一定。也许企业界非常兴旺，在这个月实际上净增加了 3 万个新岗位，但这让政府在同一时期解雇的 8 万个人给抵消了（30 000－80 000＝－50 000）。在这个例子中，企业界增加 3 万工人已经够棒了，却被政府就业的削减弄得黯然失色。因此，始终用眼睛观察联邦、州、地方政府是怎样影响总体非农就业的，这很重要。

（4）表 B 的底部是该月平均每小时或每周的收入。可以说，这些指标的价值是不言而喻的。如果工人收入上升，就预示着未来开支有个好前景。你在表 B-3（书中没有列出）中可以找到更详细的每小时和每周收入信息，这是按照挑选出来的产业分类的。收入增长揭示这些产业运转良好，对熟练工人的需求缺口正在扩大。

机构数据

表 B-2　按产业分类在私营非农企业上班的全部雇员每周工作时数和加班时间（已经过季节调整）

产业	2011 年 2 月	2011 年 12 月	2012 年 1 月 ᴾ	2012 年 2 月 ᴾ
平均每周工作时数				
全部私营部门	34.3	34.5	34.5	34.5
物品生产	39.8	40.2	40.4	40.5
采矿和伐木	44.1	44.7	45.3	45.1
建筑	37.7	38.4	38.6	38.9
制造业	40.5	40.7	40.9	41.0
耐用品	40.8	41.1	41.3	41.4
非耐用品	39.9	40.0	40.3	40.3
私营服务业	33.2	33.3	33.3	33.3
贸易、运输和公益事业	34.5	34.7	34.7	34.8
批发贸易	38.5	38.8	38.8	38.8
零售贸易	31.5	31.9	31.9	32.0
运输和仓储	38.8	38.3	38.3	38.1
公共设施	41.3	41.1	41.5	41.3
信息	36.6	36.6	36.7	36.7
金融	37.1	37.3	37.4	37.3
专业和商业服务	35.7	35.8	35.8	35.8
教育和健康服务	32.7	32.8	32.8	32.8
闲暇和酒店服务	25.9	26.1	26.1	26.1
其他服务	31.7	31.6	31.6	31.6
平均加班时数				
制造业	3.2	3.3	3.4	3.4
耐用品	3.2	3.3	3.4	3.4
非耐用品	3.3	3.2	3.4	3.3

注：ᴾ＝初始数据。

（5）工作时数变化是未来经济活动的另一个领先指标。要想预知经济的方向，那就得盯住每周平均工作时数的变化，它与总产出（GDP）密切相关，并随着个人收入的不同而变化。如果工作时数连续3个月保持增长，那就是企业加快招人的强烈信号。如果工作时数持续下降，那么就有可能看到裁员以及企业和消费者削减开支。制造业工作时数对社会产品需求的任何变化都非常敏感。当平均每周的生产时间低于40小时，表明经济正在挣扎；当经济在40.5小时以上时，意味着商业活动正在进入高速档。从最近的历史看，制造业的平均工作时数位于代表衰退水平的38.5小时到代表强劲的41小时之间。

在这张表中，你还能找到20多种行业类别的平均每周工作时数。这个信息可以针对特别的经济部门为投资者提供启示。比如，如果建筑工业的工作时数减少了，就可能引起新住房开工率的下降，导致建筑工人的高失业率，并伤害到其他把运气寄托在房屋建筑上的企业。确实，每一个考虑购买或出售住房建筑企业股票的人都应该关注这些经济指标。大建筑商发布季节性收入报告之前数月，这些指标就能反映这些企业的收入和利润的变化。

加班时数是另一个预示未来就业和GDP趋势的优秀指标。在经济不确定时期，企业与其雇用新工人，还不如让现有的雇员延长工作时间。如果加班时间增加了，并把这种增加的节奏维持至少3个月，企业就会面临再雇员工的压力。加班对于一家公司来说可能是代价昂贵的，再说，让我们正视这样一个现实，加班会消耗你现有员工的体力，降低他们的工作质量。因此，加班时间上升是长期雇用的前奏。每周制造业加班时间一般在一个狭小的范围内即在2.1～3.5小时波动。如果几个月都低于每周3小时，裁员数量可能增加。加班时间连续保持在3.3小时以上则预示着要聘用新员工。

提示：劳动统计局的在线数据库向所有人免费开放，那上面对每周平均工作时数和加班时间的产业分类更详细。网址是：www.bls.gov/data。

- 表A-8　按工人及非全日制工作状态分类的就业人数

（6）非全日制就业数据总可以告诉我们有趣的、却常被分析人员忽略的故事。如果难以找到全日制工作，很多人除了接受非全日制工作之外，没有太多选择。这张表显示了非农业部门中由于经济原因接受了非全日制工作的人数，这些人难以找到合适的全日制职位。这个数字有稳步增长趋势时说明经济还是衰弱，不足以提供能满足找工作的人所需要的那么多全日制岗位。如果被迫以非全日制的形式工作的人数下降了，就意味着全日制工作充足起来，从事非全日制工作的人也就有足够的勇气离开岗位。

家庭数据

表 A-8　按工人及非全日制工作状态分类的就业人数（单位：千人）

分类	未经过季节调整			经过季节调整					
	2011年2月	2012年1月	2012年2月	2011年2月	2011年10月	2011年11月	2011年12月	2012年1月	2012年2月
工人分类									
农业及相关产业	2 097	2 042	2 030	2 247	2 257	2 262	2 349	2 208	2 185
拿工资和薪水的工人	1 233	1 259	1 238	1 337	1 317	1 359	1 429	1 376	1 353
自我雇用工人，非法人机构的工人	849	765	767	901	864	849	874	800	814
不领工资的家庭工人	15	18	26	—	—	—	—	—	—
非农业产业	135 996	137 902	138 654	137 388	138 167	138 304	138 411	139 491	139 945
拿工资和薪水的工人	127 336	129 299	130 204	128 610	129 531	129 604	129 662	130 569	131 365
政府部门	20 985	20 519	20 772	20 874	20 516	20 434	20 616	20 583	20 617
私营产业	106 351	108 780	109 432	107 731	108 977	109 159	109 064	109 966	110 778
私人家庭	688	569	621						
其他产业	105 663	108 211	108 811	107 003	108 177	108 485	108 407	109 353	110 138
自我雇用的工人	8 573	8 491	8 343	8 666	8 553	8 628	8 587	8 769	8 477
不领工资的家庭工人	87	112	106						
非全日制工[2]									
全部产业									
由于经济原因做非全日制工作的人[3]	8 749	8 918	8 455	8 383	8 790	8 469	8 098	8 230	8 119
工作松弛或企业原因	6 051	6 025	5 790	5 661	5 839	5 578	5 305	5 372	5 446
只能找到非全日制工作	2 402	2 479	2 338	2 410	2 538	2 496	2 419	2 551	2 404
由于非经济原因做非全日制工作的人[4]	18 669	18 958	19 358	18 280	18 401	18 363	18 372	18 636	18 827
非农业									
由于经济原因做非全日制工作的人[3]	8 633	8 747	8 302	8 293	8 664	8 358	7 952	8 083	7 988
工作松弛或企业原因	5 974	5 922	5 694	5 595	5 762	5 502	5 199	5 278	5 356
只能找到非全日制工作	2 388	2 464	2 313	2 376	2 566	2 518	2 423	2 563	2 365
由于经济原因做非全日制工作的人	18 321	18 596	18 980	17 930	18 003	17 941	17 969	18 298	18 399

6 ▶

- **表 A-11　按失业原因分类的失业人数**

（7）有两个著名的关键指标。第一个是"非临时裁员"失业比例。它反映了经济下滑的严重程度。很多行业在商品和服务需求下降时会暂停某些业务，并解雇工人。一旦商业环境改善，那些被裁减的员工又会被召回。但也有些时候工人被解聘后再没有机会回来。一些企业干脆关门大吉；另一些企业则重新整合业务，或者把工厂搬到其他劳动力便宜的国家。企业并购也会导致失业，企业为了消除重复岗位，或者降低其他运营成本，而让一些员工丢掉了工作。经济形势好时，"非临时"失业可能下降到30%以下，但是如果经济下滑严重，这个比例可以高达50%以上，这正是我们在2008—2009年经济衰退时所看到的一幕。

家庭数据

表 A-11　按失业原因分类的失业人数（单位：千人）

分类	未经过季节调整			经过季节调整					
	2011年2月	2012年1月	2012年2月	2011年2月	2011年10月	2011年11月	2011年12月	2012年1月	2012年2月
失业人数									
失业者和临时工									
临时工	9 212	8 234	7 866	8 337	7 924	7 599	7 602	7 321	7 209
临时解雇	1 718	1 892	1 526	1 261	1 226	1 181	1 216	1 284	1 135
非临时解雇	7 495	6 342	6 340	7 076	6 699	6 418	6 386	6 037	6 075
永久性失业	6 005	4 948	4 923	5 687	5 308	5 033	5 089	4 807	4 755
临时工	1 489	1 395	1 416	1 389	1 391	1 385	1 296	1 230	1 320
离职者	888	957	1 032	904	1 048	1 005	953	939	1 031
重新进入劳动市场者	3 338	3 276	3 337	3 354	3 387	3 355	3 399	3 325	3 361
新进入劳动市场者	1 103	1 074	1 196	1 315	1 291	1 276	1 280	1 253	1 392
分布									
失业者和临时工									
临时工	63.4	60.8	58.6	59.9	58.0	57.4	57.4	57.0	55.5
临时解雇	11.8	14.0	11.4	9.1	9.0	8.9	9.2	10.0	8.7
非临时解雇	51.5	46.8	47.2	50.9	49.0	48.5	48.3	47.0	46.7
离职者	6.1	7.1	7.7	6.5	7.8	7.6	7.2	7.3	7.9
重新返回劳动市场者	23.0	24.2	24.8	24.1	24.8	25.3	25.7	25.9	25.9
新进入劳动市场者	7.6	7.9	8.9	9.5	9.4	9.6	9.7	9.8	10.7

7 ▶⌐

这张表中还有一个统计数字特别为美联储官员所看重，叫"退职率"。这个术语是前面表中提到的"离职"的专业术语。决策者对这个指标另眼相看是有原因的。在所有失业者中，"退职率"代表了自动离开岗位去寻找报酬更高的机会的人员的比例。这些人自愿退出岗位，虽然没有马上获得新职位，但是对快速找到报酬更丰厚的工作很有信心。这张表中所说的离职者在失业人员中的比重通常在10%～15%波动。当退职率下降时，表明没有多少工人希望离开岗位，因为他们看到就业市场正在恶化。如果退职率升高，表明经济能够产生充足的新岗位，工人更乐于放弃现有岗位去寻找更好的工作。

- 表A-12 按失业持续时间分类的失业人数

（8）在表A-12中还可以找到另一个非常好的经济活动晴雨表，它不仅能反映出失业人口的规模，还能反映出他们失业多长时间了。表中的失业时间范围从少于5周到27周或更长。如果5周以内失去工作的人数增加，就说明企业正在大规模解聘工人。失业期限的另一端即失业27周以上同样值得注意，因为到那时所有的失业保险赔偿都过期了，这意味着所有的社会问题都将接踵而至。例如，更多的犯罪、更多的人无家可归、公共福利计划需要更大的开支，等等（为了避免这样的社会问题，国会可能会同意延长失业救济）。失业期由长变短是最糟糕的经济麻烦已经过去、复苏即将来临的征兆。

家庭数据

表A-12 按失业持续时间分类的失业人数（单位：千人）

时间	未经过季节调整			经过季节调整					
	2011年2月	2012年1月	2012年2月	2011年2月	2011年10月	2011年11月	2011年12月	2012年1月	2012年2月
失业人数									
少于5周	2 263	2 923	2 366	2 408	2 676	2 510	2 669	2 486	2 541
5～14周	3 801	3 106	3 454	3 080	3 285	2 896	2 858	2 884	2 807
15周以上	8 478	7 512	7 609	8 208	7 869	7 766	7 628	7 498	7 397
15～26周	2 420	1 915	2 199	2 195	2 029	2 087	2 039	1 980	1 971
27周以上	6 058	5 597	5 411	6 014	5 839	5 680	5 588	5 518	5 426
持续时间平均数（以周计）	36.7	38.2	39.1	37.4	39.2	40.9	40.8	40.1	40.0
持续时间中位数（以周计）	20.6	19.2	19.3	21.1	20.8	21.5	21.0	21.1	20.3
分布									
少于5周	15.6	21.6	17.6	17.6	19.4	19.1	20.3	19.3	19.9
5～14周	26.1	22.9	25.7	22.5	23.8	22.0	21.7	22.4	22.0
15周以上	58.3	55.5	56.7	59.9	56.9	59.0	58.0	58.3	58.0
15～26周	16.6	14.1	16.4	16.0	14.7	15.8	15.5	15.4	15.5
27周以上	41.7	41.3	40.3	43.9	42.2	43.1	42.5	42.9	42.6

8▶

这张表中有一个指标在预测经济转折点方面非常有用，这就是失业"超过15周"的人数。这个指标总是在官方公布的经济数据变暖之前就开始上升，从未有过例外。它通常比经济衰退提前10个月触底。在2008—2009年大衰退时，经济下滑之前的整整一年中，这个指标都在向上爬升。

旁边是另一个统计线索：无业时间的平均长度。20世纪90年代繁荣期间，仅为

13 周；而一场经济衰退可以把这段闲暇时光延长到 40 周以上。

- 表 A-15　劳动力未充分利用的其他度量指标

家庭数据
表 A-15　劳动力未充分利用的其他度量指标（%）

	未经过季节调整			经过季节调整					
	2011 年 2 月	2012 年 1 月	2012 年 2 月	2011 年 2 月	2011 年 10 月	2011 年 11 月	2011 年 12 月	2012 年 1 月	2012 年 2 月
U-1　15 周以上未被雇用的劳动力与社会劳动力之比	5.6	4.9	4.9	5.4	5.1	5.0	5.0	4.9	4.8
U-2　丢掉工作的人和临时工与社会劳动力之比	6.0	5.4	5.1	5.4	5.1	4.9	4.9	4.7	4.7
U-3　全部失业人数与社会劳动力之比（官方失业率）	9.5	8.8	8.7	9.0	8.9	8.7	8.5	8.3	8.3
U-4　全部失业人数加上对找工作绝望的人数之和与社会劳动力加上对找工作绝望的人数之和之比	10.1	9.4	9.3	9.6	9.5	9.3	9.1	8.9	8.9
U-5　全部失业人数加上对找工作绝望的人数再加上其他边缘劳动力人数与社会劳动力加边缘劳动力人数之和之比	11.1	10.5	10.2	10.6	10.4	10.2	10.0	9.9	9.8
U-6　全部失业人数加上边缘劳动力人数加上由于经济原因做临时工的人数与社会劳动力加上全部边缘劳动力人数之和之比	16.7	16.2	15.6	15.9	16.0	15.6	15.2	15.1	14.9

注：边缘劳动力是指那些虽然当前既没有工作也没有寻找工作、但是愿意而且可以工作、同时在过去的 12 个月中曾经找过工作的人。对找工作绝望的人是边缘劳动力的一个子集，就是由于劳动力市场的原因当前没有找工作的人。由于经济原因而从事非全日制工作的是指那些愿意而且能够从事全日制工作却不得不接受非全日制工作安排的人。

（9）失业率作为反映就业状况的主要指标在新闻媒体中出尽风头。但是正如前面说过的，它没有包括那些没有工作却又没有勇气继续寻找工作的人，也未能考虑到一些人失去原来的全日制工作后就一直不情愿地做着非全日制工作只挣很少几个美元。然而，这个表重新计算了失业率，考虑了这些另类（参见 U-5 和 U-6），由此得出的结果可能会让人大吃一惊。当你把其他没勇气找工作的人考虑进算式时，广义的失业率可以比标题中的普通失业率高出 7 个百分点。

- ## 表 B-1　非农产业和部分细分产业工资册就业人数

机构数据

表 B-1　非农产业和部分细分产业工资册就业人数（单位：千人）

产业	未经过季节调整			经过季节调整				变化：2012年1月至2012年2月
	2011年2月	2011年12月	2012年1月P	2012年2月P	2011年2月	2011年12月	2012年1月P	2012年2月P	
行政管理和废物处理服务—待续								
行政管理和支持服务[1]	6 966.6	7 533.7	7 159.7	7 220.3	7 284.4	7 477.0	7 523.1	7 571.5	48.4
就业服务	2 762.8	3 163.4	2 910.7	2 981.2	2 897.9	3 047.9	3 089.5	3 150.6	61.1
临时帮助服务	2 147.1	2 505.8	2 280.5	2 334.8	2 259.3	2 396.3	2 428.4	2 473.6	45.2
商业支持服务	814.6	838.8	823.4	822.1	811.5	819.9	822.2	818.7	-3.5
建筑和住房服务	1 606.0	1 702.1	1 621.7	1 617.9	1 770.9	1 780.5	1 784.4	1 781.6	-2.8
废品管理和环境治理服务	353.8	365.5	364.6	364.3	362.8	367.9	371.4	372.9	1.5
教育和医疗服务	19 829	20 236	19 985	20 304	19 725	20 079	20 116	20 187	71
教育服务	3 365.0	3 396.8	3 189.6	3 436.8	3 219.9	3 278.9	3 273.1	3 282.2	9.1
医疗和社会帮助	16 463.7	16 839.2	16 795.2	16 867.3	16 505.0	16 800.3	16 843.3	16 904.4	61.1
医疗[3]	13 872.5	14 204.4	14 183.2	13 917.9	14 185.4	14 228.7	14 277.7		49.0
流动医疗服务[1]	6 048.7	6 249.3	6 227.6	6 264.3	6 066.5	6 237.0	6 255.5	6 283.7	28.2
医生办公室	2 320.0	2 402.3	2 388.6	2 398.4	2 324.8	2 389.9	2 394.2	2 403.7	9.5
门诊中心	614.7	639.8	640.9	647.0	615.2	637.9	642.3	646.6	4.3
居家医疗服务	1 119.2	1 160.0	1 159.7	1 168.8	1 124.1	1 160.0	1 166.7	1 171.7	5.0
医院	4 686.1	4 775.7	4 784.3	4 797.6	4 697.0	4 774.3	4 791.2	4 806.6	15.4
护理和居家护理设施[1]	3 137.7	3 179.4	3 171.3	3 173.2	3 154.4	3 171.1	3 182.0	3 187.4	5.4
护理设施	1 656.9	1 664.7	1 661.1	1 654.0	1 666.8	1 661.4	1 664.9	1 662.5	-2.4
社会救助	2 591.2	2 634.8	2 612.0	2 632.2	2 587.1	2 614.9	2 614.6	2 626.7	12.1
儿童白天看护服务	859.0	854.6	843.7	852.4	864.4	841.5	837.2	843.2	6.0
休闲和酒店服务	12 614	13 116	12 826	12 954	13 195	13 464	13 510	13 554	44
艺术、娱乐和修养	1 704.8	1 746.7	1 698.7	1 719.9	1 903.4	1 911.0	1 926.1	1 925.9	-0.2
表演艺术和观赏性运动	369.3	373.3	357.3	364.1	399.9	392.9	400.2	395.4	-4.8
博物馆、遗址及类似机构	118.7	128.1	122.3	122.5	130.6	135.4	135.0	134.7	-0.3
休闲、博彩	1 216.8	1 245.3	1 219.1	1 233.3	1 373.2	1 382.7	1 390.9	1 395.8	4.9
住宿和餐饮服务	10 909.5	11 369.2	11 127.3	11 233.7	11 291.1	11 552.5	11 583.5	11 628.0	44.5
住宿	1 690.9	1 734.9	1 706.4	1 716.8	1 774.5	1 802.0	1 802.5	1 806.2	3.7
餐饮服务	9 218.6	9 634.3	9 420.9	9 516.9	9 516.6	9 750.5	9 781.0	9 821.8	40.8
其他服务	5 284	5 336	5 294	5 309	5 337	5 359	5 366	5 360	-6
修理和维护	1 145.1	1 156.9	1 149.6	1 150.9	1 156.1	1 165.3	1 166.8	1 161.5	-5.3
洗熨服务	1 262.5	1 289.9	1 271.3	1 277.8	1 292.3	1 292.3	1 291.5	1 291.4	-0.1
会员制协会和组织	2 876.2	2 889.0	2 872.6	2 882.6	2 903.4	2 901.1	2 907.5	2 907.5	0.0
零售业									
电子和家用电器商店	524.5	541.8	516.2	509.5	530.6	514.8	513.4	513.9	0.5
建筑材料和园艺产品商店	1 084.3	1 108.2	1 086.7	1 099.2	1 131.6	1 141.8	1 143.0	1 143.4	0.4
食品和饮料店	2 781.0	2 874.5	2 838.4	2 822.7	2 811.2	2 848.5	2 854.1	2 856.8	2.7
健康和个人护理商店	970.6	999.9	988.9	988.1	975.9	984.2	989.5	993.8	4.3
加油站	808.8	827.2	817.1	815.0	822.2	830.5	828.4	828.0	-0.4
服装和衣饰商店	1 295.5	1 527.9	1 366.0	1 309.5	1 345.0	1 384.5	1 369.3	1 367.7	-1.6
运动产品、业余爱好、书籍、音乐商店	568.0	603.2	560.5	561.1	579.2	558.2	553.6	566.0	12.4
日用品商店[1]	2 997.2	3 337.1	3 158.8	3 023.1	3 061.2	3 116.0	3 138.8	3 103.4	-35.4
百货商店	1 505.0	1 734.6	1 626.9	1 523.0	1 538.0	1 567.1	1 593.0	1 568.0	-25.0
杂货商店零售商	751.9	778.0	750.0	757.6	762.1	761.5	766.1	770.1	4.0
无店零售商	418.9	466.9	441.7	430.4	428.0	435.7	439.2	439.5	0.3
运输和仓储	4 202.5	4 435.0	4 294.6	4 293.8	4 261.4	4 321.8	4 337.9	4 348.5	10.6
航空运输	452.2	455.1	455.8	454.7	454.0	456.1	457.8	456.0	-1.8
铁路运输	223.4	231.4	230.8	231.0	230.6	231.7	232.2	232.3	0.1
水路运输	61.2	63.6	64.1	64.6	64.3	63.3	65.6	66.3	0.7
货车运输	1 248.3	1 315.6	1 292.2	1 295.5	1 284.2	1 318.1	1 321.3	1 331.5	10.2
轻轨运输	446.2	449.3	447.1	445.5	435.3	433.5	436.5	435.1	-1.4
管道运输	42.2	43.5	43.8	43.7	42.3	43.4	43.5	43.7	0.2
游览观光运输	20.3	24.4	22.1	23.0	27.3	29.6	30.3	31.0	0.7
运输辅助服务	554.8	575.7	573.4	572.1	557.6	574.1	577.2	575.4	-1.8
邮递	517.6	618.2	521.0	517.7	526.8	521.9	522.6	524.3	1.7
仓储	636.3	658.8	644.3	646.0	644.6	650.1	650.9	652.9	2.0
公共服务	551.2	557.1	558.0	558.1	552.9	559.1	559.6	560.4	0.8
信息	2 663	2 660	2 600	2 617	2 674	2 645	2 625	2 624	-1
除网络之外的出版业	749.2	749.9	739.1	740.3	751.6	746.1	742.0	740.9	-1.1
动漫和音像产业	352.1	367.2	330.8	349.0	359.7	363.8	350.3	356.0	5.7
除网络之外的广播	283.7	281.0	279.5	278.7	284.5	279.6	279.8	278.4	-1.4
通信	888.2	851.9	846.9	842.5	885.6	846.9	846.6	840.2	-6.4
数据处理、虚拟主机及相关服务	241.2	243.7	237.9	241.7	242.7	242.5	240.3	242.2	1.9
其他信息服务	148.7	166.5	165.3	165.1	149.5	166.5	166.2	166.5	0.3
金融	7 624	7 707	7 647	7 656	7 669	7 696	7 695	7 701	6

10▶ （行标记，见就业服务行）

10▶ （行标记，见儿童白天看护服务行）

10▶ （行标记，见货车运输行）

（10）整体经济和部分产业未来走向的最好线索就在这张内容详细的表中。对这张表所提供的信息的价值，无论如何评价都不为过。例如，其中一组统计反映了临时工招聘人数的变化，跟踪这组统计可以发现就业形势的未来走向。请记住，临时工正在成为劳动经济中越来越重要的一个部门，因为它给了企业更多的灵活性。2010年企业招聘的职位中25%以上是临时工工种。而在15年前，临时工只占全部私营部门的6%。临时工人数变化是一个非常好的预测工具，因此值得密切关注。当经济遇到麻烦时，临时工最先失去工作，甚至在衰退开始的12个月之前就有苗头了。在实际生活中，经济从衰退走向复苏是一个难以察觉的过程，但企业通常是先找临时工帮忙，然后才是扩大招聘范围，雇用并培训全职员工。一旦雇主相信经济复苏真实无疑，他们就会乐于录用永久性工人。（劳动局发布临时就业月度数据；除此之外，美国人员安置协会也会公布周度数据，这些数据可以在其网站上找到：www.americanstaffing.net/statistics/staffiing_index.cfm）。

第二个值得跟踪的重要指标是"卡车运输业"就业人数。卡车司机需求对经济周期中的繁荣和萧条特别敏感。如果零售商和制造商觉得需求疲软，他们就会减少从供应商那里的订货量。原材料和最终消费品都是通过卡车拉到目的地的，因此订货量减少也就降低了对卡车司机的需求，甚至会导致他们失业。另外，如果消费品需求趋旺存货不足，订货量回升，也将增加对卡车运输人员的需求。

第三个很有用处、需要跟踪的数据是"幼儿服务业"的就业变化。就业市场改善时，外出工作的父母增加，他们会把幼小的孩子安排到儿童看护中心。美国很多州都从法律上规定了老师和婴儿、学步儿童数量的比例，这就意味着这些机构必须招聘更多的人以满足法律要求。如果经济形势恶化，企业加速裁员，儿童看护中心就会发现他们的服务需求下降，通常会解雇看护人员。

市场影响

债券

一份强劲的就业形势报告，尤其是当这份报告出乎意料时，会引起交易者的一片骚动。这样的新闻预示着通货膨胀加速、利率上升，两者都是债券持有者所诅咒的。因此，在新就业岗位数量上升时要对固定收益证券价格下跌做好准备。债券价格跌多深，收入涨多少，取决于很多因素，但其中最重要的是经济进入了经济周期的哪个阶段。如果美国只是在设法爬出衰退期，就业趋势可能只对债券有轻微的影响，因为不会马上面临通货膨胀威胁。但是，如果经济已经在高点或其附近运行，那你就准备瞧着债券价格突然跳水、利率急剧上升吧。

相比之下，一系列虚弱的就业形势报告反映了经济比较疲软，意味着债券价格的牛气，以及利率将要下降。

股票

就业形势强劲的新闻会让股票投资者晕乎起来。随着有工作的人的数量增加，工作周延长，雇员们很容易扮演起消费者的角色，花更多的钱。结果是：关于营业额上升、利润增长的预期提高了。这会促使股市价格卷土重来。唯一的例外是在经济过热、利率和通货膨胀上升时，借债成本高会损害企业利益，打压股票价格。

就业没有增加通常会被当作股市的坏消息，人们担心家庭购物欲望变弱了。销售平淡让公司的收入和盈利萎缩，因此减弱了对人们拥有公司股票的激励。

美元

就业新闻可以极大地影响货币市场的美元价值。一份生机勃勃的就业报告能够驱动利率上升，刺激股市，使得美元对海外投资者更有吸引力。他们现在可以通过持有美国国债赚取更多利息收入，或者通过证券价格上升获取收益。另外，一份病恹恹的就业形势报告会弱化投资者对美国货币的需求，因为它给美国股市带来了麻烦，对利率产生向下的压力，这两者都会减少美元对外国人的吸引力。

职位空缺和劳工流动率
Job Openings and Labor Turnover(JOLT)

市场敏感度：低。

含义：这份报告捕捉劳动市场的变动信息，内容包括当月新招聘的人员数量，新裁减的人员数量，以及同期有多少职位空缺待补。

发布新闻的互联网网址：www.bls.gov/news.release/pdf/ jolts.pdf

网址主页：www.bls.gov

发布时间：上午 10 点（美国东部时间）；相关月份之后的 5 ~ 6 周发布。

频率：每月一次。

来源：劳工部劳动统计局。

修订：变动微小，但是政府每次发布报告时还是要对上个月的数据做些修订。每年做一次基准修订，并对过去两年的数据产生影响。

为什么重要

你可能已经注意到本章是以整整一个月中最为人们热切期盼的经济报告——就业形势报告作为开始的。但是即使是这样一个如此重要、足以撼动整个市场的指标也仍然会对就业前沿正在发生的事情遗漏一些重要信息。例如，关于上个月聘用了多少人，就业形势报告就什么也没有说。同样它也没有告诉我们失去了多少职位。奇怪吧？在就业形势报告的主报告中，除了失业率之外的所有统计类目都仅仅是企业和政府工资册上从一个月到另一个月的数字"变化"，而这些数字仅仅是新创造的职位和新失去的职位的简单"净"差额。正因为如此，如果在某一个具体月份工资册的人数增加了 25 万，那么这个数字也仅仅能反映全部新增人数减去离职人数；你是看不到"全部"新增加的人数，和"全部"失去工作的人数的。

为什么这个数字如此重要？要衡量一个经济的健康程度，没有什么比创造新就业岗位的能力更好的指标了。而事实上，美国经济创造的职位比我们大多数人想象的都要多。多多少呢？说出来也许会让你吃惊。在建筑、制造、零售服务和政府部门，每个月大概会产生 400 万到 500 万个新岗位。在 2008—2009 年经济大衰退的低谷期间，尽管就业形势报告公布的职位"净"损失让人感到恐怖，另一个鲜为人知的经济指标却表明，在相同月份仍然有 350 万个新岗位被填满。问题在于消失的职位数量更大，是工资册上就业净额减少的罪魁祸首。

为了真正了解劳动市场正在发生什么事情，我们不仅要跟踪就业形势报告，还要跟踪这份报告鲜为人知、标题怪怪的姐妹篇——"职位空缺和劳动力流动"报告，经常被简写为 JOLT。JOLT 对投资者、企业领袖、决策者之所以重要，是因为它对劳动市场正在发生的波动勾勒出了更为全面的图像。

如何计算

政府的劳动统计局把 JOLT 数据分解为三个部分：职位空缺，聘用，职位损失（最后一项主要是指退出、裁员和解雇）。为了获得每一部分数据，劳动统计局每月都要从 910 万家公司中随机抽取 16 000 家非农企业机构。样本覆盖工厂、营业场所、零售店，以及联邦、州、和 50 个州的地方政府机构。发出和收回调查问卷的形式包括电话、传真、E-mail、普通邮件和基于网页的问卷反馈。

根据反馈，劳动统计局把数据按以下格式进行组织：

职位空缺：反映每月最后一天可以得到的职位数量。这些职位是企业从公司外面招聘的，它包括了全职、临时、永久等所有职位。

聘用：全月填补的职位总和。

职位损失：这一栏累计了全月失去的职位数量。这一组数据又被进一步细分，因为"职位损失"的产生可能是基于好几种原因。裁员和解雇都是职工不情愿的（裁员和解雇通常是因为企业并购、压缩规模或关门；也有一些特殊原因，比如职工盗窃等）。退职是职工自愿结束雇用关系。人们退出可能是因为对工作不满意，或者希望在其他地方找到更好的工作。最后一组是其他职位损失，包括退休、死亡或者失去工作能力等。

表：关于经济未来走向的线索

JOLT 报告是近几年才编制出来的，其数据最早也只能追溯到 2000 年 12 月。但是作为预测工具，它已经显示出了不同寻常之处。

- **表 A　按产业分类的职位空缺、聘用和全部职位损失（已经过季节调整）**

（1）这一栏反映了新岗位的总数以及来源，即这些新岗位是由私人部门还是由政府部门提供的。这些数据无论对于经济学家还是对于投资者来说都是重要的分析工具，因为它能告诉我们哪些行业需要新工人，这些需求在月份间如何变化，以及需求总量是多少。它从多方面体现了乐观或者焦虑的雇主如何看待经济前景，因为对于公司来说，劳动力毕竟是成本最高的投资。

真正能引起我们兴趣的是当经济开始下滑进入衰退期时，职位空缺数目提前进入下行通道。例如，2007 年 12 月美国经济掉头向下时，职位空缺在此之前 9 个月就达到了峰值。这种在衰退发生很久以前就先行触顶然后跳水的现象在 2001 年也出现了，当时伴随的是

dot-com 产业泡沫的破灭。这一规律在未来的经济周期中仍然可能重演，因为企业对货物和服务需求的减弱非常敏感，并且会很快通过压缩岗位而作出回应。

（2）**聘用：**在这个标题下面我们能看到当月填充的岗位总数。这部分统计同样按部门分了组。就像我们在讨论职位空缺时提过的那样，如果公司怀疑经济乏力，他们一般会减缓聘用的节奏。那么这个指标对经济下滑的敏感程度如何呢？2008—2009 年经济衰退发生时，聘用人数在一年以前达到了峰值。作为预测工具，尽管"聘用人数"编制问世时间不长，实践已经见证了它的价值。

（3）**职位损失：**这一栏包括职位损失总数、退出人数、裁员人数、解雇人数，还有其他原因导致的职位损失。这一栏并不能为我们提供多少经济信息，因为其中的两个数据是矛盾的。例如，大规模裁员和解雇数量上升当然预警了经济正在出现问题。但是从另一个方面来看，退出人数剧增却预示着相反的趋势。在经济强劲时，岗位更加充足，不满意现有工作的工人更愿意离开一个岗位去寻找下一个岗位。要想更好地理解这些职位损失数字，你需要研究表 B 和表 C。

表 A　按产业分类的职位空缺、聘用和全部职位损失总数（已经过季节调整）

产业	职位空缺			新雇用人数			岗位损失总数		
	2011 年 1 月	2011 年 12 月	2012 年 1 月 [P]	2011 年 1 月	2011 年 12 月	2012 年 1 月 [P]	2011 年 1 月	2011 年 12 月	2012 年 1 月 [P]
	水平(单位：千人)								
总计	2 860	3 540	3 459	3 934	4 188	4 158	3 816	4 023	3 944
私营部门总计 [1]	2 536	3 188	3 107	3 671	3 889	3 835	3 560	3 695	3 619
建筑	67	78	82	288	315	307	309	303	290
制造业	212	252	285	259	269	246	223	239	213
贸易、运输和公共服务 [2]	502	574	554	834	812	822	784	773	810
零售	282	323	317	568	517	552	533	509	566
专业和商业服务	478	785	729	827	818	779	772	792	705
教育和医疗服务 [3]	506	605	611	439	494	499	423	468	481
医疗服务和社会救助	443	552	554	358	414	419	355	402	398
休闲和酒店	294	441	437	621	743	768	624	695	708
艺术、娱乐和疗养	37	44	79	95	141	146	104	133	125
住宿和餐饮服务	257	397	358	527	602	622	520	562	582
政府 [4]	325	352	352	263	299	323	256	328	325
州和地方政府	258	301	302	231	270	303	227	292	299

1　　　　　　　　**2**　　　　　　　　**3**

• 表 B　经过季节调整的裁员人数和解雇人数

（4）扩大裁员和解雇将削弱家庭支付能力，伤害经济。相反，如果这些数字连续走低，却可以提振消费者信心，鼓励他们更多地购物。这些话都已经说过，但是需要强调的是这些数据序列中包含着大量的噪音。随着公司并购、企业关门及搬迁海外，大规模裁员可能发生于整个经济周期。要想理出正确的线索，你需要将其和其他经济指标配合起来，如表4中的数据，以及失业救济申请数据等。

表 B   经过季节调整的裁员人数和解雇人数

	水平（千人）			变化（%）		
	2011 年 1 月	2011 年 12 月	2012 年 1 月 P	2011 年 1 月	2011 年 12 月	2012 年 1 月 P
总计	1 659	1 685	1 646	1.3	1.3	1.2
私营部门总计	1 577	1 572	1 517	1.5	1.4	1.4
政府部门	821	121	29	0.4	0.5	0.6

注：P=初始数据。

- **表4   按产业和地区划分的退出人数和退出率（已经过季节调整）**

（5）通过长期关注退出规模，可以对当前的经济形势做出更准确的判断。不难想象，如果就业市场严峻，工人对手中的工作再不满意，也不会冒着失去收入的危险离开岗位。经济向好时，就业前景光明，退出的意愿当然会更强一些。因此，经济繁荣时雇员退出的规模最大；而在经济萧条时，雇员退出的规模最小，尽管在后一种情形下人们对此可能已是漠不关心。

这就是退出规模和职位空缺规模经常同向变化的原因。例如，2008—2009 年大衰退发生前的一年，自动离职的工人数量开始下降，直到经济开始复苏才重拾升势。

最后要注意一点：有些人可能会问 JOLT 中的退出规模和就业形势报告中的"离职者"数量有何不同。这两个数字所反映的都是有多少人离开了他们的岗位，区别在于它们的来源不同。月度指标"离职者"数量是根据家庭调查问卷统计出来的，而退出规模是来自企业反馈。哪个指标更能准确反映离开岗位的事实呢？JOLT 报告对劳动市场变化的描绘更可靠一些，部分原因是因为在家庭调查中一些人不愿意承认自己被解雇了，而宁愿说自己是自动离开企业的。

- **失业与职位空缺之比（未附图表）**

这里有一个很有用的指标，虽然在报告中找不到，但是很容易计算出来，这就是每一个职位空缺对应的失业工人数量。我们假定劳动力中的失业数量（就业形势报告表 A）为1 400 万。同时期 JOLT 报告中表 A 提到有 300 万的职位空缺。这就告诉我们每一个空缺岗位将有 5 个失业者来争夺。对这个比例跟踪一段时间，我们就可以发现劳动市场是改善了还是恶化了。在 2008—2009 年衰退的前的 5 年内，没有工作的人和能得到的职位之间的平均比例为 2:1，这意味着每一个公开招聘的职位有两个没有工作的人竞聘。到了 2009年春天，也就是经济衰退最严重时，这个比例一下子跳到了 7:1。我们从这个还相对年轻的指标序列发现，经济健康成长时，它在 2:1 到 3:1 之间变动。如果这个比例超过 4:1，就说明经济增速开始变缓，劳动市场趋于紧张。几个月后，家庭支出指标就会作出相应反应。

表4　按产业和地区划分的退出人数[1]和退出率[2]（已经过季节调整）

产业和地区	退出人数[3]（千人）							退出率						
	2011年1月	2011年8月	2011年9月	2011年10月	2011年11月	2011年12月	2012年1月P	2011年1月	2011年8月	2011年9月	2011年10月	2011年11月	2011年12月	2012年1月P
总计	1 803	2 048	2 015	1 983	1 976	2 008	1 972	1.4	1.6	1.5	1.5	1.5	1.5	1.5
产业														
私营部门总计[4]	1 693	1 932	1 902	1 869	1 860	1 867	1 843	1.6	1.8	1.7	1.7	1.7	1.7	1.7
建筑	65	69	80	80	91	76	71	1.2	1.3	1.4	1.5	1.7	1.4	1.3
制造	96	99	99	105	121	113	95	.8	.8	.8	.9	1.0	1.0	.8
贸易、运输和公共服务[5]	377	439	456	461	413	447	437	1.5	1.8	1.8	1.8	1.6	1.8	1.7
零售业	275	327	336	330	294	331	325	1.9	2.2	2.3	2.2	2.0	2.2	2.2
专业和商业服务	355	387	395	368	380	363	339	2.1	2.2	2.3	2.1	2.2	2.1	1.9
教育和医疗服务[6]	231	270	244	242	247	265	274	1.2	1.4	1.2	1.2	1.2	1.3	1.5
医疗和社会救助	201	223	215	215	225	233	245	1.2	1.3	1.3	1.3	1.3	1.4	1.5
休闲和酒店服务	370	439	403	374	370	388	396	2.8	3.3	3.0	2.8	2.8	2.9	2.9
艺术、娱乐和疗养	36	45	45	41	36	48	40	1.9	2.4	2.4	2.1	1.9	2.5	2.1
住宿和餐饮服务	334	394	358	334	335	340	356	3.0	3.4	3.1	2.9	2.9	2.9	3.1
...														
政府部门[7]	110	116	114	114	116	141	130	.5	.5	.5	.5	.5	.6	.6
州和地方政府	102	106	104	102	106	131	121	.5	.6	.5	.5	.6	.7	.6
地区[8]														
东北地区	253	283	281	288	275	279	333	1.0	1.1	1.1	1.1	1.1	1.1	1.3
南部地区	699	831	877	782	830	816	783	1.5	1.7	1.8	1.6	1.7	1.7	1.6
中西部地区	441	495	425	477	443	469	442	1.5	1.7	1.4	1.5	1.5	1.6	1.5
西部地区	410	439	433	436	428	445	415	1.4	1.5	1.5	1.5	1.5	1.5	1.4

注：1. 退出人数是指全月的退出人数。

2. 退出率是退出人数占全月就业人数的百分比。

3. 总计并不一定等于分项之和，因为不同系列的季节调整是独立的，同时这里没有列出全部系列。

4. 包括采矿和伐木、信息、金融及其他服务；没有单独列出。

5. 包括批发，运输，仓储，公共服务；没有单独分列。

6. 包括教育服务，没有单列。

7. 包括联邦政府，没有单列。

8. 见表1脚注8。

P：初始数据。

数据已经过修订，目的是为了和最新就业统计报告中的就业估计、JOLT 的季节调整以及出生/死亡模型的修正保持一致。

市场影响

债券

等到这份报告发布时，已经有十几份相关报告提前出炉了。因此债券交易者对 JOLT 数据不会做出什么反应。

股票

证券市场投资者的反应完全不同。虽然 JOLT 不会引起很多新交易，人们还是越来越关注这份报告所提供的几个汇总数据：聘用人数、职位空缺、退出规模。这些数据在其他地方得不到，因此可以为我们了解当前的经济形势以及如何影响具体行业的收益和盈利提供新信息。

美元

目前我们还不清楚货币交易者对 JOLT 报告有什么具体反应。

周度失业救济申请
Weekly Claims for Unemployment Insurance

市场敏感度：高。

含义：跟踪首次填写"失业救济申请表"的人数。

发布新闻的互联网网址：www.ows.doleta.gov/unemploy/claims_arch.asp

网址主页：www.ows.doleta.gov

发布时间：每星期四上午 8 点 30 分（美国东部时间）；覆盖上个星期截至星期六的数据。

频率：每周一次。

来源：劳工部就业培训管理局。

修订：微小变动。

为什么重要

尽管这个指标 1967 年以后就在流行，但是专家们在最近几年才真正开始密切关注它。劳工部监测工作的改进让这个指标系列对劳动市场的测度更精确了。失业申请报告的吸引力在于它的时效性。失业救济申请的填表数字每周公布一次，其来源是全国各地的州政府机构。因此，分析家们把这个统计看作是非常好的同步指标，表明它精确地反映了经济中目前正在发生的事情。然而，它的最大价值在于首次申请失业救济的人数对未来经济活动的影响。如果每周都有一大批人丢掉工作，申请失业补贴，最终就会抑制消费者的信心，削减他们的开支，并导致企业撤掉投资。由于这个原因，周度失业救济申请报告是领先指标中的一个前瞻性指标（参见本章后边的"领先经济指标指数"一节）。

但现在我们先后退一步。我们所说的"新的失业救济申请"的确切含义是什么呢？不管经济增长了没有，每天都有人失去工作却是现实。企业关闭赔钱的工厂，被竞争对手收购，迁移海外，甚至干脆宣布破产。以前的很多雇员有资格享受失业保险，在大多数州，失业救济可长达 26 周。有时政府还会通过立法来延长救济期限。然而，真正的问题是，如果填写"失业救济申请表"的人数每周都在增加，而且维持在一个高水平，那可是让人焦虑的信号，往往说明经济正在恶化。相比之下，申请救济的人数持续减少则表示经济正在好转。

除了申请救济金的填报人数之外，这份报告还记录了正在接受政府失业救济的、没有工作的工人的总人数，这个概念被称为"享受救济的失业人数"。有必要指出，并非所有失业的人都有资格领取失业救济金。劳动经济学家估计 10% 以上的首次失业救济申请遭到拒绝，因为他们不满足申请资格。在某些部门，如农业部门，相当于一半的失去工作的人没有资格享受这种救济。刚刚毕业进入劳动市场却又没有找到工作的人是没有资格领取救济金的。还有，各州对资格要求不尽相同，有的州比其他州要更严格一些。所有这些归结为一句话，很多没有被雇用的人根本得不到任何救济。根据失业报告中的家庭调查数据，在 2011 年，1 400 万人没有工作，但是在这些人中只有不到半数的人得到了了州政府失业救济。这是一个巨大的缺口，时间长了极可能引起严重的社会和经济后果。

如何计算

每个州包括哥伦比亚特区在内都有失业保险计划，这些计划必须与联邦法律的规定相一致。

各州会加总所有在指定的一周（截止到星期六）首次填表的申请人数，然后将数据传送到华盛顿的劳工部。劳工部在接下来的星期四向公众公布数字。

"享受救济的失业人数"中的信息——即当前领取救济金的失业总人数——滞后两周发布。

表：关于未来经济走向的线索

首次失业救济申请报告显示出了对经济何时达到转折点的预测能力。例如，首次申请在经济最终走出衰退谷底进入复苏期的两三个月前就到达了它自己的顶峰。

- **表　州例行计划中的失业救济数据**

（1）这是新填写"失业救济申请表"的人数，数据覆盖最近的一周。根据一般的经验，如果首次申请者好几个星期都在 40 万以上，那就是一个征兆，预示经济正在失去动力，面临衰退的危险。这还会导致官方的失业率上升。在另一方面，这个数字持续低于 37.5 万则表明经济正在恢复，企业裁减员工的数量越来越少。另外，首次申请人数保持在 32.5 万以下的水平时，机构调查中的工资册上的员工数量增长才是有意义的。

（2）不要企图用单单一个星期的首次申请数据去解释趋势。以周为单位构成的系列常常是不稳定的。包含假日的那些周很容易扭曲申报表中的数据。比方说，一个只有四天的工作周，申请数量可以减少 2 万之多，其结果仅仅是导致下一周的增长，因为下一周的数据中就包含了前面没有机会申请的人。解决的方法是通过这儿公布的四周移动平均数来考察。四周平均数可以把每周数字中的不正常波动平滑掉。

（3）经济学家和政治家关心的另外一个大问题是在一定时间段上享受失业救济的总人数是增还是减。数字从 300 万爬升到 350 万是经济运行不良的指示灯。在这样的环境下，消费者信心遭遇挫折，企业投资也受到打击。经济学家还会担心所有这些救济金对联邦和州财政预算的影响。也许，最引人关注的还是那些虽然失去了工作，却由于这样或那样的原因而没有资格接受失业救济的人。享受失业救济的人毕竟还有一些资金可以支出，这会弱化经济下滑带来的伤害。然而，如果（家庭调查中的）总失业人数上升比享受失业保险的人还快，那么就意味着失去工作、没有任何州政府财政救济、生活无助的人口在膨胀，这就有可能导致严重的社会不稳定。离开了救济金这道安全网，很多人转向地下经济甚至通过犯罪手段来弄钱。

（4）"享受救济的失业比例"是另一个值得简单提及的统计指标。它是指当前接受失业救济的人数与那些应当享受失业救济的美国工人总数的比例。尽管投资界大都忽略了这一数字，一些经济学家还是在跟踪它以便与家庭数据中的官方失业率做比较。

州例行计划中的失业救济数据

周截止日		3月27日（预计）	3月10日	变化	3月13日	上一年度
首次申请（SA）	1▶	342 000	345 000	-3 000	333 000	432 000
首次申请（NSA）		295 820	305 243	-9 423	312 067	371 692
4周移动平均（SA）	2▶	340 250	340 250	0	342 000	420 500
周截止日		3月20日（预计）	3月13日	变化	3月6日	上一年度
失业救济申请比例（SA）	3▶	3 062 000	3 030 000	+32 000	3 077 000	3 572 000
失业救济申请比例（NSA）		3 398 430	3 598 230	11 976	3 551 292	4 939 370
4周移动平均（SA）		356 500	3 056 500	-14 500	310 050	3 534 250
失业救济申请比例（SA）	4▶	2.4%	2.4%	0.0	2.4%	2.8%
失业救济申请比例（NSA）		2.7%	2.8%	-0.1	2.8%	3.1%

市场影响

债券

当新申请失业救济的填表人数增长时，尤其是申请人数超过3万人时，固定收益率的市场反应强烈。首次申请人数上升表明经济虚弱，通货膨胀压力减轻。刺激债券投资者神经的是申请人数连续下降，它一般会暗示未来的经济更加稳健。这会激起人们对未来通货膨胀的新关注，并导致债券价格下跌，收益上升。

股票

失业申请人数上升时，股票交易运气不佳。尽管这种报告会降低利率，而降低利率通常是股市利好因素，但劳动市场的一系列恶化迹象预示着经济、公司利润、股价都很糟糕。

美元

下降的利率会减少人们持有美元的兴趣，尤其是在其他国家的收益较高时更是这样。因此，由疲软的国内经济滋生出来的首次申请人数的稳定增长会把海外投资者从美国证券市场赶跑，从而降低外汇市场上的美元价值。

招聘广告指数
Help-Wanted Online Advervising

市场敏感度：低。

含义：对互联网招聘广告的一种测度。

发布新闻的互联网网址：www.conference-board.org/data/helpwantedonline.cfm

网址主页：www.conference-board.org

发布时间：上午10点整（美国东部时间）；一般在每月的第一天宣布，数据覆盖刚结束的月份。

频率：每月一次。

来源：美国经济咨商局。

修订：每年通常在一月份修订。

为什么重要

为什么要跟踪招聘广告呢？因为它竟然是经济趋势的一个很可靠的预报器。招聘广告增多意味着企业界对未来销售和利润的信心增强。前景愈乐观，雇主就愈可能赶紧招人。如果招聘广告数量萎缩，那就表明企业对未来已经感到紧张了。对未来经济可能变糟的忧虑将导致企业推迟或者取消招聘计划。

美国经济咨商局（The Conference Board[①]）是一个总部位于纽约的商业研究组织，自杜鲁门政府(1951)期间就开始统计招聘广告，该指标在此后几十年一直是反映劳动需求的唯一的领先指标。在大约半个多世纪里，该机构每个月都对全国各大报纸刊登的招聘广告进行分类统计，并把广告数量转换成月度指数。但是从2000年以后，用这一方法预测劳动市场不再那么有效了，因为在报纸上刊登的广告数量下降，人们越来越多地通过互联网来招聘职工。经验证明要找到称职的新员工，网络招聘成本更低，效率更高。到2005年，在线广告已经成为求职者寻找雇主最普遍的方式，也是企业发布招聘广告的优先选择。咨商局同一年开始发布月度在线招聘报告。三年后，这家研究机构停止发布纸质媒介广告数据，而用更广泛、更全面的在线招聘指数取而代之。

[①]这家会员制的社团和研究机构于1916年成立，刚成立时全称为 The National Industrial Conference Board (NICB)。

——译者注

如何计算

咨商局和从事数据采集的供求技术公司（Wanted Technology）合作，统计美国1 200个招聘网页的在线广告数量，这些广告有的是报纸投放到互联网上的，也有直接通过招聘网站发布的。广告统计是一项复杂任务，因为同一份广告可能会出现在很多网站上。为了精确起见，统计人员想尽各种办法剔除重复的广告。

这家经济研究机构采用的方法直截了当，一份广告不管是招聘一个人还是几个人，不管是全职工还是小时工，不管是CEO还是报酬最低的快餐店员，都给予同样的权重。最值得一提的是统计时间，在线招聘广告报告从一个月的中间开始统计广告一直到下一个月的中间截止，这也正是劳动统计局准备的对市场最敏感的就业形势报告所对应的时间段。咨商局对数据进行细化，按照地理位置（地区、州和主要城市）、职业等进行分类。这份报告的另一亮点是它还提供了当月首次发布的招聘广告数量。通过跟踪新发布的广告数量，我们就能了解经济形势及其创造就业的能力。

与每月出现一次高峰的报纸招聘广告不同，在线广告统计可以全方位地监测网上职位空缺的信息，然后每月发布一次总数，避免了其他统计方法容易出现的样本误差。咨商局还通过季节调整修正指数，以便提供更有意义的分析信息。

表：关于未来经济走向的线索

尽管这个指数序列很新，需要通过几个经济周期的观察才能确定它的预测效果，但是在线广告数量已经被证明是一个敏感的经济和就业趋势先行指标。你完全可以期望招聘广告数将在经济衰退之前达到高峰，因为雇主一旦怀疑经济前景不佳，就会非常迅速地取消招聘活动。这正是我们这么长时间观察在线招聘广告所验证的结果。根据咨商局的历史数据（可以从它的网站获得），首次发布的在线招聘广告和广告总数在2008—2009年衰退发生的8个月之前达到峰值，并且比劳动统计局工资册统计指数提前10个月开始转向。因此，这个指标具有警示投资者的能力，能够在劳动市场恶化、经济开始挣扎之前就发出预警。

这个指标能够预测衰退何时结束吗？不。企业不会一看到经济活动有转机就急急忙忙地投放广告。在复苏的早期，他们会想办法延长现有雇员的工作时间。另外，很多公司会先试图召回那些被解雇的人。因为以前的职工对工作熟悉，不需要做什么培训。只有当企业销售前景明朗时，公司才会增加新员工。

但是通过观察，而且报纸广告盛行时代的数据也表明，一旦广告数量上升，大约三四个月后招聘人数也会上升。其原因在于人们在最终被聘用之前，需要时间对广告作出反应，还要接受面试以及信用调查。因此，无论是首次发布的招聘广告数量，还是广告总数，都可以作为被金融市场密切关注的工资册人数增长（来自机构调查）的先行指标。

● 表A　经过季节调整的各州劳动力需求

（1）月度报告列出了全国在线招聘广告的总数。咨商局剔除了重复广告，以便更精确地测算月间变化。

（2）这一列说明广告总数相对于上个月的变化。

（3）供需比例帮助分析人员发现劳动市场的紧张程度。用失业总人数除以招聘广告中的职位空缺数，可以看出每一个空缺岗位面临的劳动供给。

表A　经过季节调整的各州劳动力需求

地域	广告招聘总数(单位:千人) 2012 年 2 月 ▼1	月间变化(单位:千人) 2012 年 1 月—2 月 ▼2	供给/需求比例[2] 美国数据：2012 年 1 月 地区数据：2011 年 12 月 ▼3	近期趋势[3]
美国	4 423.3	39.9	2.91	→11/11
东北部地区	850.8	26.7	2.65	
马萨诸塞州	128.9	1.3	1.88	↓6/11
新泽西州	139.5	2.7	2.88	→9/11
纽约州	254.7	2.9	3.04	→9/11
宾夕法尼亚州	189.1	12.1	2.74	→9/11
南部地区	1 479.2	23.8	3.21	
佛罗里达州	234.3	6.5	3.79	→8/11
乔治亚州	115.3	-2.5	3.94	↑9/11
马里兰州	102.4	3.8	1.94	↓3/11
北卡罗莱纳州	116.5	1.8	3.82	→7/11
得克萨斯州	313.6	0.6	3.11	↑8/11
弗吉尼亚州	142.0	1.2	1.92	↓4/11
中西部地区	954.4	-2.7	2.85	
伊利诺伊州	165.9	-3.1	4.09	↑9/11
密歇根州	119.1	1.3	3.48	→5/11
明尼苏达州	105.9	-0.5	1.54	→7/11
密苏里州	84.8	2.5	2.89	↓3/11
俄亥俄州	173.2	4.9	2.77	→11/11
威斯康星州	95.3	-1.9	2.22	→4/11
西部地区	1 001.8	21.0	3.58	
亚利桑那州	78.7	-0.9	3.45	↑8/11
加利福尼亚州	508.5	18.4	4.36	→11/11
科罗拉多州	91.3	3.6	2.52	↑8/11
华盛顿州	102.9	-3.2	2.87	↓8/11

● 表 1　全国/地区广告招聘及新增广告招聘统计（已经过季节调整）

表 1　全国/地区广告招聘及新增广告招聘统计(已经过季节调整)							
地区	广告招聘人数 [1](千人)			变化(千人)	新增广告招聘总数 [2](千人)			变化(千人)
	2011 年 2 月	2012 年 1 月	2012 年 2 月	2012 年 1—2 月	2011 年 2 月	2012 年 1 月	2012 年 2 月	2012 年 1—2 月
美国	4 107.7	4 383.4	4 423.3	39.9	2 389.4	2 730.8	2 748.2	17.4
新英格兰地区	259.6	263.5	266.7	3.2	148.0	166.0	164.8	−1.2
濒大西洋中部地区	554.6	560.6	584.1	23.5	326.8	367.3	363.8	−3.5
濒大西洋南部地区	837.6	835.1	855.4	20.3	491.3	529.1	538.2	9.1
东北中部地区	567.6	618.5	621.7	3.2	311.8	387.2	371.5	−15.7
东南中部地区	168.2	178.9	183.1	4.2	97.1	109.0	113.0	4.0
西北中部地区	302.2	338.6	332.7	−6.0	167.6	203.7	197.6	−6.1
西南中部地区	390.3	441.4	440.7	−0.7	214.8	271.9	266.9	−5.0
山区	291.4	302.4	306.6	4.2	175.3	201.0	199.3	−1.7
太平洋地区	652.4	678.4	695.2	16.8	396.0	439.8	446.2	6.4

（4）你从这里可以看到过去两个月中发布的招聘广告总数，以及首次发布的广告数量。

市场影响

债券

到目前为止还没有发现市场对这个指标有什么反应。但是随着证据表明，这个指标可以作为劳动市场和经济活动的可靠的先行指标，这种情况就会改变。能够引起人们兴趣的还有这个指标的时效性，它通常在当月月底就公布了。

股票

由于上述原因，股票市场尚需时日才能对这一指标作出反应。但是分析人员通过分析哪些行业在增加招聘数量方面有突出表现往往可以发现有价值的线索。

美元

这份报告对外汇市场实际上没有影响。

公司裁员和招聘公告
Corporate Lay off and Hiring Announcements

市场敏感度：低。

含义：对上市公司公告的裁员和招聘计划的统计。

发布新闻的互联网网址：www.challengergray.com/press/press.aspx

网址主页：www.challengergray.com

发布时间：上午10点整（美国东部时间）；一般在相应月份结束后的第一个星期发布。

频率：每月一次。

来源：查林杰、格雷&克里斯马斯公司（CGC）。

修订：对以前公布的数据不作修订。

为什么重要

从20世纪80年代，兼并、工厂关闭、重组、合并的浪潮接连不断。这样的公司变化只有在开放、竞争和动态的经济中才能看到。但所有这些活动都有一个令人痛苦的副产品，即大量失业的存在。被遣散的工人要花上数星期、数月甚至更长的时间才能找到新工作。由此产生的收入损失将恶化家庭财政，使消费者开支急剧减少。即使那些还坚持在原来岗位的人也不会舒服，因为他们担心自己的安全。这样一种广泛传播的不确定情绪和压力让消费者心情压抑，如果这种心态大规模存在，裁员事件甚至会导致经济衰退。因此如果你想预测经济运行的变化的话，那么监测公司裁员态势是非常有帮助的。

当然，公司裁减员工只能反映就业市场的一个侧面。因为与此同时，还有一些企业正准备扩大业务，增加人手。正是这种工作流动才使得美国经济充满活力，同时也给投资经理们提供了机会。通过跟踪哪些部门正在裁减人员，哪些部门正在积极地招募投资人，你可以发现经济体内的兴衰分布。但是谁又有那么多的时间收集公司的招聘公告呢？真幸运能有机构每月编辑这套数据，并且定期向公众发布统计报告。

查林杰、格雷&克里斯马斯公司（Challenger Gray & Christmas，CGC）就是这样一家机构，它坐落于芝加哥，是一家再就业服务公司。CGC公司收集公司公布的裁员和招聘信息，对数据进行编辑加工，按产业和区域进行分类，甚至还附上近期公司裁员的原因（比如，工作岗位消失是因为实行外包、企业破产、削减成本、劳动争议，以及其他原因）。

统计报告经过这样的编排组织，可以清晰地告诉人们哪些经济部门在增长，哪些部门可能面临金融危机。

如何计算

CGC 公司精选一大批资源，包括新闻公告、新闻类报纸、提交给证监会的公司报告、专业报纸，收集这些资源中公布的裁员数据，并进行加总。他们的统计覆盖了上市公司和私营企业。报告的重点是以月与月之间为基础的以及与前一年的裁员数量的比较。数据同时还按照行业和地区进行了分类。计数从每月初开始，月底前 3 天左右结束。

表：关于未来经济走向的线索

这份报告的价值在于它把劳动市场的宏观大势和微观细节通过一个页面反映出来。但是如何解释报告中的数据需要小心谨慎。例如，裁员广告不能用作经济拐点的先行指标。这是因为自从 20 世纪 80 年代以后，缩减岗位就成为美国企业风景中的一个持久不变的部分，今天在经济周期的任一阶段都可能大量裁员。只需看看 20 世纪 90 年代，我们不仅会发现企业在 20 世纪 90 年代早期经济衰退的时候解聘工人，还会发现在同一年代晚些时候那些经济强劲增长的年头也在大量削减工资单在册人员的数量。事实上，从 2004 年到 2006 年，经济平均年增长率达 3%以上，但是公司仍然在以 20 世纪 90 年代两倍的速度裁员，而且 CGC 公司的数据也不一定与政府自己公布的月度劳动报告和周度失业救济报告相一致。其原因在于，公告的裁员计划实施通常不是几个礼拜就能完成的事情，通常要延续很多个月，甚至很多年，其中还经常穿插着摩擦、退休等事件。再者，如果在这一期间经济反弹，一些原先宣布的裁员计划可能根本就不会发生。最后一个问题是 CGC 报告按地理区域分类的方式。区域分类的主要依据是公司总部的位置，而这些裁员或招聘有很多发生在别处，甚至是发生在美国之外。

尽管有这些不足，但这份报告还是能为投资者提供一些有用的线索。它告诉我们哪些行业发展良好，职工人数在增加；哪些行业不得不裁减员工。第二个与众不同之处是大部分经济指标关注的都是过去月份发生的事情，而 CGC 报告表现出了前瞻性，因为它反映了公司未来的计划。

- 表 1 按产业统计的裁员数量

在这张表中，你可以找到 30 个行业根据公告统计出的裁员计划。当月裁员数量和自年初到当前为止的裁员总数可以和其他反映劳动市场趋势的先行指标一起使用，如 ISM 制造业和服务业报告中的就业指数等。显然，如果所有的这些指数指向都相同，投资者采取行动的信心就更充足一些。

CGC 公司裁员公告报告（按产业统计的裁员数量）

	2012 年 5 月	自本年度开始累计
计算机	27 754	32 599
运输	5 419	24 193
金融	4 424	17 284
教育	3 536	18 246
工业产品	3 479	12 144
食品	3 165	9 938
医疗/产品	2 353	12 177
零售	1 927	20 983
通信	1 800	9 221
消费类产品	1 712	21 846
能源	846	8 262
汽车	823	6 440
航空/国防	820	10 922
法律	643	815
娱乐/闲暇	543	6 425
政府部门	543	9 393
公共服务	359	720
电子	357	3 520
服务业	253	4 408
建筑	229	1 402
药品	212	5 042
化学	171	1 534
非盈利部门	134	938
保险	130	3 363
媒体	120	1 829
服装	70	942
房地产	65	280
贸易品		674
总计	61 887	245 540

来源：CGC 公司授权使用。

- 表2　裁员原因

可能有多种原因导致裁员，而区分这些原因非常重要。"需求下降"导致的裁员和"政府规制"导致的裁员具有不同的含义。前者显然表明经济走向萎靡，而后者就是在经济强劲时也可能发生。一些政府规制导致的合规成本太高，以至于企业不得不削减其他运营成本，比如劳动成本。这张表列出了公司裁员的 24 个可能原因。尽管有重叠部分，这个清单还是客观反映了美国公司所面临的各种压力。

CGC 公司裁员公告报告（裁员原因）

	5 月	自本年度开始累计
重组	35 787	96 399
关闭	11 214	51 957
降低成本	7 953	42 886
自愿离职	2 107	6 216
并购	1 249	6 222
破产	879	19 385
经济形势	858	5 704
失去合同	637	5 615
需求下降	520	7 597
迁址	451	1 882
丧失融资渠道	229	229
开除	3	3
外包		432
政府规制		135
技术进步		438
竞争		400
法律纠纷		40
总计	61 887	245 540

资料来源：CGC 公司授权使用。

- **表 3　公开宣布的招聘计划**

这份报告比较新的数据覆盖了每个月公司宣布的招聘计划，这些信息可以帮助投资经理找到成长期产业。还没有别的机构像 CGC 这样统计公司招聘计划，这是这份报告值得关注的另一个原因。企业想扩大招聘时没有义务将计划公之于众。

但是在企业大规模裁员时，就必须事先公布计划。联邦法案（the Worker Adjustment and Retraining Notification Act，简称 WARN 法案）规定 100 个员工及以上的企业在进行大规模裁员时应当提前两个月公布。

CGC 公司裁员公告报告（公开宣布的招聘计划）

产业	5 月	自本年度开始累计
汽车	2 474	10 962
工业产品	925	7 332
金融	212	6 151
计算机	225	5 875
医疗/产品	1 846	4 178
零售	225	2 552
能源	373	1 805
航空/国防	105	1 540
药品		1 369
保险		1 326
运输		1 145
服务	75	1 009
消费产品	40	945
政府部门	84	742

（续表）

产业	5 月	自本年度开始累计
教育	600	732
化学	115	504
娱乐/休闲		498
食品		382
贸易品	300	300
建筑	90	240
媒体		187
通讯		165
服装		90
房地产		57
非营利部门	13	48
电子	20	45
法律		15
总计	7 722	50 194

资料来源：CGC 公司授权使用。

市场影响

曾经有一段时间投资者对 CGC 报告漠不关心，但是情况正在发生改变。投资经理和财经媒体研究这份报告的兴趣越来越大。导致这样变化的因素有两个：首先，投资者对前瞻性的劳动市场指标越来越敏感。报告所包含的数据可能来自于过去的公司公告，但是其统计出来的裁员和招聘人数却是将来发生的，并从一个侧面反映了劳动市场的走向。其次，报告的信息比它十年或者二十年前更为丰富，这同样提高了它的效用。实际上，几年前公众还不能从网上获取报告。现在报告终于放到网上了，这就给每个人提供了阅读和分析数据的机会。

债券

这十多年来，裁员数量相当大，并且与经济周期没有什么关系，因此固定收益率债券的投资者不太可能以这份报告为依据进行交易。但是，如果裁员数量出乎意料地大幅度上升，而其他经济指标也表明经济疲软的话，该指标所显示的就可以被看作是固定收益率债券市场的牛市信号。如果 CGC 报告说招聘计划规模大幅度上升，固定收益率的投资者的神经就会兴奋起来，但是他们一般会等几天后的政府就业形势报告也出来了再采取行动。

股票

股票交易者不太依赖这份报告，但是会把这份报告当成一个研究工具，评估哪些产业和企业处于发展期，哪些产业和企业不得不裁员。

美元

这份报告对外汇市场没有影响。

大规模裁员统计
Mass Layoff Staistics (MLS)

市场敏感度：低。

含义：统计政府部门和企业实际裁员数量。

发布新闻的互联网网址：www.bls.gov/mls

网址主页：www.bls.gov

发布时间：上午 10 点整（美国东部时间），报告在相应月份结束后 4 个星期发布。

频率：每月一次。

来源：美国劳工部劳动统计局。

修订：月度报告不作修订。但是劳动统计局每年在一月份发布报告时都会更新季节调整因子，同时修正最近 5 年内的数据。

为什么重要

目前关于裁员的信息资源主要有两个：一个是 CGC 公司的调查，这在前一节已经讨论了（"公司裁员和招聘公告"）。但是他们的数据只覆盖了公告的公司裁员数量，他们并不跟踪这些岗位削减计划的执行情况。然而，公司一旦好转，就会减少削减数量甚至取消这些岗位的削减计划。也许更有用的办法是计算实际发生的裁员数量。为了确定实际裁员数据，你只能改弦易辙，求助于政府的劳动统计局，该局的公布被恰如其分地称为"大规模裁员统计"的月度报告。尽管在投资者和经济研究人员之间这一指标并非广为人知，它所包含的信息却直接关系到未来的家庭消费和经济增长。

MLS 报告跟踪"大规模裁员事件"。"事件"（event）定义为企业或者政府机构在 5 个星期内于同一地理位置一次裁员 50 名以上的工人。（例如，如果通用汽车公司让它的底特律汽车厂的 70 名工人离开，又让位于俄亥俄的第二家通用汽车厂的 100 名工人走人，在同一个工作周，位于芝加哥的美国航空公司解雇了它的工资册上的 200 名工人，那么劳动统计局把它们计算为包括 370 名工人的 3 次事件。）该机构把每个月所有的大规模裁员事件加总，同时计算由于岗位削减而引起的填写失业救济的失业工人的人数。另外，该机构根据失业期的长短（失去工作 30 天以内的与 30 天以上的比较）进行分类，然后它再按部门和地理位置分组。对于想跟踪实际失业数量、了解美国的哪些部门和地区正在恶化、发现哪里有多余的熟练工人或者失业工人的投资者和企业首脑，这份报告包含了大量的可能非常有价值的信息。

如何计算

劳动统计局首先和各州的机构接触，掌握首次失业救济申请的最新人数；然后对数据进行分类，看有多少填写申请表的人是大规模裁员的结果。它还与政府机构同企业接触，了解有多少岗位削减延续了 30 天或 30 天以上。对数据整理后，劳动统计局发布两份报告。一份是月度"大规模裁员统计"，这是本节涉及的内容。另一份是季度发布的、被称为"长期大规模裁员"报告。后者针对那些离开了他们的岗位达一个多月之久的雇员（这一报告按季度发布，可以从同一网站获取）。

表：关于未来经济走向的线索

在最近的 20 年，数目较大的岗位裁减实际上发生在经济周期的每一个阶段，这就降低了裁员报告作为预测工具的价值。然而，大规模裁员报告（MLS）尽管作为一个领先指标作用不大，却包含了其他有价值的信息，而这些信息是别的地方找不到的。

- 表 1 大规模裁员事件及首次失业救济申请人数

（1）事件栏告诉你这个月大规模裁员发生了多少例（instance）。每一例被定义为 5 周内至少减少 50 名雇员的一次单独行动，而不管其间隔有多长。

（2）在这里能发现加入失业救济申请的月度总人数，而这些失业都是那些事件触发的裁员的直接后果。这一栏初看起来可能让人迷惑不解，因为在每周失业救济金填表人数较大的情况下，首次申请失业救济金的月度总人数比你预计的要低（参见"周度失业救济申请"一节）。产生这种现象的原因是首次失业申请人中只有 10% 是 5 周内至少涉及 50 人的大规模裁员的结果。大部分导致失业救济申请的裁员所涉及的人数不多于每次 50 人。

（3）股票投资者对这份报告没有什么反应，但是可以把它作为一个研究工具，判断哪些产业和企业处于发展期，并发现那些不得不裁员的企业。

表 1　大规模裁员事件及首次失业救济申请人数（2003 年 2 月—2007 年 1 月，已经过季节调整）

日期	总计		私营非农部门		制造业	
	事件	首次申领	事件	首次申领	事件	首次申领
2003 年						
2 月	1 848	192 197	1 664	178 963	650	81 370
3 月	1 787	174 936	1 592	159 242	610	73 015
4 月	1 707	172 348	1 557	162 117	634	82 756
5 月	1 731	184 479	1 550	170 984	635	87 049
6 月	1 733	164 442	1 523	147 609	638	68 976

（续表）

日期	总计		私营非农部门		制造业	
	事件	首次申领	事件	首次申领	事件	首次申领
7 月	1 649	164 146	1 443	148 650	567	72 023
8 月	1 498	169 799	1 362	156 687	546	74 509
9 月	1 562	147 054	1 370	132 262	479	57 332
10 月	1 536	158 137	1 328	140 298	420	52 105
11 月	1 366	138 079	1 223	126 597	377	49 716
12 月	1 412	139 423	1 243	127 356	445	50 923
2004 年						
1 月	1 428	146 692	1 232	128 191	394	45 544
2 月	1 320	134 626	1 170	122 329	367	40 849
3 月	1 372	139 716	1 237	130 737	401	59 987
4 月	1 374	140 190	1 202	124 962	349	38 197
5 月	1 209	113 091	1 047	99 615	330	38 965
6 月	1 403	141 048	1 231	128 137	366	47 015
7 月	1 330	137 484	1 180	126 106	372	51 424
8 月	1 394	127 671	1 224	113 376	345	36 963
9 月	1 277	125 351	1 154	115 343	338	46 955
10 月	1 288	132 250	1 172	122 831	362	47 571
11 月	1 314	130 558	1 171	118 904	378	46 276
12 月	1 170	114 641	1 013	103 434	301	33 022
2005 年						
1 月	1 489	160 986	1 353	150 640	383	56 133
2 月	1 172	123 377	1 045	112 752	358	45 794
3 月	1 219	132 035	1 079	122 013	377	55 061
4 月	1 263	137 381	1 132	126 747	398	60 826
5 月	1 226	133 221	1 085	120 899	382	54 886
6 月	1 194	126 834	1 074	117 712	359	57 018
7 月	1 248	131 500	1 101	118 800	353	47 136
8 月	1 109	123 125	986	111 879	338	46 915
9 月	2 217	292 177	1 998	246 227	419	56 289
10 月	1 098	108 665	977	99 402	321	44 666
11 月	1 167	115 803	1 036	104 576	330	43 307
12 月	1 253	135 721	1 125	124 632	372	48 592
2006 年						
1 月	1 112	109 429	984	99 277	282	29 911
2 月	1 065	112 742	973	105 055	329	46 548
3 月	1 105	120 954	1 003	112 730	335	50 149
4 月	1 175	121 376	1 041	111 369	365	48 038
5 月	1 098	113 195	982	103 839	297	42 993
6 月	1 130	123 558	1 007	113 037	331	40 500
7 月	1 160	118 843	1 038	109 509	372	49 069
8 月	1 218	131 105	1 083	120 923	367	58 983
9 月	1 158	120 795	1 043	111 876	392	46 802
10 月	1 186	119 914	1 069	111 036	401	55 795
11 月	1 220	136 340	1 111	127 286	411	60 599
12 月	1 201	133 818	1 099	124 526	390	53 828
2007 年						
1 月	1 237	126 368	1 095	115 615	389	51 141

- 表 3　产业分布：大规模裁员事件和首次失业申请

下面只展示了这张表的一部分，说明这些裁员在不同部门和政府机构之间的分布（未经过季节调整）。

表 3　产业分布：大规模裁员事件和首次失业申请

产业	大规模裁员总计				平均每周大规模裁员数量			
	事件		首次失业救济申领		事件		首次失业救济申领	
	2011 年 2 月	2012 年 2 月	2011 年 2 月	2012 年 2 月	2011 年 2 月	2012 年 2 月	2011 年 2 月	2012 年 2 月
总计	1 024	895	85 585	73 974	256	224	21 396	18 494
私营部门总计	976	865	82 230	71 884	244	216	20 558	17 971
农业、林业、渔业、狩猎	57	45	3 512	2 808	14	11	878	702
私营非农业部门	919	820	78 718	69 076	230	205	19 680	17 269
采矿	4	7	322	510	1	2	81	128
公共事业	(3)	—	(3)	—	(3)	—	(3)	—
建筑	104	81	7 003	5 395	26	20	1 751	1 349
楼房建筑	23	12	1 751	760	6	3	438	190
大型市政工程建筑	35	19	2 302	1 319	9	5	576	330
特殊行业承包商	46	50	2 950	3 316	12	13	738	829
制造	222	196	18 471	16 555	56	49	4 618	4 139
食品	58	45	5115	4 208	15	11	1 279	1 052
饮料、烟草产品	5	4	287	199	1	1	72	50
纺织	5	7	468	638	1	2	117	160
纺织品加工	4	4	270	512	1	1	68	128
服装	5	4	693	379	1	1	173	95
毛皮和相关产品	(3)	—	(3)	—	(3)	—	(3)	—
木制品	22	13	1 872	1 292	6	3	468	323
造纸	12	6	750	397	3	2	188	99
印刷及相关服务	6	9	679	634	2	2	170	159
石油和煤炭产品	(3)	(3)	(3)	(3)	(3)	(3)	(3)	(3)
化学工业	7	(3)	759	(3)	2	(3)	190	(3)
塑料和橡胶制品	5	9	262	547	1	2	66	137
非金属矿产品	16	7	1 141	505	4	2	285	126
原生金属	8	6	794	428	2	2	199	107
金属制品	8	10	446	699	2	2	112	175
机械	11	9	897	994	3	2	224	249
计算机和电子产品	13	15	847	1 008	3	4	212	252
电器设备	4	7	1 078	590	1	2	270	148
运输设备	19	20	1 275	1 725	5	5	319	431
家具和相关产品	9	13	533	1 095	2	3	133	274
其他制造业	(3)	4	(3)	467	(3)	1	(3)	117
批发贸易	24	17	2 187	1594	6	4	547	399
零售贸易	114	135	9 346	12 716	29	34	2 337	3 179

（续表）

产业	大规模裁员总计				平均每周大规模裁员数量			
	事件		首次失业救济申领		事件		首次失业救济申领	
	2011 年 2 月	2012 年 2 月	2011 年 2 月	2012 年 2 月	2011 年 2 月	2012 年 2 月	2011 年 2 月	2012 年 2 月
建筑材料和园艺用品	12	7	1 102	494	3	2	276	124
食品和饮料商店	19	26	1 450	2 735	5	7	363	684
衣料和衣饰商店	16	19	1 137	1 390	4	5	284	348
日用品商店	42	57	4 182	6 096	11	14	1 046	1 524
运输和仓储	49	32	5 630	3 506	12	8	1 408	877
货车运输	12	3	1 052	154	3	1	263	39
轻轨运输	20	17	3 272	2 561	5	4	818	640
运输服务	3	3	198	184	1	1	50	46
信息	58	42	8 959	4 456	15	11	2 240	1 114
金融保险	22	22	1 407	1 891	6	6	352	476
房地产及其租赁	7	5	369	305	2	1	92	76
专业和技术服务	43	25	3 729	1 931	11	6	932	483
公司和企业管理	(3)	5	(3)	344	(3)	1	(3)	86
行政管理和废物处理服务	166	155	13 894	11 920	42	39	3 474	2 980
教育服务	8	6	474	341	2	2	119	85
医疗和社会救助	28	26	1 685	1 686	7	7	421	422
艺术、娱乐和休养	11	19	629	1 442	3	5	157	361
住宿和餐饮服务	50	37	4 088	3 814	13	9	1 022	954
住宿服务	15	8	1 115	493	4	2	279	123
餐饮服务	35	29	2 973	3 321	9	7	743	830
其他服务但不包括公共管理	4	7	161	526	1	2	40	132
其他未分类产业	—	3	—	144	—	1	—	36
政府部门	48	30	3 355	2 090	12	8	839	523
联邦政府	5	5	384	337	1	1	96	84
州政府	17	10	1 029	715	4	3	257	179
州政府教育机构	6	7	383	531	2	2	96	133
地方政府	26	15	1 942	1 038	7	4	486	260
地方政府教育机构	10	6	1 032	377	3	2	258	94

● 表 4 　按地区和各州的分布：大规模裁员事件和首次失业申请（本书未列出）

这张表按州分列大规模裁员事件和填写失业救济金申请表的人数。

市场影响

关于这张表对债券、股票、货币市场的影响没有什么好说的。就相关月份而言，月度数据对于投资经理来说来得太晚了，他们更感兴趣的是反映经济状况的最新信息。

ADP 全国就业报告
ADP National Employment Report

市场敏感度：高。

含义：时效性强，可以据此预测即将发布的政府月度就业报告动向。

发布新闻的互联网网址：www.adpemploymentreport.com

网址主页：www.adpemploymentreport.com

发布时间：上午 8 点 15 分(美国东部时间)，在劳动统计局发布就业形势报告两天前公之于众。

频率：每月一次。

来源：自动化数据处理公司（ADP）和宏观经济咨询有限公司。

修订：每次发布报告都只是略微调整上月工资册人数。

为什么重要

对于宇宙科学家来说，最终目标是发现宇宙何处存在生命；对于神学考古人员来说，最高成就是发现诺亚方舟；而对于股票和债券市场的交易者来说，最热切的渴望是精确预测劳动统计局公布的月度就业人数。

哦，你也许在想，这有点太夸张了，但是事实的确如此。投资经理多年来一直想发明某种能预测政府就业报告的方法。尽管经验证明这不太容易，但是投资者还是一直没有放弃努力，因为历史告诉他们官方就业报告释放出来的信息能够引起全球股票市场、债券市场、汇率市场的地震。因此，投资者会投入大量的时间、精力和其他资源，力图事先就获知美国劳动市场的最新变化。

让我们看一看已经公开的各项就业指标：咨商局计算互联网广告上的职位数量，其他分析师则在每周发布的失业救济申请中寻找线索；供应管理协会（ISM）通过对制造业和服务业的调查考察就业活动；CGC 公司通过加总公司裁员公告和招聘公告来研究就业趋势；另外，还有消费者信息调查，这些调查通过问卷了解就业难度和劳动保障。所有这些报告尽管采用的方法不同，但是目的都是想判断劳动力市场形势在改善还是在恶化。很不幸，这些报告经常释放出相互矛盾的信息，至少是难以让我们对搅动市场的劳动统计局的报告得出一致预测。也许我们不应当对此大惊小怪。这些指标主要依赖于调查、测验、招聘广告、公司计划，唯一缺少的是实际工资册数据。弄一份以全国工资册统计为基础的先行指标不好吗？

没错，现在不仅有了这样一个指标，而且它问世以后，很快就抓住了投资者和商业媒体的注意力。2006 年 5 月诞生的 ADP 就业报告具备了能产生新闻效应的统计报告的所有特点。首先，它是一对理想合作伙伴的产物。ADP 是提供工资册分析服务的领头企业，它加工处理美国私营部门 1/6 雇员的工资单；另一个伙伴是宏观经济咨询有限公司，这是一家主要从事经济预测的企业。ADP 报告的主要特点是它的月度就业评估不仅会借助于调查，而且会以取自全国的真实的工资册数据样本为基础。ADP 数据库庞大，再加上宏观经济咨询公司的数据处理能力，使人们相信 ADP 报告能够预测政府公布的就业数据。当然，这份报告也不是万无一失。ADP 就业报告自面世之后也不乏失败记录，但是这不能否认一个事实：由于具有从事工资册分析服务的业务基础，ADP 公司为解读劳动形势提供了一个独特的视角。况且，这家工资册数据服务行业的巨头和宏观经济咨询有限公司又对统计方法进行了改进，提高了数据的预测能力，尤其是对劳动形势好转的预测更为准确。因此，ADP 就业报告在预测私营、非农业部门招聘规模方面更接近劳动统计局自己发布的月度指标。

如何计算

ADP 就业报告的产生方式引起了金融市场的浓厚兴趣。ADP 加工 50 万家以上企业的工资册数据，覆盖全国不同行业。但是 ADP 就业报告的工资册样本取自大约 35 万家私营、非农企业，涉及 2 100 万工人的工资数据（相比之下，劳动统计局每月调查 40 万家机构，反映了 5 000 万工人的状况）。ADP 以周为跨度，收集这些企业的工资信息，把涉及企业特征的信息剥离出去，以保护企业隐私，再把处理后的数据提交给宏观经济咨询公司。后者的经济学家特别关注包含每一个月第 12 天的数据，因为这正是劳动统计局开展调查的那一周。宏观经济咨询公司的专家对数据进行处理与修正，并进行季节调整，然后按照总计、商品、服务、企业规模、制造业中的就业等科目分门别类。

通过发掘 ADP 的数据财富，并借用政府的一些方法，工资册数据处理巨头和宏观经济咨询公司相信他们弄出的就业报告应该和劳动统计局公布的私营、非农企业当月就业数据非常接近。

表：关于未来经济走向的线索

可以从网上获取的 ADP 就业报告主要有三个部分。

➤ 总表。包含非农私营企业最后 6 个月中每个月的就业总计，及其主要部门的就业数据。你应该知道按照定义，这些数据不包括政府聘用的职工，而劳动统计局的统计中是有这一项的。为什么要集中在非政府就业趋势上呢?原因在于当人们试图评估经济状况时，关注的应该是私营企业发生的事情。政府机构雇用或解聘职员毕竟与总体经济形势无关，因为他们不用创造利润；但是公司就需要考虑利润。由于工资和福利成本高昂，私营部门

64

THE 经济指标**解读**：洞悉未来经济发展趋势和投资机会（第 3 版）
SECRETS OF ECONOMIC INDICATORS: Hidden Clues to Future Economic Trends and Investment Opportunities

招聘的前提是对经济有信心，尤其是对产品需求有信心。

➤ 四张图。反映私营、非农部门总体和分部门的月度就业变化。为了便于从历史的角度考察，图中给出了溯及 2001 年的数据。利用这些图还可以对 ADP 的评估和劳动统计局的官方统计进行比较。

➤ 最后，除了图表之外，还包含对上个月份劳动市场情况的分析。

● 表 1　按产业和规模分类的非农私营部门工资册人数

全部非农私营部门：第一行的标题反映了 ADP 估计的非农私营部门过去 6 个月中每个月的"真实"就业人数。"真实"是什么意思呢？我们前面已经提到，劳动统计局每个月都努力从大约 40 万家机构收集就业信息，而且信息反馈的截止时间卡得非常紧。这是一项非常艰巨的任务，因为并非所有企业都能迅速作出反应。到政府在第一个星期五公布影响市场的初步就业统计时，数据只能反映 2/3 被调查机构的情况。可能要等到一年或是更长的时间后，劳动统计局才能掌握宣布那个月最后的或"真实"的就业人数所需要的全部数据。相比之下，ADP 相信依靠自己丰富的工资册数据库和适当的方法，能够更快地预测劳动统计局"真实"的就业数据。

该表最右边一列包含了私营非农部门及其分部门的最新工资册人数变化。

表 1　按产业和规模分类的非农私营部门工资册人数（单位：千人）

产业 （工资册职工规模）	经过季节调整						变化：2012 年 1 月—2012 年 2 月 P
	2011 年 9 月	2011 年 10 月	2011 年 11 月	2011 年 12 月	2012 年 1 月	2012 年 2 月	
私营非农部门总计	109 225	109 367	109 593	109 860	110 033	110 249	216
小型（1~49）	48 991	49 059	49 174	49 297	49 390	49 498	108
中型(50~499)	42 344	42 412	42 505	42 622	42 698	42 786	88
大型（>499）	17 890	17 896	17 914	17 941	17 945	17 965	20
物品生产	18 004	18 013	18 038	18 080	18 104	18 150	46
小型（1~49）	6 615	6 619	6 633	6 649	6 659	6 677	18
中型(50~499)	7 863	7 875	7 889	7 912	7 925	7 948	23
大型（>499）	3 526	3 519	3 516	3 519	3 520	3 525	5
服务业	91 221	91 354	91 555	91 780	91 929	92 099	170
小型（1~49）	42 376	42 440	42 541	42 648	42 731	42 821	90
中型(50~499)	34 481	34 537	34 616	34 710	34 773	34 838	65
大型（>499）	14 364	14 377	14 398	14 422	14 425	14 440	15
补遗： 制造业	11 701	11 700	11 703	11 719	11 735	11 756	21

注：P 为初步数据，将会修正。
　　ADP 全国就业形势报告中的各种规模以工资册为依据。在某些情况下，按工资册分类的中小型企业雇用的工人可能要比工资册显示出来的数据大。

宽泛地说，有两个人群对每个月的就业数据盯得比较紧。首先是债券经纪人（把范围限制得更窄一点，股票投资人）会以迅速买进或卖出证券对就业新闻作出反应。他们在预测了金融市场对就业数据的反映后，会利用新闻效应打个短平快，而不管数据是初步的还是最终的。另一个人群包括经济学家和企业经理，他们以就业形势报告为基础来解读经济形势，以及经济未来的走向。这个人群的主要目标不是从市场上赚快钱，而是更好地掌握经济的基本面，帮助自己判断消费支出、企业投资、通货膨胀、利率在下个月和下个季度向何处去。

ADP 报告的价值在于它来自于一个巨大的真实世界的工资册信息数据库，让交易者和企业管理者们对劳动市场形势的感受更为真实，据说比劳动统计局相应月份的"初步"公告还要可靠。ADP 报告把自己的数据分成两组：商品生产和服务提供，对每一组又按企业规模（小、中、大）分类。拥有 1～49 名员工的企业为小企业，50～499 名员工的为中型企业，超过 499 名员工的为大企业。

那么，这样分组的预测价值在什么地方呢？首先，美国的商品制造业对经济周期的上升与下降比服务业更为敏感。如果经济恶化，需求疲软，零售商、批发商和工厂的存货量就会膨胀。如果库房堆满了卖不出去的微波炉、冰箱、大屏幕彩电、汽车，制造商就没什么必要招聘工人，甚至会解聘工人。相比之下，对服务和服务业工人的需求很少经历这么剧烈的波动。当家庭面临严峻的经济形势时，他们可能暂时取消购买贵重的消费品的计划，但是他们仍然会为医生、理发师、公交支付费用。因此，通过关注商品生产企业的招聘活动，你可以提前了解经济是否已经有衰退或扩张的苗头。

另外，从事商品生产的中小企业在招聘和解聘工人方面都要比大企业更灵活，因此这些企业就业状况的变化可以作为经济转折点的先行指标。事实上，在新招聘的工人中，大约 70%流向了中小企业。

- 图1 私营和非农部门商品生产企业的就业情况

ADP 就业报告中有一幅图描绘了商品生产业（包括制造业）的月度就业人数变化。在图 1 中，ADP 绘制了这个部门工资册数据的评估曲线和劳动统计局数据的变化曲线，这样你可以在自 2001 年开始的跨度内对两组数据进行比较。我们注意到 ADP 序列和政府序列的相关度达到了 0.95（1.0 意味着两个系列完全一致）。ADP 未来是否还能保持这么高的相关度我们还要拭目以待，但是只要能保持高度相关，ADP 就业报告就会被看作提前预测劳动市场和经济总体走势的最好的快照。

市场影响

债券

尽管问世不久，ADP 月度就业报告已经在投资界掀起了波澜。但是债券市场对 ADP 报告的反应主要取决于两个因素：其一，报告的评估与公众预期之间的偏差有多大？固定收益率市场的投资者一般比较担心统计数据出人意料，与就业增长有关的报告尤其如此。出人意料的就业波动非常容易扰乱债券市场。

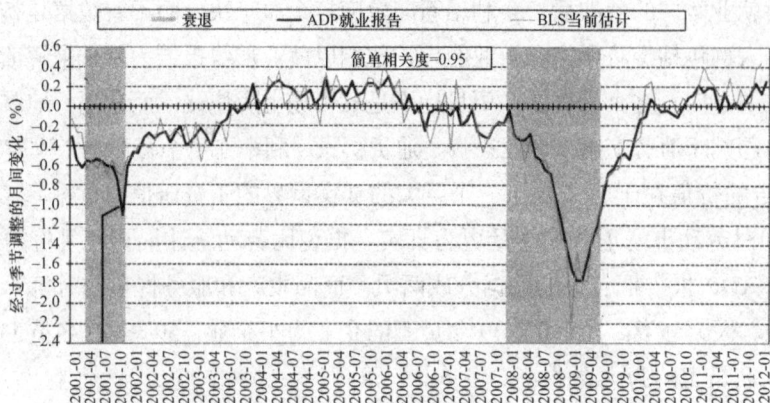

图 1　私营和非农部门商品生产企业的就业情况

资料来源：自动数据处理公司，宏观经济咨询有限公司，劳动统计局。

其二，也许更重要的是，ADP 预测要和经济周期结合起来研究。在经济刚从萧条中恢复或者还虚弱不堪时，债券经纪人对一份表明招聘数量大增、就业形势大好的报告可能会无动于衷。别忘了在周期中的这样一个阶段，仍然有很多领域复苏乏力，工资压力也还没有显现出来，因此债券价值相对稳定。如果这样一份报告是在经济和就业经过了一年的强劲增长发布的，那么固定收益率的经纪人就该神经紧张了，他们会担心随后发布的劳动统计局就业形势报告也表明同样的就业增长势头。企业将相应扩大招聘，从而增加劳动和资源压力，这通常会引起工资和商品价格膨胀，美联储对此绝不会袖手旁观。这对债券市场毫无疑问是一个利空。

股票

对就业市场充满活力和增长的预期，通常会使股票价格上涨。如果更多的人在工作，家庭收入增加，就会带来更多的消费支出，和更大的公司利润。但是我们需要郑重告诫读者：就像债券一样，股票市场的投资者知道持续强劲的经济增长会耗尽经济动力，增加通货膨胀的压力，美联储干预的可能性也会随之增加；而一旦利率提高，对股市就是一场噩梦。

另一方面，如果 ADP 报告持续而且是正确地预测就业增长缓慢，那么人们对公司利润增加的希望就会落空。在这种情况下，投资者的反应一般是减仓。

美元

外汇市场的投资者也注意到了 ADP 就业报告的重要性。大家关心的主要是报告预期将会如何影响利率。国际市场上的投资者将利用 ADP 报告来判断劳动统计局就业形势报告的数据。

一般来说，如果来自非农私营部门工资册的月度就业增长平均达到 15 万人以上，利率上升压力就会加大，与美元挂钩的资产就会成为更有吸引力的投资。就业增长每月低于 10 万人意味着经济疲软无力，国外投资者会因此判断利率不久将会下调。在这种情况下，美元会贬值；特别是在国外投资更有利可图时，对美元的打击就更为严重。

消费者支出和信心指数

个人收入和支出
Personal Income and Spending

市场敏感度：高。

含义：计算美国人的收入、开支以及储蓄。

发布新闻的互联网网址：www.bea.gov/newsreleases/national/pi/pinewsrelease.htm

网址主页：www.bea.gov

发布时间：上午 8 点 30 分（美国东部时间），一般在报告相关月份过后 4 个星期公布。

频率：每月一次。

来源：美国商业部经济分析局（BEA）。

修订：随着完整信息的获得，要修改后继几个月的收入、支出和储蓄数据。变化幅度通常不大，年度修订通常在夏天进行（7 月或 8 月），每 4～5 年进行基准调整，以反映新的数据和方法变化。

为什么重要

消费者支配市场，这是一个既浅显又简单的道理。没有消费者的参与，商业活动很快就会停滞。在美国，消费者的支出是销售、进口、工厂生产、商业投资、就业增长的主要驱动力。但是要花钱，就得有持续可靠的收入。只要收入稳定而快速地增长，支出也不会落后。如果收入增长迟缓，消费者就会控制他们的采购。尽管其他因素，如通货膨胀、股市波动所导致的家庭财富变动、不动产价值等也会影响消费者什么时候花多少钱，家庭收入在长时间内依然是最重要的决定因素。

政府把个人收入和支出报告分为三个部分：个人收入、支出以及储蓄。

个人收入

个人收入代表了家庭纳税前收到的钱。当然，真正有意义的是去掉个人所得税和非税支付后消费者手里还剩下多少可以支出的钱。这被称为可支配个人收入（Disposable Personal Income，DPI）。收入本身可能来自以下几个渠道。

- 工资和薪水（51%）：即付给企业雇员的报酬；它是最主要的渠道，代表了全部收入的 51%。
- 业主收入（8%）：这个奇怪的术语表示的是自营收入。既包括农业也包括非农业经济，如店主、从事私人诊疗的医生、独立的木匠、律师、咨询师等。
- 租金收入（3%）：表示人们收到的来自于不动产租赁的收入（只要不是他们的主要经营活动）。
- 红利收入（5%）：股票持有者从公司得到的钱。
- 利息收入（10%）：投资生息证券如国库券、公司债券的收入。
- 转移支付（17%）：来自联邦政府和州政府的支付，如社会保险支付、失业救济、食物补贴。
- 其他劳动收入（8%）：一个综合项目，包括雇主支付的款项，如工人生活保险、健康计划、奖金等。

家庭通过出售股票、债券和不动产得到的收入被排除在个人收入之外。

个人支出正式的说法是"个人消费支出"

你对收入只有两种处理方式——花掉或者存起来。习惯上，普通家庭每收入 1 美元就花掉 95 美分。正是这种高水平的消费保障了 2/3 的经济活动。这就是个人收入报告公布时个人消费支出（Personal Consumption Expenditures，PCE）总是占据大字标题位置的原因。作为对消费支出的测度，PCE 不仅是远比零售额更为全面的消费者支出指标，同时它还是 GDP 的最大组成部分。因此，PCE 的波动会引起经济周期的重大变化。

人们都把钱花在哪儿啦？PCE 统计中的 3 个粗略分类很醒目：耐用品、非耐用品，以及服务。耐用品通常是昂贵的，它是指可以使用 3 年或更多年头的产品，包括汽车、电冰箱、洗衣机，等等。因为这些产品昂贵，寿命长，因此占消费支出比例最小，大约 10%～15%。非耐用品通常寿命期限少于 3 年，包括的商品有食品、衣服、书籍。非耐用品采购占全部开支的 20%～25%。第三项是服务，这也是消费者采购内容中增长最快的部分，从 20 世纪 60 年代的 40%增长到了现在的 65%。服务项目包括医疗、理发、法律费用、电影、空中旅行，等等。

个人储蓄

储蓄是支付商品、服务、信用卡及贷款利息之后的剩余。从可支配收入中减掉每月的所有这些支出，剩下的部分就是储蓄，这些钱通常会留在储蓄存款、定期存款、货币市场账户、股票和债券市场中。

除了储蓄中的美元数量外，知道可支配收入中的储蓄比例也是有用的，这个比例被称为个人储蓄率。例如，如果你在每 100 元的可支配收入中都储蓄 5 美元，储蓄率就是 5%。

回忆一下 20 世纪 60 年代和 90 年代，那时家庭相对比较节俭，保持着高于 8% 的储蓄率，这意味着他们获取的每 100 元税后收入中，至少要存 8 美元。但是从那以后，储蓄率向石头一样跌落下来，因为美国人已经不太愿意把大部分拿回家的钱存起来了。到 1996 年，储蓄率已经滑到 4% 以下。到 2005 年和 2006 年，储蓄跌落到负值范围，因为家庭通常花掉的比挣的还要多。因此，美国人在花掉全部当期收入后，还要借更多的钱，甚至还要啃过去积累的老本，来为现在的采购融资。通过对这张表进行简单的计算，你将惊奇地发现购物成瘾的消费者如何过着超出自己支付能力的生活。请注意已经经过年度化处理的某个月的工资和薪水，并与消费者的同期实际支出（个人消费支出）相比较。回到 1980 年，工资和薪水大约占全部支出的 80%，而其余部分（20%）则通过借债或消耗过去的储蓄来抵消。到 2006 年夏天，工资和薪水只占全部支出的 65%，这意味着消费者要借的钱比过去更多，并且还要拿出一些储蓄来填补差额。

储蓄状况的恶化会这样无休无止地持续下去吗？当然不能。随着储蓄耗尽，负债加重，一旦经济形势严峻，失业增加，美国人就把自己暴露于巨大风险之下。家庭财政捉襟见肘，加上担心失业，迫使消费者削减支出，保护储蓄，以便在遇到紧急情况时至少手头还有现金备用。这正是 2008—2009 年全球金融危机发生时的现象，当时储蓄率从 2005 年不足 2% 一下跳到了 2009 年的 7%。

美国人选择增加储蓄还有另一个原因。有时利率提高，更高的信贷成本不仅遏制了购物冲动，同时也会激励人们多储蓄，因为现在投资于大额存单或国库券可以得到更多的回报。最后，由于社保和私人养老计划的未来偿付能力很不确定，美国人已经极不情愿地认识到要想退休后过上舒适的生活，还得依靠自己存钱。

如何计算

为个人收入报告收集数据是一件烦人的工作。从事个人收入和开支计算的经济分析局必须从政府或非政府的许多渠道收集信息。例如，工资和薪水数据来自月度就业形势报告。转移支付，如社会保险收入、退役军人抚恤金和失业救济金来自于社会保障管理局（Social Security Administration）、财政部和劳工部。股利收入是从美国人口普查局、美国国税局（IRS）记录以及公司填的季度收入申报数据中推断出来的。利息收入以财政部的出版物和美联储的资金流动表为基础。自营所得和租金收入则根据其他政府资源估计。所做的上述这一切，就是为了一个个人收入！

至于个人支出数字，统计部门考察的是零售额（但汽车除外）。美国在汽车上花费的金额一部分是以汽车生产商发表的报告为基础的。服务支出的用途复杂。消费者用于空中旅行的费用由空中运输协会（the Air Transport Association）提供，流向医疗保健的金额来自劳工部的就业数据。在某些情况下，例如，在处理看牙和理发消费时，经济分析局唯一能依赖的资源就是简单的直线计算，即把每月用于这方面开销的自动增量加总。这也许不是计算消费者支出的精确算法，但这个方法通过每年的试验和应用得到了支持。不管来源如何，只要政府能得到更完整的信息，最后都会修改这些数字。

个人收入和个人消费支出都要进行季节调整，而且都是既以现值美元（没有针对通货膨胀进行调整）又以定值美元（消除了通货膨胀影响）表示。月度数字还要年度化以反映如果相应的趋势持续整整一个年头，这些指标将会有何种表现。

谈到储蓄水平，这里并没有什么奇思妙算。它就是一个残留数字；储蓄就是从个人可支配收入中减去全部消费支出后的剩余。

表：关于未来经济走向的线索

- **表 1　个人收入及支配（月度）**

（1）这第一张表按照现值美元和年度化的比例记录了个人月度收入和支出。对收入的每一种贡献都列在了这里：工资和薪水、其他劳动收入（来自于工作的额外福利）、业主收入（自营收入）、租金收入、红利收入以及转移支付。与最新的收入数字并列的还有前 7 个月的数据，这样你就可以看出数据随时间的变化。

通过研究个人收入增长，你可以洞悉未来消费支出的趋势。但是你在做一般化处理时可得小心翼翼。收入和支出之间的关系不像以前那么简单了。从 20 世纪 90 年代开始，对个人财富的感觉也对消费费用产生了重要影响。家庭如果看到他们的金融和不动产投资在增值，他们就会加快支出，这种现象被称为财富效应。例如，经济学家估计一个人的股票资产组合每增值 1 美元，消费者就会多花 3~6 美分。其他类型的财富（如不动产）每增值 1 美元，支出提高 2~4 美分。当然，经济暗淡时，这些资产会缩水，你得到的财富是负的，家庭财富的损失会引起支出的急剧减少——在个人储蓄被侵蚀时尤其如此。因此，家庭财富变化在决定消费者支出行为方面起着举足轻重的作用。

关于个人收入，还要指出另外两点。工资和薪水可能会在年终被扭曲，因为公司这时要发奖金，从而会引起月收入的一个短暂的波峰。其次是转移支付，如社会保障，对 1 月份的个人收入数据会产生一个短暂的亮点，因为政府那时要添加美元以反映生活费用调整（Cost-of-living Adjustment，COLA）。COLA 确切的增加值取决于消费者物价指数的年度变化（参见本书后面的"消费者物价指数"一节）。最近，计算 COLA 的方法已经变了，最新的法律要求社会保障局累计最后一个第三季度每个月的通货膨胀指数，并计算与一年前第三季度相比的增长率。如果通货膨胀在这 4 个季度中上升了 3%，社会救济金的领取者在紧接着的 1 月份会发现他们支票上的钱也有类似的增长。

表 1　个人收入及支配（月度）　　　　　　　（单位：10 亿美元）

		经过按年增长率进行的季节调整						
	2002 年	2003 年						
	12 月	1 月	2 月	3 月	4 月	5 月	6 月	7 月
个人收入	9 047.4	9 069.1	9 096.0	9 119.2	9 137.3	9 172.9	9 206.6	9 226.0
工资和薪水	5 039.5	5 050.9	5 074.1	5 083.4	5 082.5	5 095.7	5 109.9	5 109.4
私人部门	4 172.2	4 175.1	4 191.9	4 198.4	4 195.6	4 206.3	4 215.5	4 218.5
产品生产部门	1 110.0	1 109.5	1 111.0	1 113.5	1 111.7	1 114.5	1 116.9	1 114.1
制造	751.8	751.3	752.7	752.9	748.9	749.1	749.5	747.0
流通部门	1 116.7	1 114.5	1 117.8	1 118.5	1 118.3	1 119.7	1 121.7	1 121.5
服务部门	1 945.5	1 951.1	1 963.1	1 966.4	1 965.6	1 972.1	1 976.9	1 982.9
政府	867.3	875.8	882.2	885.0	886.5	889.4	894.4	890.9
其他劳动收入	634.4	637.0	639.4	641.1	642.8	645.2	646.9	647.8
经过存货评估和资本损耗调整的业主收入	774.6	783.3	782.3	787.7	794.7	803.2	814.6	823.6
农业	10.2	12.3	14.4	15.9	16.1	15.5	15.6	15.5
非农业	764.4	7 71.0	767.9	771.7	778.7	787.7	798.9	808.2
经过资本损耗调整的个人租金收入	127.9	1 27.5	126.9	126.2	121.7	116.0	110.6	116.4
个人红利收入	446.3	448.6	451.2	453.7	456.4	459.1	461.5	463.9
个人利息收入	1 083.1	1 079.4	1 075.8	1 072.2	1 076.9	1 081.6	1 086.3	1 086.4
对个人的转移支付	1 329.8	1 333.9	1 339.6	1 348.9	1 356.3	1 367.1	1 372.9	1 374.8
老人、残疾以及医疗保险福利	717.6	718.2	722.4	727.1	729.6	737.3	738.5	740.0
政府失业保险福利	63.3	60.9	61.5	63.6	64.8	65.7	67.5	67.2
其他	548.9	554.8	555.7	558.1	561.9	564.1	566.8	567.5
减：个人对社保的贡献	388.0	391.6	393.2	394.0	394.1	395.1	396.1	396.3
减：个人纳税和非税性支付	1 092.2	1 070.1	1078.3	1 083.1	1083.1	1 085.9	1 089.0	988.1
等于：个人可支配收入	7 955.2	7 998.9	8 017.7	8 036.1	8 054.2	8 087.0	8 117.6	8 237.9
减：个人支出	7 704.1	7 707.7	7 705.4	7 769.8	7 776.2	7 815.4	7 863.1	7 922.4
个人消费支出	7 491.2	7 493.4	7 490.3	7 553.9	7 556.8	7 592.7	7 637.2	7 696.9
耐用品	915.9	866.3	845.7	871.7	894.1	8 99.0	907.8	927.1
非耐用品	2 162.1	2 193.3	2 203.7	2 223.3	2 193.4	2 197.5	2 215.5	2 234.3
服务	4 413.2	4 433.8	4 441.0	4 458.9	4 469.3	4 496.2	4 513.9	4 535.4
个人利息支出	180.1	180.9	181.7	182.5	185.8	189.0	192.3	191.79
个人向其他国家的净转移支付	32.8	33.4	33.4	33.4	33.6	33.6	33.6	33.6
等于：个人储蓄	251.1	291.2	312.3	266.4	278.0	271.6	254.4	315.5
补遗：								
个人可支配收入								
总计（单位：10 亿美元，按 1996 年连锁美元计价）	7 105.9	7 131.0	7 118.2	7 109.1	7 140.6	7 176.3	7 187.9	7 279.8
单位资本								
现值美元	27 557	27 688	27 733	27 774	27 813	27 903	27 982	28 370
连锁（1996 年）美元	24 615	24 684	24 622	24 571	24 658	24 760	24 778	25 071
人口（单位：千人）	288 682	288 893	289 098	289 335	289 579	280 828	290 096	290 370
个人储蓄占个人可支配收入的百分比（%）	3.2	3.6	3.9	3.3	3.5	3.4	3.1	3.8

1▶ 2▶ 3▶ 4▶ 5▶

（2）实际可支配个人收入位于表的底部，被标记为连锁美元（chained dollars），它的增长对消费者未来的消费是个好兆头。这个数据是将月收入扣除税款（以及交给政府的非税支付），再对通货膨胀做出调整后得到的。它是对消费者真实购买力最好的计算办法。我在这里说说为什么。假设可支配个人收入上个月增长了 1%，但是一般的价格水平（或通货膨胀）也增长了同样数量。在这样的情形下，人们实际收获没有任何增长，因为价格按同一比例上涨了。因此，实际可支配个人收入增长从效果上等于零。然而，如果收入上升了 1%，而通货膨胀那个月只增长了 0.2%，实际购买力就增长了 0.8%（1%－0.2%=0.8%）。研究表明实际可支配个人收入的变化预示着消费者的支出形式也将改变。

（3）现在来看看支出的详细内容。表的第二部分按构成描述了个人开支（个人消费支出、利息支付以及个人转移支付）。有充足的理由认为个人消费支出是整张表中的最重要的数字。这个数字代表了个人购买耐用品、非耐用品以及服务的消耗总和。因为消费者支出占 GDP 的 70%，支出行为的任何变化都会对经济整体产生明显影响。

（4）有时家庭花掉的比拿回家的收入要多，这就迫使家庭动用储蓄或借钱弥补差额。然而，这种行为不可能长期维持，因为到了一定时间，家庭就会耗尽储蓄或欠下太多债务，或者同时面对这两种结果。任何一种方式都会引起支出的急剧下降，阻碍经济扩张。

预警信号是什么？其中一个地雷拉线是应偿还给贷款者的利息总额。在阅读个人支出流向的那一项时，你会注意到一个标记为个人应付利息的子项（这个量值中不包括不动产贷款的贷款利息和房屋净值贷款利息，因为这两者都被当作投资支出而不是消费支出）。是否存在利息负担沉重到对未来支出构成威胁的一个点呢？肯定存在。但该点位于何处，专家们还没有取得一致意见。一个常用的晴雨表是建立在对负债与可支配个人收入比例关系的简单计算上的（利息支付/DPI×100）。从历史上看，利息支付占可支配收入的比例一般在 2%～2.5%。如果在一个较长的时间里超过 2.5%，就意味着家庭正在面临财政紧张，从而会抑制未来的支出。

（5）再沿该表向下是个人储蓄率。这个数字非常有趣，但预报价值不大。按照定义，这里的储蓄不包括对股票、债券、不动产资产的评估。因此，20 年内任何投资不动产和股票市场的人虽然发现他们的家庭财富增长了，但是这些财富并没有表现为储蓄的一部分。

跟踪所有的储蓄信息有意义吗？只是储蓄变化有大起大落时才有意义。向任何方向的剧烈变化都显示出家庭对未来财政的关心在增强。如果人们对收入和工作保障的感觉更为紧张，储蓄就会有一个突然的上升。而且，拿去存起来的钱越多，能用在购物上的钱就越少。出于同样原因，个人储蓄率的急剧下降也很麻烦。如果持续入不抵出，家庭就会消耗储蓄弥补差额，那么同样会给经济带来不详后果。因此，个人储蓄率无论急剧上升或下降，都应该深入调查。就其本身而言，是难以反映对经济的短期影响的。

- **表 2　个人收入及分配（年度和季度）（本书未列出）**

这张表与表 1 的分类相同，只是数据是全年和季度的。这样你就可以避免短期数字的不正常波动。

- **表 5　个人收入及分配，与前期相比的变化率**

表 5　个人收入及分配，与前期相比的变化率（月度%）

	月度变化（经过季节调整）						
	2002 年	2003 年					
	12 月	1 月	2 月	3 月	4 月	5 月	6 月	7 月
个人收入	0.4	0.2	0.3	0.3	0.2	0.4	0.4	0.2
工资和薪水	0.4	0.2	0.5	0.2	0	0.3	0.3	0
其他劳动收入	0.7	0.4	0.4	0.3	0.3	0.4	0.3	0.1
经过存货评估和资本损耗调整的所有权收入	0.5	1.1	-0.1	0.7	0.9	1.1	1.4	1.1
经过资本损耗调整的个人租金收入	-2.1	-0.3	-0.5	-0.6	-3.6	-4.7	-4.6	5.2
个人红利收入	0.5	0.6	0.6	0.6	0.6	0.6	0.5	0.5
个人利息收入	0.2	-0.3	-0.3	-0.3	0.4	0.4	0.4	0
转移支付	0.9	0.3	0.4	0.7	0.5	0.8	0.4	0.1
减：个人社保费用	**0.4**	**0.9**	**0.4**	**0.2**	**0**	**0.3**	**0.3**	**0.1**
减去：个税和非税收支付	**0.3**	**-2.0**	**0.8**	**0.4**	**0**	**0.3**	**0.3**	**-9.3**
等于：个人可支配收入	**0.5**	**0.5**	**0.2**	**0.2**	**0.2**	**0.4**	**0.4**	**1.5**
补遗								
个人消费支出	1.1	0	0	0.8	0	0.5	0.6	0.8
耐用品	6.8	-5.4	-2.4	3.1	2.6	0.5	1.0	2.1
非耐用品	0.6	1.4	0.5	0.9	-1.3	0.8	0.8	0.8
服务	0.2	0.5	0.2	0.2	0.2	0.6	0.4	0.5
基于连锁美元（1996）的个人可支配收入	0.4	0.4	-0.2	-0.1	0.4	0.5	0.2	1.3

7▶

（6）表 5 中有值得特别关注的一项——耐用品支出。它由价格昂贵的、使用寿命在 3 年以上的消费品组成（如汽车、家用电器等）。因为价格高，又经常涉及融资，所以消费耐用品的订购对经济波动非常敏感。工资增长、工作稳定刺激人们购买消费耐用品，这反过来又会导致企业产量增加。然而，只要经济前景有一丁点儿麻烦，对耐用品的订购量就会像石头一样向下落。正因为如此，这一类产品是经济转折点的非常优秀的预报器。耐用品采购力度在衰退发生前 6~12 个月就开始减弱，在衰退结束、开始复苏前 1~2 个月又开始走强。

- **表 7　按主要产品分类的实际个人消费支出（PCE）**

（7）到目前为止，所有的个人支出（PCE）都是以现值美元为基础的，没有经过通货膨胀调整。这张表描述的是以月度为基础的（经过通货膨胀调整的）实际支出，信息丰富，有助于预测经济增长的幅度。请记住 GDP 的约 2/3 是实际的 PCE。你必须做的就是盯住实际 PCE 在最近 3 个月的变化，这样就可以观察到这个占经济比重最大的分量是如何起作用的。它对于预测 GDP 在这个季度或更长时间内的走向是一个很好的指示器。

- **表 9 和表 11　个人消费支出物价指数**

（8）当谈到经济中的通货膨胀时，大部分人最爱引用的是 CPI（消费者物价指数）。但越来越多的经济学家和政策制定者，包括美联储，相信度量经济中消费者通货膨胀的最好工具是 PCE 物价指数。这个指标还被用来把个人支出从（未经通货膨胀调整的）现值美元转化为（经过通货膨胀调整的）定值美元。然而，大多数投资者和企业经理（以及社会保障局）仍然偏好 CPI，这确实是一个优秀的指标。归根结底，这两种通货膨胀处理方法并没有什么差别。之所以把 PCE 物价指数提出来，根本原因在于美联储是根据这一指标来确定利率政策的。

74

经济指标**解读**：洞悉未来经济发展趋势和投资机会（第 3 版）
SECRETS OF ECONOMIC INDICATORS: Hidden Clues to Future Economic Trends and Investment Opportunities

表 7　按主要产品分类的实际个人消费支出（月度）

	2002 年	2003 年						
		经过按年增长率进行的季节调整						
	12 月	1 月	2 月	3 月	4 月	5 月	6 月	7 月
	10 亿连锁美元（1996 年）							
个人消费支出	6 691.4	6 680.3	6 649.9	6 682.5	6 699.6	6 737.7	6 762.6	6 801.7
耐用品	1 062.9	1 008.7	987.6	1 019.8	1 048.6	1 060.5	1 074.3	1 099.7
非耐用品	1 962.0	1 984.4	1 972.0	1980.4	1 970.8	1 986.6	1 996.1	2 008.1
服务	3 708.1	3 716.2	3 714.2	3714.2	3 718.5	3 731.2	3 736.1	3 743.9
	与前期相比的变化［单位：10 亿连锁美元（1996 年）］							
个人消费支出	66.1	-11.1	-30.4	32.6	17.1	38.1	24.9	39.1
耐用品	71.2	-54.2	-21.1	32.2	28.8	11.9	13.8	25.4
非耐用品	12.0	22.4	-12.4	8.4	-9.6	15.8	9.5	12.0
服务	-0.6	8.1	-2.0	0	4.3	12.7	4.9	7.8
	与前期相比的月度变化［单位：按连锁美元（1996 年）计］							
个人消费支出	1.0	-0.2	-0.5	0.5	0.3	0.6	0.4	0.6
耐用品	7.2	-5.1	-2.1	3.3	2.8	1.1	1.3	2.4
非耐用品	0.6	1.1	-0.6	0.4	-0.5	0.8	0.5	0.6
服务	0	0.2	-0.1	0	0.1	0.3	0.1	0.2

7▶

表 9　个人消费支出物价指数：与前期相比的变化幅度和变化率（月度）

	2002 年	2003 年						
		季节调整后						
	12 月	1 月	2 月	3 月	4 月	5 月	6 月	7 月
	链形物价指数（1996 年=100）							
个人消费支出	111.95	112.17	112.64	113.04	112.80	112.69	112.94	113.16
耐用品	86.14	85.86	85.60	85.46	85.24	84.74	84.47	84.28
非耐用品	110.19	110.53	111.74	112.26	111.30	110.62	110.99	111.26
服务	119.02	119.31	119.57	120.05	120.19	120.51	120.82	121.14
补漏： 个人消费支出 减食品和能源	111.42	111.47	111.52	111.64	111.71	111.76	111.92	112.17
	与前期相比价格指数的变化百分比（月度）							
个人消费支出	0.1	0.2	0.4	0.4	-0.2	-0.1	0.2	0.2
耐用品	-0.4	-0.3	-0.3	-0.2	-0.3	-0.6	-0.3	-0.2
非耐用品	-0.1	0.3	1.1	0.5	-0.9	-0.6	0.3	0.2
服务	0.3	0.2	0.2	0.4	0.1	0.3	0.3	0.3
补漏： 个人消费支出 减食品和能源	0.1	0	0	0.1	0.1	0	0.1	0.2

8▶

表 11　按链接形物价指数计算的个人消费支出与上年同月相比的变化率

	与前期相比的月度变化［单位：按连锁美元（1996 年）］							
个人消费支出	2.0	2.1	2.3	2.4	1.7	1.7	1.8	1.8
耐用品	-3.1	-3.1	-2.5	-2.4	-2.5	-3.1	-3.1	-3.1
非耐用品	2.3	2.3	3.0	2.9	1.0	1.0	1.3	1.5
服务	3.0	3.0	2.9	3.2	3.0	3.0	3.0	3.0
补漏： 个人消费支出 减食品和能源	1.7	1.6	1.4	1.5	1.3	1.2	1.2	1.4

9▶

（9）这张表包含了以 PCE 物价指数为基础的月通货膨胀的跨年度变化。平均来看，PCE 价格通货膨胀指数倾向于比 CPI 低 0.3 个百分点。其原因在于两种测算方法建立在不同的假设前提上。大标题上的 CPI 没有考虑到消费者每个月替代产品的可能性，即使这样做对他们是有利的。如果牛肉太贵了，一个人可以改吃便宜一点的鸡肉。这样的购买习惯没有被 CPI 纳入考虑范围。它会继续跟踪牛肉价格，尽管人们已经改变了吃东西的习惯。从另一方面来看，PCE 物价指数容许替代，因此它计算出来的通货膨胀率一般比 CPI 要低。

市场影响

一般来说，一份发布这么晚的经济指标是不会得到金融市场多少关注的。投资者已经从就业形势报告和零售额数据中获得了关于个人收入和支出的一些信息。但是这份报告中的一个核心统计数据吸引了投资经理们和决策者：PCE 价格指数。美联储公开宣布它希望这个重要的通货膨胀指数每年上升 1.75%～2%。低于或高于这个范围对利率政策就意味深长了。

债券

固定收益率的债券投资者希望看到无论是收入还是支出增长都没有什么增长。任何证实经济疲软的数据都有望提高债券价格、降低收益。相反，个人收入尤其是个人消费的加速增长会刺激交易者，因为它意味着未来经济的快速增长和较高的通货膨胀率，这个形势会迫使美联储提高短期利率。因此，家庭支出出乎意料的上升将引起固定受益率的债券市场的抛售行为，导致价格下跌，收益上升。

股票

我们可以想象股票市场上的投资者与他们在债券市场的同事相比会有所不同。较高的个人收入和支出在股票市场更受欢迎，因为这能给经济增加新的活力，充实公司利润。这种情形比软弱无力的收入增长和疲软的支出势头要好得多，因为后者预示着经济将苦苦挣扎而公司利润微薄。

当然，这里有必要提醒一下。如果数据显示个人消费增长时经济已经达到或接近最高速度，人们就会提高对通货膨胀加速、利率上升的预期，股票投资者就会逃离市场，因为无论是股票还是债券投资者对这种趋势都是深恶痛绝的。

美元

外汇市场的投资者肯定会对个人收入和支出作出反应。这两个指标的增长对美元是好兆头。消费需求高会进一步促进增长，加大利率提升压力。这会使得美元对外汇投资者更具有吸引力，在投资美元的回报率高于其他货币时更是如此。比期望要弱的消费支出报告预示着较低的利率，这通常是美元熊市的征兆。

零售额
Retail Sales

市场敏感度：高。

含义：当月在消费者支出方面的第一份报告；可能出乎人们意料。

发布新闻的互联网网址：www.census.gov/retail

网址主页：www.census.gov

发布时间：上午 8 点 30 分（美国东部时间），相关月份结束后的第二个星期可以得到。

频率：每月一次。

来源：美国商业部普查局（Bureau of the Census, Department of Commerce）。

修订：从月到月的修改幅度较大。每次发布数据都包含了对前两个月数据的广泛修改，以反映更充分的信息。基准调整在每年的 3 月公布，可能回溯 3 年或更长时间。

为什么重要

取走桌子的三条腿，瞧，它不再像张桌子了。如果你把美国经济想象成一张桌子，而消费者支出就是它的三条腿，你就会理解为什么投资界对任何能帮助他们洞察购物者心态和行为的指标都会给予超乎寻常的关注。消费者支出构成了全部经济活动的 70%，而销售额又在其中占了 1/3 这么大的比重。只要消费者让收款机响个不停，就是经济整体增长和繁荣的信号。为了观察支出，普查局每月都要访问数千家零售商，调查他们的最新销售数字。相应地，投资者和经济学家把消费者支出看作反映消费者支出形式变化的最好指标之一。这个数字出乎意料的变化可以引起股票价格的波动。

但是零售额也有一些缺点。它只能反映花在商品上的支出，例如，在商店、汽车销售商、加油站、食品服务提供商（如饭店那些地方）看到的支出。至于空中旅行、牙科护理、理发、保险、看电影等方面的事情，这份报告什么也没有说。然而服务业消耗了全部个人支出的 2/3。还有，零售额只以名义美元度量，意味着未经通货膨胀调整。这就让我们难以确定消费者的支出是用在了更多的实际商品上还是只是花在了商品的价格上涨上。最后，作为领先指标，第一次公布的消费者零售额显得变化不定，因而容易造成误导。司空见惯的是，政府经常在某个月报告零售额下降了，经过修订后又变成了上升。

虽然如此，政府在让这一经济指标更适应现代需要方面取得了一些进步。例如，零售额报告现在覆盖了互联网购物，但是在发布时并没有按照在线销售数字对其进行分类。要想知道消费者通过互联网购买了多少商品，你得去查阅商务部季度电子商务报告（参见下一经济指标"电子商务零售额"）。

如何计算

调查表随机发给全国 5 000 家大大小小的零售商。这些企业会在月度结束后 3 天左右收到调查表，估计可在一个星期左右的时间里作出答复。但是，能及时寄回调查表的零售商通常还不到 50%。在这种情况下，政府还是要综合这些数据，准备先期的零售额报告——该月三份报告中的第一份。这份先期报告以快速而又粗浅的方式评估消费者支出结构的变化。在接下来的时间里再对另外 8 000 家零售商进行抽查，并在此基础上构造出一份更完整的图像，描绘出消费者正在做什么。调查结果导致对统计的第一次修改，这称为第一次修订。4 个星期之后，根据所有反馈数据作了进一步修订的最后一版报告公布。一般情况下，有 13 000 家企业接受调查，70%～75%有反馈。在计算金额时要从零售总收入中减去顾客退货及回扣。营业税、特许权税、商场信用卡支付的金融费用也要扣除。

报告中的总金额没有年度化，你看到的都是在指定的月份消费者花费在商品上的数量。但是，这份数据应进行季节调整，比如说，那个月有多少假日，冬天一般会对零售额产生什么影响。

表：关于未来经济走向的线索

过分依赖基于零售额的预先评估是有风险的，因为这些数字赖以建立的样本太小。通过监测 3 个月的移动平均或把最近 3 个月的数据与去年同期 3 个月的数据进行比较，可以更准确地把握消费者支出模式的潜在趋势。

- 表 2　月度商品零售和食品服务预先估计销售额的变化率，按部门分类

（1）最近几个星期人们从零售商那里买的多了还是少了？答案可能很有启发。消费者支出行为变化能让我们很好地洞悉美国家庭的现代心态。这一栏记录购物者在最近两个月中的每个月以及最后的 12 个月零售支出的变化率。你应当牢记的是所有这些数字都是以名义美元计算的，没有经过通货膨胀调整。因为经济效果是用实际（即经过通货膨胀调整的）增长率来度量的，我们必须知道商品零售的真实的数量增长。方法之一是从零售额的月度和年度变化百分比中，减去消费者价格的对应变化率。结果我们可以得到关于实际零售额的一个很好的近似。例如，最后 12 个月零售额增长了 6%，同一时期用消费者物价指数衡量的通货膨胀上升了 3%，这就意味着消费者在去年一年实际上多购买了 3% 的产品，而另外 3% 的零售额增长率被价格上涨消耗掉了。

这一节不仅让你对零售商的表现有所认识，它还让你能够预测未来的 GDP 增长。零售额用

表 2　月度零售和餐饮服务月度销售额预期变化率，按企业类型分类（预期变化率以百分数表示，数据来自月度零售业调查先期报告，月度零食业调查报告以及管理部门记录）

NAICS 代码	商业类型	变化率（%）					
		2007 年 1 月（根据……）		2006 年 12 月（初步得自……）		2006 年 11 月—2007 年 1 月变化率	
		2006.12	2006.1	2006.11	2006.12	2006.8—2006.10	2005.11—2006.1
1▶	零售及餐饮服务总计	0.0	2.3	1.2	5.7	0.9	4.1
2▶	总计（不包括机动车及零部件）	0.3	3.4	1.3	6.0	0.9	4.6
	零售	0.1	2.0	1.0	5.3	0.7	3.8
441	机动车及零部件交易商	-1.3	-1.7	1.0	4.7	0.8	2.4
4411,4412	汽车及其他机动车交易商	-1.2	-1.4	1.0	5.1	1.0	2.8
442	家具店	0.8	-0.2	0.0	4.9	-0.8	2.9
443	电子和家用电器商店	-1.2	3.5	1.8	12.6	5.9	8.0
444	建筑材料和园艺设备商	0.8	-3.1	0.7	2.5	0.2	0.2
445	食品和饮料店	0.7	6.3	0.6	5.5	1.8	0.7
4451	食品杂货店	0.6	6.0	0.7	4.8	1.7	5.1
446	医疗和个人保健商店	0.6	8.1	0.2	8.2	1.9	8.3
447	加油站	-0.7	-2.9	3.6	3.6	-2.1	-0.3
3▶ 448	衣料与衣饰商店	1.0	4.6	1.1	6.1	0.3	5.1
451	运动产品、休闲、书籍和音像商店	0.5	-3.1	-0.5	2.5	-2.3	0.9
452	日用品商店	1.3	5.6	1.2	5.8	2.0	5.1
4521	百货商店（不包括柜台租赁）	1.4	0.3	0.5	-0.1	1.0	-0.5
453	其他商店	-1.1	1.9	0.4	8.9	0.9	5.6
4▶ 454	无店零售商	0.5	8.4	-0.7	5.9	0.0	7.5
722	餐饮服务场所	-0.7	5.3	3.1	9.4	2.1	7.0

于计算个人消费支出（参见“个人消费和支出”一节），后者是计算全国 GDP 的最重要的组成部分。事实上，实际 GDP 的变化与实际零售额的变化息息相关。

（2）零售额中大约 25% 的钱花在了购买机动车辆和与汽车相关的产品上。但汽车部分在不同的月份之间波动非常大，可能会扭曲呈现在我们面前的零售画面。为纠正这一偏差，报告中分出了一行 [总计（汽车及零部件除外）]，政府在这里剥离了汽车支出部分，好让人们更容易看出消费者支出的潜在趋势。

（3）地理政治事件和国内炼油能力可能会极大地影响司机的汽油支出，因此聪明的做法是同时监测这类支出，了解它对总零售额的影响。例如，如果是汽油价格波动引起的，那么消费者支出的上涨不一定指示了经济的健康增长；实际上，在较长的时间内，高的汽油价格会抑制人们在其他零售部门的支出。

（4）传统的店面购物在全部零售市场中仍然占据统治地位。但是除了去商店和购物中心之外，还有其他购物方式，这类购物被称作“非店面零售”。政府按销售渠道进一步对其分类统计，如邮购、互联网、售货机自助销售、电话购物（事先通过电视广告或通过有线购物网络让消费者了解商品）等。不错，这些销售渠道只占全部零售额的一小部分。但是由于汽油成本降低了人们驾车去商店的积极性，而在家中购物又越来越便利，非店面销

售的比例将越来越高。比如说，2011 年非店面销售占全部零售额（不包括汽车）的 10%
以上，而在十年前还不到 7%。很明显，互联网在零售业扮演着越来越重要的角色。

（5）这一栏在整张表中举足轻重，它揭示了零售额变化与各种消费主导产业之间的关
系。通过考察具体生产厂商的表现，可以看出在上一期哪个部门收益最大，是否存在那么
一两个部门对零售额的升降起着主要作用。因此我们有必要密切关注那些非家庭必需品的
销售额。我们知道经济困难时，人们花在食品、饮料、医疗保健上的费用不会下降很多。
毕竟每家都要吃饭，病了都要吃药。但是这份报告中的有些支出却对经济周期的变化非常
敏感。

担心失业和失去收入来源的消费者也许将推迟采购电器设备的计划，因为这些物品通
常价格昂贵，一般都是通过借贷消费的。当经济衰退时，美国人可能会减少去饭店（餐饮
服务）的次数，推迟购买家具。因此这一部分为了解消费者支出的全貌提供了很好的线索，
也可以告诉我们哪些行业零售额在增长，哪些行业零售额在下滑。

市场影响

尽管修订时数据变动幅度可能很大，先期的零售额报告还是会引起金融市场的波澜。

债券

当购物者在商店中的时光太滋润时，在固定收益率的市场上，投资经理反而会绷紧全
身的神经。零售额上升意味着消费者购买欲旺盛。这会促进经济增长，其结果可能是降低
债券价格，提高收益。一份乏软无力的零售额报告能为债券价格上涨提供契机。

股票

股票市场的参与者密切关注经济中消费部门的活动。零售额的正常增长增加了公司的
收入和利润，两者对股价都有积极作用。如果零售额平淡无奇，人们就会问消费者下面要
干什么，企业利润能否持久。这些不确定因素会造成股价下行的压力。

美元

货币市场上的玩家发现零售额报告是一个分析起来很棘手的指标。海外投资者愿意看
到美国人购物欲旺盛，因为这会促使利率上升（这对美元是利好信息），但一个过大的零
售额数字同样可以给美元招致麻烦，因为这些商品中有很多是进口的。基于美国已经存在
巨大贸易逆差这一事实，进口增长提高了对支付其他国家商品的非美元货币的需求——这
实际上将挫伤美元。

电子商务零售额
E-Commerce Retail Sales

市场敏感度：低。

含义：通过互联网购买商品的零售额。

发布新闻的互联网网址：www.census.gov/retail/mrts/www/data/pdf/ec_current.pdf

网址主页：www.census.gov

发布时间：上午 10 点整（美国东部时间），数据所对应的季度结束后 7 周宣布。

频率：每季度一次。

来源：美国商业部普查局。

修订：每一份报告都伴随着对前一个季度的修改。

为什么重要

2000 年华尔街互联网泡沫的破灭吞噬了很多投资者的财产。但是，那些认为 dot.com 的崩溃同样会吓跑网购人群的想法却是不折不扣的错误。由于笔记本电脑、类似于 iPad 的平板电脑以及智能手机无处不在，加上无线高速宽带服务的普及，美国人发现网上购物效率更高，更令人满意。没有必要担心交通堵塞、坐在车里等红灯、浪费汽油或在停车场上争抢车位，你在办公室、家中甚至在浴缸里就可以进行网上产品比较并购买商品，而且很多商家都免费送货。政府从 1999 年就开始跟踪网上零售额，所获得的数据表明互联网购物一直在稳步上升，金额占消费者财富的比例也越来越大。

但是网上购物也不是没有风险。消费者在网上购物时提供了大量的个人信息，因此担心身份信息会被供货商误用甚至遭窃。随着更为复杂的保护敏感数据的安全软件的应用以及法律对于网上零售商使用个人记录的严格限制，这种顾虑会渐渐淡化。

虽然普查局的主要月度零售报告已经包含了电子商务的内容，但政府并没有对这些数据进行分类。barnescandnoble.com 网站在计算销售额时区分了普通商品和巴诺书店(Barnes & Noble Bookstore)的销售。纯粹网上商店（如亚马逊）的销售额和其他非商店型如邮购公司之类的销售额混杂在一起。

在电子商务销售的季度报告中有网上购物的细节。有一点你应当心中有数，这份报告并没有覆盖所有的网上销售额。就像月度零售交易数据排除了服务项（如旅游中介和金融服务）一样，电子商务报告也把这些数据拒之门外。

除了普查局之外，还有一些私营组织也偶尔会免费提供互联网商务报告，了解一下这方面的信息也是有用的。这些组织包括：

- Forrester Research (www.forrester.com)
- comScore Netwoks(www.comscore.com)
- The Nielsen/Netratings(www.nielsen-netratings.com)

如何计算

为了编制零售业的月度总报告，普查局每月都要进行抽样调查，并以此为依据估算网上交易额。普查局要求 12 500 家左右的零售商把电子商务销售额分离出来。按照定义，只有当顾客从网上发布订单时，才算是电子商务销售，并且这不一定要求他们实际上也要通过互联网支付。如果他们通过私人账户邮汇网上购物款，也视为电子商务交易。网上拍卖也归到电子商务，但只计算拍卖的佣金和手续费，不包括拍卖品的价值。

表：关于未来经济走向的线索

- **表 1 美国季度零售额估计：零售总额和电子商务零售额**

电子商务销售额预计将会成为零售业的一个重要里程碑。快速浏览一下该表你就能知道为什么。通过比较零售总额和电子商务分量，你能清晰地看出网上销售占总销售的份额在不断增长。虽然电子商务目前在总销售额中还只是一小部分，但它的增长在最近的 5～10 年明显加快，并成为反映消费者支出趋势的一个重要指标。

表 1　美国季度零售额估计：零售总额和电子商务零售额
（预测以月度零售业调查和管理部门记录为依据）

季度	零售额（百万美元）		电子商务零售额与零售总额之比	季度变化率（%）		年度变化率（%）	
	总额	电子商务		总额	电子商务	总额	电子商务
调整后							
2006 年第四季度	990 835	29 286	3.0	−0.2	6.3	4.6	24.6
2006 年第三季度	992 603	27 544	2.8	0.8	4.7	5.3	21.1
2006 年第二季度	984 548	26 304	2.7	0.8	4.4	6.5	22.8
2006 年第一季度	976 652	25 190	2.6	3.1	7.2	8.2	25.2
2005 年第四季度	946 903	23 506	2.5	0.4	3.3	6.2	22.8
调整前							
2006 年第四季度	1 034 272	33 854	3.3	4.1	32.2	4.0	25.0
2006 年第三季度	993 749	25 608	2.6	−0.8	3.4	4.8	20.4
2006 年第二季度	1 002 064	24 758	2.5	10.5	1.0	6.9	22.9
2006 年第一季度	906 635	24 509	2.7	−8.8	-9.5	8.0	25.5
2005 年第四季度	994 452	27 080	2.7	4.9	27.3	6.0	23.1

市场影响

债券

这份报告对固定收益率的市场没有冲击。

股票

一般来说，电子商务销售额的新闻在股票市场上不会产生明显反应。互联网购物在总销售额中还只代表一个很小的比例。然而，由此认为它的发布不重要则会犯错误。随着电子商务销售额总量的增长，这份报告的影响力估计也会增加，对技术权重较大的像纳斯达克（NASDAQ）这样的股票指数更是如此。

美元

看不出货币交易者对电子商务销售额有什么反应。

连锁店周度销售额
Weekly Chain Store Sales Report

市场敏感度：中。

连锁店周度销售额速报

含义：周度零售额以较大的百货公司为跟踪统计对象。

发布新闻的互联网网址：http://reports.wxtrends.com/reports/icscweekly.pdf

网址主页（报告编制者）：www.icsc.org/

发布时间：上午 7 点 45 分（美国东部时间）；周度调查在每星期二发布，覆盖上周截止到星期六的数据。月度调查在下个月的第一或第二个星期四公布。

频率：分别为每周和每月一次。

来源：国际购物中心协会-高盛集团（ICSC-GS）。

修订：周度数据不作修改。但是在每月发布的一套更全面的统计中会对数据做一些修正。

约翰逊红皮书指数

含义：快速反映主要百货商店和连锁店的周度销售额。

发布新闻的互联网网址：不提供免费访问。只有付费客户才能获得数据。需要浏览有关最新连锁店销售额的新闻报道。

网址主页：www.redbooksearch.com

发布时间：上午 8 点 55 分（美国东部时间）；星期二发布，覆盖上个星期截止到星期六的数据。月度调查在下个月的第一个星期四公布。

频率：分别为每周和每月一次。

来源：红皮书研究所。

修订：周度数据不作修改。在发布月度数据时，由于又来了更多的数据，因此会对数字作些修正。

为什么重要

我们需要及时掌握刚过去的几天中消费者支出的变化吗？谁能忽视购物者在经济中的重要地位？两份彼此竞争的报告试图提供对消费者连锁店购物活动的实时评估。一份是约翰逊红皮书指数，由约翰逊研究所编制。另一份是由国际购物中心协会（the International Council of Shopping Centers）和一家全球性的金融服务公司高盛集团（Goldman Sachs）联合编制的被叫做 ICSC-GS 连锁店周度销售额速报的指数。两份报告采取的调查消费者采购活动的方法相近。他们每周与百货商店和折扣连锁店联系，以便对销售业绩做出快速评估。两份报告都在周二发布，所包含的数据都是截止到上个星期六；两家机构都发布连锁店月度销售数据；两份调查考察的都是具有可比性的商店销售，这意味着被调查所覆盖到的商店至少要开张一年以上。两个调查的区别在于那些反映在结果中的商店数量以及精确方法的不同。

浮现在表面的一个问题是：这些连锁店调查和政府月度零售额报告有什么不同？答案是它们非常不同。普查局发布的零售额代表着一个广泛的零售商样本空间，其中既有大商店，又有小商店。而连锁店的调查结果基于那些在全国有许多分店，如梅西 (Macy's)、西尔斯(Sears)、沃尔玛(Wal-Mart)、塔吉特（Target）这样的百货商店的采购活动。第二个要考虑的问题是投资者如饥似渴地等待消费支出的最新消息，而在百货商店的采购占全部家庭销售支出不到 5%。人们将更多的钱投在了汽车、度假、娱乐、保健、食品以及其他一大堆物品和服务上。因此，连锁店销售额尽管是反映当前购物趋势的一个非常好的度量工具，却不是消费者未来支出趋势的一个有效指示器。然而，投资者和经济学家还是喜欢跟踪连锁店销售额系列，因为没有多少报告对经济活动的描述能这样及时。

如何计算

国际购物中心协会和高盛集团（ICSC-GS）

这份周度报告于 1994 年问世，它仅仅是基于两家大百货商店沃尔玛和塔吉特的实际销售额，并根据由此得到的信息推断大约 80 家连锁店的销售活动。然后 ICSC-GS 编制出一个反映上周以及与一年前水平相比较的销售额变化。由于经过了季节调整计算，可以进行各周之间的比较分析，但年度之间的比较更为可靠。

与周度报告不同，月度连锁店销售额调查以近 80 家企业的实际销售额为基础，这些企业中包括盖普（GAP）和艾伯克龙比&菲奇（Abercrombie & Fitch）这样的专业连锁店。由于覆盖面广，月度连锁店数据可以作为先行指数，用来预测政府发布的非汽车销售额的变化。月度销售额的第一批数字是初步的，因为一些零售商还没有公布它们的数据。在一个月之后，ICSC 会在更完整的信息基础上编制出最终报告。

约翰逊红皮书平均指数

约翰逊红皮书平均数指数通过和一批（准确数字没有透露）普通商品大零售店的联系监测每周的销售额变化趋势。例如，通过和沃尔玛的接触，红皮书不仅能获得沃尔玛主要品牌店的销售额信息，还能获得其附属的像山姆俱乐部（Sam's Club）这样的折扣连锁店的销售信息。约翰逊红皮书平均数指数所联系的零售商年度销售额总计在 2 500 亿美元以上。利用手中的数据，红皮书编制出按销售额加权的平均指数，并出版两份报告。一份是每周一期的，主要用于年度比较。尽管它可以监测不同星期的销售业绩，但由于数字没有经过季度调整，无法就这一系列的波动做出任何有意义的比较。

月度数字是经过了季节调整的，这样在不同年份之间的月度比较就更有意义了。然而，即使是月度指数也有一些波动，尤其是在一些关键季节更是明显，如 8 月份出现返校购物高峰，而 10 月则是休假的季节。大部分投资者聚焦于周度数字，因为它及时，有助于早点看到消费者的购物心态。那些追踪月度报告的人对零售商的金融状况更感兴趣，目的在于寻找购买股票的时机，他们对这份报告更为广泛的经济指标价值反而不一定感兴趣。

表：关于未来经济走向的线索

ICSC-GS 连锁店周度销售额快报
（1）这张图让你了解每周的销售额沿着 16 周的移动平均趋势线的表现。
（2）这张表列出了最新一周的销售活动结果，以及与上一周及一年前同期业绩的比较。
约翰逊平均数指数
调查报告和图表只提供给客户。其他人可以在新闻中查找红皮书数据。

市场影响

债券
固定收益率市场的参与者会偶尔关注红皮书的 ICSC-GS 连锁店销售额报告，因为它们是消费者支出行为的一个很好的风向标。如果你知道消费者在商业街上做什么，那么就能知道他们花钱的胃口。鉴于这些数据所包含的经济和通货膨胀含义，百货商店销售额走强会让债券投资者担心。在缺少金融消息刺激的日子，这样的报告可能会压低债券价格，使收益率急剧上升。然而，交易者通常会把目光投向更重要的经济或政治新闻，而只把连锁店销售额报告作为背景资料。

股票
股票投资者比债券市场的同行更关注月度连锁店销售额数字。周度和月度数字基本上可以为零售业确定一个整体基调。连锁店销售额的健康增长将产生较大的公司利润，这通常可以解释为股票价格走高。其次，这些统计数据让人们观察到哪些零售商状况良好、哪些在恶化，从而让那些投资零售业的人做出相应的换股决定。

美元
货币市场对连锁店销售额没有反应。

消费者未偿付信贷
Consumer Credit Outstanding

市场敏感度：低。

含义：跟踪消费者分期付款债务的月度变化。

发布新闻的互联网网址：www.federalreserve.gov/releases/g19/current/g19.pdf

网址主页：www.federalreserve.gov

发布时间：下午 3 点整（美国东部时间）；大约在被报道的月份之后的 5~6 个星期发布。

频率：每月一次。

来源：美联储。

修订：不同月份之间变动很大。

为什么重要

　　消费者分期付款债务的公布不过是让投资界打了一个呵欠而已。原因之一是，它太慢，事情过去两个月才姗姗来迟，此时其他许多关于消费者支出的报告都已经出来了。更有甚者，该报告是在下午的中间时段发布的，正值交易者准备结束当天的交易指令之时。因此，如果这些投资者觉得很难为消费者信贷新闻而兴奋，那也不足为奇。然而，忽视该报告则是一个错误，因为它为我们理解消费者的状况和经济的未来轨迹提供了很多有用信息。

　　按照定义，消费者分期付款债务是指任何没有不动产担保的个人债务。我们谈的是什么样的债务？基本上可以分为两类。其中一类是大部分人都很熟悉的循环贷款，包括银行、零售店、汽油公司发行的信用卡。无论你的信用卡是一次性支付平衡而不产生利息费用，还是将支付过程伴随着金融费用延续几个月，都算作循环信用。但是，信用卡使用只占全部分期付款债务的35%。其他都是非循环信用。它们包括为购买汽车、船舶、活动房屋或为度假、家居改善、教育等融资的直接贷款，还包括现有债务的再融资。消费者分期付款债务不包括任何不动产抵押贷款，因此房屋抵押和住房净值贷款不列入考虑。机动车辆租赁也被排除在外。

　　如果一个月的消费者待偿还信用增长，就意味家庭借入的比已经偿还的要多，反映出较大的消费者开支。当家庭有就业和收入的安全感时，他们借新的债务时就会心安理得。从另一方面来看，如果经济形势变坏，人们在借债时就会更加小心。从历史数据看，消费者借债和支出倾向于同升同降。但由于价格、收入减少、消费者信心水平变化等因素的影响，个人信贷在短期内可能会剧烈波动。

然而，这份报告漏掉了一份重要的信息。有多少新的信贷延伸到消费者那里，或者已偿付债务是多少，美联储都没有给出明确的数据。它只公布债务变化额。这就把疑惑留给了分析人员：待偿还债务的月度变化到底是因为人们借了更多的债务，还是削减是偿还额，还是两者都有。比如，就说待偿还债务数量在一个月中从 1 000 亿美元增加到 1 030 亿美元吧，净增长是 30 亿美元。但是我们并不清楚人们是没有归还早期债务只是多借了 30 亿美元呢，还是在当月借了 150 亿美元但同时又归还了 120 亿美元的早期贷款，因此同样产生了 30 亿美元的净变化。这个严重的数据疏漏让分析家们无法对未来的支出变化作出任何可靠的结论。

还有另外一个因素使得消费者未偿还债务难以成为家庭支出的领先指标，即消费者之所以宁愿使用信用卡只是因为它比携带现金方便。如果信用卡用户每月结算平衡，那么他们所做的只不过是用信用替代现金。表现在数据上，这可能登记为循环信用的临时性增长，但并不一定导致支出增长。

如何计算

为了编辑消费者分期付款金额，美联储需要从银行、金融机构、储蓄贷款协会（S&Ls）、信用联盟（Credit Unions），以及其他借贷机构获取数据。得到的数据要进行汇总和季节调整。金额没有年度化，代表了月末的实际未偿付平衡。对消费者未偿还债务所做出的修改可能是实质性的，因此使用初始数据时应当小心谨慎。为了发现借贷的真实变动节奏，最好把数据放在 3～6 个月的框架中考察。

表：关于未来经济走向的线索

- **表 消费者未偿付信贷**

（1）这一行列出的是最后几个月、几个季度、几年期末消费者未偿付信贷以美元计算的总额。它的下边分列出两组数据：循环和非循环债务。

有两点需要说明。消费者信贷增长对经济可能有正面效应，也可能有负面效应。我们已经提到借贷的显著扩张能够导致更大的开支因而会刺激经济活动。另外，如果家庭相对于其收入增长而言借了太多的债务，那么将会大幅度削减开支，并用未来收入的更大一部分支付这些膨胀的债务，支出的这一变化将降低销售额，延缓经济发展。问题于是变成了债务在什么水平上才会高到使家庭财政紧张。专家们对此意见不一。通过比较消费者分期付款债务总额和当月经过年度化处理的个人收入（参见"个人收入和支出"一节），可以发现麻烦的端倪。自 20 世纪 60 年代以来，消费者债务基本上在个人收入的 14%～18%变动。但是到 2008—2009 年衰退时，它跃升到 21%。总体来看，到比例超过 17%时，信用卡犯罪上升，这可以视为一种警告，即家庭正在为债务重负而挣扎。

美联储统计公报

消费信贷
2003年12月

下午3点公布（东部时间，2004年2月6日）

2003年消费者信贷年增长3.75%，第四季度消费者信贷增长率为5.25%，低于第三季度的6.25%的增长率。12月，消费者信贷以4%的年率增长。

G.19

表 消费者未偿付信贷《经季节调整》[1]

	1999年	2000年	2001年	2002年	2003年P	2002年第四季度P	2003年第一季度r	第二季度r	第三季度r	第四季度P	10月r	11月r	12月P
按每年计算的变化率[2,3]													
总计	8.0	10.7	8.1	4.4	5.2	1.3	4.3	6.2	6.2	3.7	5.9	1.1	3.9
循环[4]	4.9	11.6	6.8	1.8	3.6	-2.6	4.5	2.7	4.2	2.8	5.2	0.6	2.6
非循环[4]	10.1	10.2	8.9	6.1	6.2	3.8	4.2	8.3	7.5	4.2	6.4	1.4	4.7
数量：10亿美元													
总计	1 512.8	1 686.2	1 822.2	1 902.7	2 001.7	1 902.7	1 923.2	1 953.0	1 983.5	2 001.7	1 993.3	1 995.1	2 001.7
循环[4]	590.5	658.9	703.9	716.7	742.5	716.7	724.8	729.7	737.3	742.5	740.5	740.9	742.5
非循环[4]	922.3	1 027.4	1 118.3	1 186.0	1 259.2	1186.0	1 198.4	1 223.3	1 246.1	1 259.2	1 252.8	1 254.2	1 259.2

商业银行和金融企业信贷期限百分比（特别提到的除外，未经季节调整）

机构、期限、贷款类型	1999年	2000年	2001年	2002年	2003年P	2002年第四季度P	2003年第一季度r	第二季度r	第三季度r	第四季度P	10月r	11月r	12月P
商业银行													
利率													
48个月新车贷款	8.44	9.34	8.50	7.62	6.93	7.34	7.11	7.05	6.75	6.82	—	6.82	—
24个月个人贷款	13.39	13.90	13.22	12.54	11.95	12.24	11.70	12.19	11.95	11.97	—	11.97	—
信用卡计划													
全部账户	15.21	15.71	14.89	13.43	12.74	13.13	13.20	12.90	12.49	12.36	—	12.36	—
账户摊派利率	14.81	14.91	14.44	13.09	12.92	12.78	12.85	12.82	13.11	12.91	—	12.91	—
汽车融资公司													
提供的新车贷款	6.66	6.61	5.65	4.29	3.40	3.18	3.65	2.61	3.55	3.80	3.92	3.93	3.56
到期（月）	52.7	54.9	55.1	56.8	61.4	57.4	59.1	61.1	63.0	62.5	63.5	62.9	61.3
贷款与估值比率	92	92	91	94	95	96	97	97	94	94	94	94	94
融资额（美元）	19 880	20 923	22 822	24 747	26 295	26 283	25 486	27 468	25 733	26 493	26 067	26 306	27 105

2▶　1▶　3▶

注：这份报告在每月的第五个工作日发布，确切日期可通过电话（202）452-3206咨询。报告的背面有注释。

如果利率走高或失业率上升时家庭债务居高不下，经济局势可能非常严峻。由于借贷成本高，收入前景不确定，消费者此时不愿购买汽车、船舶这些昂贵物品，非循环信用贷款申请数量将迅速下滑。然而，这里有一个有趣而蹊跷的现象。循环信用即使在这样不确定的情况下也极有可能居高不下。为什么会这样呢？因为即使面临经济条件恶化的威胁，消费者也不愿降低生活水平。自由自在的活动，如出去吃饭、周末旅游、逛商业街、看电影等，要突然控制起来不太容易。这些活动大多数是靠循环信贷支付的。另外，家庭不可能不为必需品支出，如使用移动电话、药品、食物等。但是，在面临经济或财政压力的早期，极有可能看到非循环信贷急剧下降，而循环信贷却下降缓慢或根本没有减少。

（2）表的这一部分做了年度化处理，让你可以快速跨期比较，发现债务是在加速增长、放慢增长，还是在下降。

（3）一般来说，消费者信贷需求越大，利率上升压力越大。这张表反映了金融机构对不同类型的借贷所要求的利率。信用卡债务利率最高，在经济困难时期，由此带来的债务重负可能让家庭的资产负债平衡更为紧张。结果是：信用卡犯罪和个人破产申请数量开始上升。

要了解最新的信用卡犯罪信息，可以访问美国银行协会网站：www.aba.com/Press+Room/PR_ReleasesMenu.htm。数据在每年1月、4月、7月和10月公布。

要了解最新的个人破产申请信息，请访问美国破产研究所的网站：www.abiworld.org/am/template.cfm?section=press_release。

市场影响

消费者未偿付信贷在其他消费者支出报告发布很长时间之后才公布，大约要晚两个月才能出来。这就是这一报告的发布不能引起市场兴趣的原因。

债券

尽管固定收益率市场的投资者对这些债务数字没有什么反应，借贷的突然增长还是会搅动债券市场。这意味着家庭更愿意也更有能力购买消费品，从而加快经济增长，提高通货膨胀预期，产生利息上升压力。

股票

股票市场的主要反应是沉默。但是，如果消费者分期付款债务报告表现出持续的借贷收缩，人们就会睁开眼睛。它暗示家庭的财政压力上升，可能导致支出削减，销售量萎缩。

美元

美元不受消费者分期付款债务的影响。外汇市场的交易者会在这一指标公布之前事先调整资产组合，因为其他关于消费者支出的报告更及时。

消费者信心指数
Consumer Confidence Index

市场敏感度：中，但在经济运行的转折点时可能高度敏感。

含义：检查消费者对就业、经济和开支的感受。

发布新闻的互联网网址：www.conference-board.org/data/consumer-confidence.cfm

网址主页：www.conference-board.org/

发布时间：上午 10 点整（美国东部时间）；在所调查的那个月的最后一个星期二宣布。

频率：每月一次。

来源：美国经济咨商局。

修订：在收集了更多的调查结果时，可能做些微量修改。

为什么重要

消费者快乐对经济是一种好现象。他们更喜欢购物、旅游、投资，这有利于维持经济的循环或运行。不快乐、没有安全感的消费者对经济没有什么好处，如果这样心怀不满的消费者的数量增加到一定程度，就可能把经济拖出正常轨道。因此，任何信心下降的信号都会立即拉响华盛顿和华尔街的警报，因为消费者的支出代表了经济总体需求的一半以上。由于这个原因，经济学家、政府政策制定者以及投资经理都会小心翼翼地跟踪观察家庭的情绪变化。

目前，定期调查消费者心态的组织不下于 3 家。其中最著名的有美国经济咨商局会和它的消费者信心指数，密歇根大学的消费者情绪调查指数，每周发布一次的彭博消费者舒适度指数。当然，所有这些组织都认为自己的数据是重要的经济领先指标。事实上，所有这些指标都存在着一些缺陷，限制了它们在预测消费者支出方面的有效性。

消费者信心指数，声称以 5 000 个家庭调查反馈为基础，是一个易波动、与家庭支出的联系不太稳定的指数；密歇根大学的消费者情绪调查抽查的人口要少得多，它只调查 500 个成人；彭博消费者舒适度指数以每周 250 个新的被调查者访谈为基础（虽然这个指数代表了 4 星期内 1 000 个访谈者的移动平均），但只问他们眼下的经济状况，而不问对未来的期望。

还有，你也许会认为两个最有名的调查——消费者信心和消费者情绪——从一个月到另一个月的结论应当接近，但是它们经常表现得很不合作。一个可能指出消费者的信心在上升，另一个却显示在下降。为什么会出现这样相反的信号呢？原因之一是，它们所依赖的调查方法不同。美国经济咨商局的调查表更着重于家庭对劳动市场的反应，密歇根大学评估的是消费者对财政和收入状况的看法。这从某种程度上使得咨商局的调查在作为领先指数方面较为逊色。劳动市场对经济变化的反应缓慢。比如,当经济从衰退低谷刚走出来时,股票价格和消费者支出一般会反弹。但失业率即使在经济恢复开始了很长一段时间后还倾向于顽固地维持在高点。另外,消费者信心指数可能会发生偏离,因为调查问卷是在政府公布了失业报告的时候寄出的。所以,反馈者填表时可能会有些心理溢出。这个问题对密歇根大学的情绪调查构不成什么问题,因为它基于个人收入预期,而后者是消费者支出的最重要的驱动力量。事实上,密歇根大学的消费者期望分量已经被列入咨商局指数的领先经济指标中(参见"领先经济指标指数"一节)。

两种调查的另一个关键差别是,咨商局每月调查的是一组全新的人群,密歇根大学调查会回过头去访问许多以前已经调查过的人。这使得消费者信心指数与消费者情绪指数相比较而言更容易产生月度误差。两个调查中的问题所覆盖的时间段也不同。咨商局想要的是对今后 6 个月的预期;密歇根大学在预期分量中容许的期限更长,为 1～5 年。

关于这些消费者调查的一个实际问题是:他们能够预测未来家庭开支吗?不幸的是,这些预测做得不够好。分析情绪调查报告需要小心谨慎。仅仅一份负面经济报道就能导致情绪变化,并影响家庭对调查的反应。事实上,从每个月的数据变化来看,历史已经证明消费者信心和支出之间并没有密切的关系。没有什么方法、数学结构或统计模型能够成功预测人类在给定的条件下将会如何做。

但这并不意味着消费者信心指数没有什么前瞻性作用了。我们当然有理由认为当家庭对未来感到不确定时,他们每花一美元会更加小心。同样,如果美国人对经济前景感到欢欣鼓舞,就可以合乎逻辑地认为他们花钱时会觉得更舒服。事实上,虽然从短期、每个月来看信心和支出之间关系松散,但从长期看两者之间关系又在加强。6 个月或 9 个月的消费者信心水平移动平均已得到证明可以作为未来家庭开支的较好的指标。这里可以给出的最好忠告是不要太看重消费者告诉调查人员他们对未来是如何期望的,而是要把注意力集中在他们现在是怎么处理钱的。有一个地方可以让你发现关于信心的强有力证据,那就是现金出纳机。明尼阿波里斯市联邦储备银行 1993 年的报告对消费者情绪调查的描述最为简洁:作为经济指标,情绪"有点像温和的感冒,你不能忽略它,虽然它没有改变什么"。

如何计算

美国经济咨商局的消费者信心指数在 1967 年每两月公布一次,1977 年改为一月一次。这个指数现在已经把 1985 年作为基准年,把基准指数定为 100。1985 年有什么特别之处呢?真的没什么特别的。其目的不过是让基准指数既不在峰顶,也不在波谷。它是基于对全国约 5 000 个家庭的调查。然而,很少有那么多家庭反馈信息。大约有 3 000 个家庭被及时收入首次发布的指数中。一个月后，公布修订版，再覆盖 1 000 家左右后来反馈的家庭。尽管如此，在第一次报告和后继的修订报告之间的最终差别通常并不显著。

下面是调查中提及的主要问题：

1. 你对所在地区当前总体经济状况的看法：好、正常，还是变坏？
2. 从现在起 6 个月，你认为这些状况会变好、不变，还是变坏？
3. 你如何看待所在区域的当前就业岗位状况？富余、很多，还是很难得到？
4. 从现在起 6 个月，你认为会有更多的岗位、同样多，还是更少？
5. 你估计从现在 6 个月起你的家庭总收入会更高、一样高，还是会降低？

美国经济咨商局经常根据当时的经济状况增加问题。例如，在利率下降时，它会问家庭在今后 6 个月中是否会为不动产抵押贷款再融资。

用手中所有的这些数据，咨商局编制出 3 个主要指标，并对其全部进行季节调整：其一是现状指数（Present Situation Index），它反映了消费者对当时形势的看法；其二是期望指数（Expectation Index），它表示消费者如何看待今后 6 个月的形势变化；最后一个是总括性的消费者信心指数（Consumer Confidence Index），它是对 5 个主要问题的合成，其中期望部分占 60%，对当前形式的看法占了剩下的 40%。

表：关于未来经济走向的线索

美国经济咨商局提供的是订阅服务，因此它的网站上只能找到有限的一部分免费信息。需要更详细了解大部分消费者信心调查的人必须订阅。收费数据包含了按年龄和收入的人群划分、来自全国 9 个地区的反馈，以及消费者今后 6 个月将要购买的主要商品和服务的清单。

- **消费者信心指数的新闻发布**

网上发布的新闻有全部 3 个指标——消费者信心、期望、现状——的最新数字，伴随着简短的评论，说明与前月相比的变化及其原因。

咨商局每个月都会向被调查者询问的最重要的问题是他们认为找工作是更容易了还是更难了。将认为工作岗位很富余的人数比例减去认为工作更难找的人数比例会得到一个非常好的统计数据，并可以和其他数据一起用来确证就业形势是变得紧张了还是宽松了。

市场影响

债券

把消费者信心指数作为家庭支出的预报器，还存在大量问题，但如果它陡峭且持续上升却能让固定收益率市场的投资者焦虑不安。它可能加速人们的借贷和采购活动，这些都是经济快速增长和股市膨胀的动力。债券交易者宁愿消费者对未来不是那么豪情满怀，干脆一点说就是希望该指数痛快地下降，而这意味着未来开支的节省和温和的经济活动。

股票

股市不希望消费者信心崩溃，因为它预示着企业销售额下降，利润萎缩。股票持有者希望消费者信心指数居高不下，鼓励人们更多的开支，这对股市来说是一个利好信号。

美元

沮丧的消费者使得面向美国的海外投资者有些神经紧张。它加强了人们对利率下降、经济走弱的预期，两者都预示着美元乏力。海外投资者可能会出售美国货币以便到其他经济强劲的地方寻求更高的收益率。从另一方面来看，消费者情绪高涨将把美国利率和股市收益率提高到高于世界上其他地区的水平，其影响一般是使美元需求增加。

消费者情绪调查
Survey of Consumer Sentiment

市场敏感度： 中，但在经济转折点时可能很高。

含义： 近乎实时地评价消费者对经济形势、个人财政和购物状况的看法

发布新闻的互联网网址： www.sca.isr.umich.edu

网址主页： www.sca.isr.umich.edu

发布时间： 上午 9 点 55 分（美国东部时间）；初步数据的公布是在每月的第二个星期五，最后数据的公布在同一个月的最后一个星期五。网上只公布最后的调查报告。

频率： 半月一次。

来源： 密歇根大学调查研究中心。

修订： 少。第一次于月中公布的数据两个星期后得到修改。

为什么重要

这是所有消费者态度调查的鼻祖。自 1946 年，密歇根大学就开始就财政及对国家经济形势的看法调查采访消费者。一些专家相信它与美国经济咨商局的消费者信心调查相比能更好地预测家庭开支。确实，密歇根情绪调查的一个分量——消费者期望——就包含在美国经济咨商局的领先经济指标中。开展态度调查的理由是经济学家普遍相信，虽然美国人不可能精确地预测消费者行为，但他们在发现经济泡沫开始破灭前的早期信号方面要比辨别经济开始恢复更拿手。专家们认为家庭对失去钱远比对得到钱更敏感。不管什么原因，多年的历史证明消费者在预测经济滑坡方面具有非常好的记录。由此产生的结果是，很多中介公司、放贷者和零售商都愿意花大价钱订阅情绪调查报告。

密歇根大学每月发布两次信息。客户每月中旬可以在保密的基础上通过电话会议或传真阅读初步调查报告（综合了 500 个答卷者的 60%）。这些结果不用于广泛传播，但消息会定期透露给新闻界从而为金融市场所知晓。最终报告在每月的最后一个星期五公布。可以认为，当美国经济咨商局的消费者信心指数公布时，情绪调查在消费者中已经产生了更多影响。一些分析家认为这一指标对消费者心态的度量更及时，因为它包含了在官方发布相关报告前 1～2 天的调查数据。

如何计算

调查在周末进行，总共采访 500 人。密歇根大学采取滚动采访策略。每个月中，60%被抽查到的消费者是首次接受调查，剩下的 40%则是第二次接受采访。问题范围

比美国经济咨商局提出的要广。被调查到的人被告知要就他们当前与未来的个人财务状况和昂贵物品采购计划回答 50 个问题。他们还会被问及对于下一年和今后 5 年美国经济、利率、通货膨胀和就业的走向的看法。

消费者情绪的主要指数是建立在两个子指数的基础上的：一个是当前经济状况指数，用来反映消费者对他们当前财务状况和购买计划的想法；另一个是消费者期望指数，是为度量对下一年和今后 5 年的预期而设计的。

调查中有 5 个核心问题，用来计算这些指数。

1．你和你的家庭（和你一起生活的人）的财务状况相较于一年前是变好了还是变糟了？

2．你认为从现在起一年内你和你的家庭财务状况会变好、变坏，还是维持不变？

3．你认为今后的 12 个月中，我们大家的经济状况会好过、不好过，还是维持原状？

4．展望未来，最有可能发生的是什么？就一个国家的整体而言，在今后 5 年中会继续过得很好呢，还是会遇到失业和经济低迷呢？

5．关于家庭购买的大宗物品——如家具、电冰箱、烤炉、电视，以及诸如此类的物品。一般来说，现在购买大件家庭物品的时机是好还是不合适？

表：关于未来经济走向的线索

与经济形势有关的指数实际上评估的是消费者"此时此地"的感受。但是当我们想预测消费者未来支出的变化时，期望指数更有价值，它与今后 6 个月至一年内消费者支出之间的相关度可达到 70%，在汽车、住房这样的昂贵支出项目方面尤其如此。

想访问网上完整报告的读者应该知道，消费者情绪月度报告的大部分细节只提供给订户。该机构在网站上确实提供了一页免费的情绪数据，还附有简要的分析，但这只发生在月末最终数字公布的时候。

市场影响

债券

固定收益率市场的投资者担心消费者情绪饱满，因为一般这意味着更大的支出和更快的经济增长率。

股票

股票经营者宁愿看到消费者情绪高涨，因为这意味着他们采购物品和服务的倾向强烈。这可以增加收入、公司利润以及股票价值。

美元

只要美国经济增长，与国外相比之下利率更有吸引力，其他国家对美元的需求就会保持旺盛的态势。因为经济中的每 10 个美元就有 6 个美元是消费开支，其他国家的人喜欢看到兴高采烈的美国人。

彭博消费者舒适度指数
Bloomberg Consumer Comfort Index

市场敏感度：低。

含义：对当前消费者态度的调查。

最先发布新闻的互联网网址：www.bloomberg.com/consumer-comfort-index/

网址主页：www.bloomberg.com

发布时间：每个星期四上午 9 点 45 分（美国东部时间）。

频率：每周一次。

来源：彭博社（Bloomberg News）。

修订：不修订。

为什么重要

彭博消费者舒适度指数（CCI）对资本市场的影响还不为人知晓，特别是它还有两个主要对手：密歇根大学的消费者情绪调查指数和美国经济咨商局的消费者信心指数。但是，这个后起之秀至少有一个优点：它是唯一一个以周为时间跨度的消费者调查，比另两个指标来得更及时。

该指数的历史很有趣。1985 年，ABC 新闻（ABC News）联合《财经》（*Money*）杂志，发布了关于消费者态度的统计，发布周期短于一个月。但是 2005 年《财经》杂志退出，《华盛顿邮报》（*Washington Post*）参与进来与 ABC 新闻一起完成这份报告。但是到 2011 年，彭博社接替了全部工作，并从此开始以自己的名字命名这个指数。虽然消费者舒适度指数几经其手，调查所问的问题却基本没变，比如个人财政状况、当前的经济形势，以及是否有心情消费。所以这份以周为时间跨度的指数如何和那两个知名度更高的指数抗衡呢？能够提前告诉人们随后公布的月度调查报告将是什么样子就足够了。 鉴于其身世，消费者满意度指数和密西根大学的情绪指数以及美国经济咨商局的信心指数密切相关。从统计上来说，相关度为 1 表明两个变量的相关关系达到了极限。彭博消费者舒适度指数和密歇根大学的消费者情绪调查指数的相关性达到了 0.88，和咨商局的消费者信心指数的相关性达到了 0.91。

如何计算

编制消费者舒适度指数的方法有其独到之处。每个星期三到星期日，通过电话访问 250

个首次接受采访的成年人。被调查者要求就 3 个热点话题发表评论。前两个问题是对全国的经济形势和个人财政状况感觉是变好了还是变坏了。第三个话题则想要了解被调查者当前是否有心情购物。这一星期的调查结果与前三个星期的 750 个人的反馈结合起来,这样任何一周的彭博消费者舒适度指数都是以 1 000 人样本为基础的四星期的移动平均指数。

　　指数计算简单明了。对于每一个问题反馈,用正的反馈数量减去负的反馈数量,再把 3 个问题的反馈结果加总除以 3。指数在从–100(每个人对 3 个问题的回答都是负的)到+100(每一个人对 3 个问题的回答都是正的)的范围内变动。

表:关于未来经济走向的线索

● 彭博消费者舒适度指数报告

　　任何人都可以访问彭博消费者舒适度指数网站,获取最新调查报告(见本节开头部分)。它包含一张时间跨度自年初到当前为止说明消费者信心每周变化的图,一份结果分析,还有表格。全部表格都可以浏览,表中的内容反映了各个人群各个社会经济阶层对问题的反馈。

　　彭博社还提供了一张供投资者使用的可以交互的彭博消费者舒适度指数图表(www.bloomberg.com/apps/quote?ticker=COMFCOMF:IND#chart)。

　　消费者舒适度指数可以用来为经济趋势判断提供佐证。预测人员通过观察发现消费者舒适度指数在预测经济衰退方面有良好记录,但是却不能预测经济复苏。对于投资者来说,消费者舒适度指数的真正价值在于它是对市场更敏感的消费者信心调查报告和消费者情绪调查报告的前期预测。

市场影响

债券

　　投资者经常对彭博消费者舒适度指数的调查结果评头论足,却很少以此为依据采取行动。只有在两种情况下该指数可以引起债券市场的波动,而且这两种情况需要同时出现:第一种情况是消费者舒适度指数公布时没有什么其他新闻,而交易者又急着为下一步交易寻找理由;第二种情况是指数变化幅度特别大。如果这两件事同时出现,市场反应就和消费者信心指数及情绪调查出现时差不多了。

股票

股票交易者对舒适度指数兴趣冷淡。他们更关注知名度较高的反映消费者态度的月度指数。

美元

货币交易者大都对该报告无动于衷。它对美元不会产生什么大的冲击。

谷歌搜索解析
Google Insights

市场敏感度：没有反应。

含义：谷歌（Google）提供的网络数据库，追踪关键词的搜索数量。通过监测某种术语的出现频率，分析人员可以预测消费模式的变化。

网址主页：www.google.com/insights/search/

发布时间：任何时候都可以访问。

来源：谷歌。

为什么重要

对于越来越多的消费者来说，互联网已不知不觉成为他们研究欲购物品的场地。他们通过网络比较产品，浏览产品信息。这种行为带来了一个有趣的问题：如果能够对互联网上的这些搜索进行梳理，发现消费者想了解的是什么，这个分析结果就可以拿来作为销售预测的工具吗？举例来说，如果我们能对有关平板电视、电冰箱、洗衣机的搜索计数加总，那么我们能否预报零售额的变化，甚至远在季度收入报告出来之前就知道公司利润的变化？

一些人从经济学的角度对网络搜索数据的预测功能进行了一系列研究，得出的结论是对这些搜索进行监测可以极大改善我们预测家庭开支、就业及很多其他重要经济指标的能力。

但是哪里能找到互联网搜索的数据呢？还有其他选择吗？我们研究谷歌这个世界上最大的搜索引擎就好了。这家公司不仅跟踪互联网搜索的数量，而且通过一个名为谷歌搜索解析（Google Insights）的网站免费向公众提供有关信息。实际上，谷歌搜索解析不仅提供具体的搜索关键字的频率，而且还提供这些搜索的地理位置和日期。

这里举一个简单易懂的例子：你也许想知道最近有多少人搜索过"洗衣机"。为什么要举"洗衣机"这个例子呢？因为很多人认为这个产品比较贵，不是想买就会去买的，家庭只有在相信自己的工作和财政都没有问题时才愿意购买。如果经济形势不好，失业率上升，你可以想象搜索"洗衣机"的人就会变少。通过监测类似搜索数量的变化，人们可以更好地预测消费总需求的变化（甚至还能预测洗衣机销售的收入变化）。现在你设想一下从谷歌搜索解析可以得到的各种搜索统计：电子输入板、度假游轮、摩托车、电动汽车以及单户家庭住宅，人们最近对所有这些物品和服务的兴趣你都可以通过谷歌搜索解析进行监测。

当然，这只是谷歌搜索解析应用的冰山一角。比如，市场研究人员在电视广告活动展开之后，通过立即跟踪网上搜索的变化来监测广告效果；零售店的存货管理人员可以通过谷歌搜索解析发现所售商品的需求是增加了还是减少了，以此来指导自己的存货调整。显而易见，谷歌搜索解析具有帮助投资者和企业管理者了解经济运行情况、辨明经济变化趋势的潜在能力。

如何计算

虽然2008年才建立，但是对于2004年以后的搜索，谷歌搜索解析都能够跟踪。搜索计数每天更新。请注意谷歌搜索解析并不能告诉你某个具体关键词的绝对搜索数量，也不公布某一天的数据。搜索的频率是以指数形式发布，以周为时间跨度向公众公开的。

计算指数的机制直截了当。对某一具体术语，谷歌把每周的搜索加总，然后再除以特定时间内的搜索总数，并把结果转化为指数，其中100代表了这段时间跨度内的最高频率。其他频率都是与最大值100相比较的相对数。比如说"洗衣机"，你把参数设置为2008年到现在。你会发现在这些年，指数在某些周达到了100，这标志着搜索"洗衣机"的人数达到了高峰；低于100的指数告诉你搜索"洗衣机"的人数相当于最高值的一个相对数，比如，50表明搜索数量相当于最高值的一半。

你也许会问其他搜索引擎是否也能提供同样的信息，这就不一定了。很多搜索引擎能列出最受关注的关键字，但是谷歌搜索解析的特别之处在于，它的数据库不仅能够揭示给定术语或短语的搜索频率的波动，还允许研究人员设定时间和地理参数。

毫无疑问，谷歌搜索解析结果的使用和解读都有其局限性。首先，历史数据最早只到2004年，这么短的历史难以看出该指数在不同经济周期的表现。其次，谷歌搜索解析不能提供搜索者的人群信息。再次，我们应该了解这样一个事实，产品搜索并不代表着产品能卖出去。人们搜索也许只是出于好奇。最后，用户用哪个关键字搜索也许跟他未来的购物没有任何关系。例如，一次，"洗衣机"的搜索数量增加了，而实际上一些人是在搜索洗衣机里躺着一条蛇的新闻（这可是一件真事）。

市场影响

谷歌搜索解析对金融市场没有什么影响，它本质上就是一个搜索工具。但是如果巧加利用，谷歌搜索解析（1）能够帮助我们更好地理解消费者的行为；（2）引起我们对零售额、家庭采购、就业这些重要经济指标的关注；（3）让我们通过消费者对具体产品兴趣的变化提前掌握公司的收益状况。总之，谷歌搜索解析是一个前途光明的新型工具，能够增进我们对美国经济消费方面的理解。

拉斯维加斯博彩业收入
Las Vegas Gaming Revenues

市场敏感度：没有反应。

含义：拉斯维加斯是美国最大、最成熟的博彩市场，这份报告反映了该市场的收入。

发布新闻的互联网网址：http://gaming.nv.gov/mrrindex.htm

网址主页：http://gaming.nv.gov

发布时间：大约上午10点30分，每个月的第二个星期发布。提前两个月收集报告数据。

频率：每月一次。

来源：内华达博彩委员会和博彩监事会（Nevada Gaming Commission and the Gaming Control Board）。

修订：对上个月数据进行修订，但是都会合到自年初到当月的总数中。

为什么重要

什么？把拉斯维加斯博彩作为经济指标？没错！

想想看。大概没有什么东西能比在娱乐场所博彩更具有随意性了。如果你有钱可"烧"，又要为自己找乐，并且把美国作为度假地点，你可能就会考虑光顾拉斯维加斯、大西洋城或者部落度假村赌场。是什么让美国人花成百上千的美元掷骰子、赌21点、玩老虎机而觉得其乐融融呢？最直接的答案是人们对工作的信心和个人收入的增长，而这些因素都是经济健康的反应。经济运行良好会诱使人们到赌场碰碰运气，其结果是提高了博彩业的收入。

相反，如果经济形势恶化，威胁到人们的就业和收入安全，消费者就变得更加谨慎。他们开始削减开支，而且主要是削减那些被认为是非必需的商品和服务。在这种情形下，有钱可"烧"的想法将受到诅咒。光顾博彩场所的人少了，博彩收入也就下降了。

经济形势和博彩收入之间的关系看来很合逻辑，但有趣的是，情况并不总是这样。在第二次世界大战之前的很长一段时间里，人们都认为博彩业是一个抗衰的产业。内华达毕竟连续几十年成为赌博活动的最终目的地，没有遇到什么挑战。即使在经济困难时期，人们也会来到拉斯维加斯逃避经济衰退带给他们的困境。当然，瘾君子们也没有什么其他地方可去。但是到20世纪70年代，这个产业发生了根本性变化，从而对经济周期敏感起来。

举例来说，内华达已经失去了垄断地位，不再是赌徒们心中的圣地了。越来越多在经济上捉襟见肘的州把合法的博彩作为增加税收、削减财政赤字的捷径。

新泽西州、田纳西州、密西西比州、伊利诺伊州、密歇根州都为州内的这些场所发放了执照。赌船不知什么时候出现了，而且开到美国领海之外提供赌博服务。所有来自这些新对手的竞争都迫使拉斯维加斯重新打造形象。他们建造了很多大型度假城，提供更加多样化的娱乐项目，吸引赌徒及其家庭成员，他们大肆扩张场地以诱发商业活动。在这个过程中，严格的博彩收入占全部赌场收入的比重越来越小。回顾 20 世纪 80 年代，那时的赌场收入大都直接来自赌博，而现在来自赌博的收入连一半都不到。

这些变化的主要后果之一就是拉斯维加斯越来越暴露于经济周期的风口浪尖之上。我们看一下 2008—2009 年金融危机时的情况就再清楚不过了。在经济衰退之前的一年，拉斯维加斯的赌场每月来自赌博的收入达 6 亿美元左右；但是在经济下滑时期，来自赌博的月收入下降了 25%。实际上，在官方宣布经济衰退结束两年后，博彩收入也没有恢复到衰退前的水平（至少直到 2011 年还是这样）。这种情况的出现有两个原因：其一是美国经济恢复得不够快，还没能提供足够的就业；其二是拉斯维加斯自己也因为居民不动产价值崩溃而受到重创。

但是不管怎么说，我们都应花些时间跟踪拉斯维加斯博彩收入，借此观察消费者信心水平的变化，作为判断未来家庭支出的依据。

如何计算

你也许会问，既然拉斯维加斯不再是赌博活动的唯一的集中地了，那么为什么还要关注拉斯维加斯的博彩统计呢？答案很简单，这座城市仍然是这个国家最大、最成熟的博彩市场，它让我们能够在一个比较长的经济周期内观察博彩收入的变化。除了拉斯维加斯之外，内华达博彩监事会收集了全州的博彩数据。在每一个月结束之前，全州各地都会向监事会提交上个月的博彩收入数字。这里的博彩收入被定义为严格来自博彩活动的收入，而不包括住宿、餐饮或表演的收入。

监事会滞后两个月发布数据。为了避免短期季节性调整带来的数字异动，所有数据的比较对象都是上个年度的同期数据。

表：关于未来经济走向的线索

拉斯维加斯的博彩收入倾向于在经济衰退开始的 3～13 个月之前达到峰值。例如，来自于赌博的赌场收入在 2008—2009 年金融危机开始的一年前达到峰顶，表明美国人老早就感觉到经济和就业形势的恶化。我们还注意到一个有趣的现象，就是博彩收入一般在衰退结束的同一时间复苏，尽管 2009 年有些异常。2006 年 11 月的博彩月度收入达到了 6.45

亿美元的高位，而在 2010 年 7 月跌到了 3.83 亿美元的低位，当时距离经济衰退结束整整一年。

- 表 内华达州博彩业收入及分布

表　内华达州博彩业收入及分布

区域	本期		变化率	自本财政年度开始至今		变化率
	2012 年 1 月 1 日—2012 年 1 月 31 日	2011 年 1 月 1 日—2011 年 1 月 31 日		2011 年 7 月 1 日—2012 年 1 月 21 日	2010 年 7 月 1 日—2011 年 1 月 31 日	
全州	1 038 406 572	877 281 553	18.37%	6 345 790 624	6 119 740 249	3.69%
克拉克郡	925 487 094	761 222 824	21.58%	5 477 670 803	5 254 511 547	4.25%
拉斯维加斯大道	623 512 323	482 732 006	29.16%	3 654 111 358	3 458 503 106	5.66%
市中心	47 064 574	41 384 726	13.72%	289 705 629	280 575 544	3.25%
北拉斯维加斯	28 845 338	24 947 402	15.62%	154 520 082	153 693 875	0.54%
劳克林	40 963 825	38 547 660	6.27%	257 213 130	266 528 079	-3.49%
博乐德大道	84 313 327	77 552 950	8.72%	458 315 942	441 670 744	3.77%
麦斯奎特	10 433 497	9 895 602	5.44%	65 177 910	63 982 455	1.87%
全郡平衡	90 354 209	86 162 479	4.86%	598 626 753	598 557 744	1.54%
华秀郡	53 728 973	57 258 306	-6.16%	433 157 877	442 463 470	-2.10%
里诺	37 988 402	41 574 574	-8.63%	310 473 237	320 031 243	-2.99%
斯帕克斯	9 398 694	9 439 479	-0.43%	72 048 549	70 472 388	2.24%
北太浩湖区	1 926 884	2 010 512	-4.16%	16 582 688	18 214 691	-8.96%
全郡平衡	4 414 993	4 233 741	4.28%	34 053 403	33 745 147	0.91%
南太浩湖区	17 235 153	16 883 329	2.08%	134 617 181	126 963 471	6.03%
埃乐克郡	21 120 456	21 589 975	-2.17%	152 071 882	146 931 583	3.50%
温多佛	13 030 409	13 577 559	-4.03%	96 341 857	92 069 134	4.64%
全郡平衡	8 090 048	8 012 416	0.97%	55 730 025	54 862 450	1.58%
卡森谷地区	7 785 130	8 084 230	-3.70%	58 489 360	59 562 848	-1.80%
其他	13 049 765	12 242 889	6.59%	89 783 522	89 307 329	0.53%

（1）内华达博彩收入表汇总了全州的博彩收入，并按区域做了分类。列在"现期"（Current Period）一栏是最近一个月的数据，可以与上个年度的同一个月份作比较，两期数据的变化以百分比表示。

（2）该表还提供了自财政年度开始到目前的数据累计，以及与上个财政年度同期数据的比较。在本书提供的这个表中，财政年度是从 7 月 1 日到 6 月 30 日。

市场影响

博彩收入报告的发布对金融市场没有什么影响。它仅仅是一种研究工具，帮助我们评估消费者的心态，预测未来家庭支出的变化。

国内产量和存货

国内生产总值
Gross Domestic Product（GDP）

市场敏感度： 中到高。

含义： GDP 是关于经济形势的最重要的报告，它度量经济增长的快慢。

发布新闻的互联网网址： www.bea.gov/newsreleases/national/gdp/gdpnewsrelease.htm

网址主页： www.bea.gov/

发布时间： 上午 8 点 30 分（美国东部时间）；预先估计分别在 1 月、4 月、7 月、10 月的最后一个星期公布。以后有两轮修订，每次修订相隔一个月。

频率： 每季度一次。

来源： 美国商务部经济分析局。

修订： 月度修改一般幅度较小，尽管有时也可能有重要的更正。一般在 7 月末进行年度修改，以反映更完备的信息。每 5 年左右进行一次基准或历史性的修改，修订范围可以回溯到 GDP 序列开始的 1929 年。

为什么重要

GDP 是经济学中最重要的一组大写字母，意思是国内生产总值。它是其他经济指标之母，是一个季度中发布的最重要的统计数据。GDP 对许多人来说都是必读的，因为它是反映经济总体走向的最好的晴雨表。预测人员小心地对它进行分析，寻找经济走向的蛛丝马迹。CEO 们借助于它编制计划，做出用工决策，预测销售增长。投资经理通过研究 GDP 来改进投资策略。白宫和美联储官员把 GDP 看作是关于他们自己政策实施效果的成绩单。由于这样或那样的原因，人们对季度 GDP 报告期望最高。

但是初看起来，GDP 数据庞杂，解释起来不太容易。简单地说，GDP 是以美元计算的所有在美国生产的商品和劳务的标价的总和。它是一种价值总和，其价值来自于锤子、汽车、新住房、婴儿床、视频游戏、医疗费、书籍、牙膏、热狗、理发服务、眼镜、游艇、风筝和计算机——你知道怎么回事了——所有在特定时期、在美国出售或出口到外国的商品或劳务。即使那些未出售放置在库房货架上的产品也被计入 GDP，因为这些产品已经被装配完毕。因此 GDP 反映了美国经济的全部产出价值，而不管它们是卖出去了还是存货。

观察最近 60 年 GDP 的表现，就可以清楚地发现美国经济本质上是倾向于增长的。经济活动膨胀的年头比收缩的年头要多。尽管衰退没有消失，但自第二次世界大战以后（2008—2009 年除外）其年限更短，程度更弱了，这对这个国家的经济和社会福利很重要。经济增长速度越快，时间越长，就业水平越高。随着更多的人工作，总的家庭收入增加了。这就鼓励美国人在物品和服务上花更多的钱。随着消费支出增加，企业倾向于加快生产，雇用更多的工人。这反过来又增加了家庭收入——于是，瞧！——你的经济自动维持着扩张过程。还有，不仅美国国内感受到了增长的好处，强劲的经济增长也刺激了其他国家的商业。美国人从其他国家进口更多的汽车、服装、珠宝、酒、家用电器，这将振兴国际经济。其他国家的工人同样会用一些他们增加的收入从美国购买更多的商品。

这种自生的增长循环能无限地继续下去吗？从理论上说，是这样的。但是在实际中，一旦遇到外部冲击，比如，石油涨价、战争、类似于金融资产泡沫的不平衡、产品过剩以及通货膨胀爆发，这个系统就很容易停滞。值得庆幸的是，这些情形并不多见。而且即使发生，美国政府也有足够的资源和政策选择来进行处置，使它们对经济的危害减小到最低的程度。

阅读 GDP 报告时，我们有必要从一开始就了解政府计算美国经济规模的两种方式：一种是按名义美元计算，另一种是按实际美元计算。让我们回顾一下这两个概念的意义。现值美元（或名义美元）GDP 以现价计算在美国生产的全部物品和劳务的价值。另一方面，实际美元（或连锁美元）GDP 只计算实际被生产出来的价值。为了弄清楚这一点，假定一个做帽子的工厂宣布它今年生产出了 100 万美元、供出售的帽子，比去年增长了11%。这 100 万美元只代表名义上的公司销售额（或名义美元）。然而，有些东西漏掉了。单从这个数字，还不清楚它得到了多少额外收入。这家工厂真的多销售了 11%的帽子吗？或者说他们是不是只是销售了和去年数量相同的帽子,同时简单地把价格提高了 11%？如果工厂只是靠把标价提高 11%而多赚了些钱，那么在实际美元（或定值美元）的意义上，今年售出的帽子总量并不比去年多，是 90 万美元。这是一个重要的区别。了解经济的增长是产品销售数量扩大了还是主要来自于价格上涨即通货膨胀，是非常关键的。你想知道的是经济产出的真实增长，其含义是消费者能获得的物品和服务供应更多了。较高的真实GDP 提高了美国人的生活标准，而之所以说由于通货膨胀导致的 GDP 增长降低了生活水平，是因为人们要支付更多才能买到和以前的消费同样多的产品。这两种 GDP 计算方法是经济学的重要基础。

要认识 GDP 的组成和计算方法，最好从已发布的报表开始。这些表格并不像初看起来那么复杂。

- **表 3　国内生产总值和相应的测算方法：水平及与前期相比的变化**

表3　国内生产总值和相应的测算方法：水平及与前期相比的变化

项目	10亿现值美元（经过按年率的季节调整）						10亿连锁（2000年）美元（经过按年率的季节调整）						与前期相比的变化		
	2003年	2002年第四季度	2003年第一季度	第二季度	第三季度	第四季度	2003年	2002年第四季度	2003年第一季度	第二季度	第三季度	第四季度	2003年	2003年第三季度	第四季度
1▶ 国内生产总值	10983.9	10623.7	10735.8	10846.7	11107.0	11246.3	10397.2	10160.8	10210.4	10288.3	10493.1	10597.1	314.2	204.8	104.4
2▶ 个人消费支出	7752.3	7501.2	7600.7	7673.6	7836.3	7898.4	7362.2	7198.9	7244.1	7304.0	7426.6	7474.2	221.8	122.6	47.6
耐用品	941.8	907.3	898.2	926.2	975.1	967.8	1027.6	963.8	965.0	1005.1	1069.1	1071.4	70.4	64.0	2.3
机动车辆零部件	423.6	410.4	402.1	414.5	447.2	430.4	441.3	419.0	412.4	429.5	466.9	454.3	18.0	37.4	-12.6
家具及家用设备	334.5	325.3	321.8	329.9	339.9	346.4	400.7	373.5	374.7	391.7	412.4	424.0	36.0	20.7	11.6
其他	183.8	171.6	174.3	181.8	188.0	191.0	187.7	173.0	177.6	185.9	191.4	196.1	17.5	5.5	4.7
非耐用品	2208.3	2119.2	2175.7	2170.8	2230.0	2256.9	2119.8	2061.8	2090.5	2096.9	2134.3	2157.6	76.2	37.4	23.3
食品	1064.2	1016.4	1037.4	1049.7	1074.9	1094.7	994.6	963.9	979.6	985.4	1002.8	1010.7	36.4	17.4	7.9
服装和鞋	311.2	306.4	304.8	307.5	315.1	317.3	334.4	323.4	325.7	331.9	339.5	340.4	15.3	7.6	0.9
汽油、燃油和其他能源产品	208.7	193.0	222.4	196.9	209.2	206.4	197.6	201.0	203.1	192.9	194.7	199.9	-1.7	1.8	5.2
其他	624.3	603.4	611.1	616.7	630.8	638.4	593.8	573.8	582.2	587.4	598.3	607.3	26.5	10.9	9.0
服务	4602.1	4474.7	4526.8	4576.6	4631.2	4673.8	4223.8	4175.4	4190.7	4208.4	4237.2	4259.0	82.0	28.8	21.8
家居	1198.6	1167.7	1181.5	1191.4	1204.9	1216.4	1085.4	1071.7	1078.0	1082.8	1088.7	1092.3	23.5	5.9	3.6
家庭杂支	426.3	412.9	422.6	424.2	428.5	429.9	396.7	395.6	396.6	393.4	396.8	400.0	2.2	3.4	3.2
电和气	164.5	156.0	163.1	163.9	165.8	165.3	145.5	147.9	148.0	143.1	144.5	146.5	0.3	1.4	2.0
其他家庭杂支	261.8	256.9	259.5	260.3	262.7	264.6	251.2	247.6	248.5	250.5	252.4	253.6	2.0	1.9	1.2
运输	293.8	291.5	292.3	292.8	295.3	295.9	278.3	281.3	281.6	278.8	277.2	275.7	-6.5	-1.6	-1.5
医疗	1302.2	1239.8	1263.1	1289.2	1315.1	1341.4	1189.7	1154.8	1169.3	1182.4	1196.9	1210.2	57.6	14.5	13.3
娱乐	319.3	309.7	312.6	317.2	321.3	326.4	291.3	287.5	287.5	290.1	291.9	295.5	6.5	1.8	3.6
其他	1061.9	1053.0	1054.7	1061.9	1066.2	1064.8	981.1	983.5	976.6	979.7	984.3	983.8	-2.1	4.6	-0.5
3▶ 国内私人总投资	1667.5	1614.7	1605.3	1624.3	1689.1	1751.5	1635.7	1595.8	1581.6	1599.9	1656.1	1705.3	63.7	56.2	49.2
固定投资	1670.8	1594.6	1606.2	1630.1	1699.5	1747.5	1633.5	1573.5	1577.7	1601.4	1661.0	1693.9	67.7	59.6	32.9
非住宅	1108.0	1074.5	1071.8	1086.9	1124.4	1148.9	1122.8	1088.0	1087.3	1105.8	1139.5	1158.7	30.2	33.7	19.2
建筑	258.9	256.3	256.1	259.2	259.8	260.5	237.2	239.0	236.5	238.8	237.7	235.9	-11.8	-1.1	-1.8
设备和软件	849.1	817.9	815.8	827.7	864.6	888.4	891.0	853.9	855.0	871.6	907.7	929.6	44.3	36.1	21.9
信息处理设备和软件	463.4	424.1	436.2	451.2	477.0	488.9	522.1	468.2	487.2	506.4	537.7	557.1	62.8	31.3	19.4
计算机和外围设备	97.1	84.9	86.8	93.5	101.8	106.5	182.3	169.7	174.4	178.6	185.0	191.0	14.8	6.4	6.0
软件	181.0	169.8	173.4	177.6	185.1	187.8	194.5	177.1	184.3	188.6	200.2	205.0	17.4	11.6	4.8
其他	185.2	169.3	175.9	180.1	190.2	194.7	—	—	—	—	—	—	—	—	—
工业设备	133.2	135.6	133.4	133.2	134.1	132.0	130.7	133.9	131.1	131.0	131.4	129.1	-5.4	0.4	-2.3

（续表）

项目	10亿现值美元（经过按年率的季节调整）						10亿连锁（2000年）美元（经过按年率的季节调整）						与前期相比的变化		
	2003年	2002年第四季度	2003年第一季度	第二季度	第三季度	第四季度	2002年第四季度	2003年第一季度	第二季度	第三季度	第四季度	2003年	2003年	第三季度	第四季度
运输设备	120.2	128.8	119.8	115.3	117.8	127.9	117.4	117.4	115.1	113.7	115.6	115.5	-12.7	-1.4	1.9
其他设备	132.4	129.4	126.3	128.1	135.7	139.6	126.1	122.6	123.9	131.1	135.1	128.2	3.9	7.2	4.0
住宅	562.8	520.3	534.4	543.2	575.1	598.6	481.0	486.4	491.7	516.7	529.8	506.1	35.8	25.0	13.1
私人存货变化	-3.3	20.2	-0.9	-5.8	-10.5	4.0	21.5	1.6	-4.5	-9.1	6.1	-1.5	-7.2	-4.6	15.2
农业	-3.1	-4.8	0.2	-2.7	-4.3	-5.6	-3.5	1.2	-2.0	-2.8	-2.7	-1.6	1.7	-0.8	0.1
非农业	-0.2	25.0	-1.2	-3.0	-6.2	9.6	25.4	0.3	-2.4	-5.9	9.7	0.4	-8.9	-3.5	15.6
4 产品和净出口	-491.5	-476.1	-487.6	-505.5	-490.6	-482.5	-511.5	-490.0	-526.0	-505.2	-500.7	-505.5	-34.9	20.8	4.5
出口	1 048.1	1 017.2	1 021.0	1 020.2	1 048.5	1 102.6	1 017.5	1 012.4	1 009.6	1 033.7	1 079.9	1 033.9	19.7	24.1	46.2
产品	724.7	698.3	707.6	707.7	722.1	761.5	703.2	706.5	703.5	718.2	750.5	719.7	12.5	14.7	32.3
服务	323.3	318.8	313.3	312.5	326.4	341.0	314.0	305.7	305.9	315.5	329.1	314.0	7.2	9.3	13.9
进口	1 539.6	1 493.3	1 508.5	1 525.7	1 539.0	1 585.0	1 529.0	1 502.5	1 535.7	1 538.9	1 580.6	1 539.4	54.7	3.2	41.7
产品	1 279.1	1 240.8	1 254.2	1 272.4	1 275.6	1 314.4	1 288.1	1 266.2	1 307.4	1 302.4	1 340.4	1 304.1	55.7	-5.0	38.0
服务	260.4	252.5	254.3	253.3	263.5	270.7	241.2	236.5	229.8	237.2	241.2	236.2		7.4	4.0
5 政府消费支出和总投资	2 055.7	1 983.9	2 017.4	2 054.2	2 072.1	2 078.8	1 870.8	1 869.0	1 902.8	1 911.1	1 915.0	1 899.5	62.6	8.3	3.9
联邦	757.2	710.0	723.0	764.7	769.6	771.5	675.8	675.5	712.0	714.3	715.4	704.3	56.3	2.3	1.1
国防	497.0	461.1	463.3	507.3	507.2	510.1	439.5	433.2	472.8	471.2	473.4	462.6	43.8	-1.6	2.2
消费支出	436.8	404.6	408.6	447.5	443.7	447.4	382.0	377.3	411.8	406.9	409.7	401.4	39.2	-4.9	2.8
总投资	60.2	56.6	54.7	59.8	63.5	62.7	57.4	55.7	61.0	64.5	63.8	61.2	4.6	3.7	-0.7
非国防	260.2	248.9	259.7	257.4	262.4	261.4	236.3	242.4	239.3	243.1	242.1	241.7	12.5	3.8	-1.0
消费支出	226.3	216.1	227.3	221.4	228.5	227.8	203.6	209.9	203.4	209.3	208.4	207.7	11.4	5.9	-0.9
总投资	33.9	32.7	32.4	36.0	33.8	33.6	32.7	32.4	36.0	33.8	33.7	34.0	1.1	-2.2	-0.1
州和地方	1 298.5	1 273.9	1 294.5	1 289.6	1 302.5	1 307.4	1 195.3	1 193.8	1 191.4	1 197.4	1 200.2	1 195.7	6.6	6.0	2.8
消费支出	1 045.3	1 024.2	1 045.8	1 040.9	1 046.3	1 048.4	956.4	957.8	956.6	956.0	957.1	956.9	6.4	-0.6	1.1
总投资	253.1	249.7	248.7	248.7	256.2	259.0	239.0	236.0	234.7	241.5	243.2	238.9	0.3	6.8	1.7
剩余	—	—	—	—	—	—	-2.5	-4.5	-11.5	-27.4	-32.2	-18.7	—	—	—
补遗															
6 国内产品最终销售额	10 987.2	10 603.6	10 736.7	10 852.4	11 117.4	11 242.3	10 138.9	10 206.4	10 289.5	10 497.3	10 585.9	10 394.9	318.0	208.2	88.2
7 国内购买总额	11 475.5	11 099.9	11 223.4	11 352.2	11 597.5	11 728.7	10 668.0	10 697.6	10 809.9	10 955.4	11 004.9	10 899.4	347.9	185.5	99.5
面向国内购买者的销售总额	11 478.7	11 079.7	11 224.3	11 357.9	11 608.0	11 724.8	10 646.1	10 693.5	10 811.1	11 000.1	11 083.7	10 897.1	351.7	189.0	83.6
国内生产总值	10 983.9	10 623.7	10 735.8	10 846.7	11 107.0	11 246.3	10 160.8	10 210.4	10 288.3	10 493.1	10 597.1	10 397.2	314.2	204.8	104.0
加：来自其他国家的收入进款	—	304.8	296.8	299.5	312.1		293.7	283.4	285.6	296.1			10.5	10.5	—
减：流向其他国家的收入支付	—	266.6	269.0	266.2	274.3		256.1	256.4	253.8	260.7			6.9	6.9	—
等于：国民生产总值	—	10 661.6	10 763.7	10 880.0	11 144.8		10 198.5	10 237.6	10 320.2	10 528.6			—	208.4	—
国内生产净值	9 676.2	9 323.3	9 430.1	9 534.3	9 797.9	9 933.4	8 858.4	8 903.4	8 983.4	9 181.7	9 281.7	9 087.6	289.1	198.3	100.0

请注意，所有的数字单位都是 10 亿美元或年增长率（政府使用年增长率来说明如果全年都能保持该季度的节奏的话，经济的表现将会如何）。请看这张表，我们注意到主要有两栏是关于 GDP 增长的：几十亿现值美元和几十亿连锁美元。不要为行话担忧。"现值美元"代表名义 GDP，或者说是包括了价格上涨因素的经济产出的价值（回忆一下帽子工厂的例子）。"连锁美元"描述实际（定值美元）产值——即经济的实际产出量。尽管两栏都包含着有用信息，但从以实际美元数量计算的 GDP 更容易获得关于经济状况的精确图象，所以除非另外说明，所有的数据都是指连锁（实际）美元。

（1）**国内生产总值**：最上面一行说的是总量。它是美国生产的全部产品和劳务的最终价值。"最终"一词在这里意味深长；GDP 不直接包括产品的中间阶段的生产成本。这里有一个逻辑原因：中间产品已经包含在最终产品中了，因此分开计算它们就意味着对这些成本的重复计算。例如，一辆汽车的最后价格已经考虑了用来生产它的钢铁和橡胶成本。如果你加上钢铁、橡胶以及每一个装配阶段的工资，你就会把同样的生产费用计算好几次。因此，政府只把最后的商品与服务价格计入 GDP。

现在让我们看看构成 GDP 的四个主要分量。

- 个人消费支出（消费者花掉的）。
- 国内私人投资总额（企业在工厂、设备、建筑方面的投资）。
- 净出口（美国卖给其他国家和从他们那里购买的部分的差额）。
- 政府消费支出和总投资（联邦政府、州政府和地方政府花掉和投资的）。

这四个部分被进一步分解成为子分量以更详细、更清晰地表达经济构成。

（2）**个人消费支出（PCE）**：这一块实质上是消费者购买物品和服务的全部开支，它大约占 GDP 的 70%。由于它在经济中的巨大作用，如果家庭在消费时心情不好，那将给经济带来严重麻烦，衰退也许为时不远了。鉴于此，分析家们密切关注十几个报道消费者心境、收入和支出的月度指标。

人们的钱花在了什么地方？我们在构成 PCE 的三个子类中可以找到广泛的答案：耐用品、非耐用品和服务。

　　耐用品。这些都是昂贵物品（如电冰箱、电视机、汽车、家具），按定义其寿命都在 3 年以上。在耐用品上的支出尽管只占消费者全部支出的 15%，但它是对经济活力的最重要的度量，因为这类物品的消费从本质上具有更大的灵活性。这就是说，在耐用品方面的支出对消费者收入和心态高度敏感；收入下降时或消费者对经济感到担忧时，他们可能首先推迟购买的就是新的汽车或电视机。相反，当收入增长或者他们对未来的经济形势感到乐观时，他们就会非常乐意购买大件物品。还有，很多耐用品都是非常昂贵的，需要贷款购买，因此其销售量对利率变化非常敏感。一旦利率开始上涨，融资成本上升，消费者就会迅速做出反应，削减耐用品支出。

非耐用品。想一想蔬菜、毛衫、鞋子——这些寿命不到 3 年的物品。非耐用品约占全部个人开支的 25%，和我们经常在耐用品销售中所发现的波动相反，不管经济好坏，对非耐用品的采购都以较为稳定的速度增长。其原因在于这些产品通常是日常生活的一部分，花在它们身上的开支不像耐用品那样容易推迟。在经济形势不确定时，家庭可能推迟购买一辆汽车或液晶大彩电，但食品和食用油可耽误不得（这就是为什么经济不景气时投资者会急忙购进生产非耐用品的股票并卖出耐用品部门的股票的缘故）。

服务。一半以上的消费者收入用来支付像医疗、口腔护理、汽车和住房保险、理发、抵押、运输、法律这些服务费用上，这不足为奇。服务行业增长迅猛，占全部个人收入的比重从 1960 年的 40% 上升到了现在的近 65%。这类消费同样比较稳定，因为即使收入下降，人们的住房和医疗开支也不会减少。

（3）**国内私人总投资**。企业支出占 GDP 的 15%，但波动可能非常大。这在很大程度上取决于经济前景。如果预期经济持续增长，企业投资就会上升。但是如果出现经济摇摆的信号，这类支出可能就会急剧下滑。

企业支出分为两个大类：固定投资和存货投资变化。

固定投资。企业支出的最大一部分是固定投资，它包括非住宅支出（如办公建筑、库房、计算机设备和软件、机床工具和运输设备）和住宅类支出（用于建设单户家庭住房和公寓楼）。住宅类支出一项约占所有投资支出的 1/3。住房或公寓是否有人居住没有差别，关键在于它们是否已经建成。

住宅类和非住宅类投资支出对经济周期非常敏感。如果经济增长，公司利润增加，就会刺激在设备和建筑方面的开支。然而，只要一有经济减速的迹象，投资的闸门就会合上。企业支出将随着对物品和服务需求之源的干枯而萎缩，由此带来的公司开支削减可能把经济拖向衰退。

私人存货变化。存货变化及其与 GDP 的关系是很多迷惑的根源，但本不应该如此。存货和经济增长之间确实存在逻辑联系。要弄清楚这一点，首先要理解 GDP 反映的是一个经济所生产的所有东西的价值。为了做到这一点，经济分析局首先把消费者、企业和政府购买的东西加总。当然，买的和生产出来的并不始终相等。企业生产出来的商品通常比它们销售出去的要多一些，剩下的部分就被归到存货部分。要想得到一个经济在给定时期生产出来的所有东西的 GDP 数据，你必须把存货变化考虑进来。因此，用一个简单的公式就是，GDP 等于总需求加上存货变化。这里给出关于计算过程的说明。如果帽子工厂生产出来了 1 000 顶帽子，但是只销售了 900 顶，它的存货为 100 顶。如果你只加了买走的帽子，那么你计算出来的工厂生产的全部帽子的价值就是错误的。要得到正确的数据，你需要把存货中的 100 顶帽子加到售出的 900 顶帽子上，这样才能得出生产出来的总量。

现在我们来看相反的情形。如果下个季度工厂只生产出了 700 顶帽子却售出了 800 顶帽子，那么只考虑总销售量就是不精确的，因为这个季度生产的数量不到 800

顶。在这种情况下，帽子工厂调出存货来弥补多销售的 100 顶帽子。因此，为了得出工厂在该季度产量的正确数据，我们需要再看一下基本公式：GDP 等于总需求加上存货变化。帽子的总需求是 800 顶，加上存货变化，在这个例子中，要减去 100 顶。因此，结果即实际产出是 700 顶。

正如你所看到的，用来计算 GDP 的不是存货水平，而是从一个时期到另一个时期的存货变化。

经济转向时，存货可能会剧烈波动。在最近几年，由于计算机的应用，防止存货与销售需求偏离得太远这件事容易多了。然而，当经济形势将要发生变化时，企业发现决定什么样的存货水平仍然是困难的。如果库房堆满了卖不掉的物品，公司就要清理存货，削减生产，也许还要关闭工厂，解雇工人——一个可能会让经济增长急刹车的措施。然而，随着时间的流逝，借助于广告销售、特别折扣及其他刺激购物的措施，库房货架（以及汽车交易商的停车场）最终会空荡起来。当消费者需求回升时，零售商和批发商的货物订单数量又会多起来。相应地，工厂的反应是小心地加快生产，充实不足的货仓。所有这些步骤都有助于经济步入复苏轨道。

（4）**商品和服务净出口**。对外贸易在经济中的作用越来越重要。出口占 GDP 的 13%，超过 1980 年的两倍。进口从占 GDP 的 6.6% 上升到 16%。其结果是，美国的产出中大约 1/3 与国际贸易有关。

GDP 表中把净出口列为对经济增长有贡献的一个部类。什么是净出口？为什么要把它列入 GDP？美国出口到海外的商品和服务之所以要加到 GDP 上，一个简单的原因是它们是在美国生产的。出口刺激了美国经济增长，因为为了满足国内和国外的需求，需要有更多的产出。与此同时，我们还要考虑另一个事实，美国人也会花钱进口。购买国外的商品和服务要从 GDP 中减去，因为美国人的一部分需求是通过购买不是在美国生产、在其他国家产出的产品来满足的。简单地说，"净出口"这一术语就是指到 GDP 中的出口减去进口的差额。从 20 世纪 70 年代起，美国进口开始超过了出口，这就是为什么美国在过去的 30 年中净出口成了一个负数，并因此成了美国 GDP 增长的一个累赘。

（5）**政府消费开支和总投资**。政府开支（联邦、州和地方）占了 GDP 的 18%，与 20 世纪 80 年代中期的 21% 相比下降了。联邦部分占全部政府支出的 1/3，剩余部分是州和地方政府的。GDP 表中把联邦开支划分为国防支出（军事硬件和军队中军事和文职人员的工资）和非国防支出（如高速公路建设，国家航空和航天局、公园服务以及非国防联邦雇员的工资）。

州和联邦政府占全部公务开支和投资的 2/3（例如，街道建设、警察、消防设备），但这一数字也有波动。如果地区经济运行良好，销售额和税收都上升，支出也会一起增长。然而，经济减速可能会抽干州和地方政府的财库，因为政府要增加开支来支付实业保险计划，而政府税收却在萎缩。在这种情况下，那些可以调节的政府支出被大幅削减。

把四个主要部分——消费者支出、企业投资、政府开支、净出口加起来，经济分析局就可以计算总的 GDP 了。然而，GDP 中还有其他变量能帮助我们提供关于经济根本状况的更多信息。从 GDP 中推出来的两个这样的指标是"国内产品最终销售额"和"国内购买总额"，它们都列在 GDP 表的"补遗"中。

（6）**国内产品最终销售额**。为了更好地感受经济的活力，可以看一下这一时期售出了多少产品和服务。GDP 也能完成同样的使命，但它包括了不能反映经济纯粹需求的存货。国内产品销售额在计入 GDP 时，排除了存货变化。这个指标因此被认为是反映美国经济的杰出的晴雨表。但是这里有一个小问题。国内产品的最终销售额既包括了卖给美国人的，也包括了卖给外国人的。要得出仅限于美国的需求，我们得查看下一条：国内采购总额。

（7）**国内采购总额**。这个指标将美国消费者和企业的采购额加总，而不管产品实际上是在国内生产的还是在国外生产的。回忆一下，在计算 GDP 时，在支出和投资上减去了进口，但对国内采购总额并没有做类似处理。为了得到美国国内实际需求的快照，必须丢掉出口值，纳入进口值，这正是国内采购总额的处理方式。

下面紧接着的是"最终销售额与国内采购额之比"，人们认为这一项能够衡量美国的实际需求，因为它从全部国内需求中剥离了私营部门存货的变化。这一指标反映了美国人民的福利水平，因为它让我们知道排除存货投资变化的干扰，消费者和企业从国内和国外的销售者那里实际上购买了多少东西。如果最终销售额与国内购买采购额之比下降了，那么这就明显说明美国的消费者没钱了。

名义的和实际的 GDP：通货膨胀调整

为了研究经济增长率，大部分分析人员想知道自己在所考察的时间段，经济实际上扩张了多少。计算这个数字并不是想象的那么简单。GDP 起初是以在美国生产的全部产品和服务的现值美元（名义）价值为基础计算的。它对衡量美国经济规模、与其他国家相比的相对规模以及各个部门对 GDP 的贡献大小是非常有意义的。然而，采用现值美元的问题是它难以区别 GDP 的增长是来源于物品和服务产量的增加，还是仅仅因为价格的上涨。人们的福利在于有更多的产品和服务可以购买，而不在于为这些产品支付了更高的价格。

因此，你如何决定 GDP 的增长中多少是来源于实际扩张，多少是通货膨胀的结果？方法是，收集全部产品和服务的现值美元价值，然后再去除通货膨胀效应。1996 年，美国经济分析局采用了链式通货膨胀方法把现值 GDP 转换为实际 GDP。这一方法的实现复杂且需要技巧，它不仅被设计用于消除价格膨胀，而且能够针对消费者因产品价格和物品质量差异产生的购买习惯变化作出调整（例如，如果牛肉价格明显增长，消费者可能会选择稍微便宜一些的肉甚至家禽，链式计算试图反映这种变化）。现在出现了几种不同的、却非常重要的经济通货膨胀测算方法。三个主要的价格指标是 GDP 物价平减指数、国内采购总额物价平减指数以及影响广泛的个人消费支出 PCE 物价平减指数。

- 表4　国内生产总值和相关指标的物价指数，与前期相比的变化（百分比）

表 4　国内生产总值和相关指标的物价指数，与前期相比的变化（百分比）

经过按年率的季节调整

指标	2001年	2002年	2003年	2000年 第一季度	第二季度	第三季度	第四季度	2001年 第一季度	第二季度	第三季度	第四季度	2002年 第一季度	第二季度	第三季度	第四季度	2003年 第一季度	第二季度	第三季度	第四季度
国内生产总值	**2.4**	**1.5**	**1.6**	**3.4**	**2.0**	**1.9**	**1.8**	**3.2**	**3.2**	**1.6**	**1.6**	**1.1**	**1.5**	**1.5**	**1.7**	**2.3**	**1.1**	**1.6**	**1.1**
个人消费支出	**2.0**	**1.4**	**1.8**	**3.5**	**2.0**	**1.9**	**1.8**	**3.2**	**2.5**	**0.5**	**0.4**	**0.7**	**2.9**	**2.0**	**1.7**	**2.8**	**0.5**	**1.8**	**0.6**
耐用品	-1.9	-2.9	-3.7	-1.8	-0.5	-2.5	-1.0	-1.3	-3.1	-2.8	-2.2	-3.5	-2.9	-3.0	-3.0	-4.4	-3.9	-4.0	-3.8
非耐用品	1.5	0.5	2.1	5.2	3.7	3.4	1.4	1.3	3.7	-0.9	-4.3	-0.1	5.7	1.4	1.0	5.1	-2.1	3.8	0.4
服务	3.2	2.7	2.8	3.9	1.7	2.1	2.6	5.1	3.2	1.8	3.3	2.0	2.8	3.4	3.1	3.2	2.7	2.0	1.6
国内私人总投资	**1.1**	**0**	**0.9**	**2.0**	**1.2**	**1.9**	**0.8**	**0.3**	**1.3**	**2.3**	**0**	**-0.7**	**-0.7**	**-1.0**	**1.6**	**1.3**	**0**	**2.0**	**3.2**
固定投资	1.1	0.1	1.1	2.3	1.2	1.9	0.9	0.1	1.6	2.4	0	-0.8	-0.7	-0.7	1.7	1.9	0	2.1	3.4
非住宅	-0.2	-0.9	-0.2	0.6	0.3	1.4	0	-1.8	0.2	0.6	-1.2	-1.3	-1.5	-1.5	0.4	-0.3	-1.2	1.6	1.9
建筑	5.5	1.4	2.0	4.8	3.6	4.5	5.0	6.5	6.9	6.3	1.2	-0.9	0.5	0.3	1.1	3.8	1.1	2.7	4.1
设备和软件	-2.2	-1.7	-0.9	-0.8	-0.8	0.4	-1.7	-4.7	-2.1	-1.6	-2.1	-1.4	-2.1	-2.1	0.2	-1.6	-1.8	1.2	1.3
住宅	4.6	2.4	3.8	7.1	3.9	3.2	3.4	5.3	5.1	7.0	2.9	0.3	1.1	0.9	4.5	6.4	2.2	3.1	6.2
私人存货变化	—	—	—	—	—	—	—	—	—	—	—	—	—	—	—	—	—	—	—
产品和服务净出口	—	—	—	—	—	—	—	—	—	—	—	—	—	—	—	—	—	—	—
出口	-0.4	-0.4	2.1	2.7	2.1	0.9	0.4	0.1	-1.2	-2.1	-3.6	-1.2	2.9	3.3	0.6	3.6	0.8	1.6	2.7
产品	-0.7	-0.7	2.0	1.3	1.6	0.3	0.4	-0.1	-1.6	-2.6	-3.8	-1.4	2.1	3.3	0.6	3.5	1.7	-0.2	3.8
服务	0.4	0.3	2.2	6.2	3.5	2.5	0.6	0.6	-0.3	-1.0	-3.0	-0.9	4.6	3.2	0.6	3.8	-1.3	5.7	0.2
进口	-2.5	-1.0	3.7	5.9	0.7	4.2	0.7	-2.8	-6.0	-5.3	-9.8	-1.6	10.5	3.7	0.8	11.7	-4.1	2.7	1.1
产品	-3.0	-1.7	2.9	6.8	1.2	4.5	0.8	-3.7	-6.6	-6.6	-11.1	-2.1	10.7	2.7	0.5	11.8	-6.8	2.6	0.5
服务	0.2	2.5	7.4	1.3	-2.0	4.5	0.3	2.1	-3.0	1.4	-2.9	0.7	9.3	8.6	2.0	11.3	10.4	3.3	4.0
政府消费支出和总投资	**2.6**	**2.6**	**2.9**	**6.6**	**1.7**	**4.5**	**2.7**	**2.7**	**2.2**	**2.0**	**1.4**	**3.6**	**3.3**	**2.2**	**1.8**	**7.3**	**0.1**	**1.7**	**0.5**
联邦	2.1	2.7	2.5	7.2	-1.1	5.0	1.6	2.0	1.6	2.4	1.7	5.9	2.3	1.2	-0.5	7.7	1.4	1.3	0.3
国防	2.2	2.6	2.6	8.2	-0.2	3.6	0.9	3.6	1.6	2.4	0.8	5.2	2.3	1.8	-0.6	8.0	1.2	1.3	0.4
非国防	1.9	3.2	2.3	5.4	-2.6	7.5	2.7	-0.7	1.8	2.3	3.6	7.3	2.1	0.2	-0.4	7.2	1.6	-1.3	0.1
州和地方	2.9	2.5	3.1	6.3	2.0	4.2	3.2	3.0	2.5	1.8	1.3	2.4	3.8	2.7	3.0	7.1	-0.7	2.0	0.6
补遗																			
国内产品最终销售额	2.4	1.5	1.7	3.4	2.0	1.9	1.8	3.1	3.2	1.6	1.6	1.1	1.4	1.5	1.7	2.4	1.1	1.6	1.1
国内购买总额	2.0	1.5	1.9	3.8	1.8	2.5	1.8	2.6	2.3	1.0	0.5	1.0	2.4	1.6	1.7	3.4	0.4	1.6	1.0
面向国内购买者的最终销售额	2.0	1.4	1.9	3.8	1.8	2.3	1.8	2.6	2.3	1.0	0.5	0.9	2.4	1.6	1.7	3.5	0.4	1.8	1.0
国民生产总值	2.4	1.5	—	3.3	2.0	1.9	1.8	3.2	3.1	1.6	1.6	1.1	1.5	1.5	1.7	2.3	1.1	1.7	—
隐含物价平减指数																			
GDP	2.4	1.5	1.6	3.6	1.7	2.1	1.6	3.1	3.2	1.6	1.9	0.7	1.9	1.0	1.8	2.3	1.1	1.6	1.0
国内购买总额	2.0	1.4	1.9	4.1	1.6	2.5	1.6	2.6	2.3	1.0	0.8	0.6	2.9	1.2	1.8	3.4	0.4	1.8	0.9
GNP	2.4	1.5	—	3.6	1.7	2.1	1.6	3.1	3.2	1.6	1.9	0.7	2.0	1.5	1.8	2.3	1.1	1.6	—

8▶　10▶

8▶▶　9▶▶

（8）**GDP 物价指数和 GDP 隐含物价平减指数**：这是衡量经济整体通货膨胀水平的主要指标。经济学家和金融市场的其他玩家密切关注这些指标，以发现通货膨胀是否处于可控范围。GDP 物价指数和 GDP 隐含物价平减指数衡量由美国经济生产的产品和服务的价格变化。然而，在这里重点提出的两个通货膨胀指标有一个明显缺陷。他们不能提供美国消费者和企业所承受的通货膨胀压力的完整图像。原因是什么？它们包含了出口价格，但不包含进口价格。人们认为对经济的通货膨胀更好的测度是国内采购总额物价平减指数，这将在下一段讨论。

（9）**国内采购总额物价平减指数**。这个通货膨胀指标考虑了包括进口在内的所有采购的物价变化。如果石油价格攀升，那么成本增长已经完全计入国内采购物价指数，这与 GDP 通货膨胀指标不同。一般来说，国内采购总额的物价指数和 GDP 物价指数前后相随——但进口成本波动时除外。后者通常在石油价格飙升或美元价值暴跌时发生，那样会使进口很自然地昂贵起来。在这种情形下，国内采购总额就会成为经济通货膨胀的一个更好的尺度。

（10）**个人消费支出（PCE）物价平减指数**。在那些主要的通货膨胀指标中，你应该依靠哪一个来预测金融政策和消费者支出行为？对于金融市场和工会来说，消费者物价指数（CPI）是首选指标。然而，一些研究得出的结论是，在消费者层面上，PCE 物价平减指数才是对价格变化最全面、最精确的度量。CPI 只是比较一篮子物品和服务的价格变化，篮子里的内容好几年都不变；而 PCE 物价平减指数对消费者支出结构的变化也很敏感。甚至美联储也公开地说它在制定利率政策时，会更多地依赖 PCE 物价平减指数而较少地依赖 CPI。政府利用 PCE 指数将对消费者支出的现值美元预期转换为经过通货膨胀调整的实际美元。历史上，PCE 物价平减指数每年一般低于 CPI 大约 0.5 个百分点，这表明美国人拥有比消费者物价指数所告诉我们的更强大的购买力。

如何计算

编制 GDP 报告自 20 世纪 30 年代起就不断改进，这使它成为最长盛不衰的经济指标之一。GDP 计算是一个浩大工程，因为它涉及的是一个达 15 万亿美元（2012 年数据）的经济。这项任务的主要责任落在了无党派的经济分析局头上，该机构的历史和经验决定了它非常适合做这一工作。GDP 系列确实是被称为国民收入和生产账户（National Income and Product Accounts，NIPA）的这个奇妙的国民核算系统的一部分。这说起来很长但背后的想法很简单。实际上，NIPA 是由两个互为补充的 GDP 算法组成的。一边是加总所有售出产品和服务的产出账户。另一边是收入账户，它考察在生产 GDP 的过程中所产生的钱都到哪里去了。总之，如果消费者、企业和政府一年中花了 15 万亿美元，那么应当有人得到这些收入。这就是账户的收入方。它旨在记录来自于产品和服务生产的资金的流向。（有多少变成了工资？产权收入？利息收入？利润？）理论上，产出和收入的数据应当相等。然而，由于统计口径的原因，两个结果经常会突然出现矛盾，但是差异有变小的倾向。美国 NIPA 的建立基本上可以算是一个杰作，并得到全世界的瞩目，这突出表现在它的精确度、概括性以及对美国庞大经济的详细核算方面。

那么经济分析局是怎么计算 GDP 的呢？它从数以千计的政府和私人部门收集经济数据，加以消化。收集的信息类型有月度的零售额、汽车销售额、住房采购额。可以确定，在采集信息时并不是所有的经济数据都可以获取的，那么为什么不等到所有数据收集了再发布呢？因为投资经理和政策制定者都想尽快知道经济的健康状况，尽管部分数据是需要估计的。很少有人愿意为了最终的 GDP 季度报告整整等待 3 个月。因此，经济分析局通过计算机 3 次公布了 GDP 数据。第一份 GDP 报告，即人们所说的预先版，在季度结束 4 个星期后公布，提供对该季度经济运行的一个粗略的预览。一个月后，公布初步的 GDP 报告。它包含了对预先版发布时未获取的信息的修订。但只有在下一个季度结束时，我们才能看到进一步修正数据以反映更完全信息的最终的 GDP 报告。

但是事情到这儿并未结束。经济分析局每年在这些修订之后都会对 GDP 统计有一次动作，即通常在 7 月再对数字进行一次精加工。

表：关于未来经济走向的线索

GDP 报告中隐含着大量的启示，揭示出下一个月经济、通货膨胀、就业市场的走势。

- 表 1　实际国内生产总值和相关指标：与前期相比的百分比变化

（11）这张表提供 GDP 最新的季度增长率、它的主要分量、3 年内的季度数据，帮助了解近期经济走向的前景。看这张表的时候，你有必要记住，只有经济发展保持 3%～3.5% 的实际年增长率时，人们才会有繁荣的感觉。就 15 万亿美元的经济而言，这意味着美国每年至少要增加 4 500 亿美元的产品和服务。如果以低于 3% 的增长率扩张，那么经济增长的速度不足以吸收进入劳动市场的新工人，其结果只会带来更高的失业率。

然而，这会产生一个非常明显的矛盾。如果 3% 的增长率是降低失业率所需要的最低增长率，那么 4%、6%、10% 岂不是更好？经济过热以至于引起通货膨胀爆发前的最高增长率是多少？这个问题没有简单的答案，它在很大程度上取决于当时的劳动力供给和物质资源。假定经济在低失业率水平上运行，通货膨胀的最高增长率不超过非农生产率的增量（参见"生产率和成本"一节）加劳动力的增长（来自就业形势报告）。在涌入劳动市场的新工人供给充足的条件下，生产率的高水平增长既让经济运行良好，又排除了经济过热的危险，而由于劳动力一直以每年 1% 的平均速度增长，这就最终归结为劳动生产率的改进。在 20 世纪 70 年代和 80 年代，美国的生产率以年均 1.5% 的速度增长。如果加上 1% 的劳动力增长，就意味着不会产生通货膨胀的最快经济增长速度为 2.5%。但是自 20 世纪 90 年代以后，由于公司应用了计算机和软件更有效地处理事务，生产率得到了显著的、甚至有些人说是永久性的改进。其结果是，近年来生产率的年增长平均超过了 2.5%，把经济

增长的红灯区域提高到了 3.5% 左右（计算：2.5% 的生产率增长加 1% 的劳动

表 1　实际国内生产总值和相关指标：与前期相比的百分比变化

| | 2001年 | 2002年 | 2003年 | 经过按年率的季节调整 | | | | | | | | | | | | | | | |
| | | | | 2000年 | | | | 2001年 | | | | 2002年 | | | | 2003年 | | | |
				第一季度	第二季度	第三季度	第四季度	第一季度	第二季度	第三季度	第四季度	第一季度	第二季度	第三季度	第四季度	第一季度	第二季度	第三季度	第四季度
国内生产总值	0.5	2.2	3.1	1.0	6.4	-0.5	2.1	-0.2	-0.6	-1.3	2.0	4.7	1.9	3.4	1.3	2.0	3.1	8.2	4.0
11▶ 个人消费支出	2.5	3.4	3.1	6.5	2.5	3.9	3.4	0.5	2.3	1.9	6.2	4.1	2.6	2.0	2.2	2.5	3.3	6.9	2.6
耐用品	4.1	6.5	7.4	24.4	-9.5	6.0	0.7	1.7	9.8	0.7	27.3	1.6	0.5	5.0	0.3	0.5	17.7	28.0	0.9
非耐用品	1.9	3.0	3.7	0.3	5.7	2.3	3.7	0.4	-1.1	2.9	4.7	6.1	0.4	0.2	4.6	5.7	1.2	7.3	4.4
服务	2.4	3.0	2.0	6.0	3.9	4.3	3.9	2.4	1.6	2.0	1.5	3.8	4.1	2.2	1.5	1.5	1.7	2.8	2.1
国内私人总投资	-8.4	-1.2	4.1	-6.9	29.1	-9.9	-2.3	-11.1	-16.4	-8.5	-17.7	11.1	4.6	11.4	0.6	-3.5	4.7	14.8	12.4
固定投资	-3.2	-3.7	4.3	11.5	9.9	-1.9	0.9	-2.7	-9.2	-5.2	-10.8	-2.5	0.6	0.6	2.1	1.1	6.1	15.8	8.1
非住宅	-4.5	-7.2	3.8	14.3	14.8	2.2	0.7	-4.5	-13.6	-8.4	-14.0	-7.0	-3.0	-1.1	-0.1	-0.6	7.0	12.8	6.9
建筑	-2.5	-18.4	-4.7	7.0	18.0	9.6	1.2	-5.9	-5.6	2.2	-35.3	-23.9	-14.5	-14.6	-5.6	-4.0	3.9	-1.8	-3.0
设备和软件	-5.2	-2.8	5.2	16.9	13.7	-0.2	0.8	-4.0	-16.4	-12.2	-4.1	-0.2	1.2	3.7	1.7	0.5	8.0	17.6	10.0
住宅	0.4	4.9	7.6	4.1	-3.5	-8.0	0.4	2.6	3.7	3.1	-2.5	8.1	8.9	4.2	6.8	4.5	4.5	21.9	10.6
私人存货变化	—	—	—																
12▶ 产品和服务净出口																			
出口	-5.2	-2.4	1.9	6.6	12.3	10.7	-2.7	-4.5	-13.4	-17.7	-9.8	4.4	8.7	4.3	-3.7	-2.0	-1.1	9.9	19.1
产品	-6.1	-4.0	1.8	8.7	13.8	18.3	-5.4	-5.4	-18.1	-18.9	-7.6	-2.6	12.0	4.3	-9.1	1.0	-1.7	8.6	19.2
服务	-3.1	1.4	2.3	1.4	8.5	-6.6	4.4	-2.0	-0.6	-14.7	-15.0	22.8	1.6	4.5	9.4	-10.1	0.2	12.7	18.9
进口	-2.6	3.4	3.7	16.7	16.5	14.1	-1.6	-6.2	-8.6	-10.8	-3.8	8.4	17.1	4.1	8.2	-6.8	9.1	0.8	11.3
产品	-3.2	3.7	4.5	16.0	17.7	14.1	-1.6	-6.6	-12.2	-9.2	-3.2	8.1	21.9	4.8	7.4	-6.6	13.7	-1.5	12.2
服务	0.4	1.4	-0.1	20.8	10.7	14.1	-1.6	-3.1	12.5	-18.2	-6.9	19.2	-3.6	0.7	12.2	-7.5	-10.9	13.4	7.0
政府消费支出和总投资	2.8	3.8	3.4	-3.0	5.5	-2.1	1.3	5.8	5.8	-4.1	7.4	4.6	4.0	2.5	7.1	-0.4	7.4	1.8	0.8
联邦	3.7	7.9	8.7	-13.9	17.2	-8.2	-1.0	8.9	6.7	0	9.9	8.4	10.5	3.9	18.2	-0.2	23.5	1.2	0.7
国防	3.9	8.9	10.5	-21.3	17.0	-7.4	1.7	7.7	2.6	2.4	14.2	9.2	9.5	4.5	22.1	-5.6	41.9	-1.3	1.8
非国防	3.5	6.2	5.4	1.2	17.6	-9.7	-5.7	11.2	14.4	-4.3	2.6	8.7	12.2	2.9	11.4	10.5	-5.0	6.5	-1.6
州和地方	2.2	1.4	0.6	3.2	0.1	1.3	2.5	4.3	5.3	-6.1	6.1	2.7	1.7	1.5		-0.5	-0.8	2.1	0.9
补遗																			
13▶ 国内产品最终销售额	1.4	1.8	3.2	4.2	3.3	1.3	2.6	1.4	0.7	-0.7	3.2	2.6	3.1	1.8	1.7	2.7	3.3	8.3	3.4
国内购买总额	0.7	2.8	3.3	2.5	7.2	0.4	2.1	-0.7	-0.4	-0.7	2.4	5.2	3.1	3.4	2.7	1.1	4.3	7.0	3.7
面向国民购买者的销售额	1.6	2.4	3.3	5.6	4.2	2.1	2.6	0.9	0.0	-0.3	3.6	5.2	2.5	1.8	3.1	1.8	4.5	7.2	3.1
国民生产总值	0.5	2.1	—	0.8	6.6	-0.7	3.0	-1.3		-1.9	4.6	5.0	1.3	3.8	2.0	1.5	3.3	8.3	—
个人可支配收入	1.8	3.8	2.5	9.2	2.7	5.2	0.6	-0.3	-1.4	12.2	-4.4	10.6	4.1	-0.9	0.6	2.4	4.9	6.3	-0.5
现值美元度量:																			
14▶ GDP	2.9	3.8	4.8	4.7	8.3	1.6	3.8	2.0	2.6	0.3	3.9	5.4	3.9	4.4	3.1	4.3	4.2	10.0	5.1
国内产品最终销售额	3.9	3.3	4.9	7.8	5.4	3.2	4.5	4.5	4.0	0.9	4.8	5.4	3.3	3.3	3.5	5.1	4.4	10.1	4.6
国内购买总额	2.7	4.2	5.2	6.6	8.9	2.9	3.7	1.9	1.9	0.2	3.3	5.8	6.1	4.6	4.5	4.7	4.3	8.9	4.6
面向国内购买者的销售额	3.6	3.8	5.3	9.7	6.1	4.5	4.4	3.5	3.5	0.7	4.1	4.2	3.5	4.8	5.3	4.5	4.8	9.1	4.1
15▶ GNP	2.8	3.6	—	4.4	8.4	1.8	3.9	1.8	2.5	0.1	6.5	3.3	3.3	4.9	3.9	3.9	4.4	10.1	—
个人可支配收入	3.8	5.2	4.4	13.0	4.7	7.2	2.9	1.1		12.8	-4.1	11.4	7.2	1.1	2.3	5.3	5.4	8.1	0.1

力增长等于 3.5%）。然而，如果经济扩张速度连续几个季度超过 3.5%，就会吸干多余的劳动力和物质资源，重新产生通货膨胀压力，迫使美联储介入来提高利率。

（12）**商品和服务净出口**。美国与其他国家的贸易占整个经济活动的 1/3。确实，国际贸易变得如此重要，以至于出口或者进口数量的微小变化都会显著影响 GDP 增长。如果美国的出口比上一年下降 10%，那么就会让 12 个月的 GDP 增长减少 1 个百分点以上；如果同期进口上升 10%，可能会把 GDP 增长削减 1.6 个百分点。

（13）**补遗——国内产品最终销售额**。经济预测总是充满风险，因为有这么多的变量需要推敲。专家们最容易犯晕的地方就是不知道经济何时转向。一个警示经济将要掉头的早期信号来自实际最终销售额，而不是 GDP。最终销售额是度量经济需求的一个更纯粹的指标。它剔除了存货，考察消费者、企业、政府实际上支出了多少。如果在长时间内最终销售额的增长滑落到 GDP 的增长之下，那么就说明企业正在生产超过人们购买兴趣的东西。其结果是，存货量膨胀到非适宜的水平，从而迫使企业减缓生产甚至停止生产。这种情形将削弱未来的经济增长，甚至导致衰退。这在很大程度上取决于实际最终销售额的跌落幅度，和人们不需要的存货的积累量。

（14）到目前为止，所有与 GDP 有关的数字都是按实际美元（经过通货膨胀调整以后的）数量计算的。然而，不要忽略以名义（现值）美元计算的增长。后者毕竟是公司销售额、收入、利润的记录方式。从历史来看，标准普尔 500 指数的赢利增长倾向于与名义 GDP 保持一致。尽管利润随时间波动，但从长期来看，它们不会比经济增长更快。

（15）你也许偶尔会同时听到 GDP 和 GNP（国民生产总值），并奇怪两者的差别之处。GDP 覆盖在美国生产的所有的产品和服务，而不管提供者是美国公司还是在美国运营的外国公司。只要是在美国边境以内生产的，产出就以 GDP 计算。而另一方面，GNP 记录的是由美国居民生产的产品和服务，而不管提供商品的工厂在世界的哪个地方。这里举一个例子：如果通用汽车公司的工厂设在欧洲，那么它的产品就不包括在 GDP 中，但是包括在 GNP 中，因为它的产品是美国在境外生产的。所有在美国的日本本田汽车厂的产品都包含在 GDP 中，因为这些汽车就是在这里生产的；但是又被排除在 GNP 之外，因为工厂所有权属于外国人。GDP 是对美国产品的较好度量，因为它与美国的就业形势联系密切。

- 表 2　对实际国内生产总值变化百分比的贡献（未列出）

对 GDP 标题数字走马观花式的扫描，不可能告诉你太多经济中发生的事情。即使经济零增长，人们一年的支出仍然高达 15 万亿美元。在表 2 中，人们可以看到哪个特别的部门对实际增长贡献最大，哪些拖了后腿，程度如何。迅速研究一下这些表，能够回答一些关键问题：最近经济活动的加速是由于政府支出的上升吗？行业或部门对最近一个阶段经济总体增长的贡献是多少？消费者对经济绩效的作用是什么？

- 附表 A　实际国内生产总值和相关的总体指数与价格指数：与前期相比的百分比变化

（16）GDP 中的一些最迷人的数字都埋没在报告最下面的一张表中。其中之一是计算机最终销售额，这是一个重要的统计数字，因为它反映了企业投在技术产品上的支出。在企业对经济前景乐观且对这些投资的回报有充分的信心时，这类支出就会增加。计算机销售额还是未来的生产率增长的先兆。

（17）第二个数字是汽车产量。如果交易商车场中的轿车和货车因为销售缓慢而积压，那么你可以在这张表的产出数字中看到效果。汽车生产厂商会通过减少或停止生产作出反应。从另一方面看，如果汽车需求反弹，交易商将会纷纷增加库存，产量将恢复到一个更高的水平。由于汽车工业依存于数千家供应商（橡胶、玻璃、钢铁、电子和纤维），汽车生产活动的变化会影响到很多其他辅助产业的命运。

附表 A　实际国内生产总值和相关的总体指数和价格指数

| | 2004年 | 2005年 | 2006年 | 经过按年率的季节调整 | | | | | | | | | | | | | | |
| | | | | 2003 年 | | | | 2004 年 | | | | 2005 年 | | | | 2006 年 | | | |
				第一季度	第二季度	第三季度	第四季度	第一季度	第二季度	第三季度	第四季度	第一季度	第二季度	第三季度	第四季度	第一季度	第二季度	第三季度	第四季度
国内生产总值（GDP）和相关汇兑																			
国内生产总值	3.9	3.2	3.4	1.2	3.5	7.5	2.7	3.9	4.0	3.1	2.6	3.4	3.3	4.2	1.8	5.6	2.6	2.0	3.5
商品	4.9	4.6	6.4	3.9	1.6	16.2	2.5	3.7	3.0	5.0	4.6	4.9	3.5	6.7	3.1	12.8	3.6	3.8	7.9
公共设施	2.3	3.2	2.3	0.1	3.6	-1.9	2.8	4.5	3.0	2.5	2.5	1.8	1.8	3.5	0.8	2.4	2.4	2.8	3.5
建筑物	5.2	4.6	0.6	-1.0	9.2	14.1	2.2	0.2	13.6	0.6	-2.7	8.0	11.1	0.7	3.1	2.9	0.3	-7.4	-8.6
17▶ 机动车产量	3.5	5.9	-1.7	-11.8	10.9	8.9	-6.5	9.9	-7.1	16.6	1.9	12.0	-0.7	22.6	-19.1	3.8	-9.4	27.4	-31.7
除机动车产量以外的国内生产总值	3.9	3.1	3.6	1.7	3.2	7.4	3.0	3.6	4.5	2.7	2.6	3.1	3.4	3.6	2.6	5.6	3.0	1.2	4.8
16▶ 电脑总销量	8.2	24.5	17.1	16.9	-2.5	90.4	20.0	-16.0	-17.4	23.0	42.8	24.3	31.5	11.6	33.8	9.5	6.7	11.7	46.7
除电脑销量以外的国内生产总值	3.3	3.9	3.1	1.4	3.6	7.0	2.5	4.0	4.2	3.0	2.4	3.3	3.1	4.1	1.6	5.6	2.5	1.9	3.2
农产品增加额总值	7.4	1.0	4.6	-16.1	26.6	-34.7	-36.1	120.0	-17.4	19.4	23.7	-2.0	-24.6	11.3	8.1	14.1	3.9	-2.0	-4.4
非农产品增加额总值	4.3	3.8	3.9	1.2	4.3	11.0	1.6	3.6	5.2	3.2	2.4	4.2	4.4	4.9	1.8	6.7	2.7	1.9	4.2
价格指数																			
国内生产总值	2.8	3.2	3.2	1.8	1.3	2.1	2.4	2.3	3.4	3.7	2.6	3.0	2.7	3.4	3.3	3.3	3.4	1.9	1.5
除仪器和能源之外的国内生产总值	2.7	3.0	2.9	2.7	1.1	1.7	2.1	3.4	3.4	2.6	3.1	3.4	2.4	2.8	3.3	3.1	3.0	2.2	2.3
除电脑总销量之外的国内生产总值	2.9	3.2	3.1	3.3	1.4	2.2	2.3	2.4	3.7	2.2	2.4	3.7	2.6	3.4	3.4	3.4	3.4	2.0	1.6
国内采购总值	3.1	3.5	3.1	4.1	0.6	2.2	2.4	2.9	4.1	4.2	2.8	3.8	3.4	4.6	3.7	4.1	4.1	1.9	0.1
除食品和能源之外的国内采购总值	2.7	2.8	2.7	2.6	1.3	1.8	2.0	2.5	3.2	2.5	2.9	3.4	2.4	2.7	3.1	3.0	2.9	2.2	2.3
除最终电脑销售额之外的国内采购总值	3.2	3.7	3.3	4.4	0.7	2.4	2.0	4.4	4.2	2.8	3.8	3.4	3.5	4.6	3.7	2.9	4.2	2.3	0.2
18▶ 个人消费支出（PCE）	2.6	2.9	2.8	3.1	0.7	2.4	2.3	3.7	3.6	2.9	3.0	2.3	3.1	4.1	3.0	2.9	3.1	2.4	-0.8
除食物和能源之外的个人消费支出	2.0	2.1	2.2	1.1	1.3	1.8	1.6	2.5	2.5	1.7	2.3	2.4	1.9	1.6	2.5	2.1	2.7	2.2	2.1
个人消费支出市场	2.3	2.7	2.6	3.1	0.3	2.2	2.4	3.3	3.4	1.5	2.6	2.1	3.1	4.3	2.5	1.7	4.2	2.2	-1.6
除食物和能源之外的个人消费支出市场	1.5	1.7	1.9	1.3	1.2	1.4	1.2	2.2	2.4	1.2	1.9	2.2	1.8	1.2	1.9	1.6	2.7	1.9	1.7

　　（18）除了主要的 GDP 增长数字外，第二个爆人眼球的统计数字当属以个人消费支出价格指数(PCE)度量的通货膨胀变化率了。从消费者角度度量的通货膨胀受到美联储的密切关注，并影响到它提高还是降低或者保持利率不变的决策。这些决策者最关心的是核心 PCE（即提出食品和能源的 PCE）。有人也许奇怪，为什么美联储花费那么多精力研究完全忽略食品和能源的通货膨胀指标呢？ 有这样的疑问是完全合理的，这些东西毕竟是家庭最基本的日常开支。问题的答案可能不会让消费者满意，但是美联储确实有理由把重点放在核心 PCE 上。

　　我们在前面曾说过，食品和能源价格经常在短期内上下剧烈波动，而这些波动可能与经济基本面一点关系都没有。举个例子，一场突如其来的流感或严重干旱可能会引起某些食品价格的临时上涨，蓄意破坏或台风能突然中断石油输送，并在短期内引起石油价格飞涨。但是这些都是一次性事件，对通货膨胀没有永久性影响。毫无疑问，在这些情况下消费者不得不掏出更多的钱。可是美联储官员对这种临时性通货膨胀的关心要少得多。他们的主要目标是防止更严重的、可能导致长期通货膨胀的经济不平衡。

这里有个例子。如果经济发展太快，以至于商品和服务总需求的增长远远超过了该国目前的供应能力，价格上涨的压力就会加剧。如果对这种情况漠不关心，价格上涨就会演变为持久的通货膨胀。为了防止这种不平衡（需求和供给）所导致的不良后果，美联储一般会提高利率让经济降温。这件事情并不简单。美国中央银行所面临的巨大挑战是预期到这种严重的不平衡，并在通货膨胀恶化之前及时采取对策。别忘记，利率变化需要 9 到 18 个月才会起到对经济的治疗作用。因此，制定利率政策时，美联储与其把注意力放在严重受食品和能源短期供需变动影响的主要 PCE 指标上，还不如跟踪核心 PCE，因为它更好地反映了经济真正内在的通货膨胀率。我们在这张表中能看到最后一个季度年度化的通货膨胀率。总体来说，美联储乐于看见核心 PCE 待在 1%～2%。如果通货膨胀明显高于这个范围，中央银行可能就会提高联储基金利率，直到价格明显回到目标区域。如果通货膨胀率下滑到目标范围以下，可能就是经济过于疲软的信号，美联储就会尽快降低利率。

市场影响

GDP 报告相比其他很多更及时的月度指标都要滞后，它的发布可能会变成一个毫无影响的事件。但是你对此务必要小心谨慎！GDP 报告尽管迟到，但它不应该被忽略。原因之一是它可能含有某种真正出人意料的信息。增长率可能与市场预期相距甚远；其二，它是任何想要知道经济走强或走弱原因的人的必读材料；其三，仔细阅读 GDP 报告可以为你提供关于经济和公司利润下个季度走势的线索；其四，对 GDP 报告的改动可以大到完全改变你对经济前景的预期，并促成一个新的投资策略。最后，如果报告中的通货膨胀指标顽固地待在美联储的满意区域之外，你很快就会看到利率政策的变化。由于这些原因，你永远不要以想当然的态度对待 GDP 报告的发布。

债券

当实际 GDP 数据发布的时候，每个人头脑中都会先浮现这样一个问题：和预期比较起来怎么样？如果经济增长和经济学家预期的步子一样快或慢一些，尤其是当最终销售额指标不给力、非合意存货像气球一样膨胀时，债券市场肯定要做出积极反应。

反之，如果 GDP 增长数字超过了预期，通货膨胀指数有加速迹象，债券持有者的恶梦就可能开始。GDP 报告和不断上升的通货膨胀压力加在一起，将会传播美联储迟早要介入提升短期利率冷却经济的恐惧；那样的话，债券价格极有可能跌落并引起收益率上升，除非投资者坚信美联储可以把通货膨胀扼杀在萌芽状态。

股票

股票市场对 GDP 报告的反应肯定不如债券市场有弹性。这里的核心问题是，最新发布的报告如何影响对公司利润的预期？健康的经济将产生更多的企业收益，而疲软的商业环境将会抑制销售和收入。然而，这里有一个重要的限制条件。如果经济活动一直以 3.5% 的速度连续上升几个季度，即使股票持有者也会对价格上涨变得神经质。较高的通货膨胀率将会减弱家庭购买力，并且有可能驱使利率进一步升高。因此，股票市场在经济增长太快时和太慢时一样不舒服。

美元

对外国投资者来说，强劲的美国经济比虚弱的美国经济更受他们欢迎。美国充满生气的经济活动刺激了公司利润和利率的稳定提高。因此，外国投资者看到了在股市上以及从收益率较高的国库券和债券上赚钱的机会。所有这些都增加了对美元的需求。即使美联储迅速行动，通过提高短期利率应对通货膨胀，美元升值的可能性仍然很大，因为人们感觉美国的中央银行在遏制价格压力方面先行了一步。

耐用品订货量
Durable Groods Orders

（也称为耐用品制造商出货量、库存量和订单的先期报告）

市场敏感度：高。

含义：未来生产活动的关键指标。

发布新闻的互联网网：www.census.gov/manufacturing/m3/adv/pdf/durgd.pdf

网址主页：www.census.gov

发布时间：上午 8 点 30 分（美国东部时间）；一般在相关月份结束后的 3~4 个星期宣布。

频率：每月一次。

来源：美国商务部普查局。

修订：修改量可能很大，变动覆盖前两个月。

为什么重要

大部分经济指标都会告诉你经济中已经发生的故事，只有少数几个指标为你提供未来可能发生什么事的线索。关于耐用消费品订货量的先期报告就是这样一种统计，这就是为什么它一发布就成了金融市场和企业界注意力的焦点。当我们审视工厂产品"订货量"时，那也就是未来数月的生产。订货量的跃升是一个积极信号，因为它表示工厂和雇员们将会继续忙碌着，为满足来自于客户的需求而工作。基于同一逻辑，订货量的持续下降一定会被看成一个麻烦的征兆，即生产线可能不久就会悄无声息，工人没有什么事情可做了。在这种形势下，制造商面临着艰难的选择。他们要么关掉一些工厂，同时可能还会解聘一些工人，要么继续维持现有的生产水平，冒着没有人要的产品库存越积越多的风险。

按照定义，耐用品就是期望寿至少在 3 年以上的产品（如汽车、计算机、机械、飞机、通信设备），它们代表着企业投资支出的非常重要的组成部分。经济在很多方面都要依靠耐用品生产的维系，包括就业增长、工业产量和利润等。耐用品之所以值得关注还有另外一个原因：它们悄悄地充当着更为复杂的工厂订货量报告的一个预览，而后者同时包括了耐用品和非耐用品，一周之后就将发布（参见下面重要一节"工厂订货量"）。

如何计算

耐用品先期报告的数据来自于代表着 89 个产业门类的 4 300 家生产厂商。年出货量在 5 亿美元以上的公司和一些规模稍小的企业被邀请提供新增订货量、出货量以及未完成订货量的数字。至于军事装备，政府依靠的是国防部的数据。

一个新订单确认的依据是它附带着一个法律协议，约定按照现期或延期交货的形式购买产品。对新订单的购买期权不计在内。对新增订货量进行加总（扣除此前取消的订货量），在扣除折扣之后但在扣除货运费和特许权费之前计算出货的价值。存货以现期成本为基础计价。

所有数字都进行季节调整，但没有经过年度化处理，也不进行通货膨胀调整。要估计耐用品订货量的"实际"变化，需要参照生产价格指数来比较不同时期的增长率。

表：关于未来经济走向的线索

耐用品报告能成为投资者青睐的一个指标，其原因是它能比其他统计更快地预示经济活动的重要变化。然而，有一点必须牢记于心，新的耐用品订货量以在不同的月份之间剧烈起伏而声名狼藉，这应该归结为突然来临的国防装备和飞机的大单。因此，你要想得到经济部门实际需求的数据，就得把这些分量剔除出去。

让我们从对耐用品报告的描述开始吧。它分为 4 个主要部分：新增订货量、出货量、未完成订货量和总存货量。把这些分量放在一起来研究可以帮助企业领导人和投资者更好地预测未来制造业的产量、雇用活动和消费者需求的节奏；而所有这些都是决定最近几个月的经济增长的因素。

- **表 1 耐用品生产商的出货量和新增订货量**

（1）**新增订货量**。美国造的耐用品的订货量反映了来自美国和其他国家的最新需求。订货量的上升将使工厂在未来处于忙碌状态，这使得这一统计成了一个很好的领先指标。但是注意：单独的一张军事或航空大订单就可以让耐用品的新增订货量膨胀起来，并对分析人员判断经济的潜在力量作出误导。为了不让读者迷惑不解，这张表分列出了剔除国防和运输订货后的数据。

（2）**不包括运输的订货量**。这一部分记录的是新增订货量的数字——但是把运输分量排除在外。为什么要从总数中减去运输呢？对民用飞机的订货量是周期性发生的，而且价格高昂。收到大订单会使短期内订货量的总价值膨胀，大大夸大了耐用品的实际需求幅度，这只会使回归到正常水平的下个月的指标大幅跳水。要排除异动，最好是研究剔除运输后的耐用品订货量。

表 1 耐用品生产商的出货量和新增订货量　　　　　　　　单位：百万美元

	经季节调整						未经季节调整					
	月度			变化率（%）			月度			年初至今		
	2004年²1月	2003年ʳ12月	2003年11月	12月—1月2	11月—12月	10月—11月	2004年1月	2003年ʳ12月	2003年1月	2004年	2003年	变化率（%）2004年/2003年
耐用品												
总计：												
出货量	188 110	188 193	184 074	0.0	2.2	0.2	168 020	189 514	159 049	168 020	159 049	5.6
1▶ 新增订货量⁴	180 984	184 226	181 346	-1.8	1.6	-2.4	169 335	189 869	159 786	169 335	159 786	6.0
运输除外：												
出货量	136 550	135 122	130 829	1.1	3.3	-0.4	121 500	138 690	111 676	121 500	111 676	8.8
2▶ 新增订货量⁴	131 468	128 935	126 831	2.0	1.7	-3.3	121 401	131 894	110 701	121 401	110 701	9.7
国防除外：												
出货量	178 764	178 838	175 275	0.0	2.0	0.3	160 268	178 701	1 520 047	160 268	152 004	5.4
3▶ 新增订货量⁴	171 952	173 617	170 450	-1.0	1.9	-2.3	159 521	173 356	151 721	159 521	151 721	5.1
未完成订单的生产：												
出货量	128 892	126 803	124 212	1.6	2.1	0.5	114 593	129 679	107 234	114 593	107 234	6.9
新增订货量	128 176	128 882	127 774	-0.5	0.9	-3.1	121 853	136 404	113 107	121 853	113 107	7.7
原生金属：												
出货量	11 863	11 568	11 069	2.6	4.5	0.9	11 606	10 269	11 231	11 606	11 231	3.3
新增订货量	11 915	11 622	11 811	2.5	-1.6	-1.1	12 335	10 715	11 665	12 335	11 665	5.7
金属制品：												
出货量	21 308	21 047	20 423	1.2	3.1	-0.5	19 592	19 530	19 199	19 592	19 199	2.0
新增订货量	22 363	21 843	21 089	2.4	3.6	-0.5	21 322	19 668	19 282	21 322	19 282	10.6
机械：												
出货量	23 402	22 926	21 260	2.1	7.8	-1.1	20 410	22 734	18 230	20 410	18 230	12.0
新增订货量	36 666	38 631	37 868	-5.1	2.0	-1.2	35 255	34 659	37 193	35 255	37 193	-5.5
4▶ 非国防飞机及零部件：												
出货量	5 362	5 323	5 861	0.7	-9.2	6.8	3 932	6 534	3 556	3 932	3 556	10.6
新增订货量	4 398	6 098	4 930	-27.9	23.7	-12.4	3 783	8 602	4 704	3 783	4 704	-19.6
国防飞机及零部件：												
出货量	3 503	3 488	3 016	0.4	15.6	-10.8	2 903	4 159	2 566	2 903	2 566	13.1
新增订货量	2 501	3 787	3 733	-34.0	1.4	-5.0	2 961	5 846	2 899	2 961	2 899	2.1
所有其他耐用品：												
出货量	33 107	33 474	33 102	-1.1	1.1	-0.5	29 515	32 073	27 768	29 515	27 768	6.3
新增订货量	33 247	33 473	33 727	-0.7	-0.8	-0.7	29 818	316 98	27 970	29 815	27 979	6.6
资本品：												
出货量	69 727	68 534	66 183	1.7	3.6	-0.5	59 721	77 190	52 632	59 721	52 632	13.5
新增订货量	69 270	69 684	67 084	-0.6	3.9	-5.5	64 007	82 539	56 704	64 007	56 704	12.9
5▶ 非国防资本品：												
出货量	61 705	60 590	58 684	1.8	3.2	0.1	52 962	68 166	46 532	52 962	46 523	13.8
6▶ 新增订货量	61 093	60 204	57 682	1.5	4.0	-6.2	55 280	67 865	49 791	55 280	49 791	11.0
飞机除外：												
出货量	59 653	58 120	55 823	2.6	4.1	-0.7	51 673	64 753	45 298	51 673	45 298	14.1
新增订货量	56 921	57 657	55 553	3.6	3.8	-5.8	53 856	63 082	47 721	53 856	47 721	12.9
国防资本品：												
出货量	8 022	7 944	7 499	1.0	5.9	-5.3	6 759	9 024	6 109	6 759	6 109	10.6
新增订货量	8 177	9 480	9 222	-13.7	2.8	-1.2	8 727	14 674	6 913	8 727	6 913	26.2

（3）**不包括国防的定货量**。计入国防物品时也会有相同的情形出现。军用品的订货量完全取决于国防准备和外交政策的执行。考虑到美国在世界上的积极作用，在坦克、枪炮、飞机、弹药、军舰、导弹、潜水艇和计算机方面不时会有突发的官方支出。当然，经济会从更高的国防开支中收益，但是我们想了解的是私人经济部门的实际强弱。剔除了国防支出的订货量是工业产量的优秀的先行指标，在没有民用飞机的大订单影响时更是如此。非国防新增订货量的持续增长，比如说持续 3～4 个月，预示着今后 3～4 个月生产活动的广泛改善和工厂就业的增长。

同时剔除国防和民用飞机的耐用品新增定货量。这里你得自己动手计算，因为没有专门针对该类的统计，但你所付出的努力是值得的。你所得出的结果虽不出名，却是对消费者信心的一个非常有效的度量。耐用品是价格最昂贵的消费品，大部分家庭并不急于购买它。归入这一分类的有船、家具、汽车、宽屏幕电视、厨房用具、洗熨设备。这些物品的一个共同特点就是消费者在决定何时购买它们时非常慎重。在慎重购买的商品中大约有15%属于这类产品。当消费者觉得经济前途堪忧时，这是他们首先削减的消费对象。如果新增订货量（除国防和飞机外）反弹，表明家庭对金融和就业前景非常得意，因此恢复了支出活动，这对工业部门和经济整体都是一个积极信号。

（4）除了上面那些宽泛的标题外，耐用品的先期报告还包含了不同产业的详细订货量：

- 原生金属；
- 金属制品；
- 机械；
- 计算机、通信设备、电子产品；
- 电器设备；
- 运输；
- 其他耐用品。

原生金属。当大制造商着手增加产量时，第一步就是确信他们有充足的原材料供应。因此，原材料订货的复苏是工业产出将要转向高速的兆头。

（5）**资本品订货量**。表的底部是资本品的订货量。这些昂贵的物品一般不卖给家庭，而是卖给用它们生产其他产品的公司。这里的购买内容包括鼓风炉、机床工具、机器人以及类似设备。与前面相同，有一个单独的总资本品订货量，包括那些用于国防和非国防的资本品。

（6）**非国防资本品，不包括飞机**。经济学家也把这一类称作"核心资本品"，它也许是对企业投资支出的最好指标。资本品订货量在经济衰退前 6～12 个月就开始下滑，在经济接触衰退的谷底后 3～18 个月中的任何时刻开始反弹。

出货量

出货量是，噢，就是那个——出货量！它们是指那些已经被订购吸纳正在交付的产品。

如果你把新增订货量作为生产活动的先行指标，出货量应当被看作是同步指标，即对当前经济中正在发生的事情的一种测度。由于这个原因，人们用耐用品出货量来计算 GDP。

有一个规律，出货量远没有订货量那么大的波动。像波音这样的飞机制造商可能在一个月中收到 40 架客机的大订单。但是，实际装配和交货可能要延续 20 个月，意味飞机的出货将会延续 20 个月。因此，出货量数据一般比订货量稳定得多。

未完成订单

- 表 2　耐用品生产商未完成订单和总存货量

（7）**未完成订货**。这个指标在经济学家中很受欢迎。这里有几个原因：首先，一大沓还未完工的订单意味着工厂未来将会忙个不停。也就是说，对于生产厂商而言，订单来得太快，难以及时交货。但是订单的积压同样会带来经济问题。例如，它可能使生产资源紧张，生产过程中出现明显的瓶颈，延误交货，甚至导致通货膨胀的压力。为了弥补这一点，

表 2　耐用品生产商未完成订单和总存货量　　　　　（单位：百万美元）

分类	经季度调整						未经季度调整			
	月份			变化率（%）			月份			变化（%）
	2004 年 1 月 [2]	2003 年 12 月 [r]	2003 年 11 月	12 月 —1 月 [2]	11 月 —12 月 [r]	10 月 —11 月	2004 年 1 月 [2]	2003 年 12 月 [r]	2003 年 1 月	2004 年/ 2003 年
耐用品										
总计：										
未完工订货 [4]	505 232	503 948	503 869	-0.1	0.4	0.7	509 314	502 054	486 352	4.7
总存货	263 022	262 827	261 414	0.1	0.5	-0.4	262 333	255 909	270 014	-2.8
扣除运输：										
未完工订货 [4]	255 370	254 042	254 183	0.5	-0.1	0.9	256 617	250 771	240 424	6.7
总存货	195 307	195 394	194 396	0.0	0.5	-0.2	195 195	190 780	202 420	-3.6
扣除国防：										
未完工订货 [4]	346 955	347 357	346 532	-0.1	0.2	0.4	349 543	344 345	340 987	2.5
总存货	238 920	238 568	237 831	0.1	0.3	-0.5	238 553	232 274	248 311	-4.1
正在生产的未完工订货：										
未完工订货 [4]	505 232	505 948	503 869	-0.1	0.4	0.7	509 314	502 054	486 552	4.7
总存货	205 363	203 543	204 731	-0.1	0.4	0.3	204 592	200 399	212 929	-3.9
原生金属：										
未完工订货 [4]	16 490	16 438	16 384	0.3	0.3	4.7	16 718	15 989	14 893	12.3
总存货	17 464	17 300	17 276	0.9	0.1	0.7	17 607	17 420	19 246	-8.5
金属制品：										
未完工订货	39 990	38 915	28 139	2.7	2.1	1.8	39 759	38 079	36 983	7.5
总存货	30 864	30 979	30 895	-0.4	-0.1	-0.1	30 949	30 473	31 790	-2.6
机械：										
未完工订货	44 203	43 902	42 889	0.7	2.9	2.4	44 399	42 864	43 284	2.6
总存货	41 894	41 589	41 220	0.7	0.9	0.6	41 967	40 527	42 979	-2.4
计算机和电子产品：										
未完工订货	128 958	129 165	131 002	-0.2	-1.4	-0.4	130 148	128 745	121 377	7.2
总存货	47 267	47 734	47 130	-1.0	1.3	-0.1	46 927	45 920	50 148	-6.4
计算机和相关产品：										
未完工订单	8 584	8 843	8 651	2.9	2.2	0.4	8 348	8 805	7 838	6.5
总存货	6 022	6 145	6 021	-2.0	2.1	-0.8	5 799	5 639	6 150	-5.7

公司要么增加生产能力，雇用更多的工人，要么让生产线超时运行。没有这些调整，厂商可能就会因失去顾客而告终，因为他们不喜欢交货太慢。你们会看到为什么那么多专家密切关注着未完成订货。它是新的资本投资和就业增长的标志。工厂和设备方面的较大支出将会刺激更多的经济活动，提升国家的工业基础。工厂就业上升时，私人收入也会上升，这有助于产生更多的家庭支出。这里有一个大风险，当公司围绕物质资源和劳动力的争夺变得紧张时，它会驱使通货膨胀压力上升。

未完成订货量突然下降时会发生什么情况？这种情况的发生有两个原因：要么是公司运行于最优水平，因此能够快速满足所有涌入的订单；要么是订单自身显著减少。后一种情形对经济是有害的，因为未来的生产和就业将处于危险境地。总体来说，经济强劲增长时未完成订货量上升，而当商业活动乏力时下降。

库存量

只要工厂产出超过订货量，就会引起库存膨胀，导致公司资金紧张。非合意的商品堆积对公司来说可能是代价高昂的。毕竟，他们必须向供货商支付生产商品所需要的原材料的费用。但是如果已加工完成产品的买主突然少了，公司别无选择，只能把它们作为非合意存货储存起来。当存货量攀升时，生产厂家的经理们通常被迫削减产量，这可能导致工厂关闭，工人失业。

市场影响

债券

债券市场的买者对意外消息深恶痛绝。但是耐用品先期报告以让投资者麻痹大意而著名，因为它波动大，难以预测。假如订货量的速度比预期要快的话，那么它就会把债券价格压下来，把收益率提上去。新增订货量的上升 —— 但要把国防和飞机的订货量排除在外 —— 是制造业走向繁荣、GDP 增长加快，还有未来可能的高通货膨胀的信号。相反，订货量的突然下降会削弱制造业并有可能殃及其他经济部门，而这情形对债券市场通常可以看作利好。

股票

预测股票市场投资者对耐用品报告的反应有更多的问题。通常，订货量的突然上升将被认为是好事，因为它的结果是公司利润上升。然而，如果经济已经在接近全部生产能力的状态下运行，订货量的突然上升也许会触动股票市场交易者的神经，他们担心债券市场驱动利率骤然上升。信贷成本的提高将侵蚀公司收益，这会以压低股票价格而告终。

美元

只要有美国经济走强特别是超过其他工业化国家的证据，美元就会重新振作起来。然而，如果耐用品报告进一步提供了经济过热的证据，即使货币交易者也会停滞不前。

工厂订货量
Factory Orders

（正式的说法：生产商、出货量、存货量和订货量）

市场敏感度：低到中。

含义：制造业订货量和销售量的综合测度。

发布新闻的互联网网址：www.census.gov/manufacturing/m3/prel/pdf/s-i-o.pdf

网址主页：www.census.gov

发布时间：上午10点整（美国东部时间）；一般在相关月份结束后4~5个星期发布。

频率：每月一次。

来源：美国商业部普查局。

修订：接下来的两个月修改，且变动可能是实质性的。

为什么重要

这一经济指标有些让人迷惑。毕竟，就在它发布之前一个星期左右，政府发布了一个类似的叫做耐用品订货量的先期报告（参见前一节）。初看起来这一报告和工厂订单说的是同一内容，但情况并不完全如此。先期报告是对耐用品（硬质产品如汽车、飞机、电冰箱等）订货量的快速粗略的计算。但是这份报告增加了另一个重要信息。它不仅包含了一个星期前耐用品的数据，而且还在其中首次出现了非耐用品——被定义为软质产品，如食品、服装、燃料——即在此之间发布的先期报告中忽略的那些内容。非耐用品占工厂订货量的55%，其余的份额属于耐用品。通过包括耐用品和非耐用品的工厂订货量报告描绘出美国制造业的完整图像，这使得经济学家、投资者和政府领导人能够及时触摸到美国生产活动的脉搏。

由于工厂订货量的综合性，你可能会认为，世界范围内的金融市场每个月都应当焦急地等待着它的发布。事实上，对于大部分投资者来说，工厂订货量报告的感染力跟第二次播放的肥皂剧差不多。因为报告最有价值的部分是耐用品而不是非耐用品的变化。耐用品订货量被认为是经济活动优秀的先行指标。但是帷幕早在耐用品先期报告公布之日就已揭开。在工厂订货量公布时，关于耐用品的所有消息都已经被消化了。相对而言，非耐用品不会吸引多少注意力，因为它没有什么预测价值。非耐用品订货量倾向于每月以稳定的速度上升，而不管经济是否运行良好。消费者总要购买食品、衣服、燃气、加热取暖用的油料，因为这些产品是生活所必需的。

那我们应当简单地完全置工厂订货量于不顾吗？不！制造业详细信息的主脉就在其中。如果仔细观察，我们就能从这些统计中获得关于经济健康状况的新的启示。

如何计算

普查局每月开展的月度调查要接触 4 300 家制造厂，涉及 89 个产业部门。被调查的企业大部分一年的销售额在 5 亿美元以上，规模较小的公司只占其中的一小部分。调查中要获取订货量、出货量和存货的最新数字。并不是所有的公司都会及时返回答案。能做到的公司大约只有 60%，它们的答案被计入工厂订货量的初步报告中。后续的修订建立在更完全的信息基础之上。

如果附带及时或延期交货的法律协议，就可以认定是新的订货。不计入对新订货的期权。新增订货量的计算中还扣除了取消的订单。至于军用订货量，政府依赖的是国防部提供的数据。在计算出货价值时扣除了折扣但计入了运费和货物税。存货价值是按照市价成本计算的。

所有的数字都分为经过季节调整和未经过季节调整两组表示，但没有进行通货膨胀调整；也就是说，数值指的是名义美元。要计算考虑通货膨胀的量，就得用中间材料生产者价格指数进行调整。

表：关于未来经济走向的线索

对于投资经理来说，工厂订货量并不是一个非常显眼的经济指标。快速浏览一下标题上的数字就足以满足大部分需要了。然而，多花一点时间阅读标题以外的数字，你对下个季度的经济表现就会有更准确的感觉。

- 表 2　按工业部门统计的生产商新增订货量

这张表反映的是美国工厂从国内外顾客那里收到的新订单的美元总额和变化百分比。新增订货量是非常优秀的领先指标，因为它影响未来的生产活动。在这份报告中，订货本身被分为两类商品：其一是耐用品，我们一星期之前已经先睹芳容；另外一个是非耐用品，我们则是在这份报告中第一次见到。回顾一下，耐用品是预期寿命至少在 3 年以上的"硬"产品。非耐用品是那些使用期限不到 3 年的产品。后一类产品的订货量更倾向于稳定，因为它们是由对我们日常生活非常重要的商品组成的。因此，任何新增订货量的巨大变动都来自于耐用品。

（1）**全部制造业**。判断美国的大工厂忙到什么程度的最好办法是看源源不断的订货量，不光是美元数额，也要看与上月相比的变化。不管是炼钢、汽车、计算机、通信、飞机，还是其他的十几个产业部门，这里都是你感受每一个工业部门以及制造业总体的未来生产趋势的地方。这张表列出了所有重要的制造业最新一个月的新增订货量和最近 3 个月的变化百分比。为什么说这些跟踪如此重要呢？新增订货量保持了生产线的运行。如果订

表2　按工业部门统计的生产商新增订货量　　　　单位：百万美元

部门	经季节调整 月份 2003年12月P	经季节调整 月份 2003年11月r	经季节调整 月份 2003年10月	变化率(%) 11—12月	变化率(%) 10—11月	变化率(%) 9—10月	未经季节调整 月份 2003年12月P	未经季节调整 月份 2003年11月r	未经季节调整 月份 2003年10月	未经季节调整 月份 2002年12月	从年初到现在 2003年P	从年初到现在 2002年	从年初到现在 百分比 2003年/2002年
全部制造业[2]	342 383	338 726	341 856	1.1	-0.9	2.4	344 296	330 467	356 785	313 957	3 947 601	380 0930	3.9
不包括运输[2]	286 834	284 211	287 232	0.9	-1.1	1.6	286 573	278 096	298 300	264 507	3 322 287	3 183 832	4.3
不包括国防[2]	331 847	327 830	330 563	1.2	-0.8	1.8	327 907	320 207	346 566	300 175	3 826 556	3 703 304	3.3
包括未完成订单量[2]	126 363	127 774	131 920	-1.1	-3.1	5.5	133 978	125 009	134 875	122 398	1 475 496	1 433 824	2.9
耐用品部门	181 865	181 346	185 771	0.3	-2.4	3.9	187 373	176 103	193 408	168 525	2 098 886	2 040 581	2.9
原生金属	11 578	11 811	11 948	-2.0	-1.1	9.8	10 753	11 018	12 200	9 706	132 866	134 089	-0.9
铁厂和钢厂	5 321	5 553	5 734	-4.2	-3.2	18.6	5 024	5 135	5 619	4 487	60 943	61 884	-1.5
铝和有色金属	4 967	4 937	4 871	0.6	1.4	3.6	4 581	4 661	5 083	4 194	56 412	56 545	-0.2
黑色金属铸造	1 290	1 321	1 343	-2.3	-1.6	-0.5	1 148	1 222	1 498	1 025	15 511	15 660	-1.0
金属制品	21 043	21 089	21 191	-0.2	-0.5	2.1	19 286	20 465	22 338	18 292	246 177	249 408	-1.3
机械	23 053	22 269	21 705	3.5	2.6	1.4	22 303	20 893	21 779	19 538	253 139	244 559	3.5
建筑机械	1 865	2 273	1 947	-17.9	16.7	4.1	1 862	2 063	1 964	1 754	21 691	20 074	8.1
采矿、油田和气田设备	710	840	751	-15.5	11.9	-2.2	798	809	690	661	8 727	7 561	15.4
工业机械	3 004	2 612	2 798	15.0	-6.6	-10.0	3 207	2 279	3 139	2 774	34 603	32 186	7.5
光学设备	955	923	918	3.5	0.5	8.1	1 006	960	1 016	907	10 321	9 821	5.1
通风、加热、空调和冷冻设备	3 011	2 495	2 599	20.7	-4.0	0.7	2 771	2 372	2 423	2 261	30 933	30 932	1.8
金属加工设备	1 444	1 519	1 593	-4.9	-4.6	-1.5	1 275	1 764	1 836	1 792	19 999	24 531	-18.5
透平机、发电机及其他动力传输设备	3 620	3 138	2 632	15.4	19.2	9.7	3 611	3 062	2 552	1 990	30 467	27 202	12.0
物料搬运设备	1 474	1 470	1 395	0.3	5.4	-3.5	1 567	1 304	1 414	1 382	16 106	15 760	2.2
计算机和电子产品[2]	29 136	29 471	33 685	-1.1	-12.5		37 278	29 924	33 673	33 999	357 068	325 378	9.7
计算机	5 271	5 361	5 490	-1.7	-2.3	3.2	5 812	5 204	6 171	5 778	59 486	50 949	16.8
非国防通信设备	3 594	4 573	8 876	-21.4	-48.5	16.3	5 811	5 469	8 961	6 728	76 372	69 868	9.3
国防通信设备	593	549	676	8.0	-18.8	67.3	611	522	658	412	5 665	4 327	30.9
半导体[2]	—	—	—	—	—	—	—	—	—	—	—	—	—
电子零部件	4 648	4 640	4 488	0.2	3.4	5.3	5 146	4 795	4 628	4 558	48 642	52 709	-7.7
非国防搜索和导航设备	782	808	887	-3.2	-8.9	4.5	855	824	856	886	10 246	9 726	5.3
国防搜索和导航设备	2 443	2 795	2 881	-12.6	-3.0	6.8	4 165	2 844	2 611	4 226	31 668	24 616	28.6
电疗、测量和控制仪表	7 183	6 688	6 394	7.4	4.6	-15.3	8 415	6 110	6 110	6 560	75 978	66 053	15.0
电力设备、电器及零部件	8 358	8 464	8 665	-1.3	-2.3	0.8	8 625	8 389	8 877	8 661	101 129	103 013	-1.8
电力照明设备	1 020	1 004	930			-13.8	1 216	967	918	1 168	12 143	12 541	-1.0
家用电器	1 986	2 070	2 088	-4.1	-0.9		2 107	2 119	2 074	2 105	23 736	22 600	5.0
电力	2 362	2 348	2 651	0.6	-11.4	1.5	2 406	2 203	2 544		29 951	29 891	0.2
运输设备	55 540	54 515	54 624	1.9	-0.2	6.4	57 723	52 371	58 485	49 450	625 314	617 098	1.3
机动车车身、零部件及拖车	18 229	18 297	18 759	-0.4	-2.5	0.3	16 293	17 760	20 826	14 378	215 929	222 082	-2.8
非国防飞机及零部件	6 296	4 930	5 625	27.7	-12.4	20.6	8 604	5 111	4 635	8 275	60 884	65 295	-6.8
国防飞机及零部件	4 020	3 733	3 931	7.7	-5.0	7.2	5 814	3 126	3 131	4 665	44 638	40 087	11.4
船舶	2 221	3 371	1 494	-34.1	125.6	-2.4	2 807	3 500	1 729	2 304	25 732	22 423	14.8
家具及相关产品	5 677	6 106	5 981	-7.0	2.1	0.6	5 082	6 158	6 289	5 261	69 752	68 959	1.1
非耐用品工业	160 518	157 380	156 085	2.0	0.8	0.6	156 923	154 364	163 377	145 432	1 848 715	1 760 349	5.0

（左侧标注：1▶ 对应"全部制造业～包括未完成订单量"各行；2▶ 对应"国防通信设备"行；3▶ 对应"非耐用品工业"行）

货量下落了，工厂就面临着闲置的危险，拥有这些工厂的公司可能很快就要赔钱。如果对工厂商品的需求旺盛，装配线将会全速运行，生产厂商就会有销售收入。

　　然而，如果单纯看新增订货总量，那就只能得到最一般的印象。某些生产部门比其他部门对经济更为重要。再说，总订货量有可能受到民用飞机和国防支出偶然上涨的扭曲。这两类都是昂贵物品的典型，能引起新增订货量的价值像气球一样膨胀，大大地夸张了当月对制造业产品需求的真实增长幅度。为了消除这些变动的误导，更谨慎的办法是考察剔除了运输和国防订货后的制造业订货量。值得庆幸的是，普查局在同一张表中对若干分类进行了调整。最后，为了平滑掉数据中不合理的月度波动，需要在至少 3 月移动平均的基础上考察订货量。

（2）**耐用品部门**。股票投资者在这儿可以找到按主要生产部门分类的更详细的订货量信息，包括计算机、生产设备、电子元件、汽车。这里值得重复的是，不管你用的是几天前的耐用品先期报告，还是这个经过修订的工厂订货量报告，只要订货量（减掉飞机和国防）上升了，就是工厂至少会忙碌 3～6 个月甚至更长时间的信号。

新增订货量指标的最本质的缺陷是它不能区分国内和国外的订货。因此，难以辨别新的需求有多少是来自国内或是国外的。

（3）**非耐用品部门**。和耐用品部门不同，非耐用品订货量在经济周期中没什么波动，因为这一部门的很多产品被认为是家庭必需品。确实，非耐用品占了整个零售额的 65%，其中食品、药品、纺织品又占了大头。能引起大规模价格波动的一种耐用品是石油，这一商品的成本经常受到地理政治因素的影响。

尽管表 2 的底部提到了非耐用品订货量的总金额，你会注意到这里没有非耐用品的进一步分类。所以，你应当去看这份报告的表 1（本书中没有列出），那里还列出了已出货产品的数量。

- **表 3　按工业部门统计的生产商未完成订货量**

（4）未完成订货量是对未来生产活动最让人信服的领先指标，同时也是反映经济总体健康状况的一个性能良好的晴雨表。这一分类代表了生产厂商有待完成和出货的订货量。当经济温和增长时，只有少量的积压订货，因为工厂的生产能力足够满足需要。然而，如果订货量开始上升并维持在高水平时，那么这个机制就会改变。因为生产能力不能在一夜之间扩张，在某些情况下，生产厂商已经跟不上源源不断的大流量订货了。如果订单不能及时迅速处理，就会耽误交货。这种经济瓶颈的正面效应是企业可能会投资扩大生产能力，增加产出。最起码可以说明，积压订货的增长意味着工厂的高就业，更多的加班时间，以及更忙碌的装配线。来自于未完成订货的危险是，可能引起通货膨胀压力不断积聚，因为工厂生产能力和商品都变得稀缺了。事实上，美联储官员对未完成订货量密切关注，以便从中发现物资和产品供求的不平衡。

除了预示通货膨胀之外，积压订货量的变化还发出了其他信号。比方说，未完成订货量的持续下滑可能是在警告消费者和企业支出都在下降，由此引起工厂产量的下降，甚至引起衰退。然而，在匆忙下结论以前，记住要跟踪剔除了运输和国防的未完成订货量的变化，因为这两个分量也许给数据罩上了厚厚的面纱。

表3 按工业部门统计的生产商未完成订货量 单位：百万美元

| 部门 | 经季节调整 | | | | | | 未经季节调整 | | | | 12月变化率 |
| | 月份 | | | 变化率（%） | | | 月份 | | | | (%) 2003年 |
	2003年 12月ᵖ	2003年 11月ʳ	2003年 10月	11月— 12月	10月— 11月	9月— 10月	2003年 12月ᵖ	2003年 11月ʳ	2003年 10月	2002年 12月	/2002年
全部制造业[1]	505 768	503 869	500 307	0.4	0.7	1.7	501 979	495 329	491 677	480 679	4.4
不包括运输[1]	253 822	254 183	251 891	-0.1	0.9	2.5	250 906	251 197	247 897	236 263	6.2
不包括国防[1]	347 046	346 532	345 067	0.1	0.4	1.8	344 075	343 320	340 826	336 134	2.4
耐用品部门[1]	505 768	503 869	500 307	0.4	0.7	1.7	501 979	495 329	491 677	480 679	4.4
原生金属	16 612	16 384	15 642	1.4	4.7	6.7	16 158	15 543	14 895	14 459	11.8
铁厂和钢厂	9 768	9 542	8 899	2.6	7.0	11.2	9 437	8 979	8 378	7 800	21.0
铝和有色金属	4 513	4 495	4 396	0.4	2.3	0.7	4 409	4 248	4 217	4 481	-1.6
黑色金属铸造	2 331	2 365	2 347	-1.4	0.8	2.4	2 312	2 316	2 300	2 178	6.2
金属制品	38 409	38 139	37 473	0.7	1.8	1.8	37 861	37 891	37 170	36 900	2.6
机械	43 530	42 663	41 654	2.0	2.4	0.5	42 524	42 249	41 182	42 420	0.2
建筑机械	2 596	2 641	2 289	-1.7	15.4	0.0	2 568	2 509	2 111	2 009	27.8
采矿、油田和气田设备	1 099	1 117	1 004	-1.6	11.3	4.4	1 099	1 117	1 004	898	22.4
工业机械	7 600	7 575	7 593	0.3	-0.2	-0.8	7 253	7 530	7 546	7 472	-2.9
光学设备	843	811	784	3.9	3.4	1.2	809	819	789	554	46.0
通风、加热、空调和冷冻设备	4 400	4 538	4 593	-3.0	-1.2	1.1	4 196	4 408	4 433	3 996	5.0
金属加工设备	3 935	3 921	3 819	0.4	2.7	2.6	3 874	4 002	3 821	3 643	6.3
透平机、发电机及其他动力传输设备	9 331	8 415	8 072	10.9	4.2	-0.6	9 305	8 411	8 050	10 730	-13.3
物料搬运设备	4 796	4 764	4 704	0.7	1.3	-0.2	4 800	1 683	4 666	4 889	-1.8
计算机和电子产品	129 686	131 002	131 589	-1.0	-0.4	2.7	129 220	129 454	129 155	118 817	8.8
计算机	8 883	8 651	8 684	2.7	-0.4	-2.7	8 805	8 871	8 564	8 124	8.4
非国防通信设备	46 995	49 558	51 203	-5.2	-3.2	5.3	46 525	49 206	50 151	41 805	11.3
国防通信设备	3 456	3 302	3 202	4.7	3.1	6.8	3456	3 302	3 202	2 942	17.5
半导体	—	—	—	—	—	—	—	—	—	—	—
电子零部件	14 140	13 934	13 062	1.5	2.4	2.2	13 964	13 684	13 525	15 484	-9.8
非国防搜索和导航设备	4 657	4 815	4 783	-3.3	0.7	0.9	4 581	4 745	4 683	4 489	2.0
国防搜索和导航设备	35 651	35 632	35 405	0.1	0.6	1.0	36 028	34 675	34 445	33 634	7.1
电疗、测量和控制仪表	15 904	15 110	14 710	5.3	2.7	1.4	15 861	14 971	14 583	12 339	28.5
电力设备、电器及零部件	13 732	13 997	14 160	-1.9	-1.2	0.7	13 509	13 938	14 094	13 792	-2.1
电力照明设备	1 366	1 408	1 463	-3.0	-3.8	-7.6	1 333	1 356	1 447	1 455	-8.4
家用电器	766	927	964	-17.4	-3.8	4.8	767	961	882	899	-14.7
电力设备	8 407	8 525	8 634	-1.4	-1.3	1.2	8 274	8 535	8 673	8 071	2.5
运输设备	251 946	249 686	248 416	0.9	0.5	2.4	251 073	244 132	243 780	244 416	2.7
机动车辆车身、零部件及拖车	13 378	13 304	13 027	0.6	2.1	4.0	13 432	12 958	12 407	12 133	10.7
非国防飞机及零部件	104 838	103 900	104 831	0.9	-0.9	0.1	105 071	103 003	104 222	111 494	-5.8
国防飞机及零部件	62 405	61 840	61 123	0.9	1.2	0.9	60 753	59 085	59 216	55 964	8.6
船舶	20 221	20 282	19 233	-0.3	5.5	-3.5	20 461	19 832	18 727	20 648	-0.9
家具及相关产品	5 454	5 603	5 518	-2.7	1.5	1.0	5 235	5 727	5 546	5 254	-0.4

- **表4 按产业部门统计的生产商存货价值（本书未列出）**

存货水平是用来预测经济未来行为的另一个标准。工厂存货代表了所有企业存货的1/3，剩下的2/3是批发和零售业存货。作为一个经济学概念，存货可能会随着供求的相对缺口向上或向下浮动。传统上，经济扩张时存货增长，因为这时企业乐于堆满仓库。在需求出乎意料地下滑，工厂又没有及时调整、放慢生产时，问题就来了。这也许会迅速导致不平衡，即供应比需求增长得更快。结果，工厂因为持有当时没人想买的商品而受困，非合意存货开始积压。

- 表7 厂商待出货存货量与待出货未完成订货量之比（本书未列出）

这里有两栏非常有趣：第一栏表示存货与销售额（或出货量）之比（I/S），它提供的视角是相对于现在的销售额来说，存货的相对水平；第二栏是未完成订货量及其与出货量之比，告诉人们正在进来的订货数量相对于出货量的积压程度，这个比例越高，交货的延迟期就越长。另外，该表同时跟踪了十几个工业部门。

市场影响

人们认为工厂订货量报告对于金融市场来说是一个迟到的消息，因此所有的反应都是温和的，除非它包含着对耐用品先期报告的重要修订，但这种情况很少见。

债券

如果工厂订货量和其他证据都表明经济在走向衰弱，债券价格可能会缓慢升高。新增订货量和订货积压量的下降都会减轻通货膨胀威胁，增加了美联储放松货币政策的机会——所有这些都是固定收益率证券市场的利好消息。另外，新增订货量的上升或未完成订货的积压都会提高人们的通货膨胀预期，从而引起债券投资者的担忧，导致抛售行为和利率升高。至于存货以及存货/销售额（I/S）之比，交易者一般不怎么关注，除非经济是在转折点附近运行。

股票

股票投资者宁愿看到工厂订货量能够证实其他表明经济强势的信号，因为这可以解释较高的公司利润。因此，耐用品和非耐用品订货量的上升，以及未完成订货的积压被理解为股市利好消息。然而，它对股票价格的实际冲击也许可以忽略不计，因为那时类似的指标已经公布过了。

美元

美元好像完全不受工厂订货量报告发布的影响。

企业存货
Business Inventories

（正式的说法：生产和贸易存货及销售额）

市场敏感度：低到中。

含义：跟踪美国企业的总体销售额和存货量。

发布新闻的互联网网址：www.census.gov/mtis

网址主页：www.census.gov

发布时间：上午 10 点（美国东部时间）；一般在相关月份结束后的 6 个星期发布。

频率：每月一次。

来源：美国商务部普查局。

修订：倾向于少量修改。年基准的修改一般发生在春季或夏季，范围可能会覆盖好几年。

为什么重要

"企业存货"，对这一术语只需顾名思义，就足以让很多读者合上这本书了。尽管标题催人入眠，普查局的这份报告却提供了很多关于经济现状的有用信息和未来走向的线索。这份报告的核心部分是三组数据：企业总销售额、企业总存货以及存货-销售额比（I/S）。下面逐一讨论它们。

企业总销售额。我们不需要在报告的这一部分花太多时间，因为关于生产商、批发商、零售商的大量销售数据已经于几周前在其他经济报告中公布了（零售数据早 4 个星期公之于众；关于生产厂商的那些数据是 2 个星期前公布的；批发商的数据于上个星期公布）。企业存货报告的主要好处在于，这些销售数字现在与总存货、存货-销售额比一起组合到了一张表中，让分析人员有机会更容易地将点连起来，描绘出一幅更完整的经济图像。

企业存货。企业总存货代表的是生产厂商、批发商和零售商保存在他们库房里的产品数量。虽然有些存货数据以前已经公布了，但这份报告提供了新的关于零售存货的数据。这些数据虽然来得晚但很有说服力，因为经济出问题通常最先表现在零售水平的变化上。

了解存货非常重要，因为它能够直接影响到未来经济的增长步伐。一家公司如果库房或后面的货场堆满了没卖出去的商品，那么它很快就会发现自己资金短缺，在经济开始衰退时更是如此。记住，存货通常是靠短期贷款融资的，即使销售收入下降时也要偿还。与此同时，保持一定水平的存货对企业来说又至关重要。一家企业必须有东西可卖，否则它没法赚钱。公司经理们所面临的核心问题只不过是按照目前的定货量和对未来商品供求的估计决定到底应当保持多少存货。一般来说，制造商存货占全部企业存货的 40%，而零售商和批发商占 30%。

从历史看，存货问题是经济下滑的主要原因，它通常表现为连锁反应：存货膨胀而销售乏力的零售商将削减甚至取消发给批发商的订货单。结果，批发商由于害怕自己的仓库也充满非合意存货而膨胀起来，开始推迟向工厂订货。这让工厂没有选择余地，只能减缓生产甚至停产，这个步骤可能导致工厂关闭和大规模失业。随着更多的人失去工作，家庭收入下降，消费者支出减少。这让零售商更难以卖掉剩余的存货，并由此触发了整个下一轮循环。如果波及面足够广，这样的一系列事件很容易带来经济衰退。

有趣的是，存货变化又能将经济从衰退中解救出来。例如，通过特别的销售手段、折扣以及其他激励措施，企业一般可以将消费者吸引回来，成功地给剩余商品库房减仓。商行一旦快要甩完旧的存货——而这个过程通常需要几个月的时间才能完成——他们又要在某一点上开始充实仓库。来自于零售商的新订单因此又成了让经济自己走回来的强心剂。零售商向批发商发出了新的订单，而后者则从工厂购买更多商品。工厂又开门了，工人被雇了回来。

从某种程度上来说，上面描述的存货剧烈波动越来越少了，因为更多的公司依靠技术和软件帮助它们更合理地维持仓库供应和销售的平衡。这种存货管理"实时系统（just-in-time）"的目的是让经济不出问题。但它在应用中的表现并不完善，购买它的公司依旧会犯错误。

存货-销售额比（I/S）。企业总想在手中保持足够的存货好卖给顾客。但是多少能算作足够呢？评价存货水平是否过高或过低的最常用的标准就是 I/S。I/S 用来测度按照最近一个月的销售速度需用多少个月能卖完存货。有一个非常普遍的经验法则，即不要储存价值超过一个半月销售额的货（或表示为 I/S 为 1.5 个月）。有些部门要求的少一些，另一些部门则要求的多一些。例如，汽车制造商，按惯例喜欢在车场上保持接近两个月销售量的汽车（I/S 为 2.0）。如果交易商那里的汽车存货超过两个月的供应量，就等于打出了黄旗，说明他们保持了超过严格需要的数量。这可以作为汽车购买活动衰减的新证据。I/S 太高了，企业将不再继续增加库存，而这一步骤可能会终止生产活动；I/S 太低，则意味着面向消费者的销售比存货增长得更快。如果零售商不采取进一步的行动，迟早有一天他们将没东西可卖。为了避免这一困境，企业赶紧下更多的商品订单，从而加快了经济增长。

如何计算

正如前面曾提过的那样，这份报告的很多数据都已经公布过了，只有零售存货是新的。这些数字有的经过了季节调整，有的没有。然而，它们都没有经过年度化和通货膨胀调整。

表：关于未来经济走向的线索

- 封面 企业存货总量/销售额之比

1▶ 企业存货总量/销售额：1994-2003年
(数据按季节、节假日、交易日差别做了调整，但没有进行价格调整)

（1）最近 30 年来，企业表现出了将仓库和货架上的平均存货保持在大约 1.4 个月水平上的愿望。要知道 I/S 当前处于什么位置，就得去跟踪阅读最近 10 个月有关 I/S 的图表。一般来说，假设经济不是处于下滑之中，如果 I/S 掉到了 1.45 个月之下，企业通常要增加订货，将存货恢复到合意水平；如果经济正在萎缩，商行可能会决定等待，直到需求升温再下订单。

- 表 1 制造商、零售商和批发商的月度销售额与存货估计

表 1 制造商、零售商和批发商的月度销售额与存货估计 **3**▼ 单位：百万美元

	销售额			存货			存货—销售额比		
	2003 年 12 月	2003 年 11 月	2002 年 12 月	2003 年 12 月	2003 年 11 月	2002 年 12 月	2003 年 12 月	2003 年 11 月	2002 年 12 月
	(p)	(r)	(s)	(p)	(r)	(s)			
调整后									
全部企业	889 797	881 635	831 472	1 190 686	1 187 687	1 168 999	1.34	1.35	1.41
生产商[3]	346 533	541 454	323 362	438 106	438 126	444 188	1.26	1.28	1.37
零售商	292 400	291 921	275 763	458 123	456 845	436 103	1.57	1.56	1.58
商品批发商	250 864	248 260	232 347	294 457	262 716	288 708	1.17	1.18	1.24
调整前									
全部企业	945 296	855 100	868 285	1 178 306	1 220 733	1 155 640	1.25	1.43	1.33
生产商[3]	344 042	333 414	316 560	427 737	439 491	433 756	1.24	1.32	1.37
零售商	343 377	286 269	319 815	453 333	485 870	431 121	1.32	1.70	1.35
商品批发商	257 877	253 417	231 910	297 236	295 372	290 763	1.15	1.25	1.25

2▶

（2）这张组织清晰的表以美元金额对销售额和存货水平进行了分类，并列出了制造商、零售商和批发商的 I/S。从这里，我们可以观察到在一段时间内一个部门的变化如何影响到其他部门的多米诺骨牌效应。例如，如果消费者支出显著下降，零售额就要受

影响。非合意零售存货的积压将会使 I/S 值上升，结果批发商收到的订单就少了。在批发商的存货膨胀时，他们相应地会从生产厂商那里订购更少的产品。

这一过程实质上是自动矫正的。零售商将采取各种促销计划以处理所有的多余存货。这个过程可能需要 3~9 个月，甚至更长的时间。然而，一旦这一过程完成且经济正在反弹，从零售商直到工厂的新存货投资就会全线恢复。

通过这张表可以对经济的未来走向做出一些判断。如果你发现企业存货持续增长却又低于销售额的增长速度，就说明需求旺盛，批发商和零售商可能从工厂订购更多的货物充实库房和货场，保证有充足货源满足顾客订货需求。相反，如果存货增长快于销售额增长，企业削减订货量的压力就会增大，因为他们担心没人要的货物会堆满仓库。维持过剩的存货可能代价高昂，因为这些货物通常靠信贷购买，况且还要冒无形损耗的风险：等到过了一段时间经济好转时，这些物品可能已经过时了。

（3）尽管 I/S 被认为是一个滞后指标，即它是追随着而不是超前于经济的总体步伐的，但它的表现对未来仍然有启发意义。正如我前面指出的那样，一个低的 I/S 值可能为在接下来的月份经济的较快增长构筑了舞台，因为企业寻求充实仓库。相反，I/S 值的持续上升（即存货比销售额上升得更快）可能会最终导致经济活动的减速，并伴随着较低的通货膨胀率和利率。

- 表 2 制造商、零售商、批发商的销售额及存货变化

表 2 制造商、零售商、批发商的销售额及存货变化（%）

	调整后						调整前					
	销售额			存货			销售额			存货		
	2003年12月/2003年11月	2003年11月/2003年10月	2003年12月/2002年12月	2003年12月/2003年11月	2003年11月/2003年10月	2003年12月/2002年12月	2003年12月/2003年11月	2003年11月/2003年10月	2003年12月/2002年12月	2003年12月/2003年11月	2003年11月/2003年10月	2003年12月/2002年12月
全部企业	0.9	0.7	7.0	0.3	0.4	1.9	10.5	−5.9	8.9	−3.5	0.9	2.0
生产商	1.5	0.5	7.2	0.0	−0.1	−1.4	3.2	−6.3	8.7	−2.7	−0.5	−1.4
零售商	0.2	0.6		0.3	0.6	5.0	19.9	−0.8	7.4	−6.7	2.7	5.2
商品批发商	1.0	0.6	8.0	0.6	0.5	2.0	9.5	−10.9	11.2	0.6	0.4	2.2

▲
4

（4）留意这张表上的存货变化，因为它是计算 GDP 的关键要素。GDP，即总产出，是通过加总经济中的所有销售额，再加上存货变化得来的。我们说的"存货变化"是什么意思？假设美国企业在一个季度中生产了 100 台电视机，但只卖出了 80 台，没有卖掉的 20 台被作为存货存了起来。如果我们现在只是基于那个季度的销售额计算 GDP，我们只能计算出 80 台电视的美元价值，尽管实际产出是 100 台电视。因此，为了得到正确的 GDP，我们必须特地把存货补充进去，具体到这个例子也就是在那个季度再增加 20。总销售额

（80）加上存货变化（+20），你得到的数字是 100，这才是总产出的正确数据。

如果下个季度商行卖出了 60 台电视但只生产了 50 台情况会怎么样呢？基本公式在这里同样适用。为了满足顾客需求，公司挖掘存货来填补另外 10 台。因此，存货水平下降了 10。为了计算那个季度的 GDP 产出，你将总的销售额（60）和存货变化（-10）再次相加，得出该季度的总产出为 50。这里的关键点在于存货变化在计算经济增长时扮演着重要角色。

通过监测这张表中的 3 个月内的存货变化，你就可以知道应该对 GDP 加还是减。这里有个陷阱，这张表按照名义美元测度存货变化的百分比，也就是说还没有对通货膨胀效应进行调整。但 GDP 是按照实际（经过通货膨胀调整的）美元计算存货价值的。为了做个粗略调整以便从名义美元过渡到实际美元，需要计算完成品的生产者价格通货膨胀的变化百分比（参见最后一节"生产者价格指数"一节），再从总存货的变化百分比中减去它。例如，如果总存货在这个月按照名义美元上升了 0.3%，而 PPI 上升了 0.1%，那么粗略地说存货的实际变化上升了 0.2%。因为季度 GDP 报告跨度为 3 个月，你只能评估能得到数据的最后 3 个月的实际存货变化。

- 表 3　按企业类型分类的预期月度零售额、存货、存货/销售额比

表 3　按企业类型分类的预期月度零售额、存货、存货/销售额比　　　单位：百万美元

NAICS 码	企业类型	销售额			存货			存货变化率			存货/销售额比		
		2003年12月(p)	2003年11月(r)	2002年12月(s)	2003年12月(p)	2003年11月(r)	2002年12月(s)	2003年12月/2003年11月	2003年11月/2003年10月	2003年12月/2002年12月	2003年12月	2003年11月	2002年12月
	调整后[2]												
	零售交易，合计	292 400	291 921	275 763	458 123	456 845	436 103	0.3	0.8	5.0	1.57	1.56	1.58
	总计（不包括机动车辆及零部件）	215 478	215 116	202 269	299 494	298 332	289 524	0.4	0.6	3.4	1.39	1.39	1.43
441	机动车辆及零部件交易商	76 922	76 805	73 494	158 629	158 513	146 579	0.1	1.1	8.2	2.06	2.06	1.99
442.3	家具、电器商店	16 887	16 869	15 509	28 583	28 401	26 373	0.6	0.9	8.4	1.69	1.68	1.70
444	建筑材料、园林设备及物料	28 413	28 244	24 875	47 285	46 746	43 109	1.2	0.9	9.7	1.66	1.66	1.73
445	食品和饮料店	42 792	42 962	41 327	34 565	34 645	34 294	-0.2	0.1	0.8	0.81	0.81	0.83
448	服装服饰店	15 245	15 269	14 525	36 794	36 741	36 061	0.1	0.9	2.0	2.41	2.41	2.48
452	日用商品店	40 569	40 434	38 437	67 786	67 073	66 456	1.1	0.0	2.0	1.67	1.66	1.73
4521	日用百货(不包括租赁百货商店)	18 017	18 018	18 336	35 821	36 089	37 767	-0.7	-1.3	-5.2	1.99	2.00	2.06
	调整前												
	零售交易，总计	343 377	286 269	319 815	453 333	485 870	431 121	-6.7	2.7	5.2	1.32	1.70	1.35
	总计（不包括机动车辆及零部件）	270 789	219 306	252 873	290 986	326 051	281 124	-10.8	1.7	3.5	1.07	1.49	1.11
441	机动车辆及零部件交易商	72 588	66 963	66 942	12 347	159 819	149 997	1.6	4.8	8.2	2.24	2.39	2.24
442.3	家具、电器商店	23 959	18 424	21 625	28 383	32 462	26 162	-12.6	4.4	8.5	1.18	1.76	1.21
444	建筑材料、园林设备及物料	25 542	25 671	21 814	45 914	45 577	41 816	0.7	-0.6	9.8	1.80	1.78	1.92
445	食品和饮料店	46 655	42 914	44 693	35 356	36 248	35 074	-2.5	1.8	1.9	0.76	0.84	0.78
448	服装服饰店	26 835	16 540	25 296	33 998	40 893	33 356	-16.9	0.6	1.9	1.27	2.47	1.32
452	日用商品店	61 470	45 473	58 883	63 537	79 567	62 207	-20.1	2.2	2.1	1.03	1.75	1.06
4521	日用百货(不包括租赁百货商店)	31 243	21 082	31 854	33 170	43 595	35 010	-23.9	1.5	-5.3	1.06	2.07	1.10

（5）这张表描述的是不同销售商在销售额、存货和 I/S 方面的绩效。三者中，I/S 是最有用的关于未来订货和生产活动的领先经济指标。特别强调的是汽车、家具、建筑材料、服装、食品和饮料、以及日用品商店。

提醒：占总存货 1/3 的轿车和货车存货在这一系列中可能波动很大。为了减少扭曲，需要考察剔除了汽车及其零部件之后的总体零售业 I/S。

市场影响

金融市场和新闻界对这份报告反应温和，因为有那么多的内容已经在其他报告中公布了。要让人们对发生在近两个月前的经济事件感到激动是很困难的。同样，如果是一个没有什么经济新闻刺激的日子，零售存货数据系列也许会吸引一些注意力，尤其在经济达到转折点时更是如此。

债券

比预期要快的零售存货增长会让固定收益率证券市场的交易者担忧，因为它会加快 GDP 增长，加大了利率上升的压力。存货投资的下降减少了经济产出，这对债券市场是利好消息。

股票

股票市场很少会因这份报告而兴奋。虽然零售额和生产的下降因其与利润的关系不受股票投资者欢迎，但是事实上大部分投资者已经在几个星期前看到了类似证据并已经作出了反应。

美元

外汇交易者的主要问题是零售存货的新闻如何影响美国的利率。对于他们来说，I/S 值的上升（存货以比销售额更快的步伐上升）是经济处于下滑通道的征兆。这最终预示着更低的利率，并可以解释为国际投资者得到的回报少了。如果不管是销售额还是存货在零售、批发、生产阶段都在上升，货币交易者一般就会更看好美元。

工业产值和产能利用
Industrial Production and Capacity Utilization

市场敏感度：中。

含义：反映美国工业产出和闲置产能。

发布新闻的互联网网址：www.federalreserve.gov/releases/g17/current

网址主页：www.federalreserve.gov

最早发布时间：上午9点15分（美国东部时间）；一般在每月的15日左右公布，报告上一个月的内容。

频率：每月一次。

来源：美联储。

修订：在后继的3个月中稍作修改，接下来在秋季作年度修改，可能影响到最近几年的数据。

为什么重要

美联储公布的任何经济指标都会不由自主地受到全世界投资者的关注。它毕竟是执行美国财政政策、控制短期利率的机构。美联储的两个最受瞩目的报告是工业产值和产能利用报告，两者在每月的中旬同时公布。工业产值覆盖了在美国生产的几乎所有的物质产品，包括汽车、伞、纸夹、电以及医疗设备。至于这些产品是卖给了美国人，其他国家的消费者，还是作为存货，并没有差别。重要的是这个国家工业的艰苦努力到底有多少成就。专家们之所以热切地盯着工业产值不放，原因之一是它对经济周期的起伏的反应非常迅速。它在预测制造业就业、平均小时收入及个人收入方面也有良好的记录。

产能利用率是一个貌似简单但又重要得难以置信的概念。美联储的经济学家考察美国有多少部门正在生产，并把它们的产出与工业部门发挥最大产能时的潜在产出做比较。这个数据系列的重要性表现为三个方面：其一，一个国家的实力是用它在需要的时候能生产多少来判断的，它反映了产业部门的规模和应变能力；其二，它有助于了解没有充分挖潜的生产企业、公共事业、采掘部门在将来需要更多产出时的表现；其三，产能利用率具有一些预测价值，它是企业投资支出的一个很好的领先指标，对正在形成的通货膨胀压力有警示作用。

工业产值

工业产值（IP）系列如同经济中工业部门的一扇窗户，它的一个重要特点使它有别于其他经济指标。它测度的是产品数量的变化。也就是说，IP 不考虑这些产品的价格，所以没必要为通货膨胀的扭曲效应担心。这使它成为产出的一个更为纯粹的砝码，因此与实际（经过通货膨胀调整的）GDP 关系更为密切。有人会问，既然生产部门占整个经济不到 20%，而服务业对经济这个馅饼的贡献要大得多，那么为什么 IP 数字对经济预测人员有如此影响，而服务业受到的关注却少得多？答案是，服务部门增长非常稳定，不管经济昌盛还是衰退，人们总要为医疗和看牙、运输、理发花钱。相比之下，生产活动对利率和需求的变化高度敏感，因此它和经济总体紧密地相伴相随。所以工业产出和 GDP 增长之间存在着密切关系。

产能利用

产能利用度量的是美国经济的松弛程度。经济中如果一家自行车制造企业有每月生产 500 辆自行车的能力，但现在只生产 350 辆，那么它目前产能利用率仅达 70%。现在让我们假定自行车行业的其他企业也在同样低的水平下运行。在这种情况下，得到备件不成问题。从供应商那里应当能够获得大量多余的自行车轮胎和车闸。同样也没有理由雇用更多的工人或投资新的自行车制造设备，因为没有那么多的消费者来购买本来就可以很容易生产出来的东西。

但是，一旦需求上升，该行业开始以接近它 100%的潜力努力生产，所有上述一切都改变了。如果这种狂热的生产节奏延续下去，自行车生产商就会开始体验到零件短缺。自行车零部件的价格可能也要上升。随着装配自行车的成本不断抬高，消费者也会发现标价上去了。这说明当美国工业运行接近于它的全部生产能力时，就会出现资源短缺，并产生通货膨胀。产能利用率高同样会导致新的工厂设备投资和工厂扩张，这样企业才能在将来增加产出。正如你能想象到的，制造业的产能利用率在经济振兴时一般会上升，在需求疲软时则会下降。

如何计算

工业产值

美联储每一个月都会收集代表制造、采掘、电力、燃气等 300 个工业部门的数据，计算工业产值指数。每一个部门根据其对经济重要性的大小被分配一个权重（每年对这些权重进行调整）。这些信息是从政府部门的数据和民间的贸易协会那里推出来的。

美联储在每个相关月份结束之后两个星期先发布工业产值的初步报告，这份报告是建立在所需数据的 70%的基础上的。为什么比例这么低？因为投资界和政策制定者急于尽快看到工业部门活动的数据，这个部门对经济太重要了。由于从那么多的产业中收集产出数据颇费时日，很多信息来得太晚，以至于第一份报告根本用不上，因此美联储的经济学家需要根据其他经济报告用估计值填充空白。这些报告包括工厂工作时数（来自于就业数据）

和企业电力消耗数量（来自于电力供应公司）。有趣的是，不管是工作时数还是电力消耗，似乎都与总的工业产出一致，因此，这些估计一般是相当精确的。事实上，初始 IP 指数和 3 个月后修订过的指数平均只有 0.3 个百分点的变化。

最后，IP 数据表现为两种形式：一种按照"主要市场类型"分类，主要反映消费品、企业设备、半成品、源材料的需求；另一种按照"工业部门"分类，它是从供给方面按照大致的产业类别度量产出。

警示：尽管工业产值做了季节调整，但由于恶劣的天气、自然灾害或大规模的罢工，最后的数据有时仍然可能被扭曲。因此，要识别经济中工业生产的实质性的增长，最好考察 3 个月的移动平均（工业产值不包括来自农业、建筑业、运输、通信、贸易、金融和服务业的产出）。

产能利用

如果你认为工业产值难以计算，那么计算产能利用率几乎就是冒险了。要决定有多少生产能力被利用了，你就得知道工业在全速运行时能生产多少。然而，那是不可能得出精确数字的。其一，你怎么定义全部产能？工业部门很少在 100% 的潜能上运行，尽管理论上它们可以每星期 7 天、每天 24 小时地作业。当然，有些部门确实是这样不停运转的。这么做的包括化学工业、钢铁以及石油炼制工业的那些企业。在战争年代，很多其他的美国工业部门动员劳动力和工厂在 90% 的产能以上的水平上工作。然而，这都是些极端情况。美联储是基于每个行业的所谓"正常"运行时间处理产能定义这个问题的。其二，日益增多的生产厂根本就不在美国。尽管这份报告中产能利用是以在美国的生产为基础的，但是事实上越来越多的生产能力被迁移到了成本较低的海外。因为美国企业同样可以依靠这些国家的生产设施满足美国需求，定义真正的全部产能就更困难了。其三，生产厂商不断投资于新的厂房和新的设备，但是并不能马上弄清楚这些行动是为了扩大生产能力还是为了替代老化的和低效率的设备。最后，并购也影响产能，因为它经常导致多余生产设施的长期或永久性的关闭甚至出售。所以说，企图计算一国在给定的任何时候的产能利用率就像给一个移动的目标照相一样。然而，尽管存在这些困难，美联储仍然勇敢地致力于 89 个细分工业部门的产能利用率的计算（其中 71 个属于制造业，16 个属于采掘业，2 个属于民用设施），然后再由此推算出整个工业的情况。

表：关于未来经济走向的线索

制造业是对周期最敏感的经济部门，这使得工业产值成为当前经济形势的一个经典指标。当经济活跃时，工厂生产随之增长。在经济周期的波峰，工厂产出同样也达到顶点。当经济滑向衰退时，产出也同样会掉下来。工业产出能用作一个预测指标吗？回答是肯定的。IP 报告在揭示经济增长、公司销售额、通货膨胀以及其他经济变量的未来走向方面能提供很多信息。

- 封面　工业产值和产能利用：概要

美联储统计公告

上午 9:15 发布（东部时间）2004 年 2 月 17 日

G.17（419）

工业产值和产能利用

　　1 月份工业产值上升 0.8%；12 月份产出向下修订，据目前估计与 11 月份相比没有变化。总体产出指数以 1997 年平均 113.8% 为参照，2004 年 1 月比 2003 年 1 月超出 2.4%。制造业产出上升 0.3%，采矿业增长 0.1%；公共事业产出 1 月通常为淡季，上升 5.2%，全部工业产能利用率从 12 月份的 75.6% 上升到 1 月份的 76.2%。

（完）

工业产值和产能利用：概要

（经季节调整）

工业产值	1997 年＝100				变化率（%）				
	2003 年 10 月 ʳ	11 月 ʳ	12 月 ʳ	2004 年 1 月 ᵖ	2003 年 10 月 ʳ	11 月 ʳ	12 月 ʳ	2004 年 1 月 ᵖ	2003 年 1 月-2004 年 1 月
1▶ **总体指数**	111.8	112.9	112.9	113.8	0.3	1.0	0.0	0.8	2.4
前期估计	111.9	113.1	113.2		0.4	1.0	0.1		
按主要市场分类									
最终产品	107.7	108.8	108.5	109.1	-0.1	1.1	-0.3	0.6	1.4
2▶ 消费品	106.0	107.0	106.6	107.4	-0.1	1.0	-0.4	0.8	0.8
企业设备	110.8	112.8	112.8	113.4	-0.3	1.8	0.0	0.5	3.3
非工业物料	109.6	110.6	110.5	111.5	0.8	1.0	-0.2	0.9	2.1
建筑	103.1	104.1	104.2	104.5	0.9	1.0	0.0	0.4	1.8
材料	116.9	118.0	118.5	119.5	0.5	1.0	0.4	0.9	3.5
按主要工业分类									
制造业（参见下面注解）	112.9	114.1	114.2	114.6	0.2	1.0	0.1	0.3	2.3
前期估计	113.0	114.2	114.5		0.2	1.0	0.3		
3▶ 采矿业	93.7	94.0	94.2	94.3	0.2	0.3	0.2	0.1	0.9
公用事业	111.0	112.8	111.3	117.1	1.0	1.6	-1.3	5.2	4.4

产能利用	产能百分比								产能增长
	1972-2003 年平均	1982 年低	1988-1989 年高	2003 年 1 月	2003 年 10 月	11 月	12 月	2004 年 1 月	2003 年 1 月-2004 年 1 月
全部工业部门	81.1	70.9	85.2	75.2	75.0	75.7	75.6	76.2	1.1
前期估计					75.1	75.8	75.8		
5▶ 制造业	80.0	68.7	85.6	73.6	73.6	74.3	74.4	74.6	0.9
前期估计					73.7	74.4	74.5		
采掘业	86.9	78.6	85.6	84.8	85.4	85.7	85.9	86.0	-0.4
公用事业	86.9	77.6	92.8	85.9	82.4	83.4	82.1	86.1	4.1
按生产阶段分类									
未加工	86.3	77.2	88.5	82.9	83.8	84.0	84.3	84.6	-1.0
初级和半成品	82.2	68.1	86.4	77.2	77.0	77.8	77.8	78.7	1.8
产成品	78.2	71.3	83.2	71.4	71.1	71.8	71.6	71.7	0.7

（1）封面页上的"总体指数"概述了最近 4 个月的工业活动变化。从历史看，工业产值和季度 GDP 有很强的关系。通过监测工业产值在最近 3 个月的变化，我们可以对当前的 GDP 增长趋势作出相当合理的估计。

（2）另一组关键数字涉及生产出来的消费品总量（如轿车和货车）与资本品的比较。销售额大存货少将鼓励企业生产更多的消费品，而企业设备产量主要反映企业的资本投资支出。

（3）这里你能看到工业产值指数的 3 个主要组成部分。到目前为止占比重最大的仍然是制造业，它在 2012 年占了整个工业产出的 75%，而采掘业和公益事业差不多分摊了剩下的部分。

对研究如何预测美国制造业的公司收入感兴趣吗？一些分析人员使用的一个策略是取 3 个月的制造业产出的变化率，再乘以消费者价格通货膨胀在 3 个月的变化率，得出的结果很好地代表了名义美元 GDP 的表现，而后者又是工厂销售额增长的可靠信号。

（4）在过去一年中各组产值的百分比变化在这里列出。

（5）移到产能利用部分，这张表显示出在工厂、采掘业、公用事业部门有多少后备产能。一般来说，利用率随着经济周期上升或下降，与工业产值非常相似。如果产品订单稀少，工厂产出下降，那么产能利用就少。如果利用率在 80% 以下徘徊，它可能会挫伤企业投资的信心，甚至引致新一轮的失业阴霾。

另外，对商品的旺盛需求刺激了生产。厂商将利用更多的工厂和设备，使得产能利用的松懈现象减少甚至消失。当产能利用接近以最高水平运行的边缘时，价格压力开始形成。这里是否存在一个预示产能利用率的红色预警区？一般来说，工业部门能够以高达 81% 的产能利用率安全运行（即不会引起通货膨胀爆发）。然而，当利用率进入 82%～85% 的范围时，生产瓶颈就会出现，这会对价格尤其是生产者价格水平产生新的压力。阅读这张总表，看看工业整体和它的 3 个主要组成部分：制造业、采掘业、公益事业的当前产能利用率。

- 表 1　工业产值：市场和工业部门概况

表 1 和表 2 中可以找到关于工业产出的丰富信息。表 1 分别列出了主要产品在过去 4 个月、最后 4 个季度（经过年度化）以及最近 3 年的产值变化。

以下是一些最重要的分类：

（6）**企业设备。**该类说明企业投资新的厂房设备的计划。

（7）**国防和空间设备。**这是对国防和航空硬件的笼统度量。

（8）**汽车和零部件。**表明汽车生产商是否看到了交易商车场进货的充分需求。

- 表 2　工业产值：专门累计及有选择的细分

（9）决定企业是否提升运行效率的一个重要途径是看它们是否投资于高技术产品。这张表有一个分类标为"挑选出的高科技部门"，旨在度量计算机、复杂的办公设备、半导体以及相应的电子零部件的产出。这些商品的较高产出反映了企业通过必要的投资提高生产力水平的愿望。

表1 工业产值:市场和行业部门概况
(变化率,经季节调整)

项目	2003年比例	从第四季度到第四季度			年增长率 2003年				月增长率 2003年			2004年1月	2003年1月—2004年1月
		2001年	2002年	2003年	第一季度	第二季度	第三季度	第四季度	10月	11月	12月		
全部工业产值	100.00	-5.2	1.3	1.4	0.9	-4.0	3.8	5.4	0.3	1.0	0.0	0.8	2.4
按市场分类													
最终产品和非工业物料	58.62	-4.9	0.5	1.1	1.9	-4.5	2.9	4.1	0.1	1.0	-0.3	0.7	1.6
消费品	31.18	-2.2	1.0	0.2	1.4	-5.1	2.2	2.6	-0.1	1.0	-0.4	0.8	0.8
耐用品	8.15	-2.9	6.0	3.1	1.6	-6.5	11.2	7.0	-0.8	1.2	0.1	0.6	2.3
汽车产品	4.13	1.1	9.9	5.0	3.2	-8.8	20.5	7.0	-2.4	1.0	0.2	0.8	3.8
家用电子产品	0.36	-10.3	4.4	24.5	39.2	-8.7	18.6	59.7	7.1	3.3	-1.2	-4.2	3.9
电器、家具、地毯	1.42	-2.1	1.8	1.2	0.2	1.7	2.8	0.0	0.0	1.4	-0.1	1.0	2.0
杂项	2.24	-8.1	2.4	-2.3	-5.4	-7.2	-0.5	4.1	0.5	1.2	0.2	0.9	-0.6
非耐用品	23.03	-1.9	-0.8	-0.8	1.2	-4.5	-0.8	1.0	0.2	0.8	-0.6	0.9	0.3
非能源	18.27	-1.0	-2.8	-0.3	1.1	-1.4	-2.3	1.6	0.3	0.8	-0.6	0.0	-0.5
食品和烟草	9.97	-0.6	-3.9	-1.9	-0.7	-1.7	-2.1	-3.2	-0.3	0.4	-0.8	-0.2	-2.5
服装	0.86	-15.1	-2.4	-13.4	-18.7	-18.5	-18.2	3.9	1.7	0.6	-0.2	-1.0	-11.2
化工产品	4.67	3.0	-1.8	3.3	1.7	0.9	1.0	9.8	1.0	1.6	-0.7	0.5	4.0
造纸	2.24	-3.2	-0.9	5.6	15.6	4.2	-2.8	6.1	1.4	0.7	-0.4	0.4	3.5
能源	4.75	-5.8	8.7	-2.8	2.2	-16.0	5.5	-1.2	-0.4	1.4	-0.5	4.1	3.4
6▶ 企业设备	9.57	-12.8	-1.4	2.7	3.3	-4.8	5.3	7.3	-0.3	1.8	0.0	0.5	3.3
输送	1.57	-5.9	-15.2	-3.1	-11.8	-12.6	3.9	9.9	-1.5	1.5	1.1	0.6	0.3
信息处理	3.05	-12.8	5.5	8.3	17.8	-1.3	8.8	8.8	1.8	-0.1	-0.7	0.5	5.2
工业及其他	4.96	-15.0	-1.0	1.0	-0.2	-4.5	3.5	5.6	-1.8	3.1	0.0	0.3	3.0
7▶ 国际及航空设备	1.99	12.4	3.6	4.7	9.9	1.8	6.1	1.2	0.0	-0.4	-0.3	-0.8	1.4
建筑材料	4.23	-6.5	0.4	1.1	-2.9	-4.5	4.7	7.6	0.9	1.0	0.0	0.4	1.8
办公用品	11.30	-5.6	1.4	1.4	3.1	-4.1	1.6	5.2	0.7	1.0	-0.2	1.1	2.2
材料	41.38	-5.7	2.5	2.0	-0.6	-3.4	5.0	7.2	0.5	1.0	0.4	0.9	3.5
非能源	29.85	-6.6	3.0	2.6	-1.0	-3.3	5.5	9.5	0.5	1.1	0.7	0.9	3.9
耐用品	18.64	-7.2	4.2	4.4	-0.8	-3.1	9.4	12.8	0.8	1.2	0.6	0.9	6.0
消费品零部件	3.92	-7.2	6.7	2.5	0.9	-9.8	8.1	12.4	-0.7	0.9	1.8	0.8	3.3
设备零部件	6.51	-7.4	5.9	11.8	3.0	6.8	20.4	17.9	1.2	1.5	1.0	1.6	14.4
其他	8.21	-6.8	1.5	-0.5	-4.7	-7.3	1.7	9.0	1.3	1.1	0.2	0.2	0.8
非耐用品	11.20	-5.6	0.9	-0.5	-1.3	-3.8	-0.7	4.1	-0.2	1.0	0.4	0.0	0.5
纺织	0.68	-11.6	-1.0	-10.3	-13.7	-16.5	-17.3	8.4	1.1	1.5	-0.6	0.3	-74.2
造纸	2.61	-6.1	1.5	-4.4	-7.6	-3.9	-3.0	-2.9	-1.0	0.8	0.4	0.1	-1.8
化工	4.23	-5.1	1.7	2.7	2.2	-5.2	4.2	10.2	-0.3	0.9	0.4	0.1	3.6
能源	11.53	-2.9	1.0	0.5	0.5	-3.6	3.9	1.6	0.5	0.6	-0.3	2.0	2.5
按工业部门分类													
制造业	82.29	-5.6	1.0	1.8	1.0	-3.2	3.7	6.1	0.2	1.0	0.1	0.3	2.3
制造业(NAICS)	76.93	-5.5	1.2	1.7	0.1	-3.6	4.3	6.1	0.1	1.0	0.2	0.3	2.3
耐用品生产	41.70	-7.3	3.0	3.7	1.4	-3.9	8.4	9.6	0.1	1.2	0.5	0.6	4.4
木制品　321	1.45	-2.2	-1.8	3.2	-2.7	-2.8	7.2	11.7	2.5	1.1	-0.3	0.8	4.3
非金属矿产品　327	2.26	-5.6	2.1	1.2	-2.2	-3.0	3.9	6.4	1.1	0.9	0.6	0.6	2.1
原生金属　331	2.16	-10.6	3.5	-0.8	-1.8	-16.0	-0.6	18.0	2.1	2.3	0.8	-1.4	-2.4
金融制品　332	5.64	-8.4	-0.1	-1.6	-5.1	-8.6	1.7	6.2	0.1	0.9	0.0	0.9	0.7
机械　333	5.12	-17.1	-0.9	2.8	-0.3	-0.1	2.9	9.0	-1.1	3.8	0.1	0.6	5.8
计算机和电子产品　334	7.91	-7.5	10.8	15.7	12.2	7.5	25.0	19.1	2.1	0.8	0.2	1.0	14.9
电子设备、附件及零部件　335	2.18	-12.7	-2.3	0.8	-3.7	-3.1	1.3	9.3	0.6	1.3	0.4	0.4	3.1
8▶ 机动车辆及零部件　3361-3	6.67	-2.8	9.9	3.9	0.6	-11.2	19.3	9.2	-2.2	0.5	0.6	0.9	3.2
宇航和其他杂项运输设备　3364-9	3.46	4.9	-9.7	0.7	-2.9	-1.6	2.5	5.0	-0.1	0.6	0.5	0.5	2.2
家具及相关产品　337	1.65	-7.4	-0.4	-2.3	-0.4	-8.1	-0.4	0.1	-0.5	0.7	0.6	0.3	-2.5
杂项　339	3.20	-2.8	3.5	-1.4	5.8	-6.4	-4.7	0.3	-0.4	0.4	1.3	0.3	-1.6
非耐用品生产	35.23	-3.3	-0.9	-0.8	-1.5	-3.2	-0.3	2.1	0.1	0.8	-0.2	0.0	-0.2

（续表）

项目		2003年比例	从第四季度到第四季度			年增长率 2003年				月增长率 2003年			2004年1月ᵖ	2003年1月—2004年1月
			2001年	2002年	2003年	第一季度	第二季度	第三季度	第四季度ʳ	10月	11月	12月		
食品、饮料及	311,2	11.59	-0.4	-3.5	-1.6	-0.6	-1.2	-1.3	-3.2	-0.4	0.3	-0.6	-0.2	-2.1
烟草制品	313,4	1.17	-10.3	-1.3	-7.0	-11.6	-10.8	-9.7	5.4	1.7	2.3	-1.9	1.2	-3.0
服装和皮革	315,6	0.94	-15.5	-2.0	-12.6	-17.9	-18.0	-16.7	4.3	1.6	0.6	0.1	-1.0	-10.4
造纸	322	2.97	-6.0	2.9	-2.8	-7.5	-0.4	-2.9	0.1	0.1	0.7	0.6	-0.1	0.1
印刷及技术支持服务	323	2.35	-6.7	-1.7	-5.1	-4.2	-10.4	-2.4	-3.0	-0.5	-0.3	-0.1	-0.1	-5.3
石油及煤炭工业产品	324	2.46	-2.5	1.2	2.4	2.3	-2.6	3.4	6.7	0.3	0.8	0.8	-1.2	1.7
化工	325	10.02	-1.3	-0.1	2.9	2.3	-1.7	3.4	8.0	0.3	1.4	0.0	0.5	3.8
塑料和橡胶产品	326	3.72	-5.7	2.2	-0.1	-1.0	-4.4	1.6	3.7	0.4	0.9	-0.3	-0.1	0.5
其他制造业（非 NAICS）	1133 5111	5.36	-6.3	-2.2	4.3	16.4	3.1	-5.3	4.3	1.0	0.8	-0.8	0.2	2.2
采矿	21	7.62	-1.0	-2.3	0.7	0.0	-0.7	1.0	2.7	0.2	0.3	0.2	0.1	0.9
公用事业	2211,2	10.08	-5.2	6.6	-1.1	0.5	-13.3	6.8	2.6	1.0	1.6	-1.3	5.2	4.4
电力	2211	8.32	-3.7	5.5	0.0	0.8	-10.9	9.2	2.2	1.3	1.7	-1.8	4.8	4.7
天然气	2212	1.77	-12.8	13.4	-6.6	-0.5	-24.1	-3.5	4.7	-0.2	1.0	1.0	7.0	2.8

表2 工业产值：专门累计及有选择的细分

（变化率，经季节调整）

项目		2003年比例	从第四季度到第四季度			年增长率 2003年				月增长率 2003年			2004年1月ᵖ	2003年1月—2004年1月
			2001年	2002年	2003年	第一季度	第二季度	第三季度	第四季度ʳ	10月	11月	12月		
全部工业部门		100.00	-5.2	1.3	1.4	0.9	-4.0	3.8	5.4	0.3	1.0	0.0	0.8	2.4
能源		18.95	-3.6	2.9	-0.2	1.1	-7.6	4.1	2.1	0.5	0.9	-0.5	2.7	2.8
消费品		4.75	-5.8	8.7	-2.8	2.2	-16.0	5.5	-1.2	-0.4	1.4	-0.5	4.1	3.4
商用产品		2.41	-1.6	3.5	0.8	1.8	-12.1	3.4	11.8	2.4	2.0	-1.4	4.1	3.6
油井和气井钻探		0.25	-10.9	-14.8	4.0	-1.2	18.1	-0.2	0.5	0.5	-0.4	0.0	-5.2	0.4
转化燃油		3.69	-7.9	3.7	0.2	3.3	-17.2	15.7	1.9	1.4	1.1	-0.9	4.4	2.8
原生金属		7.84	-0.2	-0.4	0.8	-0.9	3.7	-1.0	1.4	0.1	0.3	0.0	0.9	2.4
非能源		81.05	-5.6	1.0	1.8	0.8	-3.2	3.7	6.2	0.2	1.0	0.1	0.3	2.3
挑选出的高技术部门		4.93	-8.4	15.3	21.6	13.8	14.4	33.3	26.0	2.4	1.3	1.3	2.6	24.6
计算机和办公设备	3341	1.17	-5.7	24.0	14.0	15.9	-4.3	20.2	26.7	2.1	1.9	1.8	2.0	14.2
通信设备	3342	1.31	-22.8	-5.5	5.8	27.4	2.8	-6.7	2.4	2.3	-0.9	-1.8	1.9	4.2
半导体和相关电子零部件	334412-9	2.45	0.8	24.9	35.0	5.8	33.2	69.5	39.2	2.6	2.1	2.5	3.2	42.7
不包括所选的高技术部门		76.11	-5.2	-0.1	0.6	-0.1	-4.3	1.9	4.9	0.1	1.0	0.0	0.1	0.9
机动车辆及零部件	3361-3	6.67	-2.8	9.9	3.9	0.6	-11.2	19.3	9.2	-2.2	0.5	0.8	0.9	3.2
机动车辆	3361	2.94	1.5	11.6	3.7	1.3	-14.4	28.4	3.7	-4.7	-0.5	0.4	1.0	1.4
机动车辆零部件	3363	3.32	-5.3	7.8	3.1	0.6	-8.9	12.2	10.0	-0.9	0.3	1.5	1.0	3.7
不包括机动车辆及零部件		69.44	-5.5	-1.0	0.2	-0.1	-3.6	0.4	4.5	0.3	1.1	0.0	0.1	0.6
消费品		26.22	-1.5	-0.3	0.7	1.1	-3.0	1.5	3.1	0.0	0.9	-0.4	0.2	0.2
企业设备		7.29	-11.5	-4.6	0.8	-0.3	-5.3	4.3	4.9	-0.8	2.1	0.0	0.1	1.9
建筑材料		4.19	-6.4	0.5	1.0	-3.2	-4.6	4.9	7.6	0.8	0.9	0.0	1.0	1.7
办公用品		10.95	-5.5	0.7	0.5	2.9	-5.1	0.1	4.4	0.6	1.0	-0.3	1.0	1.2
原材料		24.81	-7.2	0.3	-0.2	-2.0	-5.1	0.1	6.6	0.4	1.1	0.0	0.2	0.8
剔除所选高技术部门后剩下的比重														
全部工业部门		95.07	-4.9	0.4	0.4	0.1	-5.0	2.4	4.4	0.1	1.0	-0.1	0.7	1.2
制造业[1]		77.36	-5.2	-0.1	0.6	0.1	-4.3	1.9	4.8	0.0	1.0	0.1	0.2	0.9
耐用品		36.96	-6.9	1.0	1.3	-0.5	-6.4	5.1	7.4	-0.1	1.2	0.4	0.3	1.7

9▶

（续表）

项目	2003 年比例	从第四季度到第四季度			年增长率				月增长率			2004年 1月 P	2003 年 1月— 2004年 1月
		2001 年	2002 年	2003 年	2003 年				2003 年				
					第一季度	第二季度	第三季度	第四季度	10 月 r	11 月	12 月		
剔除机动车辆及零部件后剩下的比重													
全部工业部门	93.33	-5.4	0.8	1.3	0.9	-3.5	2.8	5.1	0.4	1.0	-0.1	0.8	2.3
制造业 1	75.62	-5.8	0.3	1.6	1.0	-2.4	2.4	5.7	0.4	1.1	0.1	0.3	2.2
耐用品	35.22	-7.9	1.8	3.6	1.4	-2.5	6.3	9.7	0.6	1.3	0.4	0.5	4.5
剔除所选高技术部门和机动车辆及零部件后剩下的比重													
全部工业部门	88.40	-5.1	-0.2	0.1	0.1	-4.5	1.2	4.0	0.3	1.0	-0.1	0.7	1.1
制造业 1	70.69	-5.5	-0.9	0.3	0.1	-3.6	0.4	4.3	0.0	1.0	0.0	0.1	0.6
生产过程中的非能源材料，按以下用途分类：													
产成品处理器	13.73	-7.4	5.0	4.8	-0.6	-1.4	10.1	11.8	0.2	1.2	1.0	1.0	6.9
半成品和初级处理器	16.12	-5.8	1.2	0.6	-1.4	-5.0	1.7	7.6	0.6	1.1	0.3	0.0	1.4

10▶

（10）因为汽车产量对制造业的巨大影响，这一组产值波动较大时可能对工业产值总体的变化轨迹造成极大扭曲。为了了解汽车工业以外的厂商生产了多少，需要查看剔除了汽车及其零部件的产出指标。

- 表 3　机动车装配

表 3　机动车装配

（百万单位，经季节调整的年增长率）

项目	2003 年平均	2003 年				2003 年			2004 年 1月
		第一季度	第二季度	第三季度	第四季度	10 月	11 月	12 月	
总计	12.09	12.30	11.76	12.29	12.20	12.24	12.12	12.24	12.29
轿车	4.51	4.68	4.43	4.56	4.41	4.54	4.41	4.29	4.31
货车	7.58	7.63	7.32	7.73	7.79	7.70	7.72	7.95	7.99
轻型	7.32	7.39	7.08	7.46	7.49	7.40	7.41	7.64	7.67
中型和重型	0.26	0.23	0.24	0.26	0.30	0.29	0.30	0.31	0.32
备忘									
汽车和轻型卡车	11.83	12.07	11.52	12.03	11.90	11.94	11.82	11.93	11.97

11▶

（11）制造业中没有哪一个部门像汽车行业这样需要单独对待。汽车生产意味着 7 百万个就业岗位，代表了 4% 的 GDP。美国汽车工业比其他任何一个行业产出水平都高。它是铝、铁、塑料、橡胶、纺织品、乙烯、钢、计算机芯片最大的购买者，它还是一个对利率高度敏感的部门。高利率滞缓销售，降低汽车产量，甚至会导致失业，而融资成本下降则刺激汽车消费，增加装配线上的产量，加快经济增长。由于它在美国工业中的特殊地位，美联储专门提供了一张关于轿车和货车每月产量的表格。

- 表 7 产能利用率

表 7 产能利用率

（占产能百分比，经季节调整）

项目	2003 年平均	1972—2003 年平均	1988—1989 年高	1990—1991 年低	1994—1995 年高	2003 年				2003 年			2004 年 1 月ᵖ
						第一季度	第二季度	第三季度	第四季度	10 月ʳ	11 月ʳ	12 月ʳ	
全部工业部门	100.00	81.1	85.2	78.6	84.8	75.1	74.1	74.6	75.4	75.0	75.7	75.6	76.2
制造业	84.35	80.0	85.6	77.2	84.3	73.5	72.7	73.2	74.1	73.6	74.3	74.4	74.6
制造业（NAICS）	79.53	79.8	85.5	77.0	84.4	72.9	72.0	72.6	73.6	73.1	73.8	73.9	74.0
耐用品制造业	44.99	78.3	84.5	73.4	83.7	70.3	69.1	70.1	71.4	70.8	71.5	71.8	72.1
木制品　321	1.45	80.2	88.8	73.0	87.9	73.1	72.7	74.0	76.1	75.7	76.5	76.2	76.9
非金属矿产品　327	2.20	79.4	85.7	72.1	84.0	77.5	76.9	77.7	78.8	78.3	78.9	79.4	79.8
原生金属　331	2.18	80.8	95.3	75.2	94.9	76.8	73.4	73.3	76.3	74.9	76.7	77.3	76.2
金属制品　332	6.26	76.9	80.3	71.1	83.8	68.8	67.2	67.3	68.2	67.7	68.3	68.7	69.2
机械　333	5.73	79.5	84.6	72.8	87.6	66.8	67.0	67.6	69.3	67.5	70.1	70.3	70.8
计算机和电子产品　334	9.67	79.1	81.1	76.3	85.3	63.2	62.9	65.2	66.8	66.9	67.0	66.7	66.9
电力设备、电器和零部件 335	2.23	83.0	87.4	75.0	92.5	73.5	73.1	73.5	75.4	74.6	75.6	75.9	76.3
机动车辆和零部件　3361-3	6.27	77.7	89.7	56.5	87.8	80.9	77.9	80.7	81.8	81.5	81.7	82.2	82.6
飞机和其他杂项类运输设备 3364-9	4.06	72.9	88.9	81.9	67.7	63.8	63.6	64.0	64.8	64.3	64.9	65.3	65.6
家具和相关产品　337	1.77	78.9	84.0	67.9	83.7	71.1	69.6	69.6	69.6	69.2	69.7	69.9	70.1
杂项　339	3.15	76.9	81.7	77.7	81.2	77.8	76.5	75.6	75.7	75.1	75.4	76.4	76.6
非耐用品制造业	34.55	82.0	87.0	84.8	85.5	76.5	76.1	76.1	76.7	76.3	76.9	76.8	76.9
食品、饮料和烟草　311,2	11.18	82.1	85.5	81.3	84.5	77.4	77.3	77.2	76.8	76.7	77.0	76.6	76.5
纺织和纺织品厂　313,4	1.23	83.3	91.4	77.2	91.0	73.2	71.7	70.4	72.0	71.2	73.0	71.8	72.9
服装和皮革　315,6	1.13	79.6	84.2	77.3	89.2	65.2	63.4	61.9	64.0	63.3	64.1	64.6	64.5
造纸　322	2.69	88.3	93.7	85.2	92.4	83.6	83.8	83.4	83.6	82.9	83.6	84.2	84.1
打印机及支持设备　323	2.46	84.3	91.6	82.7	86.0	73.7	71.9	71.8	71.5	71.6	71.5	71.5	71.5
石油和煤炭产品　324	2.07	86.4	88.9	82.5	90.2	88.4	87.6	87.9	89.0	88.4	89.0	89.6	88.4
化工　325	10.27	78.4	85.6	80.8	81.3	73.1	72.6	73.0	74.2	73.5	74.5	74.5	74.8
塑料和橡胶产品　326	3.51	83.7	91.3	77.2	92.4	79.6	79.1	79.9	81.1	80.6	81.4	81.3	81.5
其他制造业（非 NAICS）1133,5111	4.81	83.6	90.7	79.1	82.8	82.3	83.2	82.4	83.5	83.2	84.0	83.4	83.6
采矿业　21	6.71	86.9	85.6	83.4	88.3	84.7	84.7	85.0	85.6	85.4	85.7	85.9	86.0
公用事业　2211,2	8.95	86.9	92.8	84.1	93.8	86.3	82.4	82.9	82.6	82.4	83.4	82.1	86.1
挑选出的高技术部门	6.35	78.8	79.9	74.5	88.3	61.7	62.0	65.0	67.1	66.8	67.2	67.4	68.6
计算机和办公设备　3341	1.37	78.1	79.3	67.2	86.6	71.4	68.6	70.4	73.3	72.4	73.3	74.1	75.1
通信设备　3342	2.09	77.7	81.7	73.2	87.5	50.6	50.9	50.2	50.7	51.3	50.9	50.1	51.1
半导体及相关零部件 334412-9	2.89	80.7	80.5	78.1	91.5	64.9	66.8	73.0	75.9	75.3	75.8	76.5	77.8
剔除所选高技术部门后剩下的比重													
全部工业部门	93.65	81.3	85.6	78.8	84.7	76.3	75.3	75.7	76.4	76.0	76.7	76.6	77.1
制造业 1	78.00	80.1	86.1	77.3	84.1	74.7	73.9	74.3	75.1	74.6	75.4	75.4	75.6
处于生产过程的产品													
原生品	9.67	86.3	88.5	84.7	88.9	83.3	83.3	83.7	84.0	83.8	84.0	84.3	84.6
初级和半成品	48.65	82.2	86.4	77.5	87.9	77.2	75.8	76.4	77.5	77.0	77.8	77.8	78.7
产成品	41.68	78.2	83.2	77.2	80.3	71.2	70.4	70.9	71.5	71.1	71.8	71.6	71.7

12

（12）这是整份报告中最有趣的一张表。当提到产能利用率时，各个工业部门引起通货膨胀的极限是不一样的。在85%的产能上运行也许会让汽车工业非常紧张，但粗金属生产商却不会感到负担过重。表7描述了很多重要部门当前和历史上的产能利用率。这里的数据有助于预测特定部门的通货膨胀压力。这里举一个例子：在1944—1995年那段盛世，计算机行业以86.6%的最高产能利用率运行。然而，在2003年，这个行业的平均产能利用率只有71%。由于这么多的剩余产能闲置未用，计算机及外围设备的价格只能徘徊在低位。

这张表还赋予你判断哪些部门可能要增加资本投资的智慧。已经高速运行的生产厂商肯定要增加对新设备的支出，以缓解当前的生产压力，提高生产力。

市场影响

债券

固定收益率市场的交易者在官方报告出来之前，就能估计到工业产值的变化。给他们提示的就是那些早期的报告，如工厂工作时数（来自于就业数据）、采购经理报告（基于ISM调查）、生产者价格指数和零售额。当然，不时也会有些意外。如果工业产值和产能利用率上升幅度比预期要大，就可能引发债券市场的抛售。当产能利用率爬升到80%以上时更是如此，在这个范围，资源开始耗竭，瓶颈开始出现，通货膨胀加速。

从另一方面看，生产增长缓慢并伴随着利用率下降，有可能抬高债券价格，降低利率，因为通货膨胀的威胁解除了。

股票

工业产值并不属于那些为人们所熟知的、可以引起股票市场躁动的闪亮指标。生产兴旺通常被认为是对股票价格的支撑，因为它可以解释为更多的经济增长和更丰厚的公司利润。股票投资者唯一担忧的是较高的产值是否会导致生产能力过于紧张和更高的价格。如果后一种情况出现，股票可能会对工业产出的上升作出负面反应。

美元

通常，美元对工业产值反应温和。其他国家投资者力图评估产值和产能利用将如何影响美国未来的通货膨胀和利率。因为工业产值的上升意味着更快的经济增长，它能增加国外对以美元为基础的投资的需求——或者至少可以阻止美元下跌。

供应管理研究协会制造业调查
Institute For Supply Management（ISM）Manafacturing Survey

市场敏感度：非常高。

含义：首份以制造业为焦点的月度经济报告。

发布新闻的互联网网址：www.ism.ws/ISMReport/index.cfm

网址主页：www.ism.ws

发布时间：上午 10 点整（美国东部时间）；相应月份结束后第 1 个工作日。

频率：每月一次。

来源：供应管理协会。

修订：不作月度修改，但是每年的 1 月份对季节调整因素进行评估，这可能导致所有数据的变化。

为什么重要

你可能会选择忽略这个经济指标，因为它的名字不太引人注目。所以需要给你警告：不能这么干！它是每一个月开门的第一条经济新闻，是由私人部门发布的最有影响的统计报告。这份对市场有驱动力的报告的背后是供应管理协会（Institute For Supply Management，ISM），一个坐落在亚利桑那州滕比市的代表全国公司采购经理的组织。当然，在 2002 年 1 月以前，它有一个为人们所熟知的更为透明的名字：全国采购经理协会（National Association of Purchasing Managers）。ISM 每个月发布两份重要的调查报告：第一份基于制造业采购经理的评估；第二份则来自非制造业或服务业的对等人员。能抓住金融市场和新闻界大部分注意力的是制造业调查报告。

这马上就产生了一个问题。制造业采购经理这样一支势单力薄的队伍，怎么就能够撼动投资界呢？只要了解公司的采购经理是干什么的，我们就可以找到答案。生产企业制造产品需要大量的供应商。那些负责为公司获取这些材料的就是采购经理。他们订购的物品包括电线、包装箱、墨水、计算机等。如果生产成品的需求上升了，那么采购经理就会相应增加生产材料的订购和其他补给。如果制造业销售额下降了，这些公司采购人员就会削减工业品订单。因此，由于他们所处的位置，采购经理处于监测生产活动的前沿。这很重要，因为产品制造业对更广泛意义上的经济活动的潮涨潮落高度敏感。ISM 采购经理指数的最棒的一点是它的及时性。调查结果在每个月的第一个工作日出来。正因如此，它们为人们了解过去 4 个星期的经济轨迹提供了最早的线索。确实，数字实在太新，以至于美联储的官员们在将它们公之于众之前必须先简单预览一下。ISM 的非制造业报告（参见下一节）会晚两个工作日出来，但它带来的兴奋程度就不及制造业报告。

如何计算

ISM 制造业调查的历史很有趣。它的起源可以追溯到赫伯特·胡佛（Herbert Hoover）。大衰退时期，面对着美国经济的崩溃，总统胡佛为缺少衡量美国经济运行状况的数据而伤透了脑筋。他与当时名为全国采购经理协会的 ISM 接触，鼓励他们进行一项调查，提供关于这个重要的经济部门健康状况的最新信息。这个机构答应了下来，并于 1931 年开始调查。从那时起，除了因第二次世界大战有了 4 年简短的中断外，这一调查就没有停止过。

现在，ISM 每月向全国大约 400 家代表 20 个不同工业部门的成员公司寄送问卷。要求公司采购经理评估以下领域是增长了、下降了，还是没变。

- 新增订货量。采购经理向销售人员咨询收到了多少新订单。
- 生产。生产产量。
- 就业。经济中的雇用人数。
- 供应商交货量（或者卖主业绩）。供应商的交货速度。
- 存货量。制造商待出清存货比例。
- 顾客存货。代理商估计的顾客存货水平。
- 商品价格。由制造商支付的商品供应价格。
- 积压订货。未完成的订货。
- 新增出口订货。来自于其他国家的新增订货比例。
- 进口。代理商从其他国家购买的材料。

（季节调整因素只应用于新增订货量、产值、就业、供货商交货量、存货量、出口定货量和进口。）

采购经理指数（Purchasing Managers Index，PMI）是以前面表中前 5 项问卷的答案为基础计算出来的。计算指数的权重如下：新增订货量（20%）、制造业产值（20%）、就业（20%）、供应商订货量（20%）、存货量（20%）。底部的 5 项提供了关于制造业业绩的额外内容。PMI 是作为所谓的扩散指数来计算的。按照定义，扩散指数度量的是分散或"扩散"的程度，而不反映实际生产水平。成员的答卷收回后，ISM 针对每一个分量把那些声称订货活跃的百分比，加上那些声称没有变化的百分比的一半，再对结果进行季节性调整。如果结果是一个超过 50 的指数，它就意味着制造部门在增长；低于 50%意味着萎缩；指数 50 代表没有变化。

这里有两个例子：假设 100% 的被调查者报告制造业生产没有变化。计算指数时，取那些说订货量没有变化的比例的一半（这个数是 50%），加上那些看到了更活跃的订货活动的采购经理的比例（没有人这么说，这里是 0%）。如果把结果再进行季节调整后得出的指数是 50，则意味着采购经理没有看出在月与月之间制造业产出有什么变化。

第二个例子，我们假定 30% 的经理报告订货更活跃，有 50% 没有看出什么经济变化。这个例子中的扩散指数是 55%（30 加上 50 的一半，假设季节调整因子是 1.0），这个信号表明制造业的产出处于扩张之中。

表：关于未来经济走向的线索

从 ISM 调查报告中人们可以看出很多关于具体产业部门当前经济状况的信息。例如，ISM 报告考察了 20 个不同的经济部门——从食品到家具制造商，这样我们就能知道经济的强弱之源。哪个部门在增长、招聘或感觉到了通货膨胀的压力？它对于股票投资者之所以这样有价值，是因为它及时，而且其中的信息都是直接来自产业部门的管理人员。从它的长期历史看，ISM 指标相对于 GDP 增长一直是一个优秀的领先指标，极少发生例外。

- **ISM 制造业调查报告略览**

最新采购经理指数及其分量是报告的第一张表，非常值得研究。PMI 总体指数对于评估经济周期的转折点非常重要，因此和 GDP 变化密切相关。例如，PMI 指数为 50 时，被认为和 2.5% 的 GDP 增长相对应。指数大于 50 的每一个整点会导致一年的 GDP 额外增加大约 0.3 个百分点。

2004 年 3 月 ISM 景气调查报告一览表

	序列指数	方向 3 月与 2 月相比	变化率 3 月与 2 月相比
采购经理指数	62.5	增长	加快
新增订货量	65.7	增长	减慢
产量	65.5	增长	加快
就业	57.0	增长	加快
供货商交货期	67.9	延长	加快
存货量	48.3	收缩	加快
顾客存货量	39.5	很低	减慢
价格	86.0	上涨	加快
积压订货量	63.5	增长	加快
新增出口订货量	62.0	增长	加快
进口	56.8	增长	减慢

资料来源：本节的图经供应管理协会授权。

下面从更广泛的意义上看如何解释结果。

- 在 50 以上：制造业和整个经济都在扩张。
- 50 以下但是在 41.1 以上：生产活动在收缩，但是经济总体上仍然在增长。
- 持续位于 41.1 以下：生产和经济可能都在衰退。这一前景增加了美联储官员降低利率以刺激经济更快增长的可能性。

如果 PMI 指数上升到 60 以上会怎么样？这取决于它停留在这一范围的时间长短，以及供给和产能利用是否正趋于紧张。如果 PMI 指数在 3～6 个月的时间都停留在 60 以上而经济已经表现出强劲增长和低失业率，那么就可能促使美联储提高利率。

关于未来生产活动的最有用的领先经济指标就是新增订货量。订货量的增长通常几个月后就会伴随着更高的产出。如果新增订货量表现出持续下降，则是一种征兆，预示着制造业甚至是全部经济在不久之后即使不熄火也会发出啪啪声。

新增订货量

ISM 新增订货量指标在 3 月份增长至 65.7%。该指数比 2 月份记录的 66.4% 低了 0.7 个百分点，是该指数持续高于 50% 的第 11 个月份。长时间高于 51% 的新增订货量指数通常与普查局的制造业订货量指数（按照 1987 年的定值美元计算）的增长一致。报告在 3 月份有所增长的有 19 个工业部门：烟草、皮革、工业和商业设备及计算机、运输及设备、纺织、造纸、原生金属、化工、木材和木制品、印刷和出版、玻璃、矿石、其他制造业产品*、服装、金属制品、电子元件和设备、橡胶和塑料产品、仪器和光学设备、食品、家具。

新增订货量

新增订货量	更好（%）	未变（%）	更差（%）	净值	指数
2004 年 3 月	50	41	9	+41	65.7
2004 年 2 月	49	41	10	+39	66.4
2004 年 1 月	48	40	12	+36	71.1
2003 年 12 月	45	42	13	+32	73.1

我们有必要跟踪就业指数序列，看看工厂正在解雇工人还是在积极雇用新工人。ISM 因此可以在官方就业报告公布之前预测就业形势的变化。

就业

ISM 就业指数连续第 5 个月增长，接着是 37 个月的萎缩趋势。该指标记录的 3 月份数字是 57%，比 2 月份的 56.3% 多出 0.3 个百分点。比 3 月份就业指标高的最后一次是在 1987 年 12 月，当时的记录是 59.1%。就业指标长期高于 48%，一般与劳动统计局（BLS）的制造业就业指标的增长保持一致。在 3 月报告就业增长的 11 个部门是：其他制造业产品*、运输及设备、工业及商业设备和计算机、服装、家具、电子元器件和设备、纺织、化工、仪器和光学设备、木材和木制品、橡胶和塑料制品。

就业

就业	更好（%）	未变（%）	更低（%）	净值	指数
2004 年 3 月	26	65	9	+17	57.0
2004 年 2 月	23	66	11	+12	56.3
2004 年 1 月	16	73	11	+5	52.9
2003 年 12 月	21	64	15	+6	53.5

供应商交货指数（也叫做卖主业绩）值得关注。它跟踪采购经理从供应商那里体验到的交货时间的变化。指标进入 50 或更高的数字范围意味着采购经理需要等待更长的时间才能收到订购的材料。这一般发生在需求非常强，以至于供应商按时交货都有困难的情况下。在这样的氛围下，供货商重新获得了价格权力，这反过来又引起对未来通货膨胀的新的关注。用这个指标预测经济活动已经被证明是行之有效的，因此被列入美国经济咨商局的领先经济指标的指数体系中。

供货商交货量

ISM 的供货商交货量指数表明，与 2 月份比较，3 月份交货速度减缓。3 月份的数字是 67.9%，比 2 月份的 62.1%高出了 5.8 个百分点。该数值高于 50 意味着交货减缓。报告 3 月份供应商交货减缓的部门是：原生金属、其他制造业产品*、电子元器件和设备、金属制品、运输及设备、仪器和光学设备、纺织、服装、造纸、工业和商业设备及计算机、家具、印刷和出版、木材和木制品、玻璃、矿石、食品、化工、橡胶和塑料产品。

供应商交货期

供应商交货期	更慢（%）	未变（%）	更快（%）	净值	指数
2004 年 3 月	38	59	3	+35	67.9
2004 年 2 月	28	70	2	+26	62.1
2004 年 1 月	24	72	4	+20	60.4
2003 年 12 月	17	81	2	+15	58.6

顾客存货（本书未列出）在 ISM 调查报告中同样是一个让人感兴趣的条目，记录了采购经理的顾客存货水平。但是这个指数行踪诡异。这个指数高时意味着更多的顾客看到仓库满了很不开心，因此不太可能发出新订单，这意味着工厂未来的生产要放缓。如果他们感觉存货少，指数降到了 50 以下，应该将此视为一个积极信号。顾客存货量缩减促使

制造商扩大生产，因为它们的客户终究要充实货仓，以便与销售保持一致。

价格指数反映了制造商支付原材料的价格变化，可以告诉你生产过程前期价格膨胀是在增速还是在减速。这一价格指数在时间上与美联储的货币政策相一致。如果价格指数停留在 65 以上，美联储介入提升利率的可能性将增加。

价格**

ISM 价格指数表明制造商在 3 月份继续支付更高价格。这是该指数连续第 25 个月记录价格升高。3 月份的指数是 86%，比 2 月份的 81.5%高出了 4.5 个百分点。和 3 月份的指数一样高的历史时期是 1995 年 2 月，当时的记录也是 86%。在 3 月份，73%的供货经理报告企业支付了更高的价格，1%报告企业支付了更低的价格，26%报告与上个月相比支付价格没有变化。

价格指数持续低于 46.9%，一般与劳动统计局（BLS）的制造商价格指数的下降保持一致。报告 3 月份支付价格升高的 19 个部门是：烟草、皮革、纺织，原生金属、其他制造业产品*、工业和商业设备及计算机、食品、金属制品、木材和木制品、化工、橡胶和塑料产品、服装、印刷和出版、仪器和光学设备。

价格

价格	升高（%）	未变（%）	降低（%）	净值	指数
2004 年 3 月	73	26	1	+72	86.0
2004 年 2 月	65	33	2	+63	81.5
2004 年 1 月	54	43	3	+51	75.5
2003 年 12 月	37	58	5	+32	66.0

新增出口订货（本书未列出）指数是一把双刃剑。来自于其他国家的订货量上升可以促进美国国内生产，鼓励雇工，加速 GDP 增长；它同时也会引起通货膨胀的压力，因为美国的买者要和其他国家竞争美国的产品和资源。这在国内经济虚弱时不会引起什么问题，但是如果美国和国际经济同时显示出强劲增长，产品价格就会涨得更高。

市场影响

债券

对于债券市场上的玩家，PMI 属于能够实实在在地掀起风浪的指标之一。尽管制造业的作用远不像 50 年前那么大，但是数据的时效性和对经济转折点的敏感性使得 ISM 报告成为值得关注的一个"大家伙"。事实上，长期债券收益率和 ISM 制造业指数的相关度达到了 70%。作为市场的一个重要推动因素，即使是最好的预测人员想把握 PMI 的轨迹也会受挫，这更是为它的荣耀锦上添花。经济学家们预测 PMI 趋势的工作做得不够好，因为他们没有多少关于相关月份的其他信息。

市场对 ISM 的反应相当大程度上取决于经济处于周期中的什么位置。一般来说，投资者把 PMI 指数持续超过 50 看作固定收益率市场的熊市信号，尤其是在经济进入扩张阶段时更是如此，因为那样会恶化通货膨胀，引致更高的利率。指数在 45～50 不可能引起债券市场的太多骚动。但是指数低于 45 可以为债券市场注入活力，因为它表示制造业甚至是更广阔层面上的经济的极度虚弱。

股票

股票市场，尤其是在经济有了一段温和增长后，会对 PMI 上升作出积极反应。当然，如果在商业活动昌盛时指数上升，股票价格可能会下跌，因为人们越来越担心经济存在过热的风险。这加大了美联储提升利率为经济降温的可能性。

美元

如果经济基本健康，通货膨胀可控，那么 PMI 超过 50 时美元可能会跳起很高。相反，假如 ISM 报告勾画出的制造业蹒跚着走向衰退，外国人可能会抛售部分与美元挂钩的资本，从而降低美元相对于其他主要货币的价值。

供应管理研究协会非制造业调查
Institute for Supply Management（ISM）Non-Manufacturing Business Survey

市场敏感度：中等程度。

含义：是关于经济中服务部门的第一份报告。

发布新闻的互联网网址：www.ism.ws/ISMReport/index.cfm

网址主页：www.ism.ws

发布时间：上午10点整（美国东部时间）；报告所涉及月份结束后的第三个工作日公布。

频率：每月一次。

来源：供应管理协会。

修订：不做每月修订。每年对季节性调整因素的重新评价一般发生在1月，它可能会导致对最近4年数据的修订。

为什么重要

这一调查曾让我想起罗德尼·丹泽菲尔德（Rodney Dangerfield）的那句口头禅："我没有受到尊重，一点也没有。" 1998年6月首次发布的ISM非制造业调查报告关注的是服务业的形势。尽管它这么多年缺乏认同，也不具有它的制造业兄弟在金融市场中的辉煌，但这份每月发表的非制造业调查报告现在被认为是最重要的月度经济指标之一。原因何在？服务业占美国经济的比重超过85%，它的优势地位抓住了人们的注意力，而ISM在调查非制造业的就业趋势、新增订货、价格的变化方面出类拔萃。同样重要的是，这个商业组织几乎是以实时的速度向所有想读到它的人公布调查结果。数据在每月的第三个工作日发布，数据内容覆盖刚过去的一个月。

那么，为什么金融市场一开始对非制造业调查没有像对它的制造业兄弟那样关注呢？原因之一是非制造业调查报告面世较晚，没有足够的历史数据来验证它和GDP走向之间的关系。作为预测经济活动的工具，对ISM非制造业调查指数需要多跟踪几年才能建立可靠的关联。它对投资经理和预测人员的兴奋作用越来越缓和的另一个原因是，服务业没有制造业那样的周期性。在经济困难的时期，美国人会迅速削减他们在价格昂贵的制成品（如汽车、家具、家庭娱乐系统）方面的开支，但是他们不会明显地减少在服务方面的开支，因为对医疗、运输和通信的需求是始终存在的，这使得ISM非制造业指数还不足以成为识别经济转折点的理想预测工具。但不管怎么说，非制造业景气指数仍不失为一个引人注目的指标，不是因为别的，就是由于它包含了那么多的经济内容，非常及时地提供了对经济形势的评估。

这份调查和它的那位著名的制造业兄弟之间既存在着一些相似性，也存在着一些差异。两份报告考察的分量是相同的，如订货积压、新增订货、就业、新增出口订货、进口、价格、库存敏感度、供应商交货期、存货等。然而，就我们实际上正在讨论的服务而言，这些分类在定义上是有些不同的。例如，在制造业调查中的价格分量关注的是原材料和基本供给的成本。相反，服务业的成本更可能是以购买产成品和服务为基础的。另外，非制造业部门的出口不是装运货物到其他国家，而是销售诸如金融、咨询、娱乐、会计等服务给外国公司和个人。最后，没有像 ISM 制造业报告那样的总体复合指标。相应地，非制造业调查采用企业活动指数度量服务业变化的速度和方向。

如何计算

非制造业企业活动指数所采用的方法和制造业调查中所采用的一样。调查问卷发给 17 个行业的 370 多个采购经理，包括法律服务、娱乐、不动产、交通、保险、运输、银行，还有住宿。每个行业被调查公司所占的比例取决于该部门对 GDP 的贡献。

被调查者要求回答他们感觉以下各种活动是高涨了，是冷清了，还是没变。

1. 企业活动：度量服务业在企业活动水平上的变化。
2. 新增订货量：反映来自于顾客的新增订货量的变化。
3. 就业：考察就业增减的速度。
4. 供应商交货期：告诉人们供应商交货是快了还是慢了。
5. 存货：监测存货水平的升降。
6. 顾客存货：测度客户的存货水平。
7. 价格：报导该机构的会员购买产品和服务的支出是多了还是少了。
8. 订货积压：测度订货积压数量，是增加了还是减少了。
9. 新增出口订货：报道美国境外订货、服务请求和其他活动的变化水平。
10. 进口：测度进口材料和服务的变化率。

一旦结果计算出来，就可以利用扩散指数对上面列出的每一类进行量化。季节调整只用于 10 个类别中的 4 个——企业活动、新增订货量、就业和价格。

对于主要的企业活动指数，数字 50 表明报告活动高涨和报告活动低落的采购经理数相同。指数超过 50 表示增长，低于 50 意味着收缩。自从 1998 年问世之日起，ISM 企业活动指数就很少低于 50。

表：关于未来经济走向的线索

还没有足够长的历史跨度来评判这一调查作为先行指标的性能。因为服务业表现出剧烈周期波动的倾向较小，它的预测价值因而有可能受到限制。然而，报告中至少有两个分量可以发出关于未来麻烦的信号：价格和就业。

- 非制造业报告：价格（未列出）

调查中的价格分量能够告诉我们通货膨胀威胁是否正在变得越来越严重。毕竟，服务占消费者价格指数（CPI）的60%，在过去它一直是使价格不断上升的罪魁祸首。

然而，应当注意这份报告的价格分量同时包括了非制造业部门采购服务和材料的成本，因此，它不应该被仅仅看作纯粹服务业的通货膨胀。一般来说，当价格指数超过 60 达3个月之久时，它就是在向投资者发信号：范围更广的价格上涨可能正在加速。

- 非制造业报告：就业（未列出）

这张表能够提前提供一些线索，揭示当同一月官方就业报告出来时工资表在册人数的月度统计会是个什么样子。非制造业部门的职位占整个经济中的就业的80%，因此这张表可以作为劳动市场形势的领先指标。这张表还指出了哪一个具体服务行业就业增长最多或最少，但新闻界经常会忽略这一点。

市场影响

到目前为止，债券、股票、货币市场对 ISM 非制造业调查报告还没有明显的反应。但随着时间的流逝和服务业在经济中的地位越来越重要，你可以期望投资者会更加重视这个指标。

芝加哥采购经理指数（经济晴雨表）
Chicago Purchasing Managers Index（Business Barometer）

市场敏感度：中等程度。

含义：测度中西部地区的经济活动。

最先发布新闻的互联网网址：www.ism-chicago.org

网址主页：www.ism-chicago.org

发布时间：上午9点45分（美国东部时间）；一般在相关月份的最后工作日发布。

频率：每月一次。

来源：全美采购经理协会，芝加哥分会。

修订：唯一的修订来自于季节调整因素的变化，每年1月份做这项工作。

为什么重要

对于想引起公众关注的经济指标来说，时效性就是一切。就拿芝加哥采购经理报告来说吧。该机构是供应管理协会的分会，后者每个相关月份结束后第一个工作日都会发布市场敏感的采购经理指数（Purchasing Managers Index，PMI）。那么地方性的芝加哥报告做了些什么能吸引一部分公众的目光呢？他们是在 ISM 数据发布的前一天公布调查结果。这一策略效果很好。

全国的投资经理和新闻界仔细翻阅芝加哥的调查结果，寻找炙手可热但晚一天发布的 ISM 制造业指数的蛛丝马迹。以月份之间的变化为基准，芝加哥经济晴雨表指数在移动方向上与全国性的 PMI 数据有60%的时间保持一致。更重要的是，在每月发布的10个地方性的 ISM 地区报告中，芝加哥报告被认为是最有影响力的。它针对的区域被认为是该国的工业心脏。这个地区毕竟涵盖了在美国经济产出中举足轻重的汽车工业。

如何计算

ISM 芝加哥分会调查约200个采购经理，他们分布在伊利诺伊州、印地安那州、密歇根州，分会询问他们这一地区的经济活动情况。实际响应调查问卷的人只占被调查人数的一半。对收到的答卷要进行编辑，扩散指数的编制是以5个分指数的加权平均为基础的，它们是：新增订货（权重35%）、产值（25%）、定货积压（15%）、就业（10%）、供应商交货期（15%）。除了整体经济晴雨表指数外，还提供关于物品支付价格和存货变化这种个别指标。

经过季节调整的扩散指数，与制造业 ISM 调查相像；经济晴雨表指数的读数高于 50 表明经济在扩张，低于 50 揭示该区域经济活动的收缩。

顺便说一下，芝加哥分会在这种调查中收到的反馈和送给全国性的 ISM 机构的数据不同。每种调查都使用不同的样本。

表：关于未来经济走向的线索

- **表　经济晴雨表**

（1）一些金融市场的交易者指望通过最新的芝加哥经济晴雨表指数早点指明更有影响的 ISM 指数明天会怎么说。就以月为基准的变化来看，两者的移动是同方向的时间略大于 60%。然而，如果从它们的变化幅度（而不仅仅是相对方向）来看，在最近的 20 年中两者的相关度达到了 90%。这种相关程度当然是很高的，但对于市场中想快速交易的投资者来说，更值得关心的是指数的移动方向，而不是变化水平。

- **表　新增订货和积压**

（2）考虑到这一区域汽车和汽车零部件制造业的突出影响，你可以通过考察芝加哥报告中的新增订货和订货积压指数，来获得有关汽车需求和生产的情况。

- **表　供货商交货期和支付价格**

为了了解工业经济中的通货膨胀压力，你可以跟踪以下两个指标的趋势：支付价格和供应商交货量。如果价格指数连续 3 个月上升，那么采购经理会注意到交货期更长了，它提醒人们通货膨胀很快就会扩散到经济中的其他部门。

FOR RELEASE:
27 February 2004
9am CT

The CHICAGO Report
National Association of Purchasing Management—Chicago

2004
February

BUSINESS BAROMETER™ Growth Slows

The Chicago Purchasing Managers report the growth of Business Barometer slowed to 63.6, marking the tenth month of growth.

- PRODUCTION, NEW ORDERS, and ORDER BACKLOGS slow from last month's strong rise;
- EMPLOYMENT grew for only the third time since March 2000;
- PRICES PAID remains strong;
- BUYING POLICY: Lead Times for CAPITAL EQUIPMENT are the shortest since June 1992.

The Business Barometer™ is a trademark of the National Association of Purchasing Management – Chicago

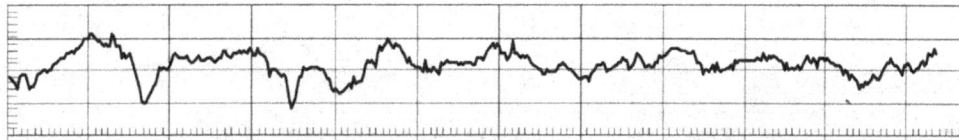

1970

Next Release:
31 March 2004

Business Barometer		2003				2004	
	3 month average	Sep	Oct	Nov	Dec	Jan	Feb
Index		54.3	53.5	59.0	55.7	61.8	66.3
Index	Seasonally Adjusted	53.0	55.8	62.9	61.2	65.9	63.6

Production		2003				2004	
	3 month average	Sep	Oct	Nov	Dec	Jan	Feb
Higher		37	36	42	37	52	58
Same		49	44	45	47	37	33
Lower		14	20	13	16	11	9
Index		61.5	58.0	64.5	60.5	70.5	74.5
Index	Seasonally Adjusted	57.1	63.9	68.3	68.9	76.5	73.0
Slips from last month's twenty-year high							

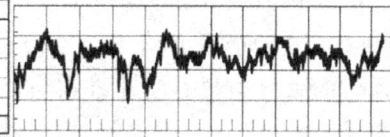

1970

New Orders		2003				2004	
	3 month average	Sep	Oct	Nov	Dec	Jan	Feb
More		37	33	46	35	44	56
Same		37	44	36	46	45	33
Fewer		26	23	18	19	11	11
Index		55.5	55.0	64.0	58.0	66.5	72.5
Index	Seasonally Adjusted	54.8	61.6	68.5	66.1	69.7	67.5
Three-month moving average eases							

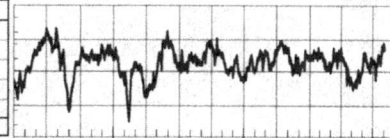

Order Backlogs		2003				2004	
	3 month average	Sep	Oct	Nov	Dec	Jan	Feb
Larger		27	23	18	14	30	31
Same		49	52	64	65	47	50
Smaller		24	25	18	21	23	19
Index		51.5	49.0	50.0	46.5	53.5	56.0
Index	Seasonally Adjusted	51.1	49.2	53.6	52.2	57.3	54.4
Continues to grow at a slower rate							

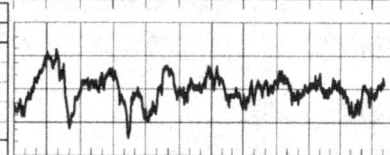

（续上图）

Supplier Deliveries		2003				2004	
3 month average		Sep	Oct	Nov	Dec	Jan	Feb
Faster		8	10	7	4	7	4
Same		89	80	77	82	79	78
Slower		3	10	16	14	14	18
Index		47.5	50.0	54.5	55.0	53.5	57.0
Index	*Seasonally Adjusted*	45.9	49.8	54.4	57.2	56.2	57.3
Returns to December level							

Prices Paid		2003				2004	
3 month average		Sep	Oct	Nov	Dec	Jan	Feb
Higher		12	23	23	16	45	45
Same		80	72	72	79	44	51
Lower		8	5	5	5	11	4
Index		52.0	59.0	59.0	55.5	67.0	70.5
	Seasonally Adjusted	53.0	59.8	68.1	57.3	67.8	66.9
Rate of Increase slows							

Buying Policy:							
Production Materiels		2003				2004	
		Sep	Oct	Nov	Dec	Jan	Feb
less than 11 days		40	47	49	45	40	45
11-15 days		14	7	9	11	16	9
16-30 days		23	15	20	18	21	15
31-60 days		17	24	15	19	17	23
more than 60 days		6	7	7	7	6	8
Average Days		22.7	25.7	23.3	24.8	24.0	26.6
Days	*Seasonally Adjusted*	23.2	24.2	25.3	25.2	23.8	26.3
Longest lead times since last July							

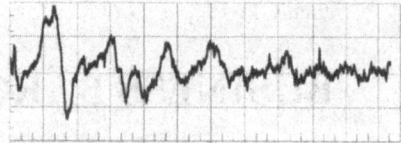

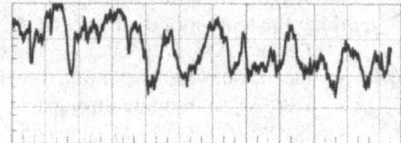

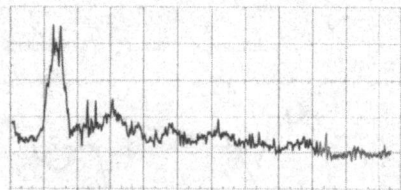

资料来源：金斯伯利国际有限责任公司（www.kingbiz.com）；NAPM 芝加哥分会

市场影响

经济晴雨表报告属于那些不走运的报告之一，它在聚光灯下的寿命短暂，因为在下一个工作日发布的全国 ISM 报告会迅速罩住射向它的光芒。如果把两份报告分开，市场参与者将更倾向于依赖 ISM 来获得对该国产业活动的最新评估。

债券

债券交易者对这份报告高度敏感，因为它是 ISM 制造业调查的一个简要的前奏。经济晴雨表指数出乎预期之外的上升可能会引起债券价格下跌，因为交易者预料全国性的调查可能也会得出相似的结果。它之所以重要的另一个原因是美联储自己也通过监测这份报告来研究制造部门的形势，寻找生产不平衡的信号。

股票

如果不考虑人们能够通过这份报告洞悉汽车工业的活动，那么股票投资者是不会因为它而调整资产组合的。显然，如果芝加哥和 ISM 报告都反映了强劲增长，股票市场对公司利润上升就会更有信心。然而，如果经济已经进入膨胀阶段，股市可能会出现反常并下跌，因为对美联储将提升利率冷却经济的预期上升了。

美元

其他国家的投资者通常不会仅仅根据芝加哥采购经理指数来选择货币。

领先经济指标指数
Index of Leading Economic Indicators（LEI）

市场敏感度：低到中。

含义：设计来预测经济走向的指数。

发布新闻的互联网网址：www.globalindicators.rog/us/LatestReleases

网址主页：www.globalindicators.rog

发布时间：上午 10 点整（美国东部时间）；报告在相关月份结束后的第 3 个星期公布。

频率：每月一次。

来源：美国经济咨商局。

修订：通常微量修改，但有时变动较大。

为什么重要

假定你想知道经济走向又不愿浪费时间全面浏览经济统计，那么有发现数月后经济趋势的简单办法吗？一个替代方法是依靠位于纽约市的私人经济研究机构——美国经济咨商局按月发布的领先经济指标（LEI）。这个指数是一组经过筛选的在其他经济变化之前就开始波动的指标的合成。因此，通过跟踪 LEI 指数，你有望了解今后几个月的经济表现。尽管它的记录还不完善，LEI 指数已经成功地证明自己是值得关注的经济度量方法。

我们为什么把这样一个预测指数看得如此重要？正如任何一个企业管理人员能够告诉你的那样，经济周期并不是一个精确且组织完美的过程。如果是这样的话，那么预测公司销售额、就业、利润就容易多了。然而，生活绝不是那么简单的。数十个经济指标定期公布，它们一起勾画出了一幅极不清晰的图画，告诉我们经济中正在发生什么。为了使这一堆杂乱的数据有意义，经济咨商局发布了一个由 10 个指标组成的、旨在领先经济变化的指数。这个领先经济指标指数在发出经济达到峰顶和遇到麻烦的信号方面扮演着重要角色，大约可以领先 3～9 个月。为了进一步提升它的预测能力，经济咨商局从 2012 年起又进一步完善了它的计算方法。

LEI 指数由 10 个分量组成，7 个是非金融方面的，3 个是金融方面的。下面连同指数的相关权重对它们进行描述。

非金融指标

1. 制造业平均每周工作小时数（27.8%）。数据来自于就业形势报告。工作时数的持续增多或减少经常成为企业不久将要雇用或解雇工人的提示信号。

2. 平均每周首次失业救济申请人数（3.3%）。数据来自失业救济申请报告。这一系列对经济形势变化最为敏感。失业救济首次申请数量在经济状况恶化时攀升；在经济走强时下降。

3. 制造商消费品和原材料新增订货量（8.1%）。数据来自于工厂订货量报告。这一经过通货膨胀调整的系列指标是对制造商关于目前存货水平合意程度的度量，从侧面反映了未来的消费需求。

4. ISM 新订单指数（16.5%）。**数据**来自于供应管理协会的制造业调查。这个指数的编制思路非常合理：来自客户的订单增加会导致后续月份产量的增加，如果订单减少会迫使生产商压缩产量。

5. 私人住房营建许可（2.7%）。数据来自于住房开工报告。因为在破土动工、建造私人住宅之前，大部分建筑商需要准备文件获得开工许可，因此跟踪许可证数量变化是未来建筑活动的一个非常好的指标。

6. 制造商非国防资本品新增订货量（3.6%）。数据来自于工厂订货报告。企业如果怀疑经济下滑正在显现，那就不太可能把钱花在资本设备和物品上。

7. 消费者预期平均指数（15.5%）。对未来经济状况和家庭收入预期的变化可以改变消费者的支出行为。这一统计指标是根据咨商局自己的消费者信心指数结果和密歇根大学的消费者情绪调查报告编制的。两类数据被赋予相同的权重。如果两份报告都表明消费者预期经济在改善，那么消费者很快就会增加支出，尤其是需要大把钞票的支出。

金融指标

1. 基于标准普尔 500 指数的股票价格（3.8%）。历史上股市一直是预测经济转折点的很好的领先指标。今天的股票定价毕竟反映了预期的收入。标准普尔股票指数的升或降是投资者判断经济未来走向的晴雨表。

2. 领先信贷指数（7.9%）。经济咨商局编制的这个专有指数综合考虑了不同的金融指标。它包括利率调换、公司债—国债息差、信用违约掉期，以及美联储的高级贷款管理人员调查。把这些指标综合到一块可以更好地预测经济周期的转折点。

3. 10 年期国库券和联邦基金利率之间的息差（10.7%）。长期利率和联邦基金利率（银行隔夜拆借利率）之间的差额在 10 个预测经济活动的分量指标中保持了最好成绩的记录，这就是它权重较大的原因。如果息差增加，以至于长期利率实质上高于短期利率，这就是经济处于增长通道的信号。然而，如果息差小到这样一点，即两种到期利率之间要么是没有差别，要么是它们之间呈现负相关，那就是经济将有麻烦的信号。当美联储把短期利率抬得很高，债券市场确信经济活动将要畏缩不前从而遏制通货膨胀时会发生上述情况。

除了前瞻性的 LEI 指标外，经济咨商局还发布另外两种指数。一种是同步指标指数，它的移动和经济中正在发生的情况一致。因此，当经济活动高涨时，同步指数同时上升，如果经济活动低落，这种指数也有同样表现。另一种度量工具是滞后指标指数，它的作用特别像一个尾镜；它对过去的经济周期的某一阶段予以确认。例如，在经济从衰退中走出来时，滞后指数仍然在下降。"要同步指数和滞后指数有什么意义呢？"你可能会这样问，"谁去关心过去甚至现在？未来才是重要的。"这类疑问是可以理解的，但是有必要搞明白三个指标是如何一起为运动中的经济周期描绘出更广阔的图像的。同步指数紧随着经济移动，及时捕捉它的波峰和谷底；滞后指标则进一步让分析人员确信经济所处的位置。

同步指标指数

同步指标指数包含 4 个分量。

1．非农业部门工资册在册雇员数量（26%）。数据来源于月度就业形势报告。它是指非农业雇员的净增减，既包括全日制的工人，也包括非全日制的，而不管对他们的雇用是临时的还是永久性的。工资册系列可以说是对金融市场最有影响的经济指标。

2．个人收入减转移支付（13.5%）。从个人收入和支出报告中获得。它是用实际（经过通货膨胀调整的）个人收入水平减去转移支付。关注收入变化对于判断能用于全部支出的金融资源数量是至关重要的。

3．工业产值（7.3%）。工业产值系列来自于美联储。它监测的是所有生产阶段的物质性产出。经济活动的转折点在制造、采矿和公共设施产业中会很快现出苗头。

4．生产与贸易额（53.2%）。数据来自于企业存货报告。这个指数经过了季节调整，它反映了在生产、批发和零售阶段的总支出。

滞后指标指数

滞后指标指数以 7 个数据的合成为基础。

1．平均失业延续时间（3.6%）。这个指标来源于就业形势报告。这里主要把注意力放在了个人失去工作的平均周数上。就业活动，尤其是失业延续时间，从本质上是一个滞后指标。由于对经济的走向不敢确定，企业一般会延迟它们雇用或解聘人员的计划。实际上，随着更多的经济事实的浮现，企业会得出更为清晰的关于经济形势的图像，并引起他们就业决策的变化。

2．存货和销售额之比，生产和贸易（12.1%）。这个比例来自企业存货报告，并经过通货膨胀调整。经过通货膨胀调整的存货和销售额之比是一个反应灵敏的指标。换句话说，在生产和零售额萎靡数月之后，相对于销售额的存货水平就会上涨。实际上，当销售的速度比存货的增加要快时，这个比率将会下降。从历史的角度看，存货与销售额之比在经济衰退的半路上到达它周期的波峰，然后又在经济恢复之初下降，因为销售比存货恢复增长更快。

3. 单位产出的劳动成本变化（5.9%）。数据来源于生产率和成本报告。它是制造业单位劳动成本在 6 个月中（经过年度化处理）的变化百分比。当生产率跟不上补偿费的增长时，劳动成本就会升高。一般来说，单位劳动成本在衰退时达到高位，因为每小时产出比补贴下跌得更快。

4. 银行收取的平均最优惠利率（28.1%）。最优惠利率就是银行向它们最好的公司客户收取的利率。平均最优惠利率通常会追随其他经济变量的变化而变化。

5. 未偿付商业和工业贷款（9.7%）。数字首先从美联储获得，然后再经过通货膨胀调整。企业债务也被看作滞后指标，因为它在衰退开始时就会标志性地到达顶峰。此时利润来得困难，而债务负担依然很重。这种银行贷款在衰退结束一年后才能走出低谷。

6. 服务 CPI 变化（19.6%）。来自于 CPI 报告。在这里咨商局考虑了服务业 6 个月的年度化通货膨胀率。服务业的通货膨胀率实际上是在衰退开始几个月后才到达波峰，而一旦经济复苏它就开始下降，其中的原因还不完全清楚。

7. 消费者未偿付分期付款信贷与个人收入之比（21%）。数字来源于个人收入报告和美联储的消费者分期付款信贷系列数据。这一系列考察的是消费者债务和个人收入之间的关系。不管什么时候，只要家庭收入持续下降，消费者的债务负担就会加重。这是因为大部分收入都被用于还账了。其结果是，美国人着手削减购物支出，在使用信贷方面更加小心翼翼。一旦收入增长恢复，经济更加稳定，消费者支出和借贷就会恢复到正常水平。

在前面描述过的 3 个关键经济周期指标（领先、同步和滞后）中，领先指标尽管预测功能并不理想，却受到了媒体的最大关注。它在过去曾经成功地预测了衰退，但也曾经有很多次并没有出现相应的经济下滑，而这个指数却照样下降。因此，LEI 指数可能会错误地发出衰退将要来临的信号。它在指示经济即将走出衰退方面有着更好的记录。

如何计算

美国商务部于 20 世纪 60 年代开始编制和发布领先、同步和滞后经济指标指数。然而，政府之后对自己也成为预测游戏的一部分而感到不是滋味，于是在 1995 年把全部指标系列卖给了经济咨商局。这家非营利性的经济组织花了极少的时间对指标系列进行了微调，使它们能够更精确地反映经济中正在发生的事情。它抛弃了一些指标，加进了新指标，这样一来总体指数发出的虚假信号就少了。

为了能使领先指标指数更及时，经济咨商局决定将发布日期提前。但是，这产生了一个问题。形成指数的一些分量还未公布。换句话说，经济咨商局并不拥有所有构成完整 LEI 指数的数据。针对这一问题，该组织提供了那些缺少的分量的估计值。每一个月，构成领先经济指标的 10 个分量中有 2 个需要估计：（1）制造商消费品和原材料新增订货；（2）制造商非国防产品新增订货。类似问题也存在于同步指标。经济咨商局必须计算 4 个分量中的 2 个：个人收入减转移支付；生产和贸易额。在滞后指数系列中，7 个分量中有 5 个以上需要估计：存货与销售额之比；消费者分期偿还债务与个人收入之比；单位劳动成本变化；服务业消费者价格指数；计算实际商业和工业未偿付债务的个人消费平减指数。因为这些估计因素的存在，一旦相关数据显现出的结果与估计值有很大不同，就可能对领先、同步、滞后指数做出实质性修改。

表：关于未来经济走向的线索

LEI 指数在预测经济转折点方面到底好到什么程度？现在就回答这个问题还为时过早，因为经济咨商局自 2012 年重新构造了这个指标。简而言之，新的 LEI 还得自己证明自己。然而，我们相信对指标的完善有助于提升我们预测经济活动重要转折点的能力。

- **总表 复合经济指数概览**

（1）这张表有两个部分。你从表中能够发现最后 3 个月以及在此之前的半年中 3 个主要指数是如何变化的。让我们把焦点集中于 LEI 指数。一个老的经验法则是，指数连续 3 个月的下降是警告经济在 3~9 个月内下滑；3 月不中断地上升则预示在同样的时间跨度内衰退的结束和复苏的开始。

但经济咨商局不再遵循 3 个月法则了。原因是自 1953 年，LEI 指数实际上在衰退前的 2~20 个月中的任何时间都可能下降。历史没有留下一致的记录。因此，经过深入研究，该组织采用了另一个据认为是更精确的准则：LEI 指数向下移动超过 2% 达 6 个月以上，10 个分量中的大部分也随之下降。新法则据认为对预测衰退更为有效。然而，它有一个非常严重的缺点。如果你需要等待 6 个月，那么它就不成其为领先指数了，因为在这段时间结束时，衰退可能已经开始。其结果是，经济咨商局以外的经济学家设计了他们自己的 LEI 公式。例如，在出现可信的衰退就要到来的威胁之前，领先指数在 7 个月中必须有 4 个月下降，同步指数必须连续 3 月下降。也许还有利用该指数预测经济转折点的其他途径，这证明了预测科学是多么主观。

（2）同步指标反映现在经济中正在发生什么。当你度量该指数在 12 个月的时间段的变化时，结果会发现它是 GDP 增长的一个优秀代表。同步指数的年度变化在大约 2/3 的时间中与其他经济指标是前后相随的。

复合经济指标概览

	2011 年	2012 年		6 个月
	12 月	1 月	2 月	8 月-2 月
1▶ 领先指数	94.6r	94.8r	95.5p	
变化（%）	0.5	0.2r	0.7p	1.9
扩散	60.0	60.0	80.0	70.0
2▶ 同步指数	103.6r	103.8r	104.0p	
变化（%）	0.6r	0.2	0.2p	1.8
扩散	100.0	100.0	87.5	100.0
滞后指数	113.3r	113.9r	114.1p	
变化（%）	0.2r	0.5r	0.2p	1.9
扩散	50.0	85.7	50.0	64.3

注：p 为初始数据；r 为修正后数据。基年 2004 年指数=100。

资料来源：美国经济咨商局授权使用。

市场影响

如果新的 LEI 系列能够在经济爬坡之前成功发出信号，它理所当然地会受到投资界的密切关注。但是截止到 2012 年，这个 LEI 还是默默无闻，因为它没什么可让人大惊小怪的。原因之一是形成指标的大部分数据已经在几天甚至几周前公之于众了。再者，投资经理们对这个指标系列的预测记录还是不敢恭维。由此造成的结果就是，指标的公布在市场上激不起什么波澜。方法的创新也许会改变这一切。

债券

固定收益率市场的专业人员几乎不会花时间去推敲领先指标系列，因为他们认为这都是一些过时的新闻，他们更不会去关注同步和滞后指标。在相信经济已经处于转折点附近，收益可能会涨跌 1~2 个基点时，人们也许还会较多地谈论这些度量方法。否则，市场对 LEI 大都不予理会，因为形成它的数据已经公布了。

股票

LEI 对股票价格的影响稍微大一些。在衰退期，股票市场投资者就要搜寻有关经济恢复点和更高利润的确凿证据。如果 LEI 指数连续上升，投资者会更有信心地认为经济反弹指日可待，因此会增加他们的股票持有量。对比之下，任何对经济已经接近波峰的认识起强化作用的报告都会使股价下挫，因为它为未来盈利投下了阴影。

美元

假定美元不受其他因素影响，它肯定会遵循和股市相同的轨迹。LEI 连续几个月的上升，将鼓励其他国家的投资者购买基于美元的证券。美国经济的强劲增长会伴随较高的利率和更多的利润，这对美元都是积极影响。如果 LEI 指数连续下降，持有美元就没有什么吸引力了。

住房和建筑

新屋开工和建造许可证
Housing Starts and Building Permits

市场敏感度：中。

含义：记录新屋开工和未来营建许可的数量。

发布新闻的互联网网址：www.census.gov/const/www/newresconstindex.html

网址主页：www.census.gov

发布时间：上午 8 点 30 分（美国东部时间）；通常在覆盖月份的两三个星期发布。

频率：每月一次。

来源：美国商务部统计局。

修订：适当的修正发生在新屋开工的前两月和营建许可的前一月。每年 4 月进行季节调整，覆盖两年的数据。

为什么重要

你是否正在寻找一个能准确无误地预测未来经济发展方向的指标？你最好放弃这个想法，因为你找不到这样一个指标。但还是有一个相当接近上述条件的指标的，那就是房地产业！当房地产业坚挺时，美国的经济从未出现过衰退，除了一次例外，那就是，自第二次世界大战以来，只在 2001 年出现过唯一一次房地产市场活跃和经济收缩并存的情况。即使是在那个时候，经济衰退也是短暂的，没有产生非常深刻的影响。更有意思的是，只有 2009 年这一次，美国才在房地产市场不景气的背景下从经济衰退中摆脱出来。而其后尾随的是 70 年来最没有生机的经济复苏，又证实了美国为了摆脱这次经济衰退付出了多么大的代价。事实上，在没有房地产业参与的情况下，总体经济不可能有活力地运转，这也是为什么众多专家把住房建设看成是最可靠的领先经济指标。房地产业几乎是经济走向萧条时最早作出下跌反应，经济回升时最早出现恢复迹象的部门。

是什么让房地产业对经济变化的反应如此超前于其他产业？这主要是因为它对利率的敏感度。经济过热会使利率抬升。抵押贷款利率的爬升会抑制人们对住房的需求，并打击未来建筑业的信心。高利率时建筑商也不可能去寻求建造贷款。相反，当抵押贷款利率下降、住宅价格下跌时——经济疲软时期发生的典型事件——购买住宅的兴趣被点燃，因为人们此时更具购买力。接着，建筑商会抢在借入成本再次上升之前向银行寻求贷款。

房地产业的另一个关键特点就是，它可以通过"乘数效应"对其他经济产业产生强有力的影响。乘数效应意味着房地产建造进度的变化能对许多其他产业产生重要的影响，只要观察一下房地产业强劲时谁获利就可以明白这一点。住宅建造的增加会拉动对钢、木材、电力、玻璃、塑料、线路、管道和混凝土的需求。对熟练的砖瓦匠、木工和电工等建筑工人的需求也会迅速上升。大致估算一下，每 1 000 个在建的独居家庭住宅能创造大约 2 500 个全职工作和近 1 亿美元的工资。另外，尽管住宅建设在 GDP 中仅占了 5%，但它对经济的综合影响力却要比 5%大得多。一个充满活力的住宅销售市场也能加速家具、地毯和家用电器的销售。这些活动总共占了 GDP 的近 20%。由于房地产业能够影响如此众多的行业，因而它变成了经济中一个主要的推动产业。

该发布中，对房地产建筑商有两个核心的评价指标：新屋开工和建造许可证。

新屋开工

新屋开工记录了上个月住宅不动产破土动工的数量。住宅建造的数据分成三种结构类型。

1. **独居家庭住宅的建造**：三种类型中最大的部分，占住宅建造总量的 75%。
2. **2～4 套公寓或单元住宅**：通常是市区公寓和小的公寓楼，占市场总量不足 5%。
3. **5 套或者更多单元住宅**：该种类构成了大部分的公寓住宅，并占了所有新开发住宅的 20%左右。高层建筑内的每一个单独的公寓都被认为是单个新开发的住宅。因此，政府把 50 套公寓的建造算作 50 个新开发的建筑。

建造许可证

通常，计划建筑新住宅的建筑者必须提前取得一份建造许可证。美国国内 95%左右的地方要求建筑公司在破土动工以前取得许可。通过查看建造许可证的发放情况，我们可以知道将有多少计划中的建筑工程在何处开始动工。因为住宅建筑的许可证是未来住宅建筑工程如此突出的一个标志，所以它成了领先经济指标会议委员会指数的 10 个组成部分之一。

如何计算

新屋开工数据的一系列统计可以追溯到 1959 年。每个月的头两个星期，统计局都会面向全国 19 000 个地区的建筑商进行电话访谈，给他们寄信，向他们询问当地新开发住宅和登记在案的许可证的数目。

开始破土动工打新地基的住宅才是新开发的住宅。仅仅在现有的房子上增加一个房间、一个地下室，或者加盖一个新屋顶，都不是我们所说的新开发的住宅，即使整座房子在原有的地基上被完全翻新重建了。此处所讲的住宅不包括流动住房、集体宿舍、公寓和长期对外出租的旅馆。

建造许可证更为直接。每一个许可证都是建筑商在开工前从当地政府取得的书面许可。

虽然表中的数据已经根据季节因素做了调整,但是住宅建筑工程的进展情况在冬季还是极易变化的,所以要注意不要过于依赖一个月或者两个月内的数据。不利的天气条件可以导致建筑工程停工一个月,为了弥补这一个月停工所造成的工期延误而需要在接下来的两个月内迅速恢复工程。更好的办法是在一个 3~4 个月内关注住宅建筑的发展情况,从而找出其潜在的发展趋势。

表:关于经济未来走向的线索

- **表3 已开工的新建私人住宅**

半个多世纪以来,新开发住宅早已成为预测未来经济活动的一个非常有效的工具。住宅建筑业的急剧下跌是一个经济处于减缓边缘的明显信号,而住宅开发和住房买卖的复兴则为整个商业活动的加速奠定了基础。

利率和实际个人收入的增加是影响房屋购买和开发的最重要的动力。另一个扮演了重要角色的因素是税收立法。税法的变更将会对住宅建筑业产生戏剧性的强烈冲击。如果建筑商需要支付大量的税收,那么许多公寓建筑就不可能存在开工的机会了。而且,政府通过允许房主在他们的应税收入中扣除房屋抵押贷款的利息支出,以用来部分地补贴房屋的购买。假如法律的修改总是对房屋的所有者和建筑商不利,将会给未来的房屋建造活动泼冷水。

(1)所有已开工的住宅。考察所有新建住宅的工程进展情况。通常情况下,在一个健康的房屋市场上,新开发的住宅应当以每年 150~200 万的速度增加。如果该速度在 100 万左右徘徊不前,就会给经济带来麻烦;如果该速度长期保持在 200 万以上,也可能会出现其他问题,如原材料和熟练工人的短缺。

(2)新开发独居家庭住宅。这是另一个值得注意的重要测算。新开发独居家庭住宅的表现是一个比新开发多户单元楼(一栋楼房里有 5 个或更多的单元)更为可靠的领先经济指标。独居家庭住宅是以消费者的信心和需求为基础的,而公寓楼的建筑却可能是出于房地产投机者一时的心血来潮或者税法的变更。

(3)地区性的新开发住宅。该发布揭示了各地区(东北部地区、中西部地区、南部地区和西部地区)新开发住宅的数量,通过这些数据我们不难发现,哪些地区的房地产(和经济)正在以一个健康的速度发展,哪些地区的房地产(和经济)发展迟缓。

- **表1 建造许可证发放处登记的已获得批准的新建私人住宅**

因为建造许可证引导了 1~3 个月里新开发住宅的建造情况,所以你需要密切注意建造许可证的发放情况。虽然建造许可证的发放并不会自动带来一个新的建筑工程,但这两者确实是接踵而来。

表3　已开工的新建私人住宅

单位：千户

经季节调整的年利率

时间	美国				东北部		中西部		南部		西部	
	总数	结构			总数	1单元	总数	1单元	总数	1单元	总数	1单元
		1单元	2~4单元	5单元以上								
2003年：1月	1 828	1 509	(S)	278	145	115	349	327	820	646	514	421
2月	1 640	1 312	(S)	298	142	98	279	247	759	602	460	365
3月	1 742	1 393	(S)	313	155	112	351	281	814	680	422	320
4月	1 627	1 357	(S)	239	150	130	319	283	724	589	434	355
5月	1 745	1 389	(S)	329	151	116	357	293	791	620	446	360
6月	1 844	1 499	(S)	317	162	106	353	290	822	683	507	420
7月	1 890	1 533	(S)	321	186	121	392	321	866	728	446	363
8月	1 831	1 490	(S)	309	152	110	401	325	848	711	430	344
9月	1 931	1 547	(S)	339	186	112	428	345	861	705	456	385
10月	1 977	1 640	(S)	308	154	112	389	330	908	748	526	450
11月r	2 054	1 673	(S)	344	187	121	426	322	892	746	549	484
12月r	2 067	1 670	(S)	369	172	135	404	318	968	782	523	435
2004年：1月P	1 903	1 537	(S)	339	148	110	319	275	918	716	518	436
平均RSE（%）[1]	3	3	(X)	9	10	10	8	7	4	4	6	7
2004年1月比2003年12月[2] 百分比变化	-7.9%	-8.0%	(S)	-8.1%	-14.0%	-18.5%	-21.0%	-13.5%	-5.2%	-8.4%	-1.0%	0.2%
90%的置信区间[2]	±6.0	±6.6	(X)	±17.1	±12.8	±7.8	±14.0	±16.0	±9.6	±11.2	±11.5	±11.8
2004年1月比2003年1月[2] 百分比变化	4.1%	1.9%	(S)	21.9%	2.1%	-4.3%	-8.6%	-15.9%	12.0%	10.8%	0.8%	3.6%
90%的置信区间[2]	±6.5	±6.3	(X)	±32.3	±26.4	±24.4	±18.4	±14.6	±10.3	±10.0	±9.6	±10.9

注：由于近似的原因，数据之和不等于加总总数。

表 1　建造许可证发放处登记的已获得批准的新建私人住宅

单位：千户

经季节调整的年利率

时间	美国 总数	美国 结构 1单元	美国 结构 2~4单元	美国 结构 5单元以上	东北部 总数	东北部 1单元	中西部 总数	中西部 1单元	南部 总数	南部 1单元	西部 总数	西部 1单元
2003年：1月	1 777	1 406	87	284	157	119	354	277	796	620	470	390
2月	1 786	1 319	78	389	170	100	308	250	777	595	531	374
3月	1 688	1 311	71	306	150	106	324	257	777	607	437	341
4月	1 724	1 332	82	310	152	110	341	258	784	622	447	342
5月	1 803	1 349	84	370	166	111	343	262	819	627	475	349
6月	1 823	1 427	77	319	158	115	379	282	843	667	443	363
7月	1 800	1 434	77	289	161	118	364	287	810	665	465	364
8月	1 901	1 484	84	333	189	119	377	290	866	700	469	375
9月	1 875	1 487	88	300	164	121	384	298	841	681	486	387
10月	1 981	1 539	81	361	187	124	382	305	885	707	527	403
11月 r	1 863	1 473	88	302	180	125	378	285	812	673	493	390
12月 r	1 953	1 530	77	346	199	123	356	278	911	722	487	407
2004年：1月 P	1 899	1 487	96	316	179	119	356	291	857	674	507	403
平均 RSE（%）[1]	(Z)	1	3	1	2	2	1	1	1	1	1	1
百分比变化：												
2004年1月比2003年12月[3]	-2.8%	-2.8%	24.7%	-8.7%	-10.1%	-3.3%	0.0%	4.7%	-5.9%	-6.6%	4.1%	-1.0%
90%的置信区间[3]	±0.8	±0.9	±1.7	±1.7	±1.7	±2.1	±3.9	±4.4	±1.3	±1.5	±1.0	±1.1
2004年1月比2003年1月[3]	6.9%	5.8%	10.3%	11.3%	14.0%	0.0%	0.6%	5.1%	7.7%	8.7%	7.9%	3.3%
90%的置信区间[3]	±1.1	±1.0	±3.7	±1.3	±2.7	±3.3	±3.9	±4.4	±1.5	±1.7	±1.9	±2.1

注：由于近似的原因，数据之和不等于加总数。

事实上，通过观察该发布中的五个表格可以准确地摸清整个住宅建造的流程。

- 表格 1 按照住宅类型和地区记载了建造许可证的发放数量。这是一个很好地反映建筑商们对未来需求的信心的指数。
- 表格 2 统计了已取得营建许可证但还未破土动工的住宅数量（未列出）这些数据中出现了一个很明显的上升，表明了建筑商们的供给满足不了新住房的需求。
- 表格 3 列出了在上个月开工的住宅数量。
- 表格 4 记录的是上个月月底在建住宅的数量（未列出）。
- 表格 5 针对的是上个月竣工的住宅数量（未列出）。

总而言之，建一个独居家庭住宅从破土动工到竣工完成平均大概需要 6 个月时间。而一幢公寓楼的建设周期则是 10 个月到 1 年。

市场效果

债券

住宅建筑业市场的好消息对固定收入市场上的交易者来说却常常是坏消息。新开发住宅的健康增长反映出经济充满了活力，通货膨胀的压力也可能增加。这就使得债券的价格下跌，发行量增加，从而造成各种债券投资组合的亏损。交易者更愿意看到一个疲软或者持续跌落的住宅建筑业，因为这就意味着经济发展缓慢，通货膨胀的压力更小，而这些正是抬升债券价格的因素。

股票

由于住宅建筑业的长期疲软常常是经济广泛滑坡的一个前兆，因而它对股票投资者有预警作用。另外，如果住宅建筑业生气勃勃且通货膨胀得到了控制，股票持有者就会将这视为一个利好信号。住宅建筑业的复苏也会给其他行业带来有利的影响。公司利润和股票价格都会随行情看涨。如果当其他行业准备好开足马力运转时，住宅建筑业却开始出现大幅的下跌，那么就危险了。随着投资者对美联储为了控制经济活动而提高短期利率担心的增加，他们可能会退出股票市场。

美元

如果其他国家投资者在美国比在其他国家能够获得更高的回报，他们就会被吸引到美国来。于是，一份关于强有力的住宅建筑业的报告对美元来说是利好消息，因为它常常意味着更高的公司利润和稳定的美国利率。

美元会随着住宅建筑业不景气的数据而贬值，因为这些数据标志着未来会出现利率下降和更缓慢的经济增长。在这种情况下，外国投资者可能会选择在美国以外的地区寻找更有利可图的投资机会。

成品房销售额
Existing Home Sales

市场敏感度： 中。

含义： 测算已有的独居家庭房屋的月度销售额。

发布新闻的互联网网址：

成品房销售额： www.realtor.org/topics/existing-home-sales/data

待完成房屋销售指数： www.realton.org/topics/pending-home-sales

房屋购买力指数： www.realtor.org/ topics /housing-aflordability-index

网址主页： www.realtor.org

发布时间： 上午10点（美国东部时间）；报告当月末的4个星期后发布。

频率： 每月一次。

来源： 全美房地产经纪人协会。

修订： 月度的修正很小。年度的修正由于季节调整因素发生在2月并覆盖前三年。

为什么重要

住房市场的一个重要组成部分就是成品房销售。在美国，住房购买将近八成都是使用过的房屋，剩下的两成是新建住宅。然而，尽管成品房销售的规模如此之大，但是由于其不涉及新土地的开发利用，因而对经济的影响相对有限。在成品房销售的过程中，没有发生在建造上的实际投资。买者和卖者只是简单的所有权转换。

如果这是事实，那么为什么这个指标没有被金融市场忽略呢？原因是成品房的销售能间接地刺激经济活动。销售者通常使用从房屋销售中获得的资本利得来购买一个更大的住宅以适应家庭扩大的需要，这必然意味着在家具和器具上的更多支出。另外，购买者由于房屋太大的原因卖掉他们的房屋，后来购买更小的房屋，获得更多的资本利得来支付随意的账单。成品房销售的增加也给不动产的代理商带来更多的佣金，并为不动产公司和抵押银行创造了更高的收入；同样重要的是，房屋销售的增加是一个明显的信号，购买者对他们工作和未来的收入增加充满信心。所有的这些因素都使成品房的销售值得监测。

该指标的数据并不非常及时，成品房的销售在实行过程终止时计算，也就是当契约最终从一个业主转换到另一个业主时计算。问题是它从初步的合同签订到买者和卖者最终达成交易可能需要3个月。那时，已有住房销售被记录并被月度的发布计入，房屋的市场状况可能已经改变，分析者因此不得不谨慎从这个经济指标来推断数据。负责发布现有房屋销售数据的全国房地产经纪人协会（National Association of Realtors，NAR）为了提供更多的房地产信息，最近引入了一个新指标——待完成房屋销售指数。这个指标的对象是那些合同已经签署但还没有最终完成的交易。这样的好处是，我们不需要一直等到房屋交易的最后一刻才能得知房地产行业运行得到底如何。

如何计算

发布成品房销售额数据的组织是全美房地产经纪人协会，它是一个在居住和商用不动产市场拥有 96 万代理商和经纪人的私人贸易集团。对于月度报告，它从 900 多个公告列表及全国范围的当地房地产经纪人公告中的 400 个那里收集信息，因此贸易集团就可以通过这一个月一次的调查统计出所有的现有房屋销售额中的 30%～40%。这样总价值就会在不到 3 万美元和 60 多万美元之间浮动。原始的数据分成四个调查的区域：东北部、南部、中西部和西部。NAR 在它的月度发布中也包括房屋的中间售价和平均售价，既有全国的平均售价，也有四个地理区域的平均售价。

记住，季节因素能影响售价。房屋的价差通常在春末和夏季的月份最大，好天气和学期末使不动产公司业务繁忙。事实上，房屋的需求通常在夏季的 4 月份达到最多，然后逐渐地下降到该年的平衡点。

住房销售额的数字是按季节调整的，并以年度比率的形式表示。

表：关于经济未来走向的线索

- **成品房销售额**

（1）观测全国的销售量是评估该国房屋需求的一个好方法。在现有房屋的购买和消费者支出之间，特别是耐用品如家具和家用电器的支出之间存在显著的相关性。此外，成品房销售额的持续下降或恢复常常会成为经济转折的前兆。最后，房屋销售额的一个大逆转会产生较多的资本盈余，这可能进一步刺激更多的房屋和相关商品的购买。

什么是在经济中单一影响成品房销售额的最大力量？就业和利率。一个疲软的就业市场会减缓房屋的销售；抵押贷款利率每上升 1 个百分点，成品房销售额就减少 25 万个单位的。

（2）这里也包括房屋销售的全国和地区的美元数量，如此的详述能强调该国的不动产和地区经济活动较好的区域及那些在生存线上的地区。

（3）未来房屋趋势的预测是某个月市场可购房屋的总数，它和上月及去年的百分比变化列在一起。

（4）关于房屋存量的销售率，这个比率告诉你根据最近月份的销售率在市场上要花多少个月售完成品房的存量。一般来说，房屋 4.5～6 个月的供给被认为是一个买者和卖者平衡的市场。如果比率下降到 4.5 个月，它可能是一个供给变紧的信号。这使房屋价格承受向上的压力。一个大于 6 的比率表明房屋市场疲软，可能导致更低的价格。

- **成品房销售价格**

房屋价格的变化影响住房供给和需求的变化，大体来说，成品房的价格一年比一年高，尽管上升的比率取决于经济气候和已售房屋的组合（豪华的住宅相对于价格更朴实的住宅）情况。

（5）NAR 报告列出全国水平的中间售价（售出的半数房屋以上和以下的中点价格）和平均售价，这使人们能够评估怎样的不动产价值可以帮助应对数月或数年后的通货膨胀。如果不动产的价格增长明显快于通货膨胀，美国人将倾向于认为房屋是一项有吸引力的投资。当然，如果房屋的价格的实际变量（通货调整后）的形式显著提高，它也会对未来的房屋购买者不利，特别是初次购买者，因为许多人都可能买不起。整个购买力的问题被 NAR 单独发布在房屋购买力指数中。

- **待完成房屋销售指数（PHSI）**

对成品房销售额的一个普遍抱怨是，它只关注"closings"（最终执行），而这与购房者早先几个月所做的决定有关。虽然多数合同在签订后的 2 个月内就会执行，但还有约 20%需要 4 个月甚至更长的时间。为了使指标更具时效性，2005 年 3 月，NAR 引入了待完成房屋销售指数，这一指数关注已签订销售合同并处于执行过程中的合同数额。

（6）在 PHSI 序列的计算过程中，"100"代表 2001 年期间合同签订的平均水平。正如它所表明的，2001 年是记录成品房销售的连续 5 年数字的第一年。按照定义，这些合同包括居民房、公寓、合作住宅的购买。PHSI 具有成为住房市场活动优秀领先指标的潜力，但判断它的真实预测价值仍需一段时间。记住，不是所有的购房合同最终都能完全执行。买卖者之间也会在最后一分钟分道扬镳。如果经济状况变糟，房屋购买者或许会突然紧张并要求取消合同。多数合同都得以执行，经济学家也想通过几年的 PHSI 研究来寻找其映射住房市场变化的好坏程度。表中列出了过去 12 个月美国整体及四大地理区域的 PHSI。迄今为止，我们所见的此指数年度百分比变化（如 2006 年 8 月与 2005 年 8 月相比）比月度间指标的比较更能预测未来房屋销售额。时间会告诉我们这一序列还能做哪些预测。

- **房屋购买力指数**

美国人购买一套住房到底需要需要多少钱？NAR 每月汇集一个表格，测算在现有经济气候下的房屋购买力。这个数据被称为"房屋购买力指数"，它也能在 NAR 的网站上找到。虽然这个测算事实上对股票和债券市场没有什么影响，它放在这里是因为房屋的购买几乎是家庭和他们一生中做出的最大的单项投资。一个好的经济形势的配合，比如个人收入的增加和抵押贷款利率的降低，会使住房的购买更具可能性，在未来为更多的不动产销售铺平道路。

年度	成品房销售额 经季节调整的年利率					成品房销售额 未经季节调整					可供销售的房屋数量	待售房可供应月数
	美国	东北部	中西部	南部	西部	美国	东北部	中西部	南部	西部		
2004年r	6 778 000	1 113 000	1 550 000	2 540 000	1 575 000	*	*	*	*	*	2 244 000	4.3
2005年r	7 076 000	1 169 000	1 588 000	2 702 000	1 617 000	*	*	*	*	*	2 846 000	4.5
2006年r	6 478 000	1 086 000	1 483 000	2 563 000	1 346 000	*	*	*	*	*	3 450 000	6.5
2006年：1月	6 750 000	1 010 000	1 540 000	2 740 000	1 460 000	373 000	58 000	77 000	154 000	85 000	2 883 000	5.1
2月	6 940 000	1 170 000	1 610 000	2 700 000	1 460 000	401 000	70 000	92 000	160 000	80 000	2 985 000	5.2
3月	6 900 000	1 180 000	1 610 000	2 670 000	1 440 000	554 000	87 000	131 000	217 000	119 000	3 198 000	5.6
4月	6 710 000	1 140 000	1 560 000	2 610 000	1 410 000	560 000	91 000	130 000	215 000	124 000	3 415 000	6.1
5月	6 680 000	1 140 000	1 510 000	2 610 000	1 410 000	642 000	102 000	153 000	249 000	138 000	3 589 000	6.4
6月	6 490 000	1 090 000	1 490 000	2 550 000	1 360 000	699 000	120 000	163 000	267 000	149 000	3 738 000	6.9
7月	6 320 000	1 050 000	1 430 000	2 530 000	1 320 000	605 000	111 000	141 000	235 000	118 000	3 861 000	7.3
8月	6 310 000	1 060 000	1 430 000	2 520 000	1 290 000	653 000	113 000	149 000	261 000	131 000	3 844 000	7.3
9月	6 230 000	1 040 000	1 420 000	2 520 000	1 260 000	529 000	89 000	124 000	214 000	102 000	3 783 000	7.3
10月	6 270 000	1 030 000	1 420 000	2 520 000	1 300 000	518 000	87 000	114 000	210 000	107 000	3 860 000	7.4
11月	6 250 000	1 080 000	1 420 000	2 470 000	1 280 000	472 000	79 000	103 000	189 000	101 000	3 810 000	7.3
12月	6 270 000	1 070 000	1 460 000	2 490 000	1 250 000	469 000	79 000	106 000	192 000	92 000	3 450 000	6.6
2007年：1月p	6 460 000	1 070 000	1 530 000	2 540 000	1 320 000	363 000	61 000	78 000	147 000	77 000	3 549 000	6.6
比上月：	3.0%	0.0%	4.8%	2.0%	5.6%	-22.6%	-22.8%	-26.4%	-23.4%	-16.3%	2.9%	0.0%
比上年：	-4.3%	5.9%	-0.6%	-7.3%	-9.6%	-2.7%	5.2%	1.3%	-4.5%	-9.4%	23.1%	29.4%
当期：						0.363	0.061	0.078	0.147	0.077		

注：全美房地产经纪人协会，经许可使用。

成品房销售价格

年度	经季节调整 中间值					未经季节调整 平均值				
	美国	东北部	中西部	南部	西部	美国	东北部	中西部	南部	西部
2004年ʳ	$195 400	$243 800	$154 600	$170 400	$286 400	$244 400	$273 600	$189 400	$215 600	$324 300
2005年ʳ	219 600	271 300	170 600	181 700	335 300	266 600	297 000	203 800	231 700	363 800
2006年ʳ	221 900	271 900	167 800	183 700	342 700	268 200	299 700	205 300	230 000	371 300
2006年: 1月	217 400	263 900	168 500	177 600	336 700	265 900	294 000	209 600	225 200	366 800
2月	217 800	280 100	160 200	182 200	333 000	263 600	301 500	191 800	229 600	363 500
3月	217 600	270 400	160 700	180 000	340 300	264 500	295 200	197 700	227 600	368 500
4月	222 600	285 200	163 500	181 600	345 300	269 100	307 100	200 200	229 300	372 800
5月	228 500	281 300	171 700	191 300	343 700	273 700	305 000	210 600	239 100	372 100
6月	229 300	289 100	174 400	189 400	341 300	275 800	313 300	214 800	237 400	372 200
7月	230 200	274 600	177 000	192 500	346 200	275 400	301 800	216 000	238 300	374 000
8月	224 000	272 600	171 800	184 800	345 300	270 000	302 700	210 700	230 800	372 800
9月	220 900	260 400	168 300	184 500	338 800	266 400	290 300	206 000	229 800	367 900
10月	218 900	255 400	166 600	183 700	341 800	264 600	287 900	203 200	228 100	370 000
11月	217 300	266 900	163 900	178 600	349 400	265 100	295 400	201 700	223 500	375 700
12月	221 600	284 000	166 200	180 900	348 300	268 000	308 900	201 200	225 200	375 800
2007年: 1月ᵖ	210 600	260 700	162 600	174 600	321 300	257 400	291 600	196 100	222 100	351 900
比上年:	-3.1%	-1.2%	-3.5%	-1.7%	-4.6%	-3.2%	-0.8%	-6.4%	-1.4%	-4.1%

注：全美房地产经纪人协会，经许可使用。

成屋待完成销售指数

年份	经季节调整					未经季节调整				
	美国	东北部	中西部	南部	西部	美国	东北部	中西部	南部	西部
2004年	120.9	109.7	118.6	126.8	122.9	*	*	*	*	*
2005年	124.4	108.6	116.6	134.9	128.7	*	*	*	*	*
2006年P	111.8	98.5	101.5	126.8	109.6	*	*	*	*	*
2005年：12月	117.6	94.4	107.8	135.5	118.0	76.8	57.6	65.9	91.6	80.0
2006年：1月	118.6	101.0	114.3	129.4	120.0	99.4	81.2	90.4	110.1	106.4
2月	117.6	107.3	114.6	129.5	110.2	107.2	96.4	103.4	116.8	104.5
3月	116.1	112.9	106.3	127.6	111.1	134.5	132.8	123.6	146.2	129.3
4月	111.9	106.7	100.3	129.7	100.2	128.6	125.8	117.6	151.7	106.2
5月	113.5	106.1	101.4	127.5	110.1	135.3	129.6	123.2	153.1	124.7
6月	113.5	99.8	102.5	130.6	109.1	135.7	122.8	125.5	156.4	124.1
7月	105.6	92.1	93.8	121.9	103.2	116.6	97.3	103.7	137.6	112.3
8月	110.3	95.5	94.4	126.6	112.9	120.1	101.7	105.8	134.7	126.5
9月	109.1	89.9	96.4	125.0	112.5	100.8	84.4	91.2	113.6	103.7
10月	107.5	88.0	97.0	122.9	109.5	103.0	88.4	92.4	115.0	106.7
11月r	107.2	83.2	100.0	124.4	106.6	89.6	68.3	80.1	101.8	97.1
12月P	112.4	89.9	103.2	129.8	112.2	71.0	53.4	60.8	84.9	73.6
比上月：	4.9%	8.1%	3.2%	4.3%	5.3%	-20.8%	-21.8%	-24.1%	-16.6%	-24.2%
比上年：	-4.4%	-4.8%	-4.3%	-4.2%	-4.9%	-7.6%	-7.3%	-7.7%	-7.3%	-8.0%

注：全美房地产经纪人协会，经许可使用。

全美房地产经纪人协会：房屋购买力指数

⑦

年份	已有独居成品房的中间价格	抵押贷款利率	月度支出	支出占收入的百分比	中间家庭收入	贷款资格收入**	购买力指数 复合	固定	ARM
2001 年	147 800	7.03	789	18.4	51 407	37 872	135.7	135.7	145.5
2002 年	158 100	6.55	804	18.5	52 103	38 592	135.0	132.7	148.3
2003 年ʳ	170 000	5.74	793	17.8	53 463	38 064	140.5	127.6	142.6
2006 年: 1月	160 000	5.96	764	17.4	52 811	36 672	144.0	142.0	156.1
2月	161 300	5.93	768	17.4	52 929	36 864	143.6	141.6	156.2
3月	162 100	5.80	761	17.2	53 048	36 528	145.2	143.3	158.3
4月	163 700	5.72	762	17.2	53 166	36 576	145.4	143.3	158.0
5月	166 400	5.62	766	17.3	53 285	36 768	144.9	143.2	155.7
6月	175 000	5.40	786	17.7	53 404	37 728	141.6	139.9	154.1
7月	181 600	5.39	815	18.3	53 522	39 120	136.8	135.3	148.5
8月	177 200	5.66	819	18.3	53 641	39 312	136.4	133.5	149.0
9月	171 800	5.94	819	18.3	53 759	39 312	136.7	133.8	149.3
10月	171 800	5.83	809	18.0	53 878	38 832	138.7	135.2	150.7
11月	169 900	5.85	802	17.8	53 996	38 496	140.3	136.5	151.0
12月	174 800	5.82	822	18.2	54 115	39 456	137.2	133.3	148.9
2004 年: 1月ᴾ	168 700	5.70	783	17.3	54 395	37 584	144.7	140.8	156.5
							本月	一个月前	一年前
东北部	212 300	5.76	992	19.7	60 313	47 616	126.7	134.6	140.5
中西部	134 300	5.70	624	13.1	57 017	29 952	190.4	176.4	183.1
南部	155 500	5.75	726	17.6	49 499	34 848	142.0	135.3	139.6
西部	234 300	5.59	1 076	23.4	55 094	51 648	106.7	97.9	108.2

资料来源：全美房地产经纪人协会，经许可使用。

（7）房屋购买力指数说明一个代表性家庭是否适合一个代表性房屋的抵押贷款，一个代表性的房屋在这理被定义为由 NAR 计算的独居成品房的全国中等水平的价格。结果能在页面的右端找到。假定减少 20%的支付，指数值为 100 意味着中等收入的家庭恰好适合中等价格房屋的抵押贷款，还略有结余。例如，复合指数为 130 意味着，中等收入的家庭需要收入的 130%才适合一个普通的覆盖 80%贷款的中等价格的独居成品房。

NAR 假定最大的合格率为 25%，月度基本的支出和利息的支付不能超过中等家庭月收入的 25%。

市场效果

债券

对成品房销售额的反应是微小的，除非经济在接近过速和面对通货膨胀压力爆发的边缘运行。任何在成品房销售额上意外的波动都可能轻易地吓走债券投资者，这将导致债券价格的下跌和发行量的增加。

销售额的突然下降可能预示着月前经济活动的减速，这将支持更高的债券价格和更低的利率。因此，大范围来看，这个发布的反应取决于经济的背景。

股票

从公司利润的观点来看，投资者倾向于看到成品房销售额停留在一个高水平上。房地产是许多其他产业依赖的主要产业，一个强有力的报告将振作股票的价格；而一个弱的报告可能对股票的价格有所损害。尽管如此，如果房地产的强劲引起了通货膨胀，美联储将最终以更高的利率介入，此时的情况可能使股票市场混乱。

美元

其他国家投资者观测成品房销售额是因为它是消费者支出的主要指标之一，并能潜在地影响利息率。一般来讲，只要成品房销售额不出现一个大范围的衰退，美元就仍将坚挺或升值。那样的话，将降低利率并增加未来股票价格的不确定性，二者都可能减弱投资者对美国货币的需求。

新建住房销售额
New Home Sales

市场敏感度：中。

含义：记录新建独居家庭房屋销售额。

发布新闻的互联网网址：www.census.gov/newhomesales

网址主页：www.census.gov

发布时间：上午 10 点（美国东部时间）；报告当月末的 4 个星期左右发布。

频率：每月一次。

来源：美国商务部统计局。

修订：数据经常修订，覆盖前 3 个月。

为什么重要

有大量的经济指标与住房有关。每月都有有关于新屋开工和建造许可证、现房销售、建筑花费以及本节的主题——新建住房销售额的新闻。每一项内容都显示了房地产业这个重要产业的一个侧面。新屋开工或者新住宅的建造实质上是生产性的数据。也就是说，与其说它是一个消费指数，不如说它是商业信心尤其是建筑商对于未来房屋买卖走势和预期的一个反映。另外，成品房的销售状况能让我们更好地了解消费者的财务状况和他们的消费状态。成品房销售的弱势是它对经济的影响相对有限。从房屋建好竣工之日起就没有什么新东西必须要建造了。再者，成品房销售只有有限的预期指标价值，因为只有当交易正式完成且所有权变更之后它才被计算在内，而这一过程从最初的协议达成之时起可能长达好几个月。

在本节中，我们来看看新房销售。它被视为观察住房市场形势更为及时的测算，预测未来经济的更好指标。例如，新建住房（期房）的销售不是在交易完成之后才记录的（如同成品房销售一样），而是在初期协议达成之时。当然，你不知道所有那些签订了的购房合同是否最后都会导致最终的交易，但是那些没能达成最终交易的毕竟是极少数，从数据的统计来说没有多大的意义。更有趣的问题是仅占了住房市场 15% 份额的新房销售是怎样对经济造成了如此深刻的影响的？答案是它们创造了大量的投资、就业机会、消费和产品生产。建筑商寻求建筑用的贷款、采购材料、玻璃、线路、水泥和管道；雇用大批技术熟练的工人建房。新房比成品房更贵，因为新房通常包括许多现代的舒适设备。而且，当买房者入住时，另一轮消费就启动了。入住者在接下来的 12～18 个月需要购买家具和其他物品。

顶级投资经理人密切关注新房销售额这一指标还有另一个原因。如果消费者的支出即将改变方向，你会发现该指标是首先发生变化的。购买一套住宅是一个家庭唯一的最大花费。除非潜在的买者对他们的收入、工作稳定性和经济的展望很满意，否则许多人都不会买房。如果房屋买卖开始衰落，那就意味着经济中的许多领域响起了警钟。银行会因为担心建筑商难以还贷而停止向其提供建房贷款。没有了必要的资金，新建住宅的投资将下跌，对建房供应、材料和建筑工人的需求会因此缩减。一次严重的经济衰退的危险开始出现。

讽刺的是，在经济衰退期，正是住房建筑业恢复生机才帮助其他产业走出低谷。经济衰退期间抵押贷款利率下跌，有些时候甚至跌至一个很低的水平，从而使得住房建筑业再次具有吸引力。随着购房兴趣的回升，建筑商发现银行放贷处的负责人在经历了一个几乎没有放贷业务的漫长"淡季"之后，开始急于放贷，态度更加热情。而且，在经济衰退期，劳动力和材料的供应很充分。这样一来，住宅建筑业就会加速发展，满足市场对于新住宅的需求增长。如果考虑住宅建筑业复兴所带来的乘数效应的话，其他的行业走出低谷开始赢利也只是几个星期的时间而已。

如何计算

统计局根据建造许可证的数据来提供新建住房销售额的数字。为什么要根据建造许可证？因为建筑商常常仅在他们收到押金或从购买者那里得到一个已签字的合同时建立了建造许可证的档案。

新建住房的销售额一般要修订，有时是重要的修订。因此你有必要至少观察 3~4 个月的数据才能解释新建住房销售额的趋势。

表：关于经济未来走向的线索

● 表 1　新建住房的已售和待售额

新建住房销售额在经济被认为接近转折点时达到中间阶段。在这样的情况下，开发商开始寻找未来的买家准备进入住房市场的证据并锁定在可能的最低抵押贷款利率，该利率常出现在经济周期的低谷。一个新建住房销售额的上升常跟随着 1~2 个月后成品房销售额的增加，随着住房买入的节奏加快，供给和服务的需求将刺激其他与住房相关的商业活动。

如果经济长期全速增长，形势就会逆转，最终抵押贷款利率爬升到一个令人痛苦的水平。于是许多房屋搜寻者被挤到市场之外。新建住房和成品房销售额下降以后，大范围的经济活动水平也开始下降。

（1）**已售新建住房**：这是一个头条数字，从这里你能找到整个美国和四个地理区域：东北部、中西部、南部和西部的月度已售新建住房的记录。在这里任何可看出的销售额趋势的变化，都可能是早期的关于经济失去动力或恢复的预警指标。

（2）**期末待售新建住房**：这个表格提供最新的待售新建住房的供给。它表明待售的新建住房存货在一个升温的住房市场上将收缩，并在购买不景气时增加。当然，这主要取决于建筑商在此期间完成的新建住房的速度。显然，如果待售房屋的存货扩大得太多，建筑商将减少未来的建设直到市场再次改善。

（3）**月度供给**：新建住房的所有重要的存贷销售率（I/S）都表明，根据最近的销售步调将出售完当前新建住房需要多少个月。I/S 是一个关于未来房屋建造的良好的预测指标。当房屋的销售额高涨，月度供给比率通常保持稳定或下降。一般来说，如果它降到4个月的供给价值或更少，建筑商将有充足的信心去保持在新建工程上的投资。相反，如果销售额减少或没有充足的买者去消化所有的已建的新建住房，新建住房的股票可能升至过去6个月的供给价值，这通常就预示着新建住房建筑业的下滑。

（4）**中间售价和平均售价**：观测这里可以了解最近的新建住房中间售价和平均售价。通常，新建住房的价格比成品房增加得更快，因为它们拥有更多的现代特征。如果价格在几个月内持续上升，它就是房产部门共振的证据。比较房屋价格随通货膨胀的上升也同样有趣。如果新房价格的增加显著地快于通货膨胀，美国人将倾向于把房屋看作一项有吸引力的中长期投资。

• **表2 已售新建住房的售价**

新建住房的价格可能从10万美元以下至多于1000万美元不等。这个表格表明住房市场在过去的几个月哪个价位卖得最好。房屋价格在15万美元到20万美元之间的和超过30万美元的高档住房通常也是卖得最快的住房。

• **表3 已售新建住房和建设各阶段的待售住房以及销售市场的月度中位数**

（5）**销售期间，未启动**：在观察住房市场前景时，我最喜欢的指标之一是一种反映了大量销售额却鲜少为人关注的系列数据。为什么要追踪这一系列指标呢？新屋购买者通常可以购买到已建成的住房项目，这件事一般是炒作。但是，假设我们发现偶然出现大家独居销售增长，这又意味着什么？如果大量购买形势回升，往往意味着会建设更多的住房。该指标主要计算的是最近一个月内已开始销售但工程尚未启动的住房中位数，这些数据的变化可以作为预期住房市场发展趋势的一个相当不错的领先指标。

表 1　新建住房的已售和待售额

单位：千户

时间	已售					待售（经季节调整）					月度供给	中间售价	平均售价
	美国	美东北部	美中西部	美南部	美西部	美国	美东北部	美中西部	美南部	美西部			
2003年：1月	1 009	89	176	466	278	343					4.1		
2月	935	50	181	442	262	343					4.5		
3月	1 008	83	166	503	256	341					4.1		
4月	1 004	70	174	468	292	341					4.1		
5月	1 081	73	162	525	321	344					3.9		
6月	1 200	85	194	552	369	343					3.5		
7月	1 145	75	223	542	305	341					3.6		
8月 ▲	1 190	74	255	548	313	345					3.5		
9月	1 129	91	193	520	325	350					3.8		
10月 r	1 149	92	199	540	318	361					3.9		
11月 r	1 111	88	164	534	325	363					3.9		
12月 r	1 125	100	179	515	331	367					4.0		
2004年：1月 P	**1 106**	**95**	**189**	**504**	**318**	**370**					**4.1**		
平均 RSE（%）3	6	18	16	9	9	4					6		
百分比变化：													
2004年1月比 2003年12月	−1.7%	−5.0%	−5.6%	−2.1%	−3.9%	0.8%					2.5%		
90%置信区间 4	±13.6	±24.2	±28.3	±18.2	±34.3	±1.0					±11.3		
2004年1月比 2003年1月	9.6%	6.7%	7.4%	8.2%	14.4%	7.9%					0.0%		
90%置信区间 4	±12.8	±49.0	±34.9	±15.8	±28.0	±4.6					±12.1		

最具影响力的美国经济指标

（续表）

时间	已售 美国	已售 美东北部	已售 美中西部	已售 美南部	已售 美西部	待售 美国	待售 美东北部	待售 美中西部	待售 美南部	待售 美西部	月度供给	中间售价	平均售价
							经季节调整						
2002 年:	973	65	185	450	273	344	36	77	161	70	(X)	187 600	228 700
2003 年ʳ:	1 089	81	189	512	307	374	28	97	171	78	(X)	194 100	245 200
RSE（%）	2	8	7	3	3	3	12	8	5	7	(X)	3	2
2003 年: 1 月	76	6	12	37	22	347	36	77	163	71	4.6	181 700	230 200
2 月	82	4	15	39	23	339	34	73	162	70	4.2	187 000	233 400
3 月	98	9	17	47	25	330	30	74	157	69	3.4	185 100	231 100
4 月	91	7	17	40	27	339	29	76	162	72	3.7	189 500	237 200
5 月	101	6	15	50	29	341	30	79	161	71	3.4	195 500	243 700
6 月	107	8	18	48	33	342	29	84	162	67	3.2	187 900	239 700
7 月	99	6	20	47	26	342	29	84	159	69	3.5	190 200	248 400
8 月	105	6	23	48	28	342	28	84	163	68	3.3	190 500	241 000
9 月	90	8	15	42	25	350	27	88	165	69	3.9	192 000	254 500
10 月ʳ	88	7	16	40	25	368	29	92	171	76	4.2	194 100	242 800
11 月ʳ	78	6	12	38	22	366	29	94	169	74	4.7	204 700	268 200
12 月ʳ	76	7	11	36	21	374	28	97	171	78	5.0	195 800	254 500
2004 年: 1 月ᵖ	**84**	**6**	**12**	**40**	**25**	**373**	**27**	**96**	**174**	**76**	**4.4**	**197 000**	**258 600**
平均 RSE（%）³	6	18	16	9	9	4	12	9	5	6	6	5	4

注：由于近似的原因，数据之和不等于加总总数。

表2 已售新建住房的售价

单位：千户

时间	总数	小于100 000美元	100 000~124 999美元	125 000~149 999美元	150 000~199 999美元	200 000~249 999美元	250 000~299 999美元	300 000美元及以上
				房屋数量[1]				
2002年:	973	62	94	138	237	139	107	196
2003年ʳ:	1 089	55	98	149	264	147	112	263
RSE（%）	2	16	9	6	6	5	5	6
2003年: 1月	76	3	9	12	19	10	8	16
2月	82	5	7	13	18	12	8	18
3月	98	4	11	15	25	12	11	21
4月	91	6	7	14	23	11	10	20
5月	101	4	10	13	25	16	10	23
6月	107	5	11	16	27	14	9	26
7月	99	6	9	13	25	13	10	23
8月	105	6	9	14	27	13	11	25
9月	90	5	7	12	23	14	8	21
10月	88	7	7	12	20	10	12	20
11月ʳ	78	3	6	10	18	10	7	23
12月ʳ	76	5	7	8	20	10	7	19
2004年: 1月ᴾ	84	5	8	9	20	8	8	25
平均RSE（%）[3]	6	29	20	17	13	16	16	12

注：由于近似的原因，数据之和不等于加总数，根据未近似数值计算百分数。

表 3 已售新建住房和建造各阶段的待售住房以及销售市场的月度中位数   单位：千户

时间	销售期间				销售末期				月度销售中位数[1]
	总计	未启动	建造中	已完成	总计	未启动	建造中	已完成	
2010 年	323	67	104	151	188	27	81	80	7.9
2011 年（r）	306	74	91	140	152	25	67	60	6.8
RSE（%）	4	8	5	5	5	9	6	5	8
2011 年 2 月	22	7	5	10	181	26	78	77	8.1
3 月	28	6	9	13	179	26	79	74	8.7
4 月	30	7	8	15	172	25	79	68	8.9
5 月	28	7	9	12	168	24	78	66	9.2
6 月	28	6	9	13	167	24	81	61	10.0
7 月	27	7	9	11	165	23	80	62	9.4
8 月	25	5	8	11	164	24	78	62	8.7
9 月	24	5	8	11	163	25	77	61	7.6
10 月	25	5	7	12	159	24	77	59	7.2
11 月（r）	23	6	6	11	156	24	73	59	7.2
12 月（r）	24	6	6	12	152	25	67	60	6.8
2012 年 1 月（r）	22	6	6	10	150	25	68	57	7.3
2 月（p）[2]	25	7	8	10	150	29	67	54	7.6
平均 RSE(%)	9	10	12	10	5	9	6	6	10

注：（p）原始数据；（r）修订数据；RSE 相对标准误差；
[1] 已完成的月度销售中位数；
[2] 最近 6 个月的平均相对标准误差。

▲
5

市场影响

债券

新建住房销售额倾向于在经济周期的波峰和波谷时对固定收入市场有最重大的影响。在经济增长强劲期间，新建住房销售额上一个大过期望的上升能使通货膨胀的预警增强，因此降低债券价格。另外，如果经济刚从萧条开始恢复，交易者对于新建住房销售额恢复的反应可能更加微弱，因为它导致了该情形下通货膨胀的威胁大大减少。

新建住房销售额突然的月度下降可能是经济减弱和通货膨胀降低的信号。在这种情况下，债券价格可能随着利率的降低而升高。

股票

这个数据的易变性和它占房屋不动产市场的小比率，阻止了股票投资者对它产生太大的兴趣。然而，因为它被广泛地认为是一个领先指标，当分析人士认为经济接近转折点时，新建住房销售额会变得更有影响力。

美元

货币市场上的交易者并未对新建住房的销售额表现出太多的敏感。在新建住房销售额的表现和美元价值的变化之间并不具有太大的相关性。

住房市场指数：全美建筑商协会
Housing Market Index：National Association of Home Builders（NAHB）

市场敏感度：中。

含义：评价当前市场新建独居家庭房屋的销售额及建筑商对未来趋势的预期。

发布新闻的互联网网址：www.nahb.org/hmi

网址主页：www.nahb.org

发布时间：下午1点（美国东部时间）；每月中旬发布，覆盖当月的前半月活动。

频率：每月一次。

来源：全美建筑商协会，富国银行。

修订：很少。

为什么重要

经济学中公认的是房地产的发展将带动经济中其他部门的发展，这就是为什么你发现如此多的经济指标致力于追踪与房屋有关的不动产市场的原因。然而，在许多报告中常有一个指标滑出观测的视野，尽管该指标是对未来房地产活动的最好的预测指标之一。每月由全美建筑商协会公布的住房市场指数几乎拥有高层市场鼓动者的所有特征。它基于建筑商的直接反应，而建筑商又具有对当前和未来房屋建筑趋势的最好感觉。此外，住房市场指数领先于报告的当月发布，领先于其他任何的月度房地产报告。最后，住房市场指数已被证明是一个不错的记录未来房屋销售额的领先指标。由于这些性质，你可能认为投资经理人会在报告发布后突然介入，然而事实并非如此。首先，协会用的统计样本相当小，调查的根据是共有72 000个会员中的400个建筑商的回答。其次，数据并未按区域划分，导致人们难以辨别该国哪些地区正在经历着新建独居家庭住房的强弱需求。

如何计算

在长达20多年的时间里，全美建筑商协会一直在进行一项月度调查，向大约900个会员（约一半及时回答）询问下面的问题。

- 当前新建独居家庭住房的销售状况如何？（好、一般或差？）
- 你对未来6个月新建独居家庭住房销售额的预期是什么？（好、一般或差？）
- 评价你从新建住房地观察到的预计购买房屋的人的数量状况。（高到非常高、平均、低到非常低？）

这个调查的结果依据的是每月前 10 天收到的答案。分值的计算则依据每个问题的扩散指数并使之随着季节调整。该指数的范围在 0～100 变化。0 意味着实际上每个人都同意状况是差的；100 则表明每个人都认为形势是好的；指数为 50 表明从建筑商那得到的"好"的答案数目和"差"的答案数目是一样的。因此，一个大于 50 的指数，通常表明更多的建筑商认为形势是"好"的。

报告的重要部分是整体的住房市场指数，该指数以上述三个问题的答案加权平均来计算。对第一个当前形势问题的答案代表 59%的住房市场指数；未来 6 个月的预期销售额占 14%，房屋搜寻者的数量占 27%。

表：关于经济未来走向的线索

全美建筑商协会在它的网站上有两个单独的关于住房市场指数的区域，其一是关于最近月度分析的新闻发布，另一个包含住房市场指数当前的和历史的所有数据。你可以登录 NAHB 的主页来搜索这两类数据。

- **住房市场指数的新闻发布**

调查结果和近期 HMI 的简短分析能在这里找到。就其他几周后发布的房地产报告而言，该指数被认为是一个好的领先指标。通过观察 HMI 和统计局房屋开发的数字，人们便能更准确地预测未来新建住房的需求和供给，甚至展望房屋的购买对全国经济活动的细微影响。

表　住房市场指数和它的组成

住房市场指数（经季节调整）																		
2002 年			2003 年													2004 年		
10 月	11 月	12 月	1 月	2 月	3 月	4 月	5 月	6 月	7 月	8 月	9 月	10 月	11 月	12 月	1 月	2 月	3 月	4 月
63	64	65	64	62	52	52	57	62	65	71	68	72	70	70	69	64	64	69
当前独居家庭住房销售																		
69	71	72	69	69	59	57	62	67	69	77	73	78	78	77	76	71	70	76
未来 6 个月独居家庭住房销售																		
68	70	69	68	66	56	69	70	74	78	78	82	81	77	76	73	70	76	
预期购买者数量																		
47	48	48	51	43	35	35	40	47	51	55	51	52	47	52	51	46	49	48

◀1　◀2　◀3

资料来源：全美住房建筑协会，经许可使用。

- **表　住房市场指数和它的组成**

组成住房市场指数的三种成分显示在该表中以提供新建住房市场的更多信息。

（1）该行的数据代表独居家庭住房的销售额。它事实上比复合的住房市场指数在短期预测房屋开发时要更好，例如，对未来两个月的预测。然而，如果你想要了解超过该期的独居家庭住房的建造情况，那么 HMI 与它的相关性比三个问题中任何一个单独问题都高。

（2）建筑商不太可能承担新建的项目，除非他们预期目前的需求是健康的。该表格反映了建筑商如何根据当前利率和经济增长的假定来评估未来 6 个月新建住房的销售市场。

（3）第三行评估购买者进入新建房屋地点的数量。不动产展厅参观者的增加能提升建筑商的信心，因为这些进入者代表未来潜在的购买。

市场影响

债券

住房建造的经济指标对债券有影响。尽管 NAHB 的 HMI 发布得很早，和其他更知名的关于建筑活动的政府发布相比却相形见绌。这些更知名的指标包括新屋开工和新建房屋销售额，二者根据的都是更大范围的调查。因此，HMI 并不会引起债券市场的太大反应。

股票

投资经理人可能观察该报告，但他们通常不根据该信息交易。

美元

外汇交易者不追随 NAHB 的发布。

周度抵押贷款申请和全国不良贷款调查
Weekly Mortgage Applications Survey and the National Delinquency Survey

市场敏感度：中。

含义：记录美国人申请的购房抵押贷款及为已有的抵押贷款再贷款的数额。

发布新闻的互联网网址：www.mortgagebankers.org

网址主页：www.mortgagebankers.org

发布时间：上午 7 点 30 分（美国东部时间）；每个星期三发布，覆盖到上星期五。全美拖欠调查的单独报告在每季度的两个半月后发布。

频率：每周一次。

来源：抵押贷款银行家协会（MBA）。

修订：很少修订。

为什么重要

消费者是任何一种经济预测的关键。如果你能正确地评估出有多少人将消费，那么你就能相当好地预测经济的增长。只要能正确地理解消费者的行为，其他的事情通常就在预料之中了。如果你不具有对经济中需求的判断能力，你的推断就必然会失去基准。因此，专业的预测人士寻找有助于他们预测消费者支出变化的任何一个数据。抵押银行家协会（Mortgage Bankers Association，MBA）提供的周住房抵押贷款申请调查是最好的信息之一。抵押贷款申请的加快从经济的两个方面来看是非常乐观的。首先，作为房屋购买意向增加的证据，它被认为对住房不动产市场和经济整体有正面效应。其次，在抵押贷款利率下降的形势下，业主通常会抓住机会填写新的申请以便为他们已有的抵押贷款提供资金。消费者从高成本的抵押贷款到允许每月较低月供的转变，最终以储蓄的意外获得为结局。资金被用来支付其他的债务（如汽车贷款和信用卡账单）或者被新一轮消费耗去。

阅读周度住房抵押贷款申请调查是容易的。周度住房抵押贷款申请调查包含各种指数，每一个指数测算住房抵押贷款市场的不同部分。然而，采购指数和再贷款指数吸引了人们大部分的注意力，因为大多数的房屋购买者在他们购买房屋前不得不提供抵押。采购指数的变化告诉分析人士哪里的房屋市场比较火热。罕见的是，当房屋买卖势头强劲时经济却处于困境。对于再贷款指数，该申请的增加常导致更大的住房支出。事实上，它刺激了更多的经济增长。

下面列出了关于周住房抵押贷款申请调查的主要指数和其内容的描述。

1. 市场合成指数。这是抵押贷款申请活动的最好指标。它记录最近一周所有的抵押贷款申请，包括购买和再贷款购买房屋。这个指数包含了普通的抵押贷款申请和政府担保的抵押贷款申请。抵押贷款期限的主要类型有：30 年定期，15 年定期，以及可调利率抵押贷款。

2. 采购指数。所有抵押贷款申请都是为了一个单一的目的而建立的，这个目的就是使用普通的贷款或政府担保的贷款来采购一间私有的住房。

3. 再贷款报告。包括所有用来为已有抵押贷款提供资金的抵押贷款申请，也包括普通的再贷款和政府担保的再贷款。

除了这些指数之外，该调查还计算近期的 30 年期和 15 年期抵押贷款合同的平均利率以及 1 年期抵押贷款的调整率（ARMs）。

如何计算

每周，抵押贷款银行家协会向 20～25 个抵押贷款银行和商业银行发放关于近期抵押贷款活动的问卷。该调查力图覆盖美国 40%的零售房屋抵押贷款市场。

根据季节和假期对该市场的影响来调整问卷的答案，也可能采取非季节调整的形式。

表：关于经济未来走向的线索

抵押贷款银行家协会在网站上发布免费信息，其中包括所有核心指数的一个有用的概括以及一个简短的分析。然而，要通过签字允许才能使用该表格。我们将紧随那些公众可以获得的由住房抵押贷款申请调查和全美拖欠调查提供的信息。

- **信息发布** 周住房抵押贷款申请调查

采购指数已被证明是一个未来房产活动特别是成品房销售额的可靠指标，它主宰了房屋不动产市场。先前业主房屋的销售额仅在购买结束后（通常是合同签字过后的一个月或两个月）计算。因此，采购指数向上的跳跃通常意味着在下月将出现更高的转售额。采购指数也被看作是消费者支出的领先指标，因为购买者想要为他们的新居配备成套的家具和电器。

再贷款指数是关于再贷款活动的最有名的测算。任何人在预测消费者支出时都不得不考虑再贷款申请的数量。

- **信息发布** 全美拖欠调查（NDS）

除了抵押贷款申请调查外，抵押贷款银行家协会出版一个关于抵押贷款的拖欠和房屋赎取权消灭的季度报告，即全美拖欠报告。经济学者阅读它以了解经济状况是否已经恶化到家庭难以承担他们的贷款责任的程度。

投资者研究该数据以评价全美抵押贷款市场的状况并考察银行及其他抵押贷款放贷者贷款组合的信用质量。

全美拖欠调查的结果可以在同一个抵押贷款银行家协会的网站上找到。确切地讲，NDS 观察所有拖欠抵押贷款的百分比：过期 30 天的、过期 60 天的以及过期 90 天的。一般来讲，90 天后放贷者可以进行初步的房屋赎取权消灭的行动。抵押贷款银行家协会也考虑该项的百分比。

多年过后，全美拖欠调查显示出一些趋势。首先，在面临大的金融压力时，人们会把准时偿还贷款放在优先位置。他们通常将延迟支付信用卡款项及其他债务以保证有足够的资金来偿还房屋贷款。如果家庭的财务进一步恶化，房屋贷款拖欠 30 天的情况将发生，短期内也可能出现拖欠 60 天或 90 天的情况。最后是提高房屋赎取率。令人遗憾的是，在 2008—2009 年金融危机期间，许多房屋的市值跌至其抵押贷款之下，这导致许多财政拮据的家庭轻易地放弃了他们的住房和贷款责任，迫使贷款方接管了这些产权。

一般来说，银行和其他放贷者不愿取得房屋，因为取得房屋将耗去他们相当的成本和时间。然而，一旦被取消的房屋赎取权的数量增加，就将导致一个即使经济改善也难以回转的过程。房屋赎取权的消灭率滞后于拖欠率的改善，因为通过法律方式进行的再占有过程所需要的时间太长。

市场影响

债券

最近几年来，由于周度抵押贷款申请调查和未来消费者支出的联系，它在债券交易者和经济学者中产生了很大的影响。该报告本身倾向于只对金融市场产生适当的影响。然而，房屋购买的迅速增加预示着更大的消费者支出，并且这将促使经济更快的增长，这可能使投资者持有的债权贬值。由于这种状况可能导致更高的通货膨胀，因而该调查的结果可能引起证券价格轻微的下跌，特别是当再贷款指数发生意外的波动时。债券交易者对一季度发布一次的全美拖欠调查则没有什么兴趣。

股票

出于不同的原因，股票投资者定期地监测周抵押贷款申请调查和全美拖欠调查。前者能够说明住房和消费者支出在月前的表现，对后者的研究则是为了考察银行和其他抵押贷款放贷者贷款组合的质量。如果拖欠和贷款的损失过大，金融机构的收益就会受损。

美元
这两个报告对外汇交易市场都没有直接的影响。

建筑支出
Construction Spending

市场敏感度：低。

含义：公共和私人的建造支出。

发布新闻的互联网网址：www.census.gov/constructionspending

网址主页：www.census.gov

发布时间：上午 10 点（美国东部时间）；在每个月的月初发布前两个月发生建筑活动的信息。

频率：每月一次。

来源：美国商务部统计局。

修订：重要。每次新的发布修订两个月前的数据，每年 5 月发布年度的基准变化，可能追溯到两年前或更久。

为什么重要

直到现在，评价建造活动的经济指标仍集中于揭示住房不动产的趋势。然而，建造开支报告考察住房和非住房建筑物。它是对美国建造活动最具理解力的风向标，并因其对 GDP 的巨大贡献而值得观测。建筑业的总量几乎占整个经济活动的 9%。这甚至不包括和建筑部门联系紧密的其他经济活动，例如，家具和家用器具业。显然建筑活动是经济的主要力量。这里发布的数据被政府用于计算季度 GDP 报告中的商业投资支出。

建造支出被分成三个独立的部分：

- 私人住房建造支出（GDP 的 5%）：包括独居家庭住房和公寓建筑；
- 私人非住房建造支出（2.4%）：关于工厂、写字楼、宾馆、汽车旅馆、宗教和教育建筑、医院和其他类型的机构；
- 公用建筑支出（2%）：包括公用住房项目、公立学校、下水道系统和类似的建筑底层结构的开发。

许多经济学者跟随该指标，而投资经理人一般却不这样。首先，该数据来得太迟。它是每月给出的最迟的数据之一。其他十多个与不动产相联系的指标在同月已经发布很久。许多投资者在该数字上找不到增加的价值。除了它的迟到性，该报告由于它的相当大的修订而声名狼藉。结果，分析人士不得不主要依赖于 3 个月和 6 个月的移动平均来发现建筑业的趋势。

如何计算

政府获得的房屋建造价值直接来自于他们自己关于新屋开工和新建房屋销售额的调查。对于非住房建筑，他们依靠外界的资源，例如麦格劳·希尔公司（McGraw- Hill），联系商业不动产建筑商对已完成工作的美元价值做出估计。

表：关于经济未来走向的线索

- **表 1 在美国的建筑价值**

（1）建筑的类型及数量：私人的建造活动是商业信心的显著指标。该表记录了过去 6 个月关于私人住房建筑的月度支出（年度利率水平），也与上年相近水平的数据作了比较。将该报告与其他之前发布的不动产活动报告相区别的是我们能在第一时间了解建筑商真实的支出和建造的类型（住房、宾馆、学校、疗养院和医院）。分析人士的兴趣在于住房的建造支出，因为该产业的景气状况是经济转折点的领先指标。事实上，它的数额接近所有私人建造支出的 70%。另一个值得关注的问题是，住房建造一年以来都倾向于引导非住房建筑。因此，如果房屋建造活动达到了顶峰并开始走弱，商业建造也会有如此变化，并且在 12 个月内出现下降。

市场影响

经济学家和产业分析专家把更多的注意力放在该报告上而不是每月的交易者上。这些交易者并未觉得建造支出的数据有特别吸引人的地方，因为该组数据有过在发布之后又被大量修订的历史。

表1 美国建筑投入价值，经季节调整的年度利率

单位：百万美元

建筑类型	2004年1月 P	2003年12月	2003年11月	2003年10月 r	2003年9月 r	2003年1月 r	与2004年1月相比的百分比变化 2003年12月	与2004年1月相比的百分比变化 2003年1月
建筑总支出	931 178	934 411	928 657	925 485	913 824	883 232	-0.3	5.4
住宅	507 146	507 068	502 732	493 377	481 735	455 960	0.0	11.2
公寓	9 511	9 696	10 339	11 036	10 723	10 134	-1.9	-6.1
办公室	39 223	40 773	41 785	42 083	40 355	40 881	-3.8	-4.1
商务用房	60 117	61 643	59 961	61 456	62 636	60 666	-2.5	-0.9
健康保健	28 362	29 251	29 358	29 525	29 518	28 613	-3.0	-0.9
教育	69 492	71 220	68 940	70 736	71 278	71 450	-2.4	-2.7
宗教建筑	7 737	7 987	8 061	8 528	8 569	8 435	-3.1	-8.3
公共安全	8 268	8 413	8 392	9 023	8 665	8 214	-1.7	0.7
娱乐和疗养	18 361	19 215	19 010	19 614	18 751	18 922	-4.4	-3.0
运输	22 860	22 827	23 454	24 473	24 152	24 331	0.1	-6.0
通信	15 994	14 727	16 245	15 218	14 961	15 309	8.6	4.5
能源	37 918	37 422	35 109	35 880	37 332	36 864	1.3	2.9
高速公路和街道	66 003	64 770	65 271	64 377	64 900	63 538	1.9	3.9
下水道和应急救理	13 270	13 166	12 679	13 162	12 943	12 033	0.8	10.3
水供应	9 108	9 032	9 454	9 187	9 492	9 731	0.8	-6.4
维护和更新	3 880	3 425	3 705	3 849	3 695	4 039	13.3	-3.9
制造	13 928	13 778	14 162	13 961	14 119	14 112	1.1	-1.3
1▶ 私人建筑总支出 1	715 778	719 336	712 644	705 215	692 462	667 636	-0.5	7.2
住宅	501 444	501 352	496 988	487 541	475 716	450 039	0.0	11.4
公寓	8 618	8 986	9 323	9 836	9 414	9 233	-4.1	-6.7
办公室	29 286	30 885	31 692	31 587	29 812	30 839	-5.2	-5.0

（续表）

建筑类型	2004年1月ᴾ	2003年12月ʳ	2003年11月ʳ	2003年10月	2003年9月	2003年1月	与2004年1月相比的百分比变化	
							2003年12月	2003年1月
商务用房	55 704	57 206	55 502	56 322	57 041	56 767	-2.6	-1.9
健康保健	22 435	23 233	23 524	23 656	23 374	23 127	-3.4	-3.0
教育	12 965	13 419	12 496	12 940	13 544	12 839	-3.4	1.0
宗教建筑	7 736	7 983	8 056	8 526	8 565	8 431	-3.1	-8.2
娱乐和疗养	7 501	8 035	7 776	7 981	7 278	6 216	-6.6	20.7
运输	6 225	6 229	6 122	6 319	6 493	7 219	-0.1	-13.8
通信	15 821	14 630	16 069	15 145	14 854	15 277	8.1	3.6
能源	32 827	32 238	29 526	30 082	30 918	32 615	1.8	0.7
制造	13 778	13 700	14 080	13 906	13 960	14 014	0.6	-1.7
公共建筑总支出²	**215 399**	**215 076**	**216 014**	**220 270**	**221 362**	**215 595**	**0.2**	**-0.1**
住宅	5 702	5 716	5 744	5 837	6 019	5 922	-0.2	-3.7
办公室	9 937	9 888	10 093	10 496	10 543	10 043	0.5	-1.1
商务用房	4 414	4 437	4 460	5 134	5 595	3 899	-0.5	13.2
健康保健	5 927	6 018	5 834	5 869	6 145	5 486	-1.5	8.0
教育	56 526	57 801	56 444	57 796	57 734	58 611	-2.2	-3.6
公共安全	8 049	8 155	8 130	8 715	8 350	8 116	-1.3	-0.8
娱乐和疗养	10 860	11 181	11 234	11 633	11 472	12 706	-2.9	-14.5
运输	16 635	16 598	17 333	18 155	17 659	17 113	0.2	-2.8
能源	5 090	5 184	5 583	5 798	6 414	4 249	-1.8	19.8
高速公路和街道	65 748	64 622	65 157	64 195	64 643	63 451	1.7	3.6
下水道和垃圾处理	12 737	12 765	12 204	12 780	12 491	11 829	-0.2	7.7
水供应	8 858	8 708	9 130	8 738	9 080	9 123	1.7	-2.9
维护和更新	3 699	3 114	3 388	3 792	3 639	4 014	18.8	-7.8

注：由于近似的原因，数据之和不等于加总数。

联邦储备

地区联邦储备银行报告
Regional Federal Reserve Bank Reports

每个月，经济学家、投资者、首席执行官和华盛顿的决策者都会被那些声称测算全国各地制造业活动的众多调查所包围。其中最有名的调查来自供应管理协会和政府自己的工业产出指数。然而，也有一些地区联邦储备银行在全国范围出版的报告开始影响股票和债券市场的交易。我们将关注五个最被广泛阅读的报告。

每月最先发布的也是最新的联储调查已经走在前面。纽约联邦储备银行在 2002 年出版了纽约州制造业调查。在它刚开始发行的几个月内，没有人注意它。投资者开始被该报告吸引是由于他们发现这份报告更新得很快，而州调查在每个月的月中发布，并且作为一个可靠的制造业活动的领先指标，它优于其他联邦银行调查。

第二个发布的是费城联储调查，该报告也在同一月份发布。它在预测对市场敏感的ISM 制造业指数方面久负盛名。

其他两个值得注意的调查发布于下月的中期：一个是堪萨斯市联邦储备银行报告，另一个是里士满联邦储备银行报告。

最后列出的是芝加哥联邦储备银行报告，该报告与其他的比较起来较特别。首先，它是一个地区报告，它代替了全国范围的商业状况观测。其次，在芝加哥指数的形成过程中没有寄出任何调查问卷，它是由主要的经济指标与特殊的格式复合而成的，旨在预测通货膨胀和预警经济大萧条的到来。

接下来本文将按发布的顺序来讨论这五个联邦储备银行的报告：

1. 纽约联邦储备银行报告；
2. 费城联邦储备银行报告；
3. 堪萨斯市联邦储备银行报告；
4. 里士满联邦储备银行报告；
5. 芝加哥联邦储备银行报告。

纽约联邦储备银行：州制造业调查
Federal Reserve Bank of New York：Empire State Manufacturing Survey

市场敏感度：中。

含义：记录纽约州的制造业活动。

发布新闻的互联网网址：www.newyorkfed.org

网址主页：www.ny.frb.org

发布时间：上午8点30分（美国东部时间）；报告当月的第15天左右发布。

频率：每月一次。

来源：纽约联邦储备银行。

修订：根据月份作略微修订。为了反映出在新季度中有所调节的因素，每年的1月数据都会进行一次在标准程序基础上的修订。

为什么重要

从未听说过纽约州制造业调查（ESMS）的人并不少见，许多人都没有听说过它。然而，大机构投资经理人几乎都知道它，并把它看作一个上游的经济指标，以及由政府发布的十个最有影响力的报告之一。

ESMS由纽约联邦储备银行2001年7月的内部使用发展而来。约一年半以后，该银行的月度调查走向公众，并聪明地把发布时间设置在其他联邦储备调查之前，以引起金融市场的关注。

ESMS旨在弄清楚纽约州制造业当前的状况和未来6个月公司的经理将做什么。尽管ESMS的历史比较短，但是它已经证明了一个和费城指数的有趣的相关，而费城指数成为ESMS制造业调查市场变化的领先指标。甚至设置利率政策的联邦储备管理委员会也会观察ESMS，以获知制造业变弱或增强的早期迹象和通货膨胀的初期信号。令人惊讶的是让ESMS如此谨慎的考虑，但事实上纽约州制造业的产量并不显著。

如何计算

每月的第一个交易日，纽约州联储会向175个制造业的首席执行官或总裁发放问卷。该问卷要求被调查者给出他们对分类问题的看法，并在第10日将完成的表格交回；迟至第14日才交回的表格仍然会被采用。通常有大约100份表格会准时返回纽约联储。

他们被要求描述月制造业的状况如何变化，他们希望在下半年出现什么样的变化。只有三个答案供选择：活动增加、活动减少或毫无变化。

调查的问题如下。

- 你对总体经济活动的评价是什么？
- 新的订单、出货量、未完成订单、交付次数的情况如何？
- 存货、支付价格、接受价格、雇员数量，包括合同工的情况如何？
- 雇员平均工作日、技术支出的情况如何？
- 资本支出的情况如何？

将每个问题的答案计算成扩散指数的形式，用那些认为活动增加的减去那些认为活动减少的。因此，结果大于零就意味着更多的制造商认为经济状况正在改善。

表：关于经济未来走向的线索

- **封面**　州制造业调查

（1）**总量经济形势**：这是该报告的核心指数，它表达了所有制造业经理人对经济活动增加与否的印象。需要注意的是，该报告的所有总量经济形势指数不是加权平均的，而是基于单个总量经济活动的显著问题。

我们能从总量经济形势指数中了解到什么呢？除了它作为经济测算的比较短的历史以外，一个正的指数数字是制造活动增强的信号。我们可以在详细的表格中得知制造商的这种制造活动增强的感觉到底有多广泛。

- 州制造业调查（当月和未来6个月提前预期的结果）

详细表格：每个表格的数字都代表回答者感觉经济活动水平更高与更低的实际百分比，最终的指数仅是两者的差别。显然，指数越大，意见一致者越多。该报告的一个问题是这些数字的易变性，它们能从一个月到另一个月广泛的变化。这样一来，作图就很有帮助，图表能提供一个最近12个月的意见概览。为了考察该数据的潜在趋势，可取的方法是计算3～6个月的移动平均。

（2）**新订单**：制造业未来的产出和就业取决于新订单的稳定流量。当订单减少，产出进入低水平并可能使就业发生危险。一个持续的订单增加是工厂有希望继续平稳运行并保证工人就业的信号。这些子成分也是经济信心的前兆。如果工厂完全开工，产品订单持续开出，企业变得更加适合于招聘新工人和增加资本支出。

（3）**未完成的订单**：这个指标提供一些关于制造商是如何负担过重的观点。如果需求很强，以至于增加的产品产出不能与之相匹配，则未完成订单的数量将增加，产品的交付

新订单

	更高	相同	更低	指数
1 月	49.03	36.75	14.21	34.82
2 月	48.91	37.12	13.97	34.94

新订单：扩散指数

将被耽搁。这样的压力会导致由原材料短缺形成的更高价格。未完成订单长期上升的一个积极作用是它可能刺激制造商增加新的商业支出，因为这些制造商想要扩大产能，更快地进行交付以适应消费者的需求。

未完成订单

	更高	相同	更低	指数
1 月	26.03	57.93	16.04	9.99
2 月	24.39	57.70	17.91	6.48

未完成订单：扩散指数

（4）**支付价格**：当通货膨胀的种子开始萌芽时，你会发现最初的证据是制造业的水平。工厂常把高的生产成本转嫁给批发商，批发商则把增加的支出转嫁给零售商，他们这样转嫁最终的结果是由消费者来承担这一部分增加的成本。这就是为什么家庭常常为商品支付更多的原因。在该生产过程的早期阶段，联储谨慎地监测通货膨胀的压力，所以他们能够扼制通货膨胀的出现。

（5）**接受价格**：企业的收益不仅取决于降低运作成本，也取决于设定价格的能力以取得大的边际利润。全球的竞争和弱的国内经济能降低企业的定价能力。另外，改善的经济可能把价格的弹性返回给制造商以增强获利能力。

（6）**雇员数量**：这是最早可获得的关于劳动力市场状况的月度指标。它是制造业工作变化的预告。该变化也可以在 2 个星期后发布的官方失业报告中找到。

支付价格

	更高	相同	更低	指数
1 月	32.69	62.50	4.81	27.88
2 月	38.79	56.03	5.17	33.62

支付价格：扩散指数

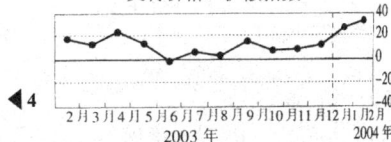

接受价格

	更高	相同	更低	指数
1 月	15.38	73.08	11.54	3.85
2 月	14.66	74.14	11.21	3.45

接受价格：扩散指数

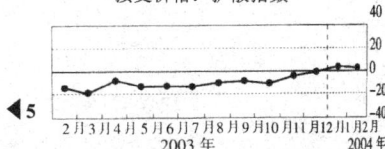

雇员数量

	更高	相同	更低	指数
1 月	35.09	54.34	10.58	24.51
2 月	27.74	61.05	11.21	16.54

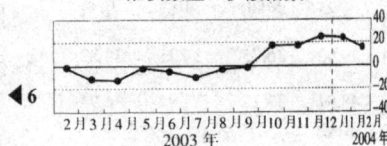

雇员数量：扩散指数

市场影响

债券

走在通货膨胀和利率变化之前，是债券交易者主要关心的，因此，任何对当前和未来经济形势的新智慧都会引起人们极大的兴趣。作为当前工厂活动新闻的及时报导，州制造业调查是一个亮点。然而，核心问题是交易者是否将有力地按其行事。这里的记录是参差不齐的。人们可能会毫无疑问地假定，当经济接近转折点时该调查会更有影响力。如果ESMS 表明制造业的增长伴随着可忽视的通货膨胀，这将提高债券的价格并降低利率。但指数伴随着支付价格和接受价格持续上升的波动将使投资者不安，固定收益债券的价格由于人们担心数量的变化而下降。其他的联储调查将显示出相同的结果。

股票

股票市场也对该报告敏感，因为它和费城、芝加哥联储、ISM 的数据成正相关。州指数的减弱表明制造商的收入存在压力，这能导致股票下跌。在经济平稳时期一个健康的指数上升将提高股票的价格。

美元

其他国家的投资者对该指数没有可识别的反应。

费城联邦储备银行：商业展望调查
Federal Reserve Bank of Philadelphia: Business Outlook Survey

市场敏感度：低到中。

含义：东部的宾夕法尼亚，南部的新泽西和特拉华州的制造业调查。

发布新闻的互联网网址：www.phil.frb.org/econ/bos/index.html

网址主页：www.phil.frb.org

发布时间：中午 12 点（美国东部时间）；数据在报告当月的第三个星期四发布。

频率：每月一次。

来源：费城联邦储备银行。

修订：不进行月度的修订，但费城联储在年初会发布年度的基准变化。

为什么重要

费城联储地区报告开始于 1968 年，它是历时最长的联邦储备银行关于制造商的调查。在正式场合，它以商业展望调查而闻名，人们对它很熟悉，使它成为投资经理人和新闻最紧密关注的调查。该报告被认为具有及时性，因为结果在调查的当月公布。该联储也是美国人口最多的区域之一（东部的宾夕法尼亚，南部的新泽西和特拉华州），这又增加了它的影响力。最后，商业展望调查能提供一个出人意料的预测，而这是著名的 ISM 制造业调查可能至少在两个星期后才显示的结果。

如何计算

每个月的月初，费城联储向 250 位大公司的总裁发放问卷，要求他们评价当前的形势并表明他们对未来 6 个月的预期。下面的问题有三个可供选择的答案：活动上升、下降或不变。

- 你对总体经济活动水平的评价是什么？
- 新的订单、出货量、未完成订单、交付次数的情况怎样？
- 存货、支付价格、接受价格、雇员数量的情况怎样？
- 雇员的平均工作日、资本支出的情况怎样？

答卷在每月的第 10 天收回。尽管一些数据包括当月和上月的时期，发放出去的 250 份问卷大约有一半能及时收回。

结果根据每个问题和季节调整因素制成表格。然后费城联储提供一个扩散指数，用正得分的百分比减去负得分的百分比。零是一个转折点，此时一半的答案是增加的，另一半是减少的。大于零表明扩张正在进行，小于零的指数则意味着收缩。

表：关于经济未来走向的线索

- **商业展望调查**

（1）**结果概览**：BOS 被认为是产业部门变化的更好的指标之一。虽然它只描述该地区的状况，但是该指数的变化也能预示周边地区经济的变化，特别是关于价格和失业方面的变化。此外，如果你想要预先知晓"褐皮书"这本出自是华盛顿联储委员会之手受到众多关注的出版物（见"褐皮书"一节）可能会说什么，那么就请阅读费城联储的商业展望调查，它的特点使它被收入更加广泛的全国报告。

- **商业展望调查的详细情况**

（2）**总量经济活动指数**：总量经济活动指数囊括了报告的所有标题。该指数和制造业 ISM 数据保持高度的相关性，它们在大约 70%的时间里一前一后地变化。然而，这里仍需注意，该指数可能在一月又一月的基础上相当易变，因为它的局限性在于地理的范围和反映单一问题的答案。

（3）**6 个月展望**：该报告有趣的地方还在于回答者关于 6 个月展望的答案。在 11 个被问的商业指标问题中，有两个需要我们特别的注意。第一，半年的资本支出项目是什么？第二，制造商雇员的数量在该时间段里是增加了还是减少了？显然，这两个因素是相关的。只有在制造商对私人需求的复苏充满信心时，他们才会增加商业支出。同样，如果工厂无法确定未来的经济状况，那么它们也不会愿意雇用长期工人。

市场影响

债券

费城的商业展望调查不是一个大的市场鼓作者。然而，由于该报告向分析者提示了更有影响的全美 ISM 调查将在几天后发布的结果，因而固定收益债券的交易者关注这份报告。

股票

投资者保持着对商业展望调查的关注，但他们通常又不仅仅只是根据该报告提供的信息来进行初步的交易。

美元

外汇交易者大多忽视了该调查。

商业展望调查

	2004 年 2 月									
	2 月比 1 月					未来 6 个月比 2 月				
	上期扩散指数	增加	无变化	减少	扩散指数	上期扩散指数	增加	无变化	减少	扩散指数
2▶ 对总体经济活动的评价	38.8	42.3	46.9	10.8	31.4	53.9	60.7	26.5	9.3	51.4
企业经营指标										
新订单	36.5	40.7	46.5	12.8	27.8	49.8	63.8	25.7	8.5	55.3
出货量	33.1	35.2	46.9	15.9	19.3	49.7	58.7	28.0	10.2	48.6
未完成订单	10.7	20.4	62.3	16.0	4.4	17.2	33.6	51.7	7.9	25.7
交付次数	−2.0	19.2	68.7	12.1	7.2	11.5	21.5	67.9	7.9	13.6
存货	−3.9	24.9	50.3	24.1	0.8	8.7	39.1	30.9	25.2	14.0
支付价格	35.3	46.2	49.9	2.5	43.7	44.3	57.2	37.7	3.5	53.8
接受价格	9.4	23.6	70.2	4.7	18.9	29.8	42.2	48.5	4.9	37.3
雇员数量	17.5	20.9	68.9	8.4	12.5	15.1	32.7	51.3	13.2	19.5
雇员平均工作日	12.9	26.7	63.8	3.1	23.6	16.7	22.0	65.0	6.6	15.4
资本支出	—	—	—	—	—	26.0	30.1	36.5	6.0	24.1

◀3

注：（1）由于对部分答卷的忽略，各项之和可能不等于 100%。

（2）所有数据已经过季节调整。

（3）扩散指数代表增加的百分比减去减少的百分比。

（4）调查结果反映了 2004 年 2 月 13 日收到的数据。

堪萨斯市联邦储备银行：第十区制造业调查
Federal Reserve Bank of Kansas City：Manufacturing Survey of the 10th District

市场敏感度：低。

含义：测算包括科罗拉多州、堪萨斯州、内布拉斯加州、俄克拉荷马州、怀俄明州、密苏里州西部、新墨西哥州北部的制造业活动。

发布新闻的互联网网址：www.kc.frb.org/msfsurv/mfgmain.htm

网址主页：www.kc.frb.org

发布时间：上午 11 点（美国东部时间）；报告在调查月份结束后的两个星期左右发布。

频率：每月一次。

来源：堪萨斯市联邦储备银行。

修订：没有修订。

为什么重要

　　谨慎地说，堪萨斯市联储调查在商业界并不普通。该调查相当新，它开始于 1995 年。由于缺乏一个完整的资料记录，从而难以得知它与其他重要的经济指标及经济整体联系得怎样。但该调查有一些值得关注的优点：它从调查到发布的时间相对较短。这种迅速的运转使堪萨斯市联储制造业报告能在其他核心指标之前发布，而这些核心指标包括工业产出、商业存贷、生产者价格和耐用品。因此，仅因为其在众指标之前发布，堪萨斯市联储调查就是有意义的。

如何计算

　　堪萨斯市联储向 300 位代表该地区地理和工业分布的制造商发出问卷，要求被调查者回答经济状况在以下三个时期的变化：上个月以前、与一年前相比、未来 6 个月的预期变化。问题的形式如下。

- 产出量的变化。
- 出货。
- 新订单。
- 订单储备。

- 雇员数量。

- 雇员平均工作日。

- 产成品的接受价格。

- 原材料的支付价格。

- 资本支出。

- 出口的新订单。

- 供应商的交付时间。

- 原材料和完工产品的存货。

答案被收集后通过季节调整因素修正，并以扩散指数的形式表示。也就是说，把认为减少的特定组合从认为增加的组合之中除去。因此，该指数的波动范围为–100（所有问卷认为活动下降）～+100（所有问卷都认为活动增加）。如果一半问卷认为活动增加而另一半问卷认为活动下降，指数就是零。因此，任何一个大于零的数字表明制造业活动是扩张的，任何一个小于零的数字则表明制造业活动是收缩的。

表：关于经济未来走向的线索

- 表 1 第十区制造业状况概览

尽管与该调查的结果有关的经济活动只在联储所在的地区，但它仍然能提供美国其他地区经济状况的最新信息。下面是报告中的核心指标。

（1）产出和出货量：该趋势反映当前制造业的状况和未来短期的预期。

（2）新订单和订单价格：该数字告诉你工厂未来的忙碌程度。

（3）支付价格和接受价格：它们的变化预示着通货膨胀或通货紧缩的压力。

（4）资本支出报告：它关注的是该地区商业支出的计划，但它也能被看作一个美国其他地区投资的预兆。

表 1　第十区的制造业状况概览（2004 年 1 月）

工厂水平指标	1月比2月（百分比，未经季节调整）				1月比上年同期（百分比）				未来6个月的预测（百分比，未经季节调整）			
	增加	无变化	减少	指数*	增加	无变化	减少	指数*	增加	无变化	减少	指数*
产出量	40	36	23	17	52	18	28	24	51	29	18	33
出货量	40	29	28	12	53	18	26	27	56	25	17	39
新订单量	47	24	26	21	55	16	25	30	54	26	16	38
订单储备	31	40	24	7	42	31	20	22	41	38	16	25
雇员数量	21	64	12	9	30	34	32	–2	29	51	17	12

（续表）

工厂水平指标	1月比2月（百分比，未经季节调整）				1月比上年同期（百分比）				未来6个月的预测（百分比，未经季节调整）			
	增加	无变化	减少	指数*	增加	无变化	减少	指数*	增加	无变化	减少	指数*
雇员平均工作日	27	53	18	9	38	43	18	20	27	53	18	9
┌ 产成品的接受价格	17	74	8	9	30	47	22	8	26	61	11	15
3▶└ 原材料的支付价格	42	52	3	39	56	32	8	48	49	42	7	42
4▶ 资本支出					22	55	16	6	28	54	12	16
出口的新订单	14	71	9	9	14	69	8	8	21	65	4	17
供应商的交付时间	11	79	7	4	17	69	11	6	9	81	6	3
存货：												
原材料	28	50	19	9	28	36	33	−5	22	46	31	−9
产成品	18	56	24	−6	23	44	30	−7	18	50	30	−12

市场影响

债券

固定收益债券市场的交易者之所以跟随地区联邦储备银行调查，是因为这些调查报告描述了美国不同地区的经济状况。任何意外的上升都会使投资者焦虑，因为这些上升预示着在更有影响力的制造业报告中，包括 ISM 数据和工业产出，也会出现经济状况的变化。

股票

股票投资者关注它，但通常不根据该调查结果来进行交易。

美元

货币市场对堪萨斯市联储调查没有明显的反应。

里士满联邦储备银行：第五区的制造业活动
Federal Reserve Bank of Richmond：Manufac-turing Activity For The Fifth District

市场敏感度： 低。

含义： 衡量包括哥伦比亚州、马里兰州、北卡罗莱纳州、南卡罗莱纳州、弗吉尼亚州和西弗吉尼亚大部分地区的制造业表现。

发布新闻的互联网网址： www.richmondfed.org/research/regional_economy/surveys_of_business-conditions

网址主页： www.rich.frb.org

发布时间： 上午10点（美国东部时间）；报告在每月的第二个星期二发布，报道上月的情况。

频率： 每月一次。

来源： 里士满联邦储备银行。

修订： 没有月度修订。该调查在秋季根据季节调整因素的变化进行年度修订。

为什么重要

尽管里士满联邦储备银行对制造业的调查在每月底发布，但是在它发布之后的几天里，它就会对更具影响力的美国供应管理协会（ISM）对国内制造业做出的报告进行更新的解读。里士满联邦储备银行的调查与ISM的调查结果一直以来就有着很高的相关性、相似度达到70%。分析师们也都紧紧地盯着针对通货膨胀的各项政策，由此判断第五区不论是农村还是政治上很敏感的城市社区的价格压力是在增大还是减小。

如何计算

里士满调查以它从调查到结果出版的迅速运转而闻名。每月，里士满联储调查对约210个工厂的经理、采购经理和财务主计长发放调查问卷，他们的企业组成了一个中部大西洋联储区工业活动的横截面。在通常情况下，大约50%的问卷会在下月初收回。至多一个星期，里士满联储就会发布该结果。

该调查表达的信息与其他联储银行有一点不同。里士满联储对大部分的问题都使用扩散指数，将认为活动增加的回答的百分比减去认为活动减少的回答的百分比。因此，对于每个问题，扩散指数用于近 3 个月的每一个月，同时也给出了一个 3 个月的移动平均指数。移动平均使月复一月的易变性平滑，使人们更容易描绘出一个潜在的趋势。总体制造业指数是由三项主要类别的数据混合组成的，它们分别占出货量（33%）、新订单（40%）、就业（27%）。里士满联储在记录支付价格和接受价格时则有些不同，他们没有使用扩散指数，取而代之的是该地区实际的通货膨胀率，特别是当月价格变化的年度平均率。

该调查在问卷上所列的问题和其他的联储调查的问题相类似。他们想要知道最近一个月活动的变化和被调查者对未来 6 个月的预期是怎样的。

这些问卷包括如下具体主题。

根据扩散指数——

- 出货量。
- 订单数量。
- 订单储备。
- 利用能力。
- 卖主领先时间。
- 雇员数量。
- 平均工作日。
- 工资。
- 完工产品和原材料的存货水平（仅最近一个月）。
- 资本支出（仅针对未来 6 个月的预期）。

根据价格的百分比变化（年度的）——

- 支付价格。
- 接受价格。

表：关于经济未来走向的线索

- **商业活动指数**

里士满联储调查提供一个比其他地区联储银行报告更加详细的当前和未来价格压力的评估。该调查聚焦于一些对通过膨胀特别敏感的因素，例如，制造业工资和利用能力的变化。通过观察该调查的结果，投资者可能获得一个在一些天后将发布的全国范围 CPI、PPI 和利用能力测算的预期。

商业活动地区调查

第五区制造业活动调查   2012-03-27

总体商业评估	商业活动指数[1]					
	当前的情况			预期		
	2012 年 3 月	2012 年 2 月	2012 年 1 月	2012 年 3 月	2012 年 2 月	2012 年 1 月
第五区制造业指数[3]	7	20	12	—	—	—
公司情况						
出货量	2	25	17	26	30	36
新订单量	11	21	14	32	31	32
订单储备	4	4	−4	11	12	14
利用能力	6	12	8	24	28	28
卖方领先时间	11	14	3	10	10	11
雇员数量	6	13	4	10	32	20
平均工作日	2	10	4	9	10	7
工资	11	7	10	24	26	19
资本支出	—	—	—	22	19	15
存货水平						
产成品存货	4	12	9	—	—	—
原材料存货	14	11	18	—	—	—
价格趋势[4]						
支付价格	2.50	2.25	2.53	2.80	1.58	3.15
接受价格	1.50	0.97	0.57	1.60	1.55	1.62

注:(1)每个指数都等于回答增长的公司减去回答下降公司的百分比。数据经季节调整。结果基于346家公司的132家的回答。

(2)预测的是调查后的6个月。

(3)制造业指数是对该地区商业部门的商业活动评估。它是由出货量(30%)、新订单量(40%)及雇用数量(27%)的平均数复合而成。所调查的公司均在第五区,包括哥伦比亚、马里兰、北卡罗莱纳、南卡罗莱纳。

(4)价格变化表现为年度百分比变化。

市场影响

债券

由于里士满调查具有发现经济中价格压力的能力,因而有一个规模虽小但正在扩大的交易者群体在关注该调查。

股票

投资者很少注意该调查。

美元

货币交易者不遵循该调查。

芝加哥联邦储备银行：全国活动指数
Federal Reserve Bank of Chicago：National Activity Index（CFNAI）

市场敏感度：低。

含义：全国范围的经济活动和通货膨胀压力测算。

发布新闻的互联网网址：www.chicagofed.org/webpages/publlcations/cfnai/ index.cfm

网址主页：www.chicagofed.org

发布时间：上午10点（美国东部时间）；通常在报告月份结束后的4~5个星期发布。

频率：每月一次。

来源：芝加哥联邦储备银行。

修订：月度数据可能进行重要的修订。

为什么重要

经济学家总是声称他们所提出的新的计算方法将改善他们预测经济发展的能力。他们可能到处调整方程，改变一些假设，偶尔还增加或改变某个指标。所有这些努力的目的只是为了提供一个更加精确的预测美国经济活动的方式。大多数时候，这些公式不为金融市场所注意，因为它们是未经过测试的新公式。然而，每当这个时候，就会马上有一个新指标因为其预测经济问题的潜力而受到大家的关注。在2001年3月，芝加哥联邦储备银行开始提出一个旨在更好地评价全美（非地区）经济健康、预警即将来临的通货膨胀压力并预测经济萧条的起点和终点的月度指数。该指数被称为芝加哥联储全美活动指数，近年来它被认为是最有前途的测算。

如何计算

下面让我们来看看它是如何运算的。该指数反映了从4组中抽出的85个月度全美经济指标的表现。

- 产出和收入。
- 就业市场和工作时间。
- 个人消费和房产。
- 销售、存货和订单。

通过使用一个包括所有85个测算的加权平均，一个单一的指数就被计算出来了。零值表明经济在完全的潜力下增长，换句话说，就是经济在通货膨胀压力没有加剧的情况下以最快的步调前进，这被认为是趋势增长。一个大于零的值表明经济在高于安全的速度上扩张，随着总需求快于供给增长的程度可能导致通货膨胀的爆发。负的指数表明经济在潜力之下增长，它的发展可能对通货膨胀有益，但也可能导致失业的上升。该指数3个月的移动平均也是使短期因素导致的易变性平滑的结果。

由于该指数发布的时间表以及该指数需要的大量的成分指数，大约1/3的数据将不能及时进入月度报告。因此，其中缺少的指标就使用估计值。一旦那些缺少的数据可以获得，这个指标就会被重新计算并且在下一个月公布新的版本。

表：关于经济未来走向的线索

设置 CFNAI 的主要目的向投资者和政策制定者提出关于经济的状况的建议：（a）随着通货膨胀受到很好的抑制，经济以健康的步调增长；（b）行进的速度超前，有通货膨胀压力增强的危险；（c）低于正常的方式运行，有滑入经济萧条的危险。

- 芝加哥联储全美活动指数

该报告的两个主要指数是作为最新月度指数的 CFNAI（该报告的首字母组合）和代表3个月移动平均指数的 CFNAI-MA3。试着解释最近一个月的报告是无用的，因为该报告的波动很大。它在下月也要进行重大的修正。3个月移动平均指数更具价值，因为它较小的易变性且修订数据已经编入其中。

观测 CFNAI-MA3 指数以展望通货膨胀和经济增长。移动平均降到–0.7以下表明萧条的可能性已实质地上升了。芝加哥联储是如何知道这个的？通过观察，1967—2010年，CFNAI 预警经济下滑的成功率有80%。当指数降到–1.5时，意味着经济可能处于萧条的中期。

3个月移动平均指数在0.2以上是萧条可能结束的信号。如果指数连续2年升至0.7以上，它就是通货膨胀有加速危险的警报。当经济已经较好地进入扩张后，大于1.0的数字意味着一个清楚的危险，那就是经济活动可能过热，可能会有一个持续的通货膨胀上升紧随其后。

市场影响

金融市场中很少有参与者会跟随该指标。在未来，投资者可能会开始注意到它作为预测工具的有用性。

美联储褐皮书
The Federal Reserve Board's Beige Book

市场敏感度：中。

含义：美国联邦储备委员会编辑的关于国内经济形势的概要。

发布新闻的互联网网址：www.federalreserve.gov/monetarypolicy/beigebook/ default.htm

网址主页：www.fedralreserve.gov

发布时间：下午2点（美国东部时间）；每次联邦公开市场委员会会议前的两个星期三发布。

频率：每年八次。

来源：美国联邦储备委员会。

修订：没有。

为什么重要

对未来美国经济增长最重要的决定因素是利息率，到处都弥漫着它的影响力。利息率的变化能影响消费者支出、商业支出、公司利润、政府预算、股票和债券价格及美元的价值。利息率的运动常常在萧条和经济恢复之前。在短期控制这个有力工具的是联邦储备委员会或者更准确地是联储中一个被称为美国联邦公开市场操作委员会的组织（Federal Open Market Committee，FOMC）。

FOMC包括19个成员（包括7位联邦储备委员会委员和12位地区联邦储备银行主席）。虽然所有的19位成员都能商讨货币政策，但仅有12位允许投票。他们是7位联储委员、纽约联邦储备银行主席（拥有永久的投票资格）和4位地区联邦储备银行主席。4位地区联邦储备银行主席的投票权在剩下的11位中轮流。

FOMC一年会面八次（也在必要的时候通过电话商谈）以评价经济的健康状况并决定短期合适的利率水平。在那段日子里，FOMC官员聚集在紧闭的室内争辩货币政策。此时，金融市场上的焦虑水平已达到其最高点。交易者和投资经理人焦急地在外面等待着这些商议的结果出来，什么也不做，直到联储发表一个声明，简短地解释它的决定是增加、降低还是保持信用成本不变。

我们能在事前决定FOMC可能如何决策吗？不能。引导外界观察者的线索少得可怜。事实上，一个叫做"联储观察者"的专家组织已经努力多年，他们的工作是从每个FOMC

成员的讲话、单边评论和作品中抓住每个可能的差异。那些差异可能泄露 FOMC 成员在下个利率政策的会议中将如何投票。到目前为止，联储观察家的追踪记录已经小有名气。就如著名经济学家约翰·加尔布雷斯（John Galbraith）曾经说过的，"有两种类型的利率预测者，那些不明白的人，和那些不明白他们不明白的人"。

尽管如此，联储在每次 FOMC 会议之前都会向公众至少发布一个有关的文件，这个文件被看作这些关门会议的经济背景。在 FOMC 召集的两个星期前，美联储发布褐皮书。之所以称其为褐皮书，是因为它的封面是褐色的。褐皮书的重要性体现在两点上：第一，它提供当前全国经济状况的信息；第二，更重要的是，该书设置了一个让每个 FOMC 成员都进行利率政策辩论的平台。

褐皮书的正式名称是《地区联储对当前经济形势的评论概要》（Summary of Commentary on Current Economic Conditions by Fderal Reserve District），它不是一个统计数据的汇编。而且该报告主要是由 12 个联储地区的每一个有用信息中的棘手问题组成。它以对地区的商业人士和学者关于经济景气状况的采访为基础，然后通过一个地区的联储银行把它们编成一个概览，为下次 FOMC 会议做准备。

褐皮书仅是 FOMC 官员阅读的众多报告之一，在它的基础上产生了另外两本核心的"书籍"，但这两本书不对公众开放：其中一本是绿皮书，它由联邦储备委员会的首席经济学家准备，包含他们对当前和未来、国内和国际经济形势的观点；另一本是蓝皮书，它是这三个文件中最敏感的一个，由美联储的核心成员编写。蓝皮书提供了一系列利率政策的选择及其可能的结果。

所有这三个文件在每次会议前都会发给 FOMC（联邦公开市场委员会）成员。褐皮书在货币政策辩论开始的前两个星期发放。直到 2010 年 6 月以前，美联储都在 FOMC 会议开始前将绿皮书和蓝皮书分别送到与会人员的手中。但是从那以后，发放的程序就进行了调整。现在，美联储把蓝皮书和绿皮书融合成了一份报告，并称这个融合的版本为蓝绿皮书，不过它的官方名字是《致联邦公开市场委员会的关于经济状况及货币政策的报告》（Report to the FOMC on Economic Conditions and Monetary Policy）。而没有改变的是蓝绿皮书仍然有 5 年的保密期限，在这之后才可以向公众开放。

如何计算

在每次 FOMC 会议前 3 个星期左右，12 个地区联邦储备银行的职员采访当地的商业经理人、经济学家、银行家、学者和其他人士以获得他们对当地经济和商业景气情况的评价。一套标准的问题是询问。消费者支出增加得如何？劳动力市场变得更紧了吗？工资压力上升了吗？金融服务的需求减少了吗？住房或商业建筑减慢还是加快了？制造商察觉到订单的数量变化了吗？在一个变动的基础上选择联邦储备银行中的一个，总结所有的有用信息，构成地区水平的结果以产生褐皮书。

表：关于经济未来走向的线索

由于在褐皮书中没有表格，因而问题就是人们是否能从逸事和概要中推测出美联储将如何调控利率。简短的回答是，不能。褐皮书不是利率的好的领先指标，或该问题的其他方面。它仅仅是人们的博弈。让外界知道美联储委员会将把它作为他们准备讨论是否改变美联储基准资金利率的读本。

市场影响

虽然褐皮书本身没有预测的价值，但股票和债券交易者仍然渴望看到它说什么，这主要是因为美联邦储备官员在聚会之前能获得该会的材料。此外，褐皮书中的信息相当及时，因为它早于该时期大多数统计数据出现。

债券

经济中大范围的疲软信号被固定收入者认为是乐观的，因为它可能促使联储更进一步降低利率。另外，强劲的商业活动和紧缩的劳动力市场报告可能降低债券价格和提高利率，因为投资者希望中央银行介入并使经济降温。

股票

如果褐皮书认为经济疲软并伴随有低通货膨胀压力，股票投资者可能期望美联储保持一个低的利率水平。这对股票通常有正的效应，因为它减少了公司的借款成本并改善了未来的利润。相反，如果经济在劳动和原料资源变得稀缺时增长过快，股票投资者就会更加希望美联储迅速提高利率。这通常会导致股价下跌。

美元

如果褐皮书同意经济活动健康的其他证据，美元的价值就可能上升。它预示着美国坚挺的利率将使持有美元更具吸引力。相反，其他国家投资者谨慎地对待报告中描述的虚弱经济，因为美联储可能倾向于降低利率。特别是当美国的利率低于其他主要工业化国家的利率时，这可能削弱美元的价值。

联邦公开市场委员会报告
The Federal Open Market Committee Statement

市场敏感度：非常高。

含义：由联邦公开市场委员会（FOMC）召开的新闻发布会，公布至关重要的联邦储备金率。

发布新闻的互联网网址：www.federalreserve.gov

主页网址：www.federalreserve.gov

发布时间：FOMC 在每年 8 次的会议结束时都会发布一份报告。然而，在 2012 年，美联储改变了会议和发布报告的时间。美联储的官员们决定从 2012 年年中开始至少持续到整个 2013 年，所有 8 次会议都将用两天时间来进行更大范围的讨论，而不再采用其中 5 次会议是两天，其余会议仅仅为一天的形式。FOMC 会在中午 12 点半发布报告。如果 FOMC 决定在 2013 年之后再采取单日会议的形式，报告很有可能将在下午 2 点 15 分发布。

频率：虽然 FOMC 每年举办 8 次会议，但在特殊情况下，成员们可以在会议时间之外协商并采取行动。

来源：美国联邦储备委员会。

修订：不作修订。

为什么重要

此报告几乎不到一页，也几乎没有数据，而且一年只发布 8 次。它是迄今为止发布的最简短的经济报告。那么这份报告何以牵动众多人的神经呢？答案很简单。这份简短的报告具有世界范围的巨大影响力。早上，当 FOMC 召集会议讨论联邦储备金率该如何变动时，各地的交易几乎都停止了，金融市场对美联储的这种顶礼膜拜是可以理解的，只有在 FOMC 发布了利率的审议结果之后，投资者才愿意投下大量的金钱。一旦报告发布，股票、债券及货币都会立即作出反应。但并不是只有投资界才关注美联储对利率变化的举动的正面影响；企业领导者同样急切期待这一消息。他们需要评估借贷成本的突变对公司账务、利润、未来销售额、招聘计划和资本支出的影响。消息者也同样深受影响。因为货币政策的变化会影响短期利率，如银行储蓄率、个人借贷、信用卡、家庭债券贷款和可调整抵押贷款。

所有这些都是围绕美联储对一个不易看清楚的财政工具——联邦储备金率的决策展开的。联邦储备金率是指银行间隔夜拆借的利率。这些机构为什么要做短期借贷呢？因为美联储要求银行的保险库备有一定数量的现金（或存款）或在美联储的地区支行有存款（若无此政策，银行将会借出它们所能借出的每一美元，历史表明，这对银行系统和经济都有风险）。但是，银行总是很难满足储备要求。或许是因为它们向消费者提供的借贷大多，又或者突增很多提款。无论是何情形，银行都急需资金以满足储备要求。与此同时，其他银行或许正持有多余的储备金。这些多余的资金可以隔夜借给那些储备金不足的银行。这种拆借的利率就被称为联邦储备金率。历史表明，通过控制隔夜借贷的信贷成本，随着时间的推移，美联储就可以影响美国的经济活动。

怎么会这样呢？较高的联邦储备金率使得银行更不情愿外借隔夜资金。因此，它们要么借出较少的钱，要么继续提供贷款，但是会向企业和消费者收取更高的利率，以弥补高额的联邦储备金利息。在这两种情形下，借贷成本都提高了。私人部门就会减少借贷，这就会使经济放缓。

如果 FOMC 决定降低联邦储备金率，作用的过程就恰恰相反。银行会提供较多的贷款，借贷者也愿意贷款。这会刺激更多的消费者进行消费，并且使经济产生波动。因此，联邦储备金率的变化会影响整个经济，因为很多交易都是通过赊购完成的。

首先，美联储所面对的最大挑战就是将联邦储备金率稳定在合适的水平上，既能促进就业和经济的最大增长，又不会引起通货膨胀。这并非易事！毕竟，15 万亿美元的经济是由消费者、企业领导者和法律制定者每天所做出的成千上万的决策推动的，结果经济总是处在持续运动之中。其次，由于全球化的步伐在加快，其他国家的投资者和地缘政治学的冲击对美国的经济状况也会产生深刻的影响。最后，要记住，如果财政政策发生变化，经济是不会立即作出反应的。联邦储备金率对经济活动的真正影响存在 9～18 个月的滞后。这就是美联储的经济学家要花费如此多的时间预测下一年的经济情况的原因。

归根结底：如果经济发展太快，并且存在通货膨胀加快的危险，一个重要举措就是提高联邦储备金率，高额的借贷成本会限制整体的消费并缓解价格压力。另外，如果经济走向疲软，失业增加，通货紧缩，FOMC 就会选择降低联邦储备金率，以恢复经济增长。需要指出的是，控制短期利率（通过联邦储备金率）是美联储保持经济平衡发展的最有力武器。

在极少数情况下，即使短期利率为 0，经济依然反应迟钝，这时，美联储可以再次使用财政工具来降低长期利率。然而，对联邦储备委员会来说，这是更为复杂和冒险的策略。需要记住的是，目标是使一个长期休眠的经济复苏。一个为达到此目标可采取的非常规方法是降低长期资金成本，这对想要尽可能减少开支的企业和家庭来说尤其有用。长期低利率会刺激企业借贷更多的资金，扩大生产投资，雇用更多的工人。这个策略还会降低按揭利率，这会让美国人民购买住房时负担减轻。

联邦储备委员会是如何降低长期利率的呢？它只需要在自己的账户里注入一笔钱，然后疯狂购物，买国库券、按揭证券和全国金融机构的其他长期债务。那些放贷者反过来会得到更多的资金以供借贷者以较低的利率来得到借款。这就是所谓的量化宽松政策。

美联储的机警之处就在于知道何时以及如何迅速地将那些债券卖回给金融机构。这种行动将吸收多余的资金并且使利率恢复到正常水平。但是，此处的时机是不确定的。如果经济开始回暖而美联储过快地释放了债券，那么随后，长期利率会再次上扬而阻止经济复苏。另一方面，如果美联储行动过缓，利率甚至在经济复苏之后还依然维持在较低的水平，这也是医治通货膨胀的良方。所以正如你所看到的，量化宽松对美国中央银行来说是一项脆弱的财政政策，所以它只在极端的经济环境下才会使用，比如说需要解决又一场萧条时。

如何计算

FOMC 的权力来自 12 位拥有投票权的成员，其中 8 名成员拥有永久投票权。他们由 7 位美联储委员和 1 位纽约联邦储备银行主席组成。余下的 4 席由余下的 11 位地区联邦储备银行主席轮流担任，任期一年，每年 1 月轮换（11 位轮流任职的联邦储备银行主席来自波士顿、费城、里士满、克利夫兰、芝加哥、亚特兰大、圣路易斯、达拉斯、明尼阿波利斯、堪萨斯城和旧金山）。要注意的是，所有的联邦储备银行主席都会在紧闭的房屋内讨论货币政策。但是到投票的时候，11 位主席中只有 4 位能和另外 8 位拥有永久投票权的委员一起投票。

典型的 FOMC 会议是如何召开的呢？

会议当天，所有的美联储委员和银行主席，还有几个重要官员，会聚集在美联储主席办公室外面的一个大会议室里。为期两天的会议中的审议部分通常在周二即第一天的下午 1 点开始，在周三上午 9 点继续，在那天上午 11 点半结束。

- 议程的第一项就是由纽约联邦储备银行的一位重要官员作陈述。主要报告自上次会议以来国内金融市场和国际外汇市场所发生的变化。
- 美联储研究和统计主席接下来发言，详细报告美联储对美国经济的最新预测。
- 此后，开始两轮"圆桌讨论"的第一轮。在这一轮，FOMC 的成员提出他们对地区和国家前景的看法。之所以由银行主席开始此轮讨论，是因为他们有关于他们所在地区经济健康状况和关键行业运营情况的最新信息。
- 接下来就是会议最重要的阶段。美联储货币事务主席介绍多种可能的政策及每种政策可能对经济所产生的影响；并指出可做出的选择是：此时保持利率不变、提高利率（提高多少）、降低利率。他也会指出每种选择的优缺点。
- 美联储主席讲话。他提出自己对经济前景的看法，然后对他所支持的选择做出具体的评论并解释。
- 主席发言结束后开始最后一轮"圆桌讨论"。FOMC 的每位成员各自提出此时的最佳联邦储备金率。此期间，各位成员选择是否支持主席的观点。

- 在这个关键阶段的最后，美联储主席再次概括他的分析，并对利率的设置作出评论。

- 接下来是重要的投票时间。美联储主席首先投票，接着是副主席，其他成员按姓氏首字母排序进行投票。

- 会议的最后一项就是将所有重要的 FOMC 讨论形成报告。拟订新闻发布会的草稿并非易事。美联储官员想向世界宣布他们的决定、原因及他们所预料的经济发展可能会存在的风险。由于公众会对报告及其对全球货币市场的影响进行仔细审阅，美联储官员知道他们必须审慎选择用词。

接下来发生的事情相对比较新颖。FOMC 决定，为了和 2012 年保持平衡，在 2013 年将由美联储主席在每个季度的第三个月份（3 月、6 月、9 月和 12 月）举办一场新闻发布会来总结为期两天的会议的内容。在这四次发布会上，中央银行将会发布两大主要的报告。第一份是 FOMC 正式报告，会在第二天中午 12 点半被公开。另一份名为《联邦储备委员会成员和联邦储备银行主席的经济计划》（Economic Projections of Federal Reserve Board Members and Federal Reserve Bank Presidents）的报告会在下午 2 点发布。最后，在 2 点 15 分，美联储主席会会见新闻媒体，进一步详细阐述 FOMC 的决定。最支持这样的公开计划的是在 2006 年成为美联储主席的本·伯南克（Ben Bernanke）。他希望通过透露给公众更多 FOMC 对于经济的评估和它目前的计划，能够帮助中央银行更有效地执行财政政策。未来的美联储长官是否会继续实行这样的透明度还有待观察。

在所有其他为期两天的会议中，当没有安排新闻发布会的时候，FOMC 将在下午 2 点 15 分公开一页长的报告。

表：关于未来经济走向的线索

一旦发布，FOMC 报告和经济计划便会被公众仔细研读，因为每一个人都好奇美联储对当前经济状况的看法，也想搜寻一些关于未来财政政策走向的信息。可以说，人们对它的关注度不亚于犹太法典。为了找出最新报告和以往的报告的细微差异，每一个字词都会被拿来剖析。哪些是新增的，哪些又被删除了，诸如此类。美联储是不是认为通货膨胀的风险高于经济衰退？经济面临的最大威胁是什么？对这些问题的看法或许能为下次 FOMC 会议上，央行倾向于降低还是提高利率提供一些暗示。

自 1994 年首次发布以来，美联储报告的内容结构经历了很多的变化。每一任美联储主席对于 FOMC 报告该包涵多少内容都有自己的偏好。幸运的是，一经公布，FOMC 报告和经济计划就可以在美联储网站上被找到。FOMC 会议的召开时间和浏览报告的网址都可以在下面这个网址找到：www.federalreserve.gov/mor. etarypolicy/fomccalendars.htm.

下面是一份联邦公开市场委员会的报告。

新闻发布

发布日期：2012 年 3 月 13 日

即时发布

从联邦公开市场委员会在 1 月的会议中得到的信息显示，经济正在缓慢地恢复增长。劳动市场的状况得到了很大改善；近几月的失业率显著下降，但依然处于较高水平。居民家庭消费和商业固定投资都在增加，但房地产行业发展仍处于低迷期。原油和汽油的价格近来都在上涨，但这几个月的通胀率总体上得到了抑制.长期的通胀预期也基本保持稳定。

正如其法定职责规定的那样，FOMC 寻求最充分的就业和最稳定的物价。FOMC 希望在未来几个季度里实现经济的稳健增长，因此也希望看到失业率能够逐渐下降到与他们的双重职责相适应的水平。全球金融市场的压力得到了缓解，尽管它仍对经济前景造成了巨大的下行危机。近来原油和汽油价格的上升会暂时性地推高通胀率，但是 FOMC 认为通胀率最终会回到他们认为与其双重职责相适应的水平，甚至会低于这一水平。

为了实现更强劲的经济复苏，同时保证通胀率在一定时间内回到与其双重职责相适应的水平，FOMC 可能会维持较宽松的货币政策。值得一提的是，FOMC 今天决定将联邦基金利率的浮动区间保持在 0 ~ 1/4。并且预计当天前的经济状况——包括低资源利用率和对中期通胀得到抑制的预期——会保证联邦基金利率至少能在 2014 年底之前保持在一个非常低的水平。

另外，如其在 9 月份宣布的，FOMC 也决定继续实行延长持有有价证券平均期限的项目。同时，它正在维持它有关政府机构债务、政府按揭证券以及在市场上竞价投标即将到期的国库证券的现存政策。FOMC 将会定期审查它的有价证券的持有规模和构成情况，并且也做好了适时调整这些证券的准备，以在物价稳定的背景下实现经济的强劲复苏。

支持 FOMC 货币政策行动的有以下人员：本·S.伯南克（Ben S. Bemanke），主席；威廉·C.达德利（William C. Dudile），副主席；伊莉莎白·A.杜克（Elizabeth A. Duke）；丹尼斯·P.洛克哈特（Dennis P. Lockhart）；桑德拉·皮亚纳尔托（Sandra Pianalto）；莎拉·布鲁姆·拉斯金（Sarah Bloom Raskin）；丹尼尔·K.塔鲁洛（Daniel K. Tarullo）；约翰·C.威廉姆斯（John C. Williams）；珍妮特·L.耶伦（Janet L. Yellen）。投反对票的是：杰弗瑞·M.拉克尔（Jeffrey M. Lacker），他不认为当前的经济状况会使联邦基金利率在 2014 年底前保持低位运行。

联邦储备委员会成员和美联储主席的经济评估，2012 年 1 月
和联邦公开市场委员会的会议纪要一起发布的经济评估摘要

（单位：百分比）

变量	集中趋势[1]				范围[2]			
	2012 年	2013 年	2014 年	长期	2012 年	2013 年	2014 年	长期
实际国内生产总值变化	2.2 ~ 2.7	2.8 ~ 3.2	3.3 ~ 4.0	2.3 ~ 2.6	2.1 ~ 3.0	2.4 ~ 3.8	2.8 ~ 4.3	2.2 ~ 3.0
11 月的评估	2.5 ~ 2.9	3.0 ~ 3.5	3.0 ~ 3.9	2.4 ~ 2.7	2.3 ~ 3.5	2.7 ~ 4.0	2.7 ~ 4.5	2.2 ~ 3.0
失业率	8.2 ~ 8.5	7.4 ~ 8.1	6.7 ~ 7.6	5.2 ~ 6.0	7.8 ~ 8.6	7.0 ~ 8.2	6.3 ~ 7.7	5.0 ~ 6.0
11 月的评估	8.5 ~ 8.7	7.8 ~ 8.2	6.8 ~ 7.7	5.2 ~ 6.0	8.1 ~ 8.9	7.5 ~ 8.4	6.5 ~ 8.0	5.0 ~ 6.0
PEC 通胀	1.4 ~ 1.8	1.4 ~ 2.0	1.6 ~ 2.0	2.0	1.3 ~ 2.5	1.4 ~ 2.3	1.5 ~ 2.1	2.0
11 月的评估	1.4 ~ 2.0	1.5 ~ 2.0	1.5 ~ 2.0	1.7 ~ 2.0	1.4 ~ 2.8	1.4 ~ 2.5	1.4 ~ 2.4	1.5 ~ 2.0
核心 PEC 通胀	1.5 ~ 1.8	1.5 ~ 2.0	1.6 ~ 2.0		1.3 ~ 2.0	1.4 ~ 2.0	1.4 ~ 2.0	
11 月的评估	1.5 ~ 2.0	1.4 ~ 1.9	1.5 ~ 2.0		1.3 ~ 2.1	1.4 ~ 2.1	1.4 ~ 2.2	

注：该表表明了来自上一年第四季度和今年第四季度的实际国内生产总值变化的估计和解决通货膨胀的估计。PEC 通货膨胀和核心 PEC 通货膨胀是供需变化的百分比，相对的，PEC 的物价指数排除了食物的能源。针对失业率的估计是指该年第四季度的平均市民失业率。每个参与者的估计都基于他或她对现行的财政政策的评估。长期估计代表了每一个参与者对于利率的评估。在没有进一步经济震荡的情况下，这些评估将作为合适的财政政策的参考。11 月的估计是和 2011 年 11 月 1 日到 2 日召开的联邦公开市场计划委员会协作提出的。

（1）集中趋势除去了每年三个最高和三个最低的改变估计。

（2）给定的一年中的改变范围包括所有参与者的估计，从当年的改变的最低到最高。

（3）没有采集对信心 PEC 通货膨胀的估计。

市场影响

债券

债券市场对联邦储备金率的变化作出的反应一直是很多研究的主题。这是因为有史以来二者的关系都很复杂。有时，联邦储备金率的提高表明通货膨胀率正在上升。在这种情况下，交易者就会退出长期债券（通常期限为 10~30 年）市场而选择短期债券。后者的风险较小，而且在美联储实行货币紧缩的政策下也会获得可观的收益。当债券的销售额不断增加时，收益也随之增加。当固定收益债券投资者在寻求更高的收益时，他们所获得的回报或许并不足以让他们远离现在和将来通货膨胀的风险。

在经济放缓、通货膨胀压力消失之前，或许需要一些时间多次提高联邦储备金率。一旦投资者对货币政策所起的作用充满信心，相信通货膨胀的风险会变小，为了获得最大收益，他们就会再次转而购买债券。

债券与联邦储备金率之间的关系还受一些因素的限制。首先，有些因素能够影响债券市场对货币政策的反应。例如，这在很大程度上依赖于投资者是否相信美联储承诺且有能

力稳定物价。在与通货膨胀的斗争中，美联储是先发制人还是后制于人？如果反应速度慢，联邦储备金率最终会更高，或许甚至会在控制通货膨胀之前引发通货紧缩。其次，其他国家投资者对美国债券的需求也会影响收益，增加（或减少）经济的流动性。这会使美联储稳定物价的工作复杂化。

最后，感知到的通货膨胀走向和预期的真实债券回报率（利息收入、通货膨胀调整率、价格增加）最能影响固定收益债券市场的交易。结果，FOMC 用以描述经济状况的语言或许比美联储最新的利率政策更重要。

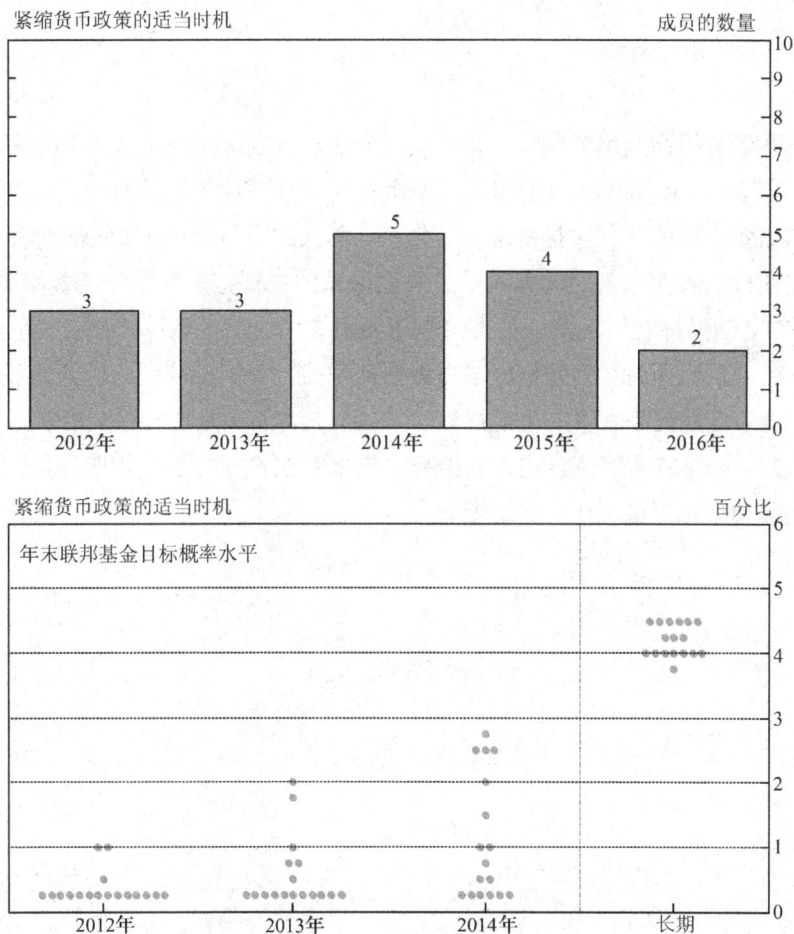

图2　FOMC成员对于合适的财政政策的评估的综述

注：在上面的表中，每条的最高点都表示在没有进一步的经济震荡和实际适合的财政政策的情况下，FOMC 认为今年联邦基金目标利率的第一次上升会从 0% 上升到 25%。在下面的表格中，每一个暗色的点都表明每一个个人参与者对年末或更长的一段时间内的合适的联邦基金目标利率水平的估计的价值（大约 25%）。

股票

股票价格与联邦储备金率之间的关系更直接。无论美联储何时提高利率（或有这种可能），普通股市场对此都不会有友好的反应。当然，较高的利率或许有助于减小通货膨胀的压力，但是也会在两个主要方面损害公司利益。一旦借贷成本提高，经济活动就会放缓，这会减少未来的销售额和利润。利率的提高也会增加商业成本，进而减少边际利润。

股票投资者通常喜欢看到利率下降。因为这会刺激企业和消费者的消费，使公司收入的前景更好。出于这些原因，交易者密切关注 FOMC 会议并且对新闻发布的内容字斟句酌。

美元

如果美联储有提高利率的倾向，美元就会升值，因为这种变化意味着较高的固定收益债券回报。美元会升值多少取决于国际汇率市场对这一变化的重视程度。如果国际投资者已经对联邦储备金率的下一次提高进行了定价，美元的升值幅度将很小。对美国利率降低的预期会促使投资者卖出美元，尤其是当其他国家的央行正采取紧缩的货币政策时。

如果 FOMC 保持利率不变，美联储在新闻发布中对此的解释将决定美元的前景。例如，如果是在一系列提高利率的措施之后做出的决定，美国经济则可能开始放缓，美元会相应走弱，因为近期提高利率的可能性减小了。但是，如果是在一系列的货币宽松政策之后做出的决定，则意味着经济状况正在改善，未来存在较大的通货膨胀风险。这种状况要么使美元走强，要么对美元不产生影响。

外贸

商品和服务的国际贸易
International Trade in Goods and Services

市场敏感度： 中。

含义： 美国进出口商品和服务的月度报告。

发布新闻的互联网网址： www.bea.gov/newsreleases/international/trade/ tradnewsrelease.htm

网址主页： www.bea.gov

发布时间： 上午 8 点 30 分（美国东部时间）；数据在月份的第二周发布并参照两月前发生的贸易额。

频率： 每月一次。

来源： 美国商务部统计局和经济分析局。

修订： 每次发布都伴随着几个月前的修订以反映更完整的信息。数据的变化通常很小，尽管它们的值有时可能很大。年度基准的修正通常在 6 月，数据可能跨越几年。

为什么重要

直到 20 世纪 70 年代初期，美国一直被看作一个封闭的经济体，国际贸易则被看作整个国民经济中一个有用但不特别重要的部分。当时，美国的出口仅占到全美总产出的 5.5%，进口只占到 5.3%。这两个百分比是如此小，以至于国外经济事件对美国经济的影响相当小。然而，10 年后，所有这些情况都发生了变化。第二次世界大战末期形成的、建立固定汇率体系的布雷顿森林协定崩溃于 1971 年，结果世界金融市场的货币价值开始自由浮动，有时大范围地上升或下降。同时，世界贸易比过去增长得更快，世界市场上出现了许多物美价廉的商品。这些商品逐渐地找到了进入美国市场的方式，开始表现出和美国商品激烈竞争的态势。美国公司通过更有效的运作、更低廉的价格来回应国外商品的竞争并寻找新的海外市场。贸易由此发展成为美国经济最重要的力量。今天，在其他国家市场上买入和卖出商品的商业活动构成了全美经济活动的 1/4。

事实上，国际贸易在美国经济中扮演了如此重要的角色，以至于政府在该主题上发布了两个重要报告。第一个是商品和服务的国际贸易报告。它是美国出口和进口的月度数据收集，部分来自于 GDP 核算的净出口数据。另一个报告名为国际交易核算（见下节的"经常项目差额"），它每季度发布一次，不但包括商品和服务的国际贸易，也包括进入美国的国外投资和从美国流向其他国家的资本支出数量。虽然这两个报告是有价值的经济指标，但投资者更关注的是月度的贸易数据，因为它的时效性更好。国际交易核算每三个月发布一次，从贸易角度来看，大量新闻都被认为已过时了。

什么使月度的国际贸易报告成为必读物？首先，出口反映了美国在世界市场上的竞争力，创造了就业机会，提高了企业利润。其次，出口也为美国国内经济的增长做出了直接的贡献。为了满足美国和国外的需求，美国企业不得不生产更多的产品。更多的产出会转换成更快的 GDP 增长。最后，通过观察进口，人们能知道美国消费者的需求有多强。当经济扩张时，商业倾向于更多的进口。增加的进口应当从 GDP 中减去，因为这些商品是国外生产的而非美国本土企业生产的。

美国依赖全球贸易增长的一个潜在风险是美国不再对国外经济和金融的崩溃具有免疫力。距今已有些时日的事件，如 1997 年的亚洲金融危机、1998 年俄罗斯不履行它的国外贷款事件和 2007 年初中国为房地产市场降温的努力，对美国股票、债券甚至经济都能产生了不利的影响。其中一些影响可能只在短期内存在，其他的影响则可能持续更长的时间。

形成国家贸易平衡的核心力量是什么？概括地说，美国的贸易表现取决于两个主要的因素：美国和其他国家增长率的相对差别及美元对其他主要货币的兑换价值。让我们单独来看这二者。显然，经济所处经济周期的阶段能影响我们从其他国家的购买量。同样的道理，其他国家的人在美国的购买量取决于那些国家经济运行的情况。如果美国比大多数其他国家增长得更快，美国进口的数量就将大于出口，从而导致一个贸易赤字。然而，进一步决定赤字的是美国人也表现出比其他国家消费者更强的进口偏好。因此，即使美国和其他主要工业国家的增长率相同，美国的贸易赤字仍然会比其他主要工业国家的大。这是因为美国人本质上倾向于在进口物品上花费更多。这种对其他国家商品的需求饥渴使自 1976 年以来每年都会出现贸易赤字。

第二个主要影响贸易平衡的因素是汇率。货币价值的变化能改变进出口的价格，从而影响需求。美元坚挺将破坏贸易平衡，因为它降低了进口的价格，使美国人更加期望进口。同时，它提高了国际市场上美国商品的成本，这将鼓励其他国家购买者寻找更便宜的商品。据估计如果美元的价值比它的主要贸易伙伴高出 1%，那么这能使美国的贸易赤字在 2 年左右的时间里增加 100 亿～150 亿美元。另一方面，美元贬值会使进口价格上升，美国人可能会慎重考虑是否购买其他国家的商品。美元贬值的好处是它降低了美国商品在国外市场上的出口价格，这能增加海外对美国商品和服务的需求。因此，汇率的变化对国际贸易有深远的影响。

最后，我们应该注意到，国家间通货膨胀率的差别也能影响贸易模式。美国的高通货膨胀率能使美国制造的商品的价格高于外国商品。在这种情况下，对美国商品的需求在国内和国外市场上都将下降。相反，如果其他国家的通货膨胀率爬升到比美国更高的水平上，相对于消费者将支付的美国商品来说，进口将变得更加昂贵。在这种情况下，国内和国外的消费者将被吸引购买更多的美国商品。这些商品的价格增加得更慢，如此这般。因此，低通货膨胀率对该国的贸易流量有有利的影响。

美国可能转向正的贸易平衡吗？或者至少在未来大幅削减贸易赤字吗？当然，但这并不容易。一种解决方法是美国的主要贸易伙伴在几年中比美国增长得更快，以至于他们能加速对美国商品的购买。然而，这个计划是很难实现的，因为美国与欧洲各国或日本的经济有结构性差异，例如，美国经济有比其他大多数工业化国家更大的资本市场、更低的税率和更少的制度障碍。所有这些因素都会帮助美国形成比其他国家更快的经济增长。

另一个至少在理论上能削减贸易赤字的方法是促使美国经济形成长期的萧条，因为那必定会减少进口。但该方法作为政策选择却无法实施，因为萧条将产生其他问题，包括更大的预算赤字、更高的失业、收入的减少和更低的生产率增长。

第三种改变贸易非均衡的方法是显著地贬低美元的比价或降低美元的价格，使进口商品对许多美国人来说太贵。然而，这种解决方法也带来很大的风险，例如通货膨胀和利率的上升。最后的分析认为，终止长期贸易赤字的方式有两种途径：美国人必须学会储蓄更多、消费更少。其次，欧洲和日本的决策者需要减少贸易障碍，加快制度改革和降低税率以使他们的居民能有更多的钱来消费美国的商品和服务。到目前为止，这些地区已经缓慢地发生了这样的变化。

如何计算

每个月，美国商务部都会记录美国的出口数额（例如谷物、电信设备、乐器和计算机）和进口数额（汽车、钢铁、地毯、鱼子酱、酒和铜）。通常，尽管上个月小的贸易额被包括在内，但是它们还是反映了当月发生的真实贸易。出口的报告根据船边交货（FAS）的价值，它意味着商品的价格包括货物运费，保险和其他与货物运至美国装运港有关的费用。然而，进口的价值依据"海关估定完税价格"（CIF），而产品的基本价格一般不包括保险、运费和进口关税。

服务贸易的处理也有所不同。商务部完全依靠服务部门的商业组织和协会的月度调查来了解这些服务行业的企业通过向国外提供服务增加了多少收益。在账目的另一边，显示了美国企业为外国人提供的服务支付了多少费用。

报告中的贸易额用名义的（当前的）美元和实际的（通货膨胀调整）美元表示。从名义到实际的转换是基于月度进出口价格指数（参见"进出口价格"一节）。虽然名义的数额获得了各新闻报道的时刻注意，但是更重要的是跟随通货膨胀调整的数额，因为后者反映了商品贸易的实际数量，该数量最终影响实际 GDP。

贸易统计数字分别通过季节调整和非季节调整两个期间给出。通常它们不以年度的形式出现，但任何人都能通过简单地把 12 个月的月度贸易加总而得出年度的数据。

表：关于经济未来走向的线索

在接近 50 页的发布报告中有许多的信息表，一些最重要的信息将在接下来的内容中强调。它将指出国际贸易作为领先指标的问题。原因是合同的签订时间和商品实际装船的较长时滞引起贸易模式的缓慢变化。这是否减少了该发布对投资者和预测者的价值？当然没有，商务部在该报告中提供了美国国外贸易形势非常详细的信息，包括和世界上每个国家的实际交易。

表 1　美国商品和服务的国际贸易

（1）第一个表概括了美国近期的贸易平衡，连同大约 3 年的数据一起，使读者能够找出近期进出口趋势和总贸易平衡的任一转变。1 个月的异常是不重要的，但一个至少跨越 3 个月的连续偏差就可以表明一个更重大的变化将在美国或国际经济中发生。

（2）观察贸易模式的变动是否能来自于进口或出口一边的变化。出口增长率的突然下降可能是因为其他国家经济形势的恶化、过度坚挺的美元或美国通货膨胀的迅速上升。如果国内的需求由于虚弱的美国经济而下跌，或者作为货币市场上美元价值严重受损的后果，其他国家商品的价格会更加昂贵，进口减少会明显减少。

当谈到服务贸易时，情况就有点不同了。服务交易很少表现出太大的波动，它们通常在一个稳定的比率上月复一月的增长。大体上，美国的服务业面对的竞争比较小。这就是为什么该部门的通货膨胀可能上升得更快（让我们面对现实情况，美国的牙科医生知道他们能提高他们的收费标准，而不担心西班牙的牙科医生抢走他们的病人）。

表 2　美国商品和服务的国际贸易——3 个月移动平均值

（3）和许多经济指标一样，贸易也能遭受到周期的扭曲。石油价格在单个月份的巨大上升或下降能夸大所有的贸易形势。大量海外的汽车交易有时也会对统计数据造成冲击。为了平滑这样的月复一月的易变性，政府把贸易数据的描述表达成中间 3 个月的移动平均值。这和传统的移动平均有一点不同，将最近贸易的月度数据加到前两月上，总和除以 3。

表 1 美国商品和服务的国际贸易　　　　　　　　　　单位：百万美元

时间	差额			出口			进口		
	总量	商品	服务	总量	商品	服务	总量	商品	服务
2002 年									
1—12 月	−418 038	−482 872	64 834	974 107	681 874	292 233	1392 145	1164 746	227 399
1—	−28 299	−33 495	5 196	78 580	55 228	23 352	106 879	88 723	18 156
1 月	−28 299	−33 495	5 196	78 580	55 228	23 352	106 879	88 723	18 156
2 月	−31 049	−35 876	4 827	78 579	54 988	23 591	109 628	90 864	18 764
3 月	−30 704	−36 661	5 957	79 286	55 083	24 203	109 990	91 744	18 246
4 月	−34 225	−39 773	5 548	80 674	56 871	23 803	114 899	96 644	18 255
5 月	−35 097	−40 830	5 733	81 050	56 848	24 202	116 147	97 678	18 469
6 月	−35 563	−40 683	5 120	81 974	57 702	24 272	117 537	98 385	19 152
7 月	−34 069	−39 304	5 235	82 954	58 638	24 316	117 023	97 942	19 081
8 月	−36 249	−42 070	5 821	82 566	57 870	24 696	118 815	99 940	18 875
9 月	−36 663	−41 938	5 275	82 294	57 807	24 487	118 957	99 745	19 212
10 月	−35 154	−40 647	5 493	82 159	57 301	24 858	117 314	97 949	19 365
11 月	−38 629	−44 147	5 518	82 917	57 765	25 152	121 545	101 911	19 634
12 月	−42 332	−47 447	5 115	81 075	55 774	25 301	123 406	103 220	20 186
2003 年									
1—12 月（R）	−489 911	−549 156	59 245	1018 720	713 788	304 932	1508 632	1262 945	245 687
1—（R）	−40 007	−44 833	4 826	82 058	57 156	24 902	122 065	101 989	20 076
1 月（R）	−40 007	−44 833	4 826	82 058	57 156	24 902	122 065	101 989	20 076
2 月（R）	−38 589	−43 628	5 039	82 691	57 920	24 771	121 280	101 548	19 732
3 月（R）	−42 952	−47 482	4 530	82 639	58 309	24 330	125 591	105 791	19 800
4 月（R）	−41 971	−46 334	4 363	81 103	57 243	23 860	123 074	103 577	19 497
5 月（R）	−41 772	−46 628	4 856	82 261	57 774	24 487	124 033	104 402	19 631
6 月（R）	−40 357	−45 050	4 693	84 132	59 269	24 863	124 489	104 319	20 170
7 月（R）	−40 613	−45 006	4 393	85 627	60 367	25 260	126 240	105 373	20 867
8 月（R）	−39 781	−44 695	4 914	83 385	57 691	25 694	123 166	102 386	20 780
9 月（R）	−41 254	−46 548	5 294	85 836	59 719	26 117	127 090	106 267	20 823
10 月（R）	−41 705	−47 088	5 383	88 250	61 655	26 595	129 955	108 743	21 212
11 月（R）	−38 220	−43 944	5 724	90 633	63 722	26 911	128 853	107 666	21 187
12 月（R）	−42 692	−47 921	5 229	90 103	62 962	27 141	132 795	110 883	21 912
2004 年									
1—	−43 057	−48 392	5 335	89 045	61 907	27 138	132 102	110 299	21 803
1 月	−43 057	−48 392	5 335	89 045	61 907	27 138	132 102	110 299	21 803
2 月									
3 月									
4 月									
5 月				▲2			▲2		
6 月									
7 月									
8 月									
9 月									
10 月									
11 月									
12 月									

注：由于季节调整和数据近似的原因，相加之和与总量不相等，（R）代表已修订。

表 2　美国商品和服务的国际贸易——3 个月移动平均值（经季节调整）

移动平均的中间月	差额			出口			进口		
	总量	商品	服务	总量	商品	服务	总量	商品	服务
2010 年									
1 月	−37 491	−48 989	11 499	142 277	98 206	44 071	179 768	147 195	32 573
2 月	−39 064	−50 172	11 108	143 605	99 663	43 942	182 668	149 835	32 834
3 月	−39 881	−50 944	11 063	145 501	101 524	43 977	185 381	152 468	32 913
4 月	−41 206	−52 195	10 989	146 876	102 969	43 907	188 082	155 165	32 918
5 月	−41 591	−52 148	11 556	149 577	105 103	44 475	191 169	158 250	32 918
6 月	−43 507	−55 319	11 812	150 378	105 318	45 060	193 885	160 637	32 248
7 月	−43 540	−55 649	12 109	152 692	106 768	49 925	196 232	162 417	33 815
8 月	−44 663	−55 765	12 101	153 622	107 366	46 256	198 285	164 131	34 155
9 月	−43 704	−55 941	12 236	155 065	108 505	46 560	198 769	164 445	34 324
10 月	−40 000	−55 498	12 497	156 674	109 926	46 748	199 675	165 424	34 251
11 月	−40 769	−53 775	13 005	158 798	111 700	47 098	199 567	165 474	34 093
12 月（R）	−39 583	−53 082	13 499	161 582	114 220	47 363	201 165	167 301	33 864
2011 年									
1 月（R）	−42 272	−56 063	13 790	164 369	116 534	47 835	206 642	172 597	34 045
2 月（R）	−44 452	−58 351	13 899	165 870	117 741	48 129	210 322	176 091	34 231
3 月（R）	−46 321	−60 456	14 136	169 201	120 475	48 726	215 521	180 931	34 590
4 月（R）	−44 891	−59 294	14 404	172 018	122 823	49 195	216 908	182 118	34 791
5 月（R）	−46 500	−61 208	14 708	175 352	125 433	49 919	221 852	186 641	35 211
6 月（R）	−48 405	−63 237	14 831	174 621	124 309	50 313	223 027	187 545	35 482
7 月（R）	−49 199	−64 082	15 083	175 315	124 392	50 922	224 514	188 674	35 840
8 月（R）	−47 493	−62 803	15 310	176 280	124 865	51 415	223 773	187 668	36 105
9 月（R）	−44 904	−60 289	15 385	179 397	127 544	51 843	224 301	187 843	36 458
10 月（R）	−44 073	−59 466	15 392	179 796	127 895	51 901	223 870	187 361	36 509
11 月（R）	−44 884	−60 189	15 304	179 439	127 622	51 817	224 323	187 811	36 513
12 月	−47 022	−62 115	15 093	178 463	126 792	51 671	225 485	188 907	36 578
2012 年									
1 月	−50 170	−65 119	−14 950	178 868	127 046	51 822	229 038	192 165	36 873

注：（R）代表已修订。

　　为了获得贸易的更多特征，对两种最易变的商品——能源和机动车发布单独的表格。表 17 致力于石油和石油商品的进口。表 18 集中于机动车的进口和出口。接下来我们将更详细地讨论二者。

- **表 17　与能源相关的石油商品，包括原油的进口**

　　尽管美国是世界上最大的石油生产商之一，但它的供给仍然只能满足不到一半的国内消费，剩下的不得不进口。与能源相关的石油商品的进口代表了大约 10% 的美国进口商品总额。因此，即便是石油价格的一般变化，也能对美国的贸易平衡和经济活动产生明显的影响。原油成本的突涨会最终减少消费者的支出。例如，家庭不得不对汽油和燃料油支付更多，这将使更少的可消费收入用于度假、看电影和进饭店。相反，石油价格的下降会刺激经济，因为家庭有更多的可支配现金来随意消费。

　　（4）该栏列出了最近月份进口到美国的每桶石油的平均成本。

（5）这里可以找到每月进口到美国的石油数量。

（6）这是进口原油的月度账单。

（7）该栏是原油的月度总成本，加上其他能源相关的进口，包括液化丙烷和丁烷。

为了便于比较，所有数据都以历史为基础，可追溯到18个月前。

- 表9　出口、进口及最终使用的商品，石油和非石油种类的平衡（未列出）

假定已知多贵的石油能夸大进口的成本，在不进行计算时，该表也有助于观察石油的贸易数据。表9所做的正是这些，它加总了美国国际贸易额与石油进口的差额。

表17　与能源相关的石油产品（包括原油）的进口

时间	与能源相关的石油产品总量		原油			
	数量（千桶）	价值（千美元）	数量（千桶）	每日千桶数（平均）	价值（千美元）	单位价格（美元）
2003 年						
1—12 月	4 654 638	129 580 947	3 673 596	10 065	99 094 675	26.97
1—	360 017	10 180 337	268 431	8 659	7 444 163	27.73
1 月	360 017	10 180 337	268 431	8 659	7 444 163	27.73
2 月	316 557	9 995 440	247 105	8 825	7 526 491	30.46
3 月	395 753	12 482 600	300 689	9 700	9 101 197	30.27
4 月	396 513	10 743 443	314 662	10 489	8 188 808	26.02
5 月	407 791	10 167 192	320 541	10 340	7 727 416	24.11
6 月	401 212	10 560 977	311 946	10 398	7 955 140	25.50
7 月	426 696	11 670 580	339 669	10 957	9 068 389	26.70
8 月	397 015	11 270 137	319 337	10 301	8 797 303	27.55
9 月	394 328	10 733 700	316 193	10 540	8 371 844	26.48
10 月	402 340	10 856 961	327 444	10 563	8 594 549	26.25
11 月	363 893	9 953 160	290 205	9 674	7 695 589	26.52
12 月（R）	392 524	10 966 420	317 375	10 238	8 623 786	27.17
2004 年						
1—	388 549	11 405 335	309 437	9 982	8 835 252	28.55
1 月	388 549	11 405 335	309 437	9 982	8 835 252	28.55
2 月		▲	▲		▲	▲
3 月		7	5		6	4
4 月						
5 月						
6 月						

注：由于近似的原因，数据加总之和与总量不相等。

- 表18　机动车和零部件在部分国家的进出口

商务部用机动车贸易的表格证明了该工业对经济是多么重要。接近700万的美国工人被拴在机动车制造业上，平均20个工作岗位中就有1个来自于机动车制造业。轿车和卡车的进口占到了进入该国所有商品的15%以上。而美国制造的机动车出口占到了它的所有国际贸易销售额的 12%左右。表 18 列出了进出口机动车的交货国家。该表有三个目的：首先，如此大额项目的购买能够透露出美国消费者需求的健康状况；其次，出口的水平反映了国内制造业部门表现好坏的信息；最后，通过分析出口数据，人们能够获得一些其他国家需求强度的信息。

表 18 部分国家和地区机动车和零部件的进出口（2004 年） 单位：百万美元

国家和地区	进口总量		轿车		卡车		零部件	
	2004 年 1 月	2003 年 12 月	2004 年 1 月	2003 年 12 月	2004 年 1 月	2003 年 12 月	2004 年 1 月	2003 年 12 月
总量	5 776	6 335	1 189	1 915	718	922	3 870	3 498
澳大利亚	95	122	25	33	23	34	47	55
奥地利	32	49	1	1	（—）	（—）	30	47
比利时	25	33	3	5	1	3	21	25
巴西	38	37	1	（—）	（—）	（—）	37	36
加拿大	3 201	3 487	474	925	470	608	2 258	1 954
德国	288	356	196	271	6	3	86	82
日本	151	186	30	36	2	2	119	148
韩国	36	31	1	4	1	1	33	26
墨西哥	1115	1009	197	263	86	69	832	677
沙特阿拉伯	58	84	32	56	10	10	16	18
瑞典	23	27	3	3	（—）	（—）	20	24
中国台湾地区	15	23	4	4	2	6	9	13
英国	163	162	79	78	3	7	81	77
其他	538	729	144	235	112	179	281	315
总量	15 842	18 265	8 362	10 571	1 414	1 735	6 066	5 958
澳大利亚	64	66	45	46	（—）	（—）	19	21
奥地利	45	99	36	88	（—）	（—）	9	10
比利时	84	167	67	136	11	22	7	9
巴西	156	155	27	26	9	6	121	123
加拿大	4 470	4 950	2 192	2 517	747	963	1 531	1 470
德国	1 654	2 695	1 240	2 241	（—）	1	413	453
日本	3 598	3 897	2 486	2 607	57	65	1 055	1 225
韩国	1 061	1 022	918	896	（—）	（—）	143	126
墨西哥	2 981	2 914	746	861	553	621	1 681	1 432
沙特阿拉伯	（—）	（—）	（—）	（—）	（—）	（—）	（—）	（—）
瑞典	152	346	132	318	3	5	17	23
中国台湾地区	132	122	2	6	（—）	（—）	129	115
英国	360	692	264	571	16	31	80	91
其他	1 085	1 141	206	258	18	22	861	860

- 表 10 主要的最终使用种类商品的实际进出口（经通货膨胀调整）（未列出）

最好从实际量考察贸易，这是人们能决定商品贸易实际变化量的唯一方式。它去掉了价格通货膨胀扭曲的一面，给出商品和服务的数量。表 10 仅用于商业进出口货物的通货膨胀调整。服务业通货膨胀调整过后的贸易额在季度 GDP 报告中发布。

该表的价值在于净出口（出口减进口）是 GDP 核算的一个核心组成部分。因此，观测实际的进出口能够得到季度 GDP 增长率即将变化的早期信号。

- 表 6、表 7 和表 8 最终使用的进出口产品的主要种类（表 7、表 8 未列出）

该报告中贸易统计的明细项目能轻易地吓跑许多读者，这完全可以理解。然而，稍作研究，我们就会发现这些表中蕴藏着对投资者和商业领导人真正有用的信息。

表 6 最终使用的进出口产品的主要种类　　　　　　　　　　单位：百万美元

时间	总量的支付差额	净调整	总量统计基础	最终使用商品种类					
				食品和饮料	工业原料	资本品	机动车	消费品	其他商品
				出口					
2003 年									
1—12 月（R）	713 788	−10 241	724 030	55 096	172 969	293 047	80 121	89 895	32 901
1—（R）	57 156	−747	57 903	4 434	14 077	22 922	6 643	7 319	2 509
1 月（R）	57 156	−747	57 903	4 434	14 077	22 922	6 643	7 319	2 509
2 月（R）	57 920	−857	58 777	4 436	13 976	24 093	6 653	6 990	2 629
3 月（R）	58 309	−973	59 282	4 412	14 414	23 612	6 663	7 299	2 882
4 月（R）	57 243	−1 026	58 269	4 372	14 212	22 983	6 641	7 167	2 894
5 月（R）	57 774	−888	58 662	4 327	14 260	23 268	6 756	7 173	2 878
6 月（R）	59 269	−885	60 154	4 506	14 465	24 111	6 553	7 684	2 835
7 月（R）	60 367	−855	61 222	4 650	14 821	24 710	6 812	7 542	2 687
8 月（R）	57 691	−916	58 607	4 392	14 020	23 891	6 116	7 447	2 742
9 月（R）	59 719	−774	60 493	4 598	14 069	24 665	6 748	7 716	2 696
10 月（R）	61 655	−782	62 437	4 828	14 731	25 576	6 928	7 547	2 828
11 月（R）	63 722	−750	64 472	5 189	14 650	27 214	6 670	8 098	2 651
12 月（R）	62 962	−790	63 752	4 952	15 275	26 002	6 937	7 915	2 671
2004 年									
1—	61 907	−975	62 882	4 563	15 208	25 803	6 776	7 747	2 785
1 月	61 907	−975	62 882	4 563	15 208	25 803	6 776	7 747	2 785
2 月									
3 月									
4 月									
5 月									
6 月									
7 月									
8 月									
9 月									
10 月									
11 月									
12 月									

（续表）

时间	总量的支付差额	净调整	总量统计基础	最终使用商品种类					
				食品和饮料	工业原料	资本品	机动车	消费品	其他商品
				进口					
2003 年									
1—12 月（R）	1 262 945	3 460	1 259 485	55 834	316 330	295 678	210 217	333 634	47 791
1—（R）	101 989	195	101 795	4 534	24 981	24 457	16 969	26 975	3 879
1 月（R）	101 989	195	101 795	4 534	24 981	24 457	16 969	26 975	3 879
2 月（R）	101 548	207	101 341	4 417	25 933	23 224	16 826	26 942	3 999
3 月（R）	105 791	249	105 542	4 630	28 371	23 216	17 333	28 057	3 936
4 月（R）	103 577	266	103 311	4 671	26 051	24 064	16 872	27 729	3 924
5 月（R）	104 402	350	104 053	4 612	25 559	24 466	17 786	27 758	3 872
6 月（R）	104 319	468	103 852	4 462	25 880	24 407	18 227	26 719	4 156
7 月（R）	105 373	203	105 169	4 586	26 719	24 459	17 964	27 334	4 107
8 月（R）	102 386	466	101 920	4 536	26 758	24 041	15 570	27 220	3 796
9 月（R）	106 267	307	105 960	4 786	26 902	25 296	17 400	27 608	3 967
10 月（R）	108 743	269	108 474	4 788	26 799	25 478	18 335	29 047	4 026
11 月（R）	107 666	257	107 409	4 869	25 616	25 659	18 208	28 966	4 090
12 月（R）	110 883	223	110 659	4 942	26 761	26 911	18 725	29 280	4 040
2004 年									
1—	110 299	248	110 050	4 838	27 420	26 824	17 721	29 327	3 920
1 月	110 299	248	110 050	4 838	27 420	26 824	17 721	29 327	3 920
2 月									

注：由于季节调整和近似的原因，数据加总之和与总量不相等。（R）代表已修订。

表 6 把商品的进出口分成六大类：食品和饮料、工业原料、资本品、机动车（包括零件和发动机）、消费品和其他商品。该表向读者提供了一个在近期贸易平衡的变化中反映最大类别的概览。例如，如果进口增加，是因为消费者购买更多的汽车、电视机或酒，还是因为企业购买了更多的资本品？资本品的进口量超过消费品的进口量是更合适的。资本品的进口能帮助美国的企业和工厂更加有效的运作，创造更多的工作岗位，并减少未来通货膨胀的风险。大多数消费品的进口只是简单地用来满足消费，这样的话，该进口加剧了贸易的赤字并对长期的经济健康没有好处。

表 7 和 8 更进一步，从该表中你能确认 150 种进出口商品的种类。包括电信设备、计算机、皮革和兽毛、拖拉机、电视机、娱乐艇、钻孔设备、缝纫机。该数据有助于认清美国的工业正在表现出更多的海外销售额，也反映出国内部门正在为国外竞争者进入美国市场制造的麻烦而头疼。

- **表 14 部分国家和地区的出口、进口及贸易平衡**

如果你想要一个更详细的国与国之间的贸易分析，那么表 14 记录了美国和三十多个主要贸易伙伴的贸易情况。美国与某些国家长期的贸易不平衡不仅给美元汇率以压力，甚至会影响其他国家的经济政策，特别是其他国家的不正当或不合法的贸易活动最终会损害美国的制造商。

- 附表：表6-a 国家和地区的出口、进口及贸易平衡（未列出）

或许这个主题中最引人注目的就是在附录中发布的组表了，附表6和6-a详尽地说明了美国和其他国家或地区的贸易情况。

表14 部分国家和地区的出口、进口及贸易平衡（2004年）单位：百万美元

项目	贸易平衡		出口		进口	
	2004年 1月	2003年 12月	2004年 1月	2003年 12月	2004年 1月	2003年 12月
贸易收支总量	**-45 754**	**(R) -47 164**	**58 181**	**(R) 62 366**	**103 935**	**(R)109 529**
净调整量	**-1 223**	**(R) -1 013**	**-975**	**(R) -790**	**248**	**(R) 223**
统计总量	**-44 531**	**(R) -46 151**	**59 156**	**(R) 63 155**	**103 687**	**(R)109 306**
北美洲	-8 198	-7 588	21 541	22 031	29 740	29 620
加拿大	-5 223	-4 447	13 348	13 749	18 571	18 196
墨西哥	-2 975	-3 141	8 193	8 283	11 168	11 424
西欧	-6 579	-11 103	13 583	13 914	20 163	25 017
欧元区（2）	-4 748	-8 191	9 337	9 597	14 086	17 788
欧盟	-5 940	-10 290	12 527	12 827	18 468	23 116
奥地利	-204	-308	121	153	325	462
比利时	365	320	1 264	1 266	899	945
芬兰	-270	-91	136	165	407	256
法国	-776	-1 415	1 485	1 465	2 261	2 880
德国	-2 796	-4 134	2 311	2 386	5 107	6 520
意大利	-1 221	-1 371	784	984	2 005	2 355
荷兰	777	999	1 629	1 853	852	854
西班牙	66	-158	560	510	494	668
瑞典	-662	-858	235	308	896	1 166
英国	-431	-1 055	2812	2 791	3 243	3 846
其他欧盟国家	-787	-2 219	1 192	946	1 979	3 164
欧洲自由贸易联盟	-552	-667	722	817	1 274	1 484
挪威	-325	-288	107	125	432	413
瑞士	-204	-332	603	668	807	1 000
其他 EFTA 国家	-23	-47	13	24	36	70
其他西欧国家	-87	-145	334	271	421	417
东欧/FSR	-754	-748	586	727	1 340	1 474
匈牙利	-192	-93	99	102	291	194
波兰	-50	-45	65	80	115	125
前苏联地区	-360	-461	298	364	658	826
俄罗斯	-291	-485	159	184	450	669
其他 FSR 国家	-69	24	139	180	208	156
其他东欧国家	-152	-149	124	181	276	330
环太平洋国家和地区	-20 657	-18 488	15 145	17 886	35 802	36 374
澳大利亚	424	522	1 018	1 094	594	572
中国	-11 477	-9 874	2 593	3 320	14 070	13 194
日本	-5 252	-5 700	3 985	4 502	9 238	10 201

（续表）

项目	贸易平衡		出口		进口	
	2004 年 1 月	2003 年 12 月	2004 年 1 月	2003 年 12 月	2004 年 1 月	2003 年 12 月
新兴工业化国家/地区	-2 289	-1 606	5 617	6 778	7 906	8 384
中国香港地区	264	691	1 071	1 367	807	676
韩国	-1 529	-1 403	1 817	2 154	3 346	3 557
新加坡	93	-46	1 233	1 291	1 140	1 337
中国台湾地区	-1 117	-849	1 497	1 966	2 613	2 815
其他环太平洋国家（3）	-2 064	-1 830	1 930	2 192	3 994	4 022
中南美洲	-2 332	-2 892	4 437	4 533	6 769	7 425
阿根廷	12	-49	278	259	266	308
巴西	-357	-530	1 034	1 054	1 391	1 584
哥伦比亚	-229	-127	356	349	585	476
其他中南美洲国家（3）	-1 757	-2 186	2 769	2 871	4 526	5 057
OPEC	-4 735	-4 619	1 419	1 599	6 153	6 218
印度尼西亚（3）	-582	-413	187	262	769	676
尼日利亚	-766	-1 000	117	77	882	1 077
委内瑞拉	-1 065	-802	383	447	1 448	1 249
沙特阿拉伯（3）	-1 500	-1 513	280	298	1 779	1 811
其他 OPEC 国家	-822	-890	453	515	1 275	1 405
其他国家	-3 359	-2 906	2 911	2 981	6 270	5 887
埃及	221	143	287	208	66	64
南非	-220	-90	194	333	413	423
其他	-3 360	-2 959	2 430	2 440	5 790	5 399
身份未识别国家或地区（4）	（一）	21	（一）	21	(X)	(X)
定时调整	(X)	244	(X)	23	(X)	-221

注：由于近似的原因，数据加总之和可能与总量不相等。（-）代表 0 或者少于 50 万美元；（R）代表已修订；（X）代表不适用。（注：此表不是附带的，见脚注（2））

市场效果

金融市场对月度贸易数据的反应难以预测。人人都认识到了国际贸易的增长对美国经济的重要性。进出口的走向如何，能向投资者透露关于国内的需求、工业收入、定价能力和货币价值潜在变化的信息。较迟的发布减少了国际贸易报告的价值。贸易平衡是统计局每月发布最迟的指标。它报告发生在两月前的交易活动。因此，该报告发布时很难起到作用。可能引起很大反应的因素是某月的贸易数字显著的偏离市场或决策者的预期结果。出口或进口的突然变化可能对 GDP 增长率的估计和美元有影响，使市场参与者担忧。

债券

预测债券投资者对贸易数据的反应可能非常不可靠。因为投资者没有稳定的反应模式，他们的大部分决定往往都取决于最新贸易新闻背后的因素。下面让我们了解一下投资者可能面临的情况。

如果月度贸易赤字比预期的更小，它可能被固定收入者看作一个好消息。美元常常在该情况下趋于坚挺，因为其他国家投资者倾向于看到美国的贸易缺口减少，坚挺的美元将帮助美国降低通货膨胀的压力，这能使债券的价格上升。

然而，注意到相同的报告也能被债券持有者看成是消极的。因为赤字的减少能提高GDP 的增长，更多的出口或更少的进口——二者能减少贸易赤字这意味着从 GDP 核算中减去更少。如果这导致出口增加，将进一步使美国的经济流出。这使固定收益债券的投资者沮丧，导致他们的债券卖出。另一方面，如果更小赤字的产生是由于进口的减少，它表明美国的经济可能正在衰退，这对债券投资者是个利好消息。

现在考虑贸易赤字的突然飞涨，你可能认为这对债券投资者是一个坏消息。毕竟，这通常会导致美元要承受向下的压力，增加美国的通货膨胀率和利率。贸易赤字的增加意味着已经是世界上最大债务国的美国不得不从其他国家投资者那里借入更多的资金用于那些增加的赤字。但这对债券也可能是一个好消息。一个更高的贸易赤字也意味着一个更低的经济增长率，因为进口的增加将从 GDP 核算中减去。

面对各类可能结果的分析人们该怎么做？首要的是，不要仅看贸易赤字的头条，而是应把精力集中于数字背后的动态趋势。如果贸易平衡改善，债券投资者倾向于把原因归结为进口的下降，而不是出口的增加。如果赤字上升，交易者希望的原因是出口的下降，这至少减少了经济的产出。

股票

这对股票投资者也不是一件容易的事情。基本上，他们乐于看见赤字减少作为出口需求强劲的结果。这将保持美国工厂的运行，改善企业利润的预期，并支撑美元的价值。唯一的担忧来源于债券市场，出口增长的强劲将增加对通货膨胀的担心。利率将更高，并使股票投资者受损，不过，在最后的分析中，如果贸易平衡的改善来自于海外销售的增加，股市倾向于表现更好。

美元

当债券和股票投资者为如何应对最新的国际贸易数据而烦恼时，货币交易者有一种更直接的方法：除非导致美国经济的深度萧条，否则任何贸易平衡的改善都会被看作对美元利好。其他国家从美国购入更多的商品和服务，他们将需要为这些美国商品支付更多的美元。

相反，贸易赤字的恶化能损害美元的价值，为了购买其他国家的商品和服务，美国人不得不卖出美元使他们能用当地的货币支付这些商品。问题是外汇交易者已经进入美元过多的状态，更多的美元泛滥于市场能进一步降低美元的价值。

经常项目差额
（美国国际贸易）
Current Account Balance（U.S.International Transactions）

市场敏感度：低到中。

含义：关于美国和世界其他国家贸易和投资关系的最广泛的核算。

发布新闻的互联网网址：www.bea.gov

网址主页：www.bea.gov

发布时间：上午 8 点 30 分（美国东部时间）；数据在季度末的两个半月后发布。

频率：每季度一次。

来源：商务部经济分析局。

修订：通常进行适当的修订。年度基准的变化在 6 月发布。

为什么重要

　　过去几十年世界贸易的扩大已经基本改变了美国的经济状况。现在 1 000 多万个岗位与出口部门有关（在两年期间有 15% 的浮动）；其中大约 900 万个是由进口商提供。全美大约 1/3 的经济活动正在以某种方式与国际贸易发生着联系。

　　给出了贸易对美国经济的重要性，我们需要更深入一点地寻求贸易的准确含义。从一定程度上来说，贸易涉及美国和其他国家商品与服务的基本交换（国际贸易是前面章节研究的领域）。然而，美国国际贸易报告的发布让我们对美国在与其他国家的关系中所占的位置有了一个全面的认识。例如，在其他国家市场上销售和购买商品与服务，我们需要记住美国也在进行资本投资的进出口。每天，其他国家买入和卖出美国的股票、债券及其他类型的资产，而美国人也是类似的海外资产的主要购买者。此外，美国投资者从境外投资中获得的报酬（通常以股息和利息的形式支付）又流回美国。同样，其他国家的人从他们在美国的资产投资中获得报酬。季度的美国国际交易报告试图追踪这些物质资本和服务、投资获得的收入流量及资产的买入和卖出的进出境活动。这可能听起来复杂，但事实上却未必如此。

　　让我们观察美国国际贸易报告，并理解所有这些信息是如何给出的。该报告分成两部分：一部分涉及经常项目，包括商品贸易、服务、投资收入流量和单方面转移支付；第二部分的标题是资本和金融项目，记录实际的投资和贷款进出美国的活动。

经常项目

经常项目平衡概括了四个组成部分的净值变化：商品贸易、服务、收入流量和单方面转移支付。

1. **商品贸易项目**。这里谈到的是商品或"可见"贸易，例如汽车、家用电器、香蕉、自行车和计算机的进出口。贸易平衡是美国销售到其他国家（出口）商品的价值和美国从其他国家买入（进口）商品价值的净差额。从20世纪70年代中期开始，美国记录了进口商品多于出口商品的年度赤字。事实上，该缺口如此之大的主要原因是美国所有的经常项目都经历着赤字。

2. **服务贸易项目**。服务贸易，或"不可见"贸易，是美国人购买其他国家提供的服务（被认为是进口）与其他国家的人在美国的服务支出（列为出口）的净差额。该类的跨境业务包括保险、技术、投资银行、公关、会计和广告服务。从专利权、著作权和电影业中获得的费用也属于该类。服务项目的平衡是在经常项目中一贯表现出盈余的唯一一个。尽管它不足以大到补偿商品贸易的缺口。

3. **收入项目**。服务项目的一个子类。它是从国外资产投资获得的净收入。当美国人把资产投资在美国之外，例如，欧洲各国或日本的股票和债券、从这些投资中获得的收益被归类为出口收入，因为它们是从美国之外的投资中赚得的。相反，其他国家投资美国资产的支付被认为是进口，因为它们以输入这里的资本为基础。当支付给其他国家投资者的投资收入超过了其他国家支付给美国投资者的收入时，就出现了收入赤字。在第二次世界大战后的大部分时期，美国保持着收入项目的盈余，但在2002年后，也陷入了赤字的境地。

4. **单方面转移支付**。这些代表单方面的转移支付，包括外国援助、政府赠予、养老金支付和工人汇款（在美国工作的外国人寄钱给另一国家的他们的家人）。确切地说，单方面转移支付在经常项目中的表现是消极的。因为它们总是呈现为资金离开美国国境。

在经常项目中每一部分的贡献如下（根据2006年的数据）：

商品、服务和投资收入的总出口	100%（+）
商品出口	53%
服务出口	21%
收到的收入	26%

商品、服务和投资收入支付的总进口	100%（−）
商品出口	70%
服务出口	14%
支付的收入	16%

240

经济指标**解读**：洞悉未来经济发展趋势和投资机会（第 3 版）
SECRETS OF ECONOMIC INDICATORS: Hidden Clues to Future Economic Trends and Investment Opportunities

单方面转移支付（净值）	100%（-）
美国政府赠予	33%
美国政府养老金和其他转移支付	8%
私人汇款和其他转移支付	59%

资本和金融项目

正如标题所提示的，该类被再细分为资本项目和金融项目。资本项目通常较小，包括大多数特定资金的特殊运动。例如，美国发放一项贷款给其他国家，不久后决定借款者不需要偿还（债务免除的一种形式），该贷款的额度就作为资本项目的一项进口。另一个进入资本项目的例子是一个美国居民永久性地移民到其他国家并带走了他的所有财产，这也被归类为进口。

更重要的是金融项目。该表的数字表明了资本投资和贷款进出美国的活动。在这里，你将找到美国拥有的股票、债券以及其他资产（如美国公司控股的海外公司）在给定时期的变化；也能找到其他国家拥有的美国公债及私人资产的变化。该表中还包括了美国政府机构（如美联储）持有的其他国家货币和公债；同样，它也包括了外国央行拥有的美国金融资产。

合并在一起，经常项目及金融和资本项目组成了美国的支付差额。它代表了美国和世界上其他国家所有的经济交易。

因此，美国的贸易和金融情况如何？不是太好！美国人喜欢支出和借入，甚至这样做会超过他们的能力。从 20 世纪 80 年代开始，美国的消费一直远大于产出。这意味着美国人极大地依赖进口来满足他们巨大的胃口。然而，为了提供这些消费的资金，美国不得不从其他国家平均每天借入 20 多亿美元。结果美国的总债务已经累计达到了 18 万亿美元之多（净外债，除去 15 万亿美元的属于美国的外资资产后为 3 万亿美元）。负债的增加能持续到无限吗？不能。问题是没有人确定这个巨大的、仍在增长的债务何时会开始严重动摇美国和全球的经济。

如何计算

由于国际贸易项目有大量的子项目，经济分析局不得不依靠大量的数据资源。商品和服务的贸易基本上来自于月度国际贸易报告。投资收益要依据持有的股份、股利支付率和利率来计算，其中的信息来自于企业的报告和美国财政部。旅游的收入和支付来自两个地方。BEA 直接从墨西哥和加拿大政府获得美国和其他国家的旅游数据。对于那些去往欧洲、亚洲或其他地区的旅游，该机构依靠对进入或离开美国的旅客的调查。

经常项目及资本和金融项目的数据是季节性调整的，但不年度调整。该数据代表贸易和投资流量的季度变化或年度总变化。经常项目不进行通货膨胀调整。

表：关于经济未来走向的线索

- **表 1　美国国际贸易——经常项目**

为了获知美国在世界贸易和金融方面所处的位置，请直接转到表 1 底部的备忘录部分，并观察 72～77 行。该结果是最近季度的经常项目差额。一个负值反映了美国必须从海外借入多少钱才能满足美国消费者、商业和政府资金的需求。

美国能负担得起对世界其他国家越来越多的债务吗？这不是一个学术问题。在经济学家中曾有一个热烈的讨论，就是关于无止境的经常项目赤字的扩大对未来美国经济健康的危险性。许多人对持续的赤字发出警告，其他国家的债券人迟早会决定减少他们对美国经济及其股票和债券市场的投入。这样的结果是可怕的，美元可能会明显贬值，通货膨胀和利率将被拉升得更高。

其他人则认为，虽然这些赤字不能无限期地持续下去，但美国的经济并未处于任何即将发生的危险之中。如果美国进口更多，它只是反映了美国经济比其他国家更强和更健康的程度。此外，美国被认为是一个稳定和有吸引力的投资场所，这是因为它的流动性、良好的信用和健康的生产率增长。最后，有人认为在一国的经常项目差额和经济健康之间没有直接联系。只要观察一下日本便知道，在 20 世纪 90 年代它的经常项目有盈余，然而它的经济在那十年中却处于萧条状态。

谁对谁错？这是一个难以回答的问题。因为经济理论只提供了一点长期经常项目赤字结果的指引。实际上，经常项目不能一直是赤字。因为其他国家投资者在他们的贷款组合与美元饱和时将终止贷款。在谨慎考虑利率的情况下，这些投资者可能会决定避开美国的金融资产而转移投资。准确地说，这种变化的时间是未知的。然而，这样在情感上反对美元的情况是令人不安的。为了保持其他国家投资者对美国的兴趣，增加他们对美元公债和贷款的持有，美国的利率将升到足够高以补偿其他国家的债权人持有这些美元时而承担的额外风险。当然，高利率也能使美国的经济增长偏离正常的轨道。

下面是几个在经常项目中值得注意的成分，因为它们对美国特定商业部门具有重要影响。

- 旅游：其他国家游客在美国的货币支出被认为是出口项目；美国人在其他国家的支出被归类为进口（考虑谁在旅游业中获利）。因为美国是全球流行的旅游地点，因此从传统上，一直保持旅游项目的盈余。比较第 6 行（其他国家的人到美国旅游）和第 23 行（美国人到其他国家旅游），你能看到的是其他国家的游客在美国花得多还是美国游客在其他国家的花得多。该结果对住宿和运输部门具有商业暗示。

表 1　美国国际贸易——经常项目
2003 年 12 月 16 日

单位：百万美元

经常项目 （贷方+，借方-）	2010 年	2011 年	变化： 2010 年— 2011 年	2010 年 第四季度	2011 年 第一季度	2011 年 第二季度	2011 年 第三季度	2011 年 第四季度	变化：2011 年第三季度 和第四季度
1. 商品和服务的出口及收到的收入……	2 500 817	2 843 764	342 947	656 986	687 900	715 132	724 627	716 105	-8 522
2. 商品和服务的出口…………	1 837 577	2 105 045	267 468	484 747	507 602	523 864	538 190	535 389	-2 801
3. 商品：支付基础的余额……	1 288 699	1 497 389	208 690	342 659	361 425	372 926	382 661	380 377	-2 284
4. 服务…………………	548 878	607 656	58 778	142 088	146 177	150 938	155 529	155 012	-517
5. 美国军方销售合同转让额……	17 483	17 671	188	4 141	4 231	4 474	4 534	4 431	-103
6. 旅游…………………	103 505	116 279	12 774	26 695	27 440	29 309	30 218	29 312	-906
7. 旅客运费……………	30 931	36 717	5 786	7 994	8 389	9 150	9 889	9 289	-600
8. 其他运费……………	39 936	42 454	2 518	10 121	10 463	10 635	10 765	10 592	-173
9. 特许及权照费…………	105 583	120 619	15 036	27 021	28 021	29 808	30 887	31 913	1 036
10. 其他私人服务…………	250 320	272 749	22 429	65 851	67 318	67 297	68 943	69 190	247
11. 美国政府的各种服务……	1 121	1 167	46	266	314	265	303	284	-19
12. 收到的收入…………	663 240	738 719	75 479	172 239	180 298	191 268	186 437	180 716	-5 721
13. 美国资产境外收到收入……	657 963	733 282	75 319	170 921	178 938	189 909	185 075	179 360	-5 715
14. 直接投资收入…………	432 000	477 252	45 252	112 199	118 276	125 796	118 953	114 226	-4 727
15. 其他私人收入…………	224 469	254 282	29 813	58 371	60 231	63 593	65 693	64 765	-928
16. 美国政府收入…………	1 494	1 748	254	351	432	519	428	369	-59
17. 雇员补偿……………	5 278	5 437	159	1 317	1 360	1 359	1 362	1 356	-6

（续表）

（贷方+，借方-）	2010年	2011年	变化：2010年—2011年	2010年 第四季度	2011年 第一季度	2011年 第二季度	2011年 第三季度	2011年 第四季度	变化：2011年第三季度和第四季度
18. **商品和服务的进口及收入的支出**	**-2 835 620**	**-3 182 655**	**-347 035**	**-735 804**	**-773 914**	**-803 056**	**-798 764**	**-806 921**	**-8 157**
19. 商品和服务的进口	-2 337 604	-2 665 001	-327 397	-603 496	-646 565	-669 079	-672 902	-676 455	-3 553
20. 商品：支付基础的余额	-1 934 555	-2 235 681	-301 126	-501 904	-542 793	-562 636	-563 529	-566 722	-3 193
21. 服务	-403 048	-429 320	-26 272	-101 592	-103 772	-106 443	-109 373	-109 732	-359
22. 直接防御支出	-30 391	-29 581	810	-7 471	-7 570	-7 545	-7 343	-7 123	220
23. 旅游	-75 507	-79 120	-3 613	-19 054	-19 293	-19 863	-19 993	-19 971	22
24. 旅客运费	-27 279	-31 104	-3 825	-7 259	-7 542	-7 693	-7 946	-7 923	23
25. 其他运费	-51 202	-54 484	-3 282	-12 666	-13 435	-13 933	-13 724	-13 392	332
26. 特许及护照费	-33 450	-36 581	-3 131	-8 359	-8 880	-8 588	-9 396	-9 717	-321
27. 其他私人服务	-180 598	-193 986	-13 388	-45 585	-45 970	-47 764	-49 802	-50 450	-648
28. 美国政府的各种服务	-4 621	-4 465	156	-1 198	-1 081	-1 057	-1 170	-1 157	13
29. 收入支出	-498 016	-517 654	-19 638	-132 309	-127 349	-133 976	-125 862	-130 466	-4 604
30. 外国资产在美的收入支出	-483 504	-5030 278	-19 774	-128 700	-123 760	-130 402	-122 270	-126 846	-4 576
31. 直接投资收入支出	-151 361	-160 551	-9 190	-44 861	-38 997	-44 900	-36 006	-40 648	-4 642
32. 其他私人支出	-196 004	-206 978	-10 974	-49 993	-51 014	-51 731	52 341	-51 892	449
33. 美国政府收入	-136 139	-135 749	390	-33 846	-33 749	-33 771	-33 923	-34 306	-383
34. 雇员补偿	-14 512	-14 375	137	-3 609	-3 590	-3 574	-3 592	-3 620	-28
35. **单方面的经常转移净值**	**-136 095**	**-134 550**	**1 545**	**-33 360**	**-32 263**	**-35 508**	**-33 489**	**-33 290**	**199**
36. 美国政府赠予	-44 717	-45 352	-635	-11 396	-10 987	-13 179	-10 812	-10 374	438
37. 美国政府养老金及其他转移	-10 365	-10 634	-269	-2 611	-2 629	-2 654	-2 677	-2 674	3
38. 私人汇款和其他转移	-81 013	-78 564	2 449	-19 353	-18 647	-19 675	-20 000	-20 242	-242

（续表）

（贷方+，借方−）	2010 年	2011 年	变化：2010 年—2011 年	2010 年 第四季度	2011 年 第一季度	2011 年 第二季度	2011 年 第三季度	2011 年 第四季度	变化：2011 年第三季度和第四季度
资本和金融项目									
资本交易项目，净值									
39. 资本交易核算，净值	−152	−1 160	−1 008	−2	−29	−829	−300	−3	297
40. 金融项目 美国境外资产净值[增加/资金流出（一）]	−1 005 182	396 375	608 807	−236 802	−334 721	24 446	−75 147	−10 953	64 194
41. 美国官方储备资产净值	−1 834	−15 877	−14 043	200	−3 619	−6 267	−4 079	−1 912	2 167
42. 黄金	0	0	0	0	0	0	0	0	0
43. 特别提款权	−31	1 752	1 783	−10	1 961	−1 9	−27	−23	4
44. 在国际货币基金组织的储备	−1 293	18 079	16 786	321	−6 428	−5 974	−3 909	−1 768	2 141
45. 外汇	−510	450	960	−111	848	−134	−143	−121	22
46. 美国政府资产；其他官方储备资产净值	7 540	−102 150	−109 690	−240	−547	−1 358	956	−99 289	−98 333
47. 美国贷款及其他长期资产	−4 976	−5 638	−662	−867	−1 307	−2 337	−1 202	−792	410
48. 美国贷款和其他长期资产的再支出	2 408	3 182	774	547	610	1 259	798	516	−282
49. 美国外汇储备和短期资产净值	10 108	−99 694	−109 802	80	150	−279	−553	−99 012	−98 459
50. 美国私人资产净值	−1 010 888	−278 348	732 540	−236 762	−330 555	32 070	−70 112	90 248	160 360
51. 直接投资	−351 350	−406 241	−54 891	−92 990	−89 567	−139 209	−74 071	−103 395	−29 324
52. 外国证券	−151 916	−92 906	59 010	−43 438	−58 171	−30 444	−40 103	35 812	75 915
53. 美国非银行类企业在国外拥有的权益	7 421	−393	−7 814	−5 747	−95 007	7 069	18 202	69 343	51 141
54. 美国银行所拥有的，在其他条目中未包含的权益	−515 043	221 192	736 235	−94 587	−87 810	194 654	25 860	88 488	62 628
55. 外国拥有的在美资产净值[增加/资金流入[+]]	1 245 736	783 737	−461 999	266 646	487 513	3 849	232 816	59 558	−173 258

（续表）

（贷方+，借方-）	2010年	2011年	变化：2010年—2011年	2010年第四季度	2011年第一季度	2011年第二季度	2011年第四季度	第一季度	变化：2011年第三季度和第四季度/第一季度
56. 其他国家在美官方资产净值	349 754	164 831	-184 923	57 790	48 764	95 143	21 847	-923	-22 770
57. 美国政府公债	316 980	122 992	-193 988	63 279	48 814	76 346	13 249	-15 417	-28 666
58. 美国基金公债	397 797	123 604	-274 193	79 688	33 510	79 552	28 115	-17 573	-45 688
59. 其他	-80 817	-621	80 205	-16 409	15 304	-3 206	-14 866	2 156	17 022
60. 其他美国政府债务	12 124	8 807	-3 317	3 841	2 645	2 089	2 245	1 828	-417
61. 美国银行报告的美国负债	-9 375	29 516	38 891	-7 277	-3 073	15 319	5 121	12 149	7 028
62. 其他美国官方资产	30 025	3 516	-26 509	-2 053	378	1 389	1 232	517	-715
63. 其他国家在美资产净值	895 982	618 906	-277 076	208 856	438 749	-91 294	210 969	60 481	-150 488
64. 直接投资	236 226	227 866	-8 360	70 557	28 812	53 184	67 566	78 303	10 737
65. 美国基金公债	256 428	141 804	-114 624	29 514	3 466	-59 320	118 910	78 748	-40 162
66. 除基金公债外的其他公债	120 453	-76 340	-196 793	48 431	-2 590	-10 743	-25 569	-37 438	-11 869
67. 美国货币	28 319	54 996	26 677	13 440	12 576	13 989	9 614	-18 817	9 203
68. 美国非银行报告的与美国债务有附属关系的外国的债务	77 456	13 863	-63 593	16 758	42 045	24 204	-21 092	-31 294	-10 202
69. 美国银行报告的美国负债	177 100	256 717	79 617	30 156	354 440	-112 608	61 540	-46 655	-108 195
70. 金融衍生工具净额	13 735	¹6 775	-6 960	-504	3 220	7 504	-3 949	n.a.	n.a.
71. 统计误差（上述项目修正的总和）	216 761	80 464	-136 297	82 841	37 707	88 462	-45 793	²75 502	³121 295
补遗：									
72. 商品余额（第3和第20行）	-645 857	-738 292	-92 435	-159 245	-181 368	-189 711	-180 868	-186 345	-5 477
73. 服务余额（第4和第21行）	145 830	178 336	32 506	40 496	42 405	44 495	46 156	45 280	-876
74. 商品和服务余额（第2和第19行）	-500 027	-559 956	-59 929	-118 749	-138 963	-145 215	-134 712	-141 066	-6 354
75. 收入余额（第12和第29行）	165 224	221 065	55 841	39 930	52 949	57 292	60 575	50 250	-10 325
76. 单方面货币转移支付净值（第1、第18和第35行或	-136 095	-134 550	1 545	-33 360	-32 263	-35 508	-33 489	-33 290	199
77. 经常项目余额（第1，第18和第35行）	-470 898	-473 440	-2 542	-112 179	-118 277	-123 431	-107 626	-124 105	-16 479
78. 资本净流（第74、第75和第76行）和第40、第55和第70行）	254 289	394 137	139 848	29 340	156 012	35 799	153 720	²48 605	³-105 115

注：

（1）r 表示已修订，p 表示初始值。

（2）经过季度和季节调整。

（3）由于近似的原因，数据之和不等于加总数。

资料来源：美国经济分析局。

- 收入的收到与支付：两个主要的种类列于此。第13行（美国拥有的资产在境外获得的收入）表明美国从国际投资中获得了多少收入，如利息收入、股利及在其他国家拥有的其他类型的资产收入。第30行（对其他国家拥有的在美资产收入的支付）代表美国支付给其他国家在美国投资的回报。

- 表1　美国国际交易——资金和金融项目
- 第40行美国在境外拥有的净资产：美国人经常在其他国家买入和卖出资产，该行代表美国政府和私人部门持有的其他国家资产数量的变化。
- 第50行美国私人部门净资产：这里你将找到私人部门拥有的境外净资产的变化。该行被进一步划分为两组：直接投资（如购买外国公司或工厂）和其他国家证券。分别在第15行和52行。
- 第55行其他国家拥有的在美资产净值：这是国外一方的交易，特别是其他国家私人和政府部门拥有的美国资产的总变化。
- 第63行其他国家在美资产净值：第55行的子项，该项目观察其他国家私人部门持有美国资产的变化，进一步划分为直接投资（第64行）、基金（第65行）和其他公债（第66行）。

市场效果

债券

国际贸易报告的价值在此不高。它是季度指标，其头条对固定收益债券市场的影响不大，因为大多数及时的月度测算，如国际贸易，已经对此叙述了很多。经常项目差额不如一些领先指标那样重要。然而，该报告受到了经济学家和华盛顿决策者的密切关注，因为经常项目赤字的增加在某些时候会使美国经济的增长存在风险。

股票

该发布对股票的价格没有实际影响。

美元

外汇市场的交易者一定会看该报告。美国经常项目差额的恶化将随时间的流逝而损害美元的价值。然而，没有人确定地知道这些增长的赤字何时会把美元推向悬崖。相反，如果美国的贸易差额反向运行，并开始接近盈余，这将被认为是美国的通货高度坚挺。尽管这在很多情况下取决于这种改善的背景：如果它是美国深度萧条的结果，随着进口需求的迅速下降，其他国家投资者可能会避开美元；如果经常项目赤字的变小是对美国商品和服务的更大的国际需求的结果，那么美元应该在货币市场上提高其价值。

Chapter 3 第3章 247

最具影响力的美国经济指标

美国商业银行的资产和负债（美联储）

Assets and Liabilities of Commercial Banks in the United Srates（Federal Reserve Board）

市场敏感度：中。

含义：银行在其资产负债表上体现的对生产与消费贷款的非常及时的报告。通常被称为 H.8 系列。

发布新闻的互联网网址：www.federalreserve.gov/releases/h8/current/default.htm

主页网址：www.ny.frb.org

发布时间：下午4点15分（美国东部时间）；每个星期五发布（如果星期五适逢公假，报告将在前一天的同一时间发布）。

频率：每周一次。

来源：美联储（H.8发布部门）。

修订：当收集到更多的数据时，将会对报告做适当的修订。美联储在经季节调整和未经季节调整的表格中都会提供所有的数据。

为什么重要

停！在你要因这个可怕的标题而跳过这一节之前，再想想吧。我们都清楚银行在经济发展中所起的至关重要的作用。他们帮助消费者承担起上至住房、下至日常用品的购买支出，生产者也在很大程度上依靠银行的资金来购买生产设备、囤积货品、维系各种生产建设活动。当你仔细思考时，你会发现很少有比银行为个体提供资信账户更重要的维持经济活动的措施了。银行贷款额的持续下降甚至要被视为经济发展状况堪忧的一大标志。这种状况的发生常常是因为贷款者总是对经济发展的预期保持过度紧张，他们始终担心一旦生产状况变坏，新的借款者还能否还清债务。在这种条件下，银行可以选择削减贷款，或者实施更加严格的借贷标准。但是当家庭消费和企业生产对贷款的需求减少时，银行贷款额同样也会下降。例如，对工作和收入安全日益感到焦急的美国人通常不愿意增加负债。看到市场对产品的需求日益下降的生产企业同样可能会延缓扩大再生产或购买存货的计划，因而也减少了向银行贷款的需求。

从另一方面来说，银行贷款的稳定增长能为经济发展注入能量。资产流动性的加强促进消费与投资的增长，企业会扩大雇用规模，创造出更多的就业岗位，这些最终都会推动经济增长。最基本地，没有充足的银行贷款机会的经济发展是无法得到持续健康的发展的。而通过美联储发布的这项报告，你可以清楚细致地了解到未偿生产消费贷款的数额及其构成的周际变化。

如何计算

这一数据报告（H.8系列报告）估计了美国所有商业银行的资产和负债情况。就我们自身的目的而言，我们将单独讨论资产负债表上的资产部分。美联储每周都会从875个国内特许银行收集贷款信息，其中包括大约60个国家银行在美的分行。这一报告因此也按银行的类型被分为几个部分：国内大型特许银行（由国内按资产计算排名前25的商业银行组成）、国内小型特许银行（基本上是资产排名25名以外的银行）以及国外银行在美分行。而贷款数据会同时发布在所有这些银行按季节调整和未按季节调整的统计图表中。

表：关于未来经济走向的线索

这份关于美国商业银行的资产和负债的周报告长达21页，但是关乎本书主题的那一部分仅出现在第二页。在这里我们看到了银行借贷的每周的最新数额，它们被细分成很多项目。

- 第9行银行贷款和租赁。这是银行借给非金融的私人部门的贷款总额，这个总额会根据贷款的种类被分解。
- 第10行工商贷款。这部分通常以商业贷款而被人熟知，它代表了大约20%的贷款和租赁总额。你起初可能会认为这个比例还会更高一些。没有造成这样的局面的原因是大公司在原始资金的需求方面对银行的依赖不大。世界500强企业总是能通过资本市场和股票债券市场来筹集资金，这都比银行贷款成本更低而且更容易掌控。然而，这些大公司的确在一些短期现金需求方面和银行有信用往来。银行的主要客户是中小型企业，因为它们没有足够的能力从资本市场取得足够的资金。总的来说，商业贷款有一系列的用途，比如金融产品的购买和投资。商业贷款一般会在市场有上扬信心的时候回升。然而，我们对此也得小心，因为贷款的突然回升也让我们有信用紧缩的忧虑。这就是为什么虽然贷款的一次飞跃的确可以加速经济的增长，但是也有出现相反情况的时候。比如，2008年9月雷蒙兄弟的失败震惊了整个金融界。很多公司疯狂地一下子利用信用额度从银行借贷了许多资金，因为他们害怕（事实上的确如此）华尔街潜在的金融危机将迫使银行一下子关闭借贷窗口。结果，商业贷款在两个月内猛增（那年的9月到11月），然后在接下来的两年里直线跌落。所以这份关于银行资产的联邦储备委员会报告必须和其他经济指数一起来考察，以便对未来经济的走向有一个更好的掌握。

- 第11行不动产贷款。这项目前被银行认为是高风险的，这个教训来源于近些年来住宅和商业贷款的惨败。第二次世界大战结束以来，各类不动产贷款都在逐年走高——即使是在衰退时期——这在很大程度上是因为房产价值一直在增长！这种趋势在2008年到2009年的急剧下跌中突然终结。银行现在对于扩充此类贷款十分谨慎，许多购房者和房地产开发商可以为此作证。如果银行对经济的前景持乐观态度，而且对借贷者的信誉进行了再度考虑之后，不动产贷款的回暖才可能会发生。前者由一系列经济指数决定，后者及借贷者的信用和就业史有着很大的联系。

这个银行信贷项目被进一步划分为三个主要的部分：周转房屋净值贷款、封闭式住宅贷款和商业不动产贷款。

- 第12行周转房屋净值贷款。房屋净值贷款已经成为改善住房的资金和其他高价支出的重要来源。然而，最近几年房价的下跌使房屋所有者手中持有的净值太伤元气，该项贷款在信贷市场中的份额已经落后于其他部分。只要周转房屋净值贷款一直不景气，就会一直阻滞消费。

- 第13行封闭式住宅贷款。这是最受关注的数据之一，因为它对房屋销售、价值和未来的建造都有巨大的影响。这项贷款的持续上扬趋势可以表明房地产市场的回暖，也可以证明房屋不动产市场获得了更多的动力。相反，若这项指标几乎毫无增长，则往往伴随着警钟而来。没有不动产的参与，宏观经济是很难加速发展的。

- 第14行商业不动产贷款。这个部分涵盖了许多建筑活动，包括写字楼、购物商场、宾馆酒店、厂房和医疗保健设施，甚至还有复合公寓住宅。自经济大萧条以来，银行一直吝于为商业不动产建设提供贷款。低落的经济通常会导致很大的空缺；而反过来，这个空缺让资产持有者很难筹集到足够的资金来偿还银行的贷款。即使经济反弹了，也需要很多年才能补齐商店和办公室里的空缺。因此，在经济复苏的初期，银行通常不愿意涉足商业不动产借贷市场。开发商们最近成功地吸引了私人资本，比如一些团体投资人，来支持新的商业建设或修缮。为什么私人投资者会对此感兴趣？很简单，他们中的很多人对于低回报率环境下极少的投资回报感到十分不满，并且相信商业不动产会提供更吸引人的长期回报的机会。

- 第15行消费贷款。这项是个人贷款的首要项目。消费构成了经济活动的70%，因此家庭贷款的趋势是同其他信息一起证明消费强劲还是乏力的最宝贵的工具。下面是两大主要贷款：周转贷款和非周转贷款。

- 第16行信用卡和其他周转计划。我们十分熟悉无处不在的塑料信用卡。这里的借款数额的变化可以作为很好地衡量消费信心和消费预期的指标。然而，这些数据里也有一些迷惑。信用卡已经成为小型和新型商业的借款方式，而在此之前，这类借贷往往会被拒绝或在银行借贷人员面前遇到了其他的困难。在经济疲软，出借者会尤为仔细地审查借贷者的预期收入状况的时候，这种情况尤其明显。据一个小型贸易组织透露，60%的小生意人用他们的个人信用卡或者是公司信用卡来为经营活动筹集资金。

- 第17行其他消费贷款。从定义上来说，我们是在说个人的非周转信用卡，包括汽车、教育、轮船、住房改善、医疗花费甚至是房车的贷款。有趣的是，这类贷款对于商业圈的转换的反应最为迅速。这是因为家庭对利率的提高最敏感。高利率会阻止消费者增加贷款，尤其是在联邦储蓄委员会颁布了紧缩性财政政策导致贷款成本增加的时候。联邦储蓄委员会的这种做法的目的就是抑制经济活动。但是人们担心这会紧缩家庭开支，甚至带来更严重的经济下滑，并引发就业和收入的下滑。相反，低利率会鼓励更多的消费贷款，这就是为什么我们通常会发现汽车和房屋销售把经济拉出低谷。

市场影响

令人惊讶的是，这个报告的发布没有带来任何市场反应。这是政府发布的最有趣和有用的宏观经济指数。

美国商业银行的资产和负债（联邦储备全监察小组）

H.8
美国商业银行的资产和负债[1]
单位：十亿美元

第 2 页
2012 年 3 月 30 日

账目	2011年2月	2011年8月	2011年9月	2011年10月	2011年11月	2011年12月	2012年1月	2012年2月	周结束日			
									2月29日	3月7日	3月14日	3月21日
资产												
1. 银行信贷	9 145.3	9 269.2	9 276.9	9 339.3	9 390.1	9 419.5	9 481.3	9 576.7	9 621.8	9 582.1	9 586.5	9 577.5
2. 银行信贷证券[2]	2 432.1	2 458.5	2 465.1	2 475.5	2 487.5	2 510.8	2 546.5	2 587.5	2 609.3	2 581.5	2 588.0	2 586.6
3. 国债和信贷机构[3]	1 633.6	1 660.8	1 664.8	1 675.7	1 685.4	1 695.9	1 724.0	1 754.4	1 775.9	1 757.4	1 763.6	1 769.5
4. 按揭证券[4]	1 104.1	1 180.9	1 202.2	1 217.6	1 229.2	1 247.6	1 264.7	1 288.0	1 299.3	1 297.5	1 300.8	1 301.0
5. 非按揭证券[5]	529.5	479.9	462.7	458.1	456.2	448.3	459.3	466.3	476.6	459.9	462.8	468.5
6. 其他证券[6]	798.5	797.8	800.2	799.8	802.5	814.9	822.8	833.1	833.4	824.1	824.4	817.1
7. 非按揭证券[7]	155.5	143.4	142.3	143.0	142.0	140.2	138.8	140.2	139.0	137.0	136.7	134.3
8. 非按揭证券[7]	643.0	654.4	657.9	656.7	660.5	674.7	684.0	692.9	694.3	687.1	687.6	682.8
9. 银行信用贷款和租赁[8]	6 713.2	6 810.7	6 811.9	6 863.8	6 902.2	6 908.7	6 934.6	6 989.2	7 012.5	7 000.6	6 998.5	6 990.9
10. 工商贷款	1 223.5	1 297.6	1 302.1	1 316.3	1 324.5	1 338.4	1 354.6	1 372.6	1 377.7	1 379.3	1 379.0	1 382.3
11. 不动产贷款	3 568.3	3 485.4	3 482.1	3 485.8	3 487.7	3 479.5	3 497.2	3 532.8	3 541.5	3 539.9	3 540.3	3 534.3
12. 周转房屋净值贷款[9]	574.5	557.7	555.8	552.3	550.3	547.9	548.8	550.1	548.7	547.2	546.4	545.5
13. 封闭式住宅不动产贷款[10]	1 514.1	1 497.3	1 500.9	1 516.0	1 520.5	1 517.8	1 535.3	1 556.6	1 566.7	1 567.6	1 569.8	1 567.0
14. 商业不动产贷款	1 479.7	1 430.4	1 425.4	1 417.5	1 416.9	1 413.8	1 413.1	1 426.0	1 426.0	1 425.1	1 424.1	1 421.8
15. 消费贷款	1 074.3	1 089.0	1 086.6	1 089.5	1 091.3	1 096.5	1 090.8	1 089.9	1 093.6	1 093.4	1 093.1	1 091.5
16. 信用卡和其他其他贷款周围计划	595.3	597.6	597.3	597.4	597.4	600.2	595.4	592.3	593.2	591.9	591.5	590.8
17. 其他消费贷款[11]	478.9	491.4	489.4	492.1	493.9	496.7	495.5	497.6	500.4	501.5	501.6	500.7
18. 其他贷款和租赁	847.2	938.7	941.0	972.1	998.7	993.9	991.9	993.9	999.7	988.0	986.1	982.9
19. 联邦资金和非银行反回购[2]	206.9	260.4	263.8	275.4	297.7	290.8	281.3	286.2	294.3	284.4	280.8	285.8
20. 所有其他贷款和租赁[13]	640.3	678.3	677.2	696.7	701.0	703.1	710.7	707.8	705.4	703.6	705.3	697.1
21. 租赁和贷款损失的耐受程度	206.6	183.3	179.2	176.9	174.4	175.3	174.0	170.5	170.6	167.4	168.6	168.5
22. 银行同业贷款[12]	162.1	125.9	118.3	114.1	110.3	108.5	109.9	115.2	109.6	112.4	114.8	110.3
23. 联邦资金和银行间反回购[14]	133.7	114.1	107.0	103.3	103.3	97.9	98.3	103.3	101.0	102.4	102.4	97.9
24. 商业银行贷款[15]	28.3	11.8	11.3	10.8	10.0	10.6	11.7	11.9	12.1	11.4	12.4	12.4
25. 现金资产[15]	1 254.2	1 897.9	1 836.9	1 707.3	1 599.7	1 596.2	1 592.3	1 601.2	1 584.5	1 608.8	1 603.4	1 576.9
26. 贸易资产[16]	269.9	329.8	330.9	306.5	296.4	304.7	314.4	341.0	339.0	328.0	322.9	329.0
27. 积极价值衍生品[17]	246.4	302.9	304.0	282.1	274.0	280.7	287.1	315.0	310.8	301.1	296.5	301.1
28. 其他贸易资产[18]	23.5	26.8	26.9	24.4	22.4	24.0	27.2	26.0	28.2	26.9	26.4	27.9
29. 其他资产[18]	1 213.5	1 214.7	1 207.7	1 199.7	1 201.5	1 190.2	1 175.8	1 167.7	1 165.1	1 154.0	1 156.4	1 154.1
30. 总资产[19]	11 838.5	12 654.2	12 591.6	12 489.9	12 423.7	12 443.7	12 499.8	12 631.2	12 649.3	12 617.8	12 615.3	12 579.3

美国财政部国际资本流动数据报告
Treasury International Capital（TIC）System

市场敏感度： 中。

含义： 一份跟踪进出于美国的投资资金流动的报告。

发布新闻的互联网网址： www.treasury.gov/resource-center/data-chart-center/tic/Pages/ticpress.aspx

主页网址： www.treas.gov

发布时间： 上午9点（美国东部时间）：一般在每月的15号发布，报道前一个半月的资产流动情况（争取尽快发布）。

频率： 每月一次。

来源： 美国财政部。

修订： 数据实时更新。

为什么重要

众所周知，美国人喜欢大量购物，以至于入不敷出。联邦政府的日常消费远远超过其税收所得也不足为奇。然而，这就是美国遭受年度财政赤字困扰的原因。民众和联邦政府都需要借贷以弥补这种缺口。但跟谁借呢？要想借贷，首先需要有人储蓄，然后通过相关机构转换成可用的资金，用于经济支出和其他人投资。这种储蓄同时能够推动股票和证券市场，作为美国银行为消费提供贷款的来源。然而，美国的民众和联邦政府都不是储蓄者，那会是谁？

公平来讲，美国人民实际上为储蓄贡献了部分力量。例如，退休账款、401k 计划及类似的社团养老金计划，由于是雇主在一开始自动从员工薪水册中扣除了这部分费用，因此被认为是一种强制性的储蓄形式。储蓄的另一来源是美国企业，尤其是在效益好的时候。企业很少能花掉所有的收益，剩余部分要么存放在公司的银行账户里，要么以较高的红利或股份回馈的方式返给股东，或者投资于金融市场。因此，部分储蓄来自美国本土，这一点没错。但问题是，整个国内储蓄累加起来还远远不足以填补本国消费和支出之间存在的缺口。

美国少得可怜的储蓄与其他国家的超额储蓄状况形成鲜明对比，他们的消费理念与美国人不同（欧洲各国、日本和中国的工人会将他们5%~40%的收入存起来）。并且，许多其他国家的政府的预算赤字规模相对比较适中，甚至还有一些出现了盈余的情况。

考虑到美国在世界经济发展中的作用，其他国家的投资者一直愿意将他们的剩余储蓄投向这个国家。他们通过购买美国股票、债券和其他美国资产，为降低美国的利率和保持经济持续增长提供资金。一个正在发展中的美国经济，意味着消费者将继续购买其他国家更多的商品和服务，因此看上去人人都将从中获益。

遗憾的是，由于过分依赖海外债权人，严重的风险也伴随而至。在过去的15年中，美国来自国外的借款总额从500亿美元扶摇直上至令人吃惊的3万亿美元。实际上，美国现在（2011年）每年每天每分钟平均向国外借款的数额有170万美元！

这种借款步伐能一直持续下去吗？显然不能。当其他国家的投资者发现他们的债券在美元流通中面临困难时，他们将按比例转向其他新投资。在2011年初，他们已经拥有超过30%的美国公司债券、50%的美国财政债券、接近15%的美国股票。有时候其他国家投资者会减少美元投资，从而使投资组合多样化。对美国来说，这种过分依赖海外借款的状况会带来灾难性的后果。一旦流入美国的资金减少，就会造成资金短缺和利率上调。高利率将导致经济发展滞后，甚至可能出现衰退。

距离美国经济的借款底线到底有多远？其他国家投资者能继续对美国的肆意挥霍状况坐视不理吗？这两个问题的答案都取决于其他全球性经济政治的因素。只要对欧元的经济活力还存在疑问——或者是对地缘政治危机还存在担忧——其他国家投资者就会通过持有美元资产来寻找安全感。他们或许会抱怨美国日益堆高的债务，但在国际经济政治不稳定的时候，他们仍然会将资金投入美元这一世界储备量最大的货币以寻求安慰。毕竟在美元的表象之下是全球最大的经济体、流动性最强的金融市场和世界最强大的军事力量。

但是我们同时也要清楚，认为美国不断向外国借债是没有后果的这一想法无疑是荒谬的。到一定时候，谨慎的处事方式会迫使其他国家投资者重新考虑他们的投资组合以让他们的资金不过度与美元有关。谁又会知道那个时候何时会出现呢？

假如其他国家投资者对美国资产的购买量减少，这种信息会在TIC月度报告中反映出来。它记录了其他国家投入美国境内的净资本，一方面是流入美国的资本，另一方面还记录了流向国外的资本。这两项之间的差额能够反映出自1982年以来（有一年除外）每处都存在的流动资金收支差额（见早期的"流动资金"）。2011年这种年度差额已经上升至国内GDP的3.2%，这意味着美国人的消费比其产出高出3%。其他国家投资者（到目前为止）用他们所赚得的美元来弥补这种财政赤字，并重新投资于美国经济。

如何计算

早在1934年，当美国政府发现有关境内外资金流动的信息时，就出现了TIC系统。政府通过详细而明确地咨询金融机构（如银行、经纪公司、经纪人/经销商、非银行组织和证券投资公司）和非金融企业（包括出口商、进口商、工业企业、保险公司以及抚恤基金会）涉及有关股票、财政证券、公司债券、政府债券、存款和贷款的境内外交易情况，来获得数据。

TIC数据虽是属于财政部的，但实际上美国联邦储备系统有责任去搜集和验证这些信息。这并不是一项简单的工作，这些数据需要花费数周时间搜集和证实，通过国家和市场份额来分析投资交易。然后将数字提交给财政部，进而在45天之后发表在TIC报告中。

月度TIC报告的主要新闻稿可以从以下网址查找：

www.treasury.gov/resource-center/data-chart-center/tic/Pages/ticpress.aspx

想要获取美国证券的主要海外持有者信息，可以搜索以下网址：

www.treas.gov/tic/mfh.txt

表：关于未来经济走向的线索

在我们通过TIC表格详审未来经济走向的线索之前，首先需要熟悉报告本身。

TIC报告布局合理且易于阅读和解释，尽管它乍看起来令人沮丧。查阅该表格时首先要理解两个关键点：它取自其他国家投资者在美国的所作所为，他们是购买还是出售证券？另外要关注资本的基本流动方向。贸易使得货币流入还是流出美国？当海外投资者购买美国证券时，资金流入美国；而当他们出售时，资金从美国流出。

下面我们使用左边的数字标题来分析这份报告。

有关境内外财务流动的TIC月度报告

	有关境内外财务流动的TIC月度报告							（以十亿美元计，未经季节调整）
		2004年	2005年	2006年	2006年 9月	2006年 10月	2006年 11月	2006年 12月
	长期证券的海外购置情况							
1	美国证券的总购买额	15 178.9	17 157.5	21 100.8	1 750.4	1 875.2	1 928.1	1 850.4
2	美国证券的总销售额	14 262.4	16 145.9	19 958.7	1 649.9	1 766.6	1 805.9	1 787.4
3	国内证券购买净利（第1行减第2行）/1	916.5	1 011.5	1 142.1	100.5	108.6	122.2	63.0
4	私人体净利/2	680.9	891.1	956.5	83.7	83.3	115.7	39.0
5	票据和债券	150.9	269.4	130.6	−6.1	6.2	33.1	4.5
6	国库券	205.7	187.6	202.0	17.3	10.9	11.8	12.5
7	公司债券	298.0	353.1	474.4	57.1	38.8	61.8	33.1
8	股票	26.2	81.0	144.1	15.3	27.4	9.1	−11.1
9	官方净利/3	235.6	120.4	185.6	16.7	25.3	6.5	24.0
10	票据和债券	201.1	68.7	62.5	7.7	18.5	1.0	6.1
11	国库券	20.8	31.6	88.8	7.9	5.3	4.0	15.5
12	公司债券	11.5	19.1	28.5	1.8	2.0	3.6	2.9
13	股票	2.2	1.0	5.8	−0.7	−0.4	−2.1	−0.5
14	海外证券的总购买额	3 123.1	3 700.0	5 568.4	427.1	509.2	533.5	521.3
15	海外证券的总销售额	3 276.0	3 872.4	5 814.5	449.9	524.2	570.9	568.7
16	海外证券购买净利（第14行减第18行）/4	−152.8	−172.4	−246.0	−22.8	−15.0	−37.4	−47.4
17	海外债券购买净利	−67.9	−45.1	−139.7	−13.6	−6.7	−17.6	−28.5
18	海外股票购买净利	−85.0	−127.3	−106.3	−9.2	−8.4	−19.8	−18.9
19	长期期证券交易净利（第3行加第16行）	763.6	839.1	896.1	77.7	93.5	84.9	15.6

（续表）

		2004 年	2005 年	2006 年	2006 年 9 月	2006 年 10 月	2006 年 11 月	2006 年 12 月
	长期证券的海外购置情况							
20	长期证券的其他购置/5	−38.8	−140.0	−165.7	−11.9	−10.4	−32.6	−13.1
21	长期证券的海外购买净利（第 19 行与第 20 行）	724.8	699.1	730.4	65.7	83.1	52.2	2.5
22	增加基于美元的短期美国证券和其他委托债务的海外资产/6	190.1	−47.6	125.7	−10.3	0.6	17.0	6.5
23	美国国库券	60.0	−58.9	−9.0	−14.5	4.1	9.5	−4.9
24	个体投资	26.8	−15.6	16.0	−3.9	5.0	1.8	4.4
25	中央银行	33.2	−43.3	−25.0	−10.6	−0.9	7.7	−9.3
26	其他可流通证券和可选债务/7	130.1	11.4	134.7	4.1	−3.4	7.5	11.5
27	个体投资	77.4	10.6	154.5	5.9	7.4	9.3	4.7
28	中央银行	52.8	0.8	−19.8	−1.7	−10.8	−1.8	6.7
29	银行固有的基于美元债务的交换	63.9	16.4	−28.2	13.6	−7.5	1.2	−20.0
30	月度 TIC 流动资产净利（第 21、第 22、第 29 行）/8	978.9	667.9	827.9	69.1	76.3	70.5	11.0
31	个体投资	637.2	580.6	699.3	57.1	83.2	61.1	−42.5
32	中央银行	341.6	87.3	128.7	11.9	−6.9	9.4	31.5

1．美国证券的总购买额。反映一段时间内其他国家投资者对美国证券的购买总量。使得资金流入美国国土，因此记为正值。

2．美国证券的总销售额。反映一段时间内其他国家投资者对美国证券的销售总量。使得资金从美国本土流出，因此记为负值。

3．国内证券购买净利。即前两行的差值。正值表示其他国家对美国证券的购买量大于其销售量。

目前存在两种类型的海外购买者：一是诸如个人、专业贸易和其他国家经纪公司的个体投资者；二是所谓的官方交易，通常是指海外中央银行。

4．个体净利。第 5~8 行表示海外个体投资者的购买净利，包括票据和债券（第 5 行）、国库券（第 6 行）、公司债券（第 7 行）和股票（第 8 行）。第 4 行为总和。

5．官方净利。第 10~13 行表示海外中央银行的购买净利，所投资产与上面相同。

到目前为止，我们讨论了美国证券的海外交易情况，下面三行反映了海外投资者对存在于美国的其他国家证券的投资情况。

14．海外证券的总购买额。当其他国家购买在美国的其他国家证券时，为美国引入资金。举例说明，当一家美国经纪公司向一个海外投资者出售墨西哥政府债券时，收益流向美国本土。

15．海外证券的总销售额。以上例的反面加以说明，假设一家海外投资公司向美国出售墨西哥债券，将使得货币从美国流出，从而在 TIC 收支平衡报告中记入借方。

16．海外证券购买净利。即第 14、第 15 行的差值。

17．海外债券购买净利。⎤
18．海外股票购买净利。⎦→（这两行对第 16 行中的数据进行了资产类型分解）

19. 长期证券交易净利。现在到了对 TIC 报告做一个重要小结的时候了，它反映其他国家投资者在美国购买和出售长期证券的资产净利。该行数字是第 3 行与第 16 行的总和。TIC 报告中的长期是指证券到期时间为一年以上，股票也被认为是一种长期投资。

如此关注长期证券的原因何在？因为长期证券的资金流动被认为是其他国家投资者衡量美国经济发展的有力杠杆。这部分收益为美国的财政赤字筹措资金。相反，短期证券交易（诸如国库券）通常是由投资者在数天甚至短至几分钟的证券买卖中所使用的"热钱"构成的。这种浮动交易为全球的投资团体提供了重要的灵活性，但对于其他国家投资者观察美国经济的整体实力和持久性意义甚微。

20. 长期证券的其他购置。主要指私人团体之间的"非市场"交易。包括资产回收中的股票交换，市场上禁止流通的财政债券和票据持有者间的交换。同样，负数表示资金净利从美国流出。

21. 长期证券的海外购置净利。简单地将第 19、第 20 行的数据相加，就得到了美国长期证券的海外购置净利总值。

22. 增加基于美元的短期美国证券和其他委托债务的海外资产。到目前为止，TIC 处理的是时间在一年以上的长期证券在美国境内外的交易情况。该行报道的是短期证券，诸如国库券、商业票据、银行承兑、短期国债以及短期公司债券的月度流动情况。

23. 美国国库券。在第 22 行的总值中，该数字表示国库券的购买净利，紧接着是由私人投资（第 24 行）和中央银行（第 25 行）构成的交易情况。

26. 其他可流通证券和可选债务。第 22 行与第 23 行数值之差，主要是来源于个体投资（第 27 行）和中央银行（第 28 行）。

29. 银行固有的基于美元债务的交换。该项构成了海外人士存放在美国银行账户中的货币净值。通过把购买银行 CDs 和美国银行向海外机构借款进行对比，说明美国银行在其他国家有存款余额并可以向海外人士提供贷款，与此同时，期间还包括了除商业银行以外的其他储蓄机构，像借贷协会和信用社、融资公司以及证券经纪人和经销商。

30. 月度 TIC 流动资产净利。现在我们可以得到美国一整个月的流动资产净利（包括短期和长期），是第 21、第 22 和第 29 行数值的总和。整份报告只处理流通于境内外的证券投资和保证金，认识到这一点很重要。它并不包括从海外直接引进的投资，即用于购买其他公司（兼并或收购）或者新设施建造的那部分引进资金。

31. 其他国家个体投资者的流动资本净利总和。

32. 海外中央银行的流动资产净利总和。

那么我们如何使用这些信息呢？TIC 报告为其他国家投资者如何看待美国经济和金融市场提供了一个全新的视角。由于我们如此依赖于海外资本来推动本国经济发展，任何有关海外投资者对美国经济看法暗淡的迹象都会给其发展带来巨大麻烦。

● 第19行　长期证券交易净利

我们从最关键的部分开始，如果美国人消费支出大于其生产收入，就意味着国家必须依赖于海外投资来弥补这种超额需求。这种消费和生产间的缺口形成财政赤字，要保持美国经济持续发展，必须靠海外债权人为这种不足投资。

海外投资者是心甘情愿为这种逆差投资吗？前几年似乎是如此。流动资金赤字在2004年和2005年分别达到6 290亿美元和7 460亿美元（参考"流动资金"前一节以获取这些数据）。此处 TIC 发布数据说明海外投资者不仅仅愿意填补这部分债务，在第19行，我们看到这两年对美国长期证券的海外资金投入分别为7 630亿美元和8 390亿美元。这些数字表明美国能够吸收世界上更多的资本。所有这些额外的流动资金使得这些年的美国利率持续走低，甚至还为不动产和股票市场带来了活力。

但是海外投资者不会对这种年复一年的投资感到厌烦吗？很明显,总会出现美国证券连同美元资产不稳定的时候,这将导致海外投资者重新衡量风险并转而投向其他非美国资产。或者他们很容易在市场中找到美国之外的其他有利可图的投资渠道,进而将持有的美元转向其他利润更为丰厚的投资。不管出于什么原因,海外投资者在美国投资的任何变动,都将在 TIC 月度发布报告的最右边一列呈现出来。从表中我们可以看出,10月、11月、12月的国内证券购买净利分别为1 090亿美元、1 220亿美元和630亿美元,这一季度总额为2 940亿美元。这要如何与这几个月的经常项目逆差相比呢？在这一年的最后一个季度,经常项目逆差总额达到了1 880亿美元。因此,同样不能说明海外投资正在远离美国。

然而，从另一个角度看情况并不是很好。如果你查看资本流动和贸易逆差间的比值，就会发现一个令人烦忧的趋势。利用资本流动覆盖贸易逆差的这个比值正在平衡地下滑。例如，2006年美国的贸易逆差总额达8 010亿美元，而资本流入（根据 TIC 报告的第19行）总计为8 960亿美元。因此,这一年美国的境内外资金流入与贸易赤字间的比值为1.11。在2005年，这个比值为1.13。因此一个令人不安的趋势似乎正在形成——境外流入美国的资金越来越少，美国的贸易逆差难以抵消。这或许也意味着美元正在承受越来越大的贬值压力，正如2006年出现的情况一样。

● 第4行"个体净利"和第9行"官方净利"

在查看美国证券购买净利总值时，看清楚谁是买家很重要。是海外中央银行还是个体投资者主导着大部分交易？如果主要来源于个体投资者,则标志着可以树立美元和美国经济未来进展的显著信心。毕竟，个体投资者受利润驱使,他们希望自己在美国的投资能够得到实际的回报。如果海外投资者对他们的收益不满，他们会很少去购买额外的美国股票和债券。一旦海外对美元资产的需求逐步减少，美元价值将降低，从而极大地动摇世界贸易，并进一步转变为热门的政治问题。有一点，美元贬值可能对美国出口商（和那些货币与美元挂钩的国家的生产商）有益，因为在海外市场中降低了其产品的价格。然而，欧洲各国、日本和另外几个新兴国家的海外公司可能会对这种转变叫苦连天。美元贬值自然会影响海外对欧元、日元和其他一系列流通货币的价值，由此破坏这些国家的出口。它意味着国外的销售量减少、国内的失业率增加和经济疲软。

为阻止这种情况出现，海外中央银行通常会在这个时候介入，通过增大对美国证券的购买力来抑制本国货币升值过多或过快。因此在 TIC 报告中将个体投资者（第 4 行）和官方机构（第 9 行）的购买力比值进行了比较。一般来说，如果个体购买净利占第 3 行总净利（国内证券购买净利总值）的 75% 以上，对美国经济发展有利。这说明有稳定的个体资本流入，能够保持低利率。与之相反，倘若个体投资者开始退出美国市场并迫使海外中央银行来应对这种松懈状态，则预示着美国经济的萧条期即将到来。海外中央银行在短期内可能会影响货币价值，但它们没有个体投资者所具备的长期资源。如果个体投资的全体成员从根本上撤离美元市场，海外中央银行只能暂时性地缓解美国货币流通中的陡降现象。

市场影响

债券

债券交易者希望看到每月的海外资金流入量超出美国的交易逆差部分。如果没有与外部赤字相匹配的足够资金投向这个国家，将会导致美元贬值，从而加剧通货膨胀，继而破坏债券价格并提高利率。

股票

股票交易者一开始对美元贬值可能怀有好感，因为它能为美国出口商和在美国的外企增加收益。但海外个体资本流入的陡降也会使得这些贸易难以正常进行。没有这部分资金，美国经济的运转不再流畅，利率提升将威胁到经济运作。而且，美国股票的海外购买群体大多来自个体投资者，而非中央银行。因此，一旦 TIC 报告指示海外投资者对在美国投资的兴趣降低，该国的股票市场将面临巨大压力。

美元

很多货币交易商都密切关注着 TIC 报告，这是因为他们必须及时地对由美元领衔的资产变动情况做出反应。源自官方和个体投资者的流入资产净值的比例分配变化尤其值得关注。海外市场的投资者面对过多的海外中央银行进行投资时要谨慎行事。如果个体投资者从根本上看跌美元，依靠官方投资美元资产的局面将无法维持。交易者同时瞄准资本流入净值和交易赤字之间的比值。比值上升说明流入本土的美元比交易逆差增长要快，同时与提升美元价值相关联。相反，比值下降则预示着美国的货币流通受阻，同时提高了人们对美国未来的资产成本和经济福利的关注程度。

价格、生产率和工资

消费者物价指数
Consumer Price Imdex（CPI）

市场敏感度：非常高。

含义：十分流行的零售商品和服务价格通货膨胀的测算。

发布新闻的互联网网址： www.bls.gov/cpi

网址主页： www.bls.gov

发布时间：上午 8 点 30 分（美国东部时间）；报告当月的第 2 周或第 3 周发布。

频率：每月一次。

来源：美国劳工部劳工统计局。

修订：没有月度的修订。年度的变化在 2 月份发布 1 月 GDP 数据时介绍。修订能上溯到 5 年前。

为什么重要

　　和就业形势报告结合在一起，消费者物价指数就成了金融市场上被仔细研究的另一个热门的经济指标。它获得如此多关注的原因显而易见。通货膨胀影响着每一个人，它决定着消费者花费多少来购买商品和服务，左右着商业经营的成本，极大地破坏着个人和企业的投资，影响着退休人员的生活质量。而且，对通货膨胀的展望有助于设立劳动合同和制定政府的财政政策。

　　消费者物价指数的变动也会影响 5.5 千万社会保障受益人的福利和 4.5 千万仅能维持温饱的人们的切身利益。房东们对通货膨胀的变化情况进行预测以便在租赁合同中锁定即将出现的涨价高潮。甚至在法官们计算离婚赡养费和子女的抚养费时也会考虑消费者物价指数。简言之，通货膨胀的影响是无处不在的，没有一个人能不被其影响。

　　比较棘手的问题是如何测算通货膨胀。用于评估价格变化的经济指数多达半打，其中包括个人消费支出价格指数、生产者物价指数、进口物价指数、雇佣成本指数、单位劳动力成本以及 GDP 平减指数。上述每一个指数都有其各自的功能和缺陷。例如，国内生产总值通货膨胀指数的覆盖面比消费者物价指数大得多，但是它一个季度才公布一次；而消费者物价指数却一个月发布一次。虽然生产者物价指数也是一个月发布一次，并且也可用于测量通货膨胀；但是它所反映的价格变化主要发生在批发领域，而且不包括服务成本。相比而言，消费者物价指数的一半以上是由经济中增长最快的服务组成的，这使得它与消费者和工人的关系更为密切。

消费者物价指数究竟是什么？它是用来估计生活成本的。但是这样我们就要立马面对一个问题，"生活成本"只是一个存在于理论中的概念，毕竟美国人的生活方式是各不相同的。因此，CPI 能做得最好的程度就是估算包括 200 多种各式各样的商品和服务零售价格的平均变化值。这 200 多种商品和服务被分成 8 个主要的类别。在计算消费者物价指数时，每一个类别都有一个能显示其重要性的权数。这些权数是通过向成千上万的家庭和个人调查他们在 2007 年和 2008 年里买了哪些东西而确定的。这些权数每两年就要修订一次，以使它们与人们改变了的偏好相符。消费者物价指数中包括的产品主要分为以下 8 个类别：

类别	在 CPI 的权重
1. 住宅	41%
住宅建筑 32%	
燃料和公用设施 5%	
家具及其维护 4%	
2. 食物和饮料	15%
3. 交通运输	17%
个人交通 16%	
新交通工具 3%	
发动机燃料 6%	
维护和修理 1%	
二手轿车和卡车 2.0%	
公共交通 1%	
4. 医疗	7%
5. 服装	4%
6. 娱乐	6%
7. 教育和交流	7%
8. 其他货物和服务	3%
烟草类产品 1%	

从上面的数据清单中可以发现，消费者物价指数最大的一个组成部分是占了 41%比例（或权数）的住宅类别。在消费者物价指数中，交通成本占了近 17%，医疗占了 7%。如果所有这些数据都准确无误，劳工统计局就能得出一个消费者物价指数的具体数字，而且这个数字能反映出所有这些项目的总成本在最近一个月内所发生的变化。与以美元表示的数

据相比，经济指数的优势在于它能使人了解通货膨胀在过去不同时间段的表现情况。一般来说，消费者物价指数的基础可以追溯到 1982 年至 1984 年，当时该指数的基准（即所有货物和服务的平均价格）被确定为 100。因此，如果消费者物价指数在某年年底达到了 200，并且在下一年的前 6 个月里上升到了 202，那么该年上半年的通货膨胀率就是 1%，如果下半年的情况相同的话，则当年价格的涨幅就是 2%。

通货膨胀在一开始是如何发生的？对于经济来说，它是否是有百害而无一利？对于通货膨胀的产生原因有两种比较流行的解释。其中一种解释以货币主义者的观点为基础，认为货币供应的过量增长是价格狂涨的幕后黑手。如果货币供应的增长速度超过了商品和服务的增长，问题就出现了。因为最终这将意味着过多的货币追逐过少的商品，结果是这些短缺却又流行的产品价格上涨，通货膨胀就是这样产生了。

另一种解释更重视的是商品和服务的全部需求而不是货币的供给。这是凯恩斯主义的观点，其主要倡导者是约翰·梅纳德·凯恩斯（John Maynard Keynes）。该解释认为当市场的全部需求（包括消费者、经营者、政府以及需要美国产品的海外购买者的需求）大大超过了经济的承受能力，供应短缺的结果就会推动商品和服务的价格上涨并导致通货膨胀的加速。通货膨胀以多快的速度发展取决于经济处于周期中一个怎样的阶段，确切地说，是取决于经济中有多少生产力被闲置。如果在经济萧条之后，商品和服务的需求出现了有力的增强，这不是通货膨胀，因为在这种情况下将会有丰富的供应，也会有足够的市场容量来吸纳。只有在波谷时，原材料和劳动力资源日渐短缺时，对商品和服务的持续而旺盛的需求才会带来通货膨胀的巨大压力。

同样有趣的问题是通货膨胀是否是一件坏事。毕竟，更高的价格能使企业获得更多的收入，使证券价格上升并使大大小小的股票投资者都获利。联邦政府和各州政府希望通货膨胀能创造更多的税收，因为税收增加有助于平衡联邦政府的财政预算或者提供政府新的支出项目需要的财政支持。大额贷款的借款人不担心通货膨胀，因为这样一来他们就可以用不值钱的美元来偿还他们的贷款。

那么到底是什么使通货膨胀变得如此可怕？原因很多。通货膨胀制造了经济的不稳定性和不确定性，也造成了经济的扭曲。当然，企业都愿意看到自己的收入增加，但是他们更愿意通过卖出更多的产品来获得更多的收入，而不愿意完全通过提高价格来增加收入。而且，企业也会像其他任何人一样因通货膨胀而受到损害，尤其是当他们自己的供应商决定提高价格时。企业的雇员也会要求更高的薪资报酬以抵消掉由通货膨胀造成的生活成本的提高。此外，在议会默许通货膨胀带来更多税收的同时，竞选中的官员们也知道当选民们发现他们的购买力被通货膨胀侵蚀掉时会很愤怒，他们的不满情绪将在选举日爆发出来。那么通货膨胀是否有害呢？当然有害了。

只有在经济面对价格螺旋式下降的通货紧缩威胁时，政府才会有意寻求通货膨胀。

当然，对于购买者来说，物价下跌在一开始是一件好事。但是请不要误会，通货紧缩和通货膨胀一样对经济具有破坏性。物价的猛烈下跌会大幅度削减企业的利润，然后，企业利润的大幅减少又会导致大量雇员失业。失业的增加意味着人们收入的减少，也意味着消费者支出的节省。当消费者逐渐缩减其购物花费时，物价会进一步下跌并且企业会被迫解雇更多的员工。这是一个将导致经济崩溃的恶性循环。在大萧条时期，美国政府受到了通货紧缩的损害。从1929年到1933年，消费者物价指数下降了24%。就在刚过去的2001年和2002年，即使日本的实际利率降到了零，它还是深陷于通货紧缩的泥淖而无法恢复元气，不仅经济无法增长，失业率也达到了空前纪录。

从理想状态来说，政府，特别是联储的目标是通过实施一系列的政策来提高物价的稳定性从而避免有害的通货膨胀和通货紧缩。从现实情况来看，那就意味着只能忍受物价涨幅每年不超过1%~2%的适度的通货膨胀。

如何计算

每个月的前三周，劳工统计局的工作人员都会核对商户信息，并对大约26 000家零售商和其他商业机构，以及87个城区内的4 000个住房单位进行电话采访。他们收集80 000项产品和服务的价格信息，其中包括眼镜、汉堡、牙科检查、汽车、汽油、法务费用、啤酒、计算机、谷类植物、殡葬服务以及出租单位等。每个月，他们都会通过分析同一构成的商品和服务以获取对价格表现的判断。

从表面上看，人们能够公正直接地追踪到上述价格的表现。然而，这在现实世界中却很难做到。有时，数据收集者必须运用自己的判断力来决定用于计算CPI的某种商品价格是提高还是降低，即使这种商品本身的价格标签并没有变化。之所以出现这种情况，是因为商品的包装或者技术上的改变会影响这种商品的"实际价格"。

为了说明这一点，我们列举政府每个月都会面临的三种经典场景。假设5液盎司一瓶的洗涤剂在上个月卖5美元。制造此种洗涤剂的公司想要招徕更多顾客，因此决定在价格不变的情况下，每瓶增加1液盎司。现在你可以花费同样的5美元，而得到6液盎司的洗涤剂，或者说额外获得了20%的产品。政府工作人员将会准确地将这个情况视为通货膨胀率的下降，并记录这个商品的实际价格从上个月的5美元下降到这个月的4美元，节省了20%。毕竟，每一美元的花销都得到了更多的洗涤剂。

下面分析第二个例子，也是令消费者讨厌的一种情形。假设你上个月去购物用5美元买到了10盎司一袋的薯片。这个月你发现这种薯片的包装和标价都没变，却惊讶（且心烦）地看到新的薯片袋子中只含有8盎司的薯片，比上个月减少了20%的量。尽管现在你仍然需要支付5美元购买一袋薯片，政府工作人员却将这种情况归类为商品价格上升到6美元，提高了 20%。这是因为在这个例子中每一美元的花销得到的产品量都减少了。

第三个例子描述了技术的变化是如何影响产品的真实成本的。在此例中，假设你在一个月以前花费了 3 美元买入一只 100 瓦的灯泡，这个灯泡的使用寿命是 50 小时。假设一年之中，你需要替换这样的灯泡三次来得到 200 小时的使用时间，这样总共需要花费 12 美元。现在假设制造商停止生产此种灯泡，而推出一款高技术含量的 100 瓦的灯泡，它的价格是 6 美元，也就是原产品的 2 倍，而这种新产品的使用寿命可达到 200 小时。虽然现在你需要付出比上个月高出 1 倍的价格来购买新的 100 瓦的灯泡，但是如果你考虑到新产品的技术进步（它的寿命是旧灯泡的 4 倍），这种灯泡的实际价格其实下降了一半，因此降低了通货膨胀率。简单地说，与其是一年在旧灯泡上花费 12 美元来得到 200 小时的使用时间，你现在仅仅需 6 美元即可获取同样的使用期限。举这些例子的意义在于，说明计算 CPI 的变动不是仅仅草草记下成千上万种产品的价格。我们必须考虑到其他很多因素来准确地衡量生活费用是如何变化的。

数据收集完成之后，季节调整因素就被用于所有的数据，以校正发生在一年中的典型变化。例如，橘子和其他水果的价格在冬季明显上涨，因为此时该产品的供给减少而需求仍然很强。季节调整试图抑制价格的意外变化，但该处理是不完美的。例如，石油价格的更大波动是地缘政治冲击的结果。

为了在通货膨胀中减少一些统计噪音并提供一个对通货膨胀真实趋势的更好理解，政府发布了一个名为核心消费者物价指数（core-CPI）的指数。它是一个消费者物价的指数，但排除了食品和能源等不稳定成分。大多数经济学家认为核心消费者物价指数是测算潜在通货膨胀率的最好的指标。

CPI-W 和 CPI-U

在收到原始数据并进行季节调整之后，劳工统计局根据两组不同的人群来提供通货膨胀数据。一个指数被称为 CPI-W（"W"代表工资收入者和神职人员），它占到了就业人口的 32%。尽管 CPI-W 只覆盖了 1/3 的雇员，但是它仍然是重要的观察对象，因为它是用于计算在集体议价协定中支付增加及社会保险检查年度生活费用调整的基准。

另一个更广泛的测算是 CPI-U（对所有的城市工作者）。它不但包括工资阶层和神职人员，也包括专业人员、个体户、经理、技术人员和短期工人。它是一个更广泛的人群，覆盖了消费者的 87%。因为它包含了如此多的人，所以 CPI-U 获得了媒体和金融市场的大量注意。

地理范围

测算通货膨胀在全国水平表现如何的同时，月度 CPI 报告也描述了全国不同地区的价格变化。这使分析人士能够比较不同地区生活费用的变化。例如，劳工统计局公布 27 个特定地区的通货膨胀数据，选择这 27 个特定地区的理由是他们的规模和对经济的重要性。在这 27 个地区中，劳工统计局每月发布其中三个的通货膨胀数据：

- 芝加哥-加里-克诺沙，IL-IN-WI；
- 洛杉矶-里弗塞德-奥兰治，CAL；
- 纽约-北新泽西-长岛，NY-NJ-CT-PA。

其他十一个大都市的数据每隔一月发布，这使价格收集过程更易管理：

1. 亚特兰大，GA（偶数月）；
2. 波士顿-布拉克顿-纳舒厄，MA-NH-ME-CT（奇数月）；
3. 克利夫兰-亚克朗，OH（奇数月）；
4. 达拉斯-沃斯堡，TX（奇数月）；
5. 底特律-安娜堡-弗林特，MI（偶数月）；
6. 休斯敦-加尔维斯顿-布拉佐里亚，TX（偶数月）；
7. 迈阿密-劳德代尔堡，FL（偶数月）；
8. 费城-威尔明顿-大西洋城，PA-NJ-DE-MD（偶数月）；
9. 旧金山-奥克兰-圣何塞，CA（偶数月）；
10. 西雅图-塔科马-布雷默顿，WA（偶数月）；
11. 华盛顿-巴尔的摩，DC-MD-VA-WV（奇数月）。

表：关于经济未来走向的线索

作为预测工具，CPI仅有有限的价值。它可能会显示一些有关通货膨胀的热点问题并指出经济走向的不确定性，这就使得商界能提前预期成本。通货膨胀压力增加的证据也能帮助投资经理人重新确定投资策略。联邦领导人依靠通货膨胀预测来决定更好的支付条款。然而，CPI不能作为经济活动的领先指标，不论如何，CPI都是一个滞后的指标。萧条过后价格增长开始减缓，并且直到一年或多年经济开始恢复之后都不再加速，因此，它作为经济转折点的预测指标没有真实的价值。

- **表A 城市消费者CPI百分比变化（CPI-U）**

每一个CPI的发布报告都包含两个加粗的通货膨胀数字。

（1）所有项目。所有项目CPI的月度百分比变化。

（2）核心CPI。该子项被称为核心的CPI是因为其不包括食品和能源成本的CPI。美联储在审议货币政策时，更偏向于监控核心CPI。

为什么除去食品和能源成分？因为这两项占到CPI的25%左右。每月由于临时因素的变动很大，例如农作物的减产或全球石油供应的下降，因此，食品和能源的成本能潜在地扭曲美国真实的通货膨胀情况。不把这两类商品包括在内，可能会获得一个更准确的、关于影响经济的通货膨胀压力的描述。

表A 城市消费者物价指数的百分比变化（CPI-U）

3

支出种类	经季节调整								未经季节调整
	与上月相比的变化							复合年度利率	
	2003年						2004年		
	7月	8月	9月	10月	11月	12月	1月		
1▶ 所有项目	0.2	0.4	0.3	−0.1	−0.2	0.2	0.5	2.0	1.9
食品和饮料	0.1	0.3	0.3	0.4	0.4	0.5	−0.1	3.6	3.5
住房	0.2	0.1	0.1	0.2	−0.1	0.2	0.4	2.2	2.2
服装	−0.2	0.1	0.2	0.2	−0.5	−0.3	−0.3	−4.5	−1.9
交通	0.1	1.2	0.9	−1.4	−1.3	−0.2	1.7	0.5	1.0
医疗	0.4	0.3	0.4	0.2	0.3	0.5	0.2	4.2	3.8
娱乐	0.1	0.0	0.1	−0.1	0.2	0.1	0.0	1.1	0.9
教育和通信	0.3	0.2	0.2	0.0	0.2	0.1	0.1	1.8	1.3
其他商品和服务特别指数：	0.4	0.2	0.1	0.1	0.0	0.2	0.3	2.0	1.7
能源	0.1	3.1	3.3	−3.5	−3.0	0.3	4.7	7.8	7.8
食品	0.1	0.4	0.2	0.5	0.4	0.5	0.0	3.8	3.5
2▶ 不包括食品和能源的所有项目	0.2	0.1	0.1	0.2	0.0	0.1	0.2	0.8	1.1

　　当然，不应该高估核心消费者物价指数的重要性，因为食物和能源在我们的经济中毕竟是必需品，我们不能简单地忽略它们。仅仅根据核心消费者物价指数做出关于通货膨胀和实际经济增长的长期结论是危险的。在任何情况下，这两种消费者物价指数通货膨胀测算随着时间变化的差别都是不大的。在2005年前的10年中，它们年度的数据差别少于1个百分点。

　　（3）CPI趋势的变化。不要依靠1个月的CPI数据来说明太多通货膨胀表现的情况，更加有用的是看年度3个月、6个月和12个月的百分比变化以获得一个通货膨胀表现的更好判断。表A代表了最近3个月和12个月的CPI和重要CPI组成的变化。

- 表1　所有城市消费者的CPI（CPI-U）：根据支出种类和商品服务组合的美国城市平均值

　　除了CPI数字头条外，观察每个商品和服务的通货膨胀表现都是有用的。这就是下面两个表格所传递的信息。

　　（4）医疗保健。企业最大的支出之一是支付雇员的健康护理。企业计划他们未来的预算时将留出一大笔资金用于该项支出。但是具体有多少呢？经理人能通过观察医疗服务在CPI发布中的组成来估计该成本。该组成划分为四类，包括专家和医疗服务。研究这些项目的价格变化能帮你提前估算成本。

　　（5）个人计算机及外设。由于个人计算机、软件及其外部设备的广泛使用以及它们对美国生产率增长的贡献，劳工统计局通常会观测这些产品的价格变化。速度更快的计算机和更好的软件不断地被引进，这主导了计算机技术的价格变化。这在CPI数据中得到了很好的证明。企业购买新计算机系统的预算能帮我们推断未来价格的变化。

- 表3　所有城市消费者的CPI（CPI-U）：所选地区的所有项目指数

表 1　所有城市消费者的消费者物价指数（CPI–U）：按照支出种类及商品和服务组合的美国城市平均值

CPI-U	相对重要性	未经调整指数		与2004年1月相比的未经调整的百分比变化		经季节调整的百分比变化		
		2003年12月	2004年1月	2003年1月	2003年12月	11月比10月	12月比11月	1月比12月
支出种类								
所有项目	100.000	184.3	185.2	1.9	0.5	-0.2	0.2	0.5
所有项目（1967年=100）	—	552.1	554.9	—	0.1	—	0.5	—
食品和饮料	15.384	184.1	184.3	3.5	0.1	0.4	0.5	-0.1
食品	14.383	183.6	183.8	3.5	0.1	0.4	0.5	0.0
家用食品	8.256	184.1	184.0	4.1	-0.1	0.6	0.7	-0.3
谷物和面包产品	1.202	202.9	203.9	2.1	0.5	0.1	0.1	0.1
肉、禽、鱼和蛋	2.320	181.1	179.9	11.3	-0.7	2.7	1.0	0.0
牛奶和相关产品	0.842	173.0	172.4	3.6	-0.3	-0.4	1.1	-0.3
水果和蔬菜	1.221	232.4	232.4	2.3	0.0	0.3	0.3	-1.8
非酒精饮料和酒精精饮料	0.905	139.3	140.7	0.1	1.0	-0.9	0.7	0.3
其他家用食品	1.765	163.0	163.0	0.6	-0.1	-0.5	0.6	-0.4
糖果和甜品	0.305	161.0	163.0	1.4	1.2	0.4	-0.5	-0.3
脂肪和油	0.251	157.7	160.7	3.1	1.9	-0.1	0.5	1.1
其他食品[12]	1.210	179.6	178.0	-0.1	-0.9	-0.8	0.8	-0.7
其他各种食品[12]	0.308	109.8	109.1	-0.5	-0.6	-1.5	0.7	-0.6
非家用食品[1]	6.127	184.3	184.9	2.8	0.3	0.3	0.3	0.3
其他非家用食品[2]	0.332	122.9	123.9	3.3	0.8	0.2	0.3	1.0
酒精饮料[1]	1.001	188.7	189.4	1.9	0.4	0.3	0.1	0.4
住房	42.089	185.1	186.3	2.2	0.6	-0.1	0.2	0.4
临时居所	32.878	214.1	215.2	2.0	0.5	0.1	0.2	0.1
住宅的租金[3]	6.157	207.9	208.3	2.5	0.2	0.2	0.2	0.1
家外寄宿[2]	2.954	112.9	117.2	2.5	3.8	-0.7	1.1	-0.2
业主主要居所所等价租金[34]	23.383	222.2	222.6	1.9	0.2	1.1	0.1	0.1
租房者和居民保险[12]	0.385	114.3	114.8	0.8	0.4	0.1	0.0	0.4
燃料和公用事业	4.741	153.6	156.3	7.0	1.8	-1.5	0.5	1.6
燃料	3.830	136.5	139.2	7.5	2.0	-0.7	0.4	1.9
燃油和其他燃料[3]	0.231	137.0	149.9	9.7	9.4	-1.0	-0.5	6.8
（管道）天然气和电力[3]	3.599	143.3	145.5	7.3	1.5	1.0	0.6	1.6
水、下水道及垃圾收集服务[2]	0.910	119.8	120.6	5.1	0.7	-1.2	0.3	0.5
家庭家具和器具[12]	4.470	124.7	125.3	-1.6	0.5	0.6	-0.1	0.4
家庭器具[12]	0.704	122.6	122.7	1.6	0.1	-0.2	0.2	0.1
服装	3.975	119.0	115.8	-1.9	-2.7	-0.5	-0.3	-0.3
男人与男孩的服装	1.024	118.0	115.5	-0.5	-2.1	0.1	0.0	-0.1
女人与女孩的服装	1.704	110.9	105.7	-1.8	-4.7	-0.8	-0.4	-0.7

（续表）

CPI-U	相对重要性	未经调整指数		与2004年1月相比的未经调整的百分比变化		经季节调整的百分比变化		
		2003年12月	2004年1月	2003年1月	2003年12月	11月比10月	12月比11月	1月比12月
婴儿与儿童的服装	0.195	119.2	117.7	-2.8	-1.3	-1.6	-0.8	0.2
鞋与袜	0.778	118.5	115.9	-3.2	-2.2	-0.3	-0.3	-0.8
运输工具	16.881	154.7	157.0	1.0	1.5	-1.3	-0.2	1.7
私人运输工具	15.817	150.8	153.2	0.9	1.6	-1.4	-0.2	1.9
新的和二手机动车[2]	7.912	94.4	94.3	-4.0	-0.1	-0.4	-0.5	-0.1
新机动车[1]	4.817	138.0	138.0	-1.2	0.0	-0.1	-0.1	-0.1
二手轿车与卡车[1]	2.007	131.0	130.8	-11.8	-0.2	-2.3	-0.8	-0.2
机动车燃料	3.249	127.8	136.7	8.2	7.0	-5.1	0.0	8.1
汽油（所有型号）[1]	3.222	127.2	136.1	8.3	7.0	-5.1	0.1	8.1
机动车零部件[1]	0.369	107.7	108.0	0.2	0.3	0.0	-0.2	0.3
机动车维修与保养	1.349	198.0	198.2	2.3	0.1	0.2	0.5	0.1
公共交通工具	1.064	205.6	206.3	2.0	0.3	-0.3	-0.8	0.2
医疗保健	6.074	302.1	303.6	3.8	0.5	0.3	0.5	0.2
医疗保健商品	1.499	265.0	265.5	2.0	0.2	-0.1	0.3	0.1
医疗保健服务	4.575	311.9	313.8	4.3	0.6	0.5	0.5	0.3
专业服务	2.749	264.1	265.5	3.0	0.5	0.2	0.5	0.2
医院及相关服务[3]	1.489	407.0	409.7	6.2	0.7	1.0	0.5	0.3
娱乐[2]	5.872	107.7	107.9	0.9	0.2	0.2	0.1	0.0
影视与音像[2]	1.736	103.3	103.6	0.2	0.3	0.1	-0.1	-0.3
教育与通信[2]	5.948	110.9	111.1	1.3	0.2	0.1	0.2	0.1
教育[2]	2.841	139.4	140.1	7.3	0.5	0.2	0.7	0.5
教学用书和设备	0.219	342.8	345.4	4.8	0.8	-0.1	2.4	-0.5
托儿所、其他学校费用与学费[2]	2.623	401.7	403.6	7.5	0.5	0.5	0.6	0.6
通信[2]	3.107	88.2	88.1	-4.2	-0.1	-0.1	-0.3	-0.3
信息与信息处理[2]	2.925	86.2	86.1	-4.7	-0.1	-0.2	0.0	-0.1
电信服务[2]	2.315	97.2	97.0	-3.4	-0.2	0.1	0.0	-0.2
信息技术、硬件与服务[15]	0.610	15.3	15.3	-10.5	0.0	-1.3	-0.6	0.0
个人计算机与外设[12]	0.230	16.2	16.2	-16.9	0.0	-1.2	-0.6	0.0
其他商品和服务	3.776	300.2	301.4	1.7	0.4	0.0	-0.6	0.3
烟草与烟具	0.806	470.4	473.0	0.1	0.6	0.0	0.3	0.6
个人保健	2.970	179.0	179.7	2.2	0.4	0.0	0.2	0.2
个人保健产品[1]	0.680	153.4	153.8	0.5	0.3	-0.3	0.1	0.3
个人保健服务[12]	0.650	194.3	194.6	2.1	0.2	-0.7	0.1	0.2
其他各种个人服务	1.448	287.1	288.8	3.8	0.6	0.5	0.2	0.3

注：1982—1984年=100，特别指出的除外。

表3 所有城市消费者的 CPI（CPI-U）：所选地区的所有项目指数

CPI-U	价格目录[1]	所有项目									
		指数				与2004年1月相比的百分比变化			与2003年12月相比的百分比变化		
		2003年10月	2003年11月	2003年12月	2004年1月	2003年1月	2003年11月	2003年12月	2002年12月	2003年10月	2003年11月
美国城市平均	M	185.0	184.5	184.3	185.2	1.9	0.4	0.5	1.9	-0.4	-0.1
地区与区域规模[2]											
东北部城市	M	195.4	195.1	194.9	195.9	2.8	0.4	0.5	2.8	-0.3	-0.1
A类：多于150万人口[3]	M	197.7	197.3	197.1	197.9	3.0	0.3	0.4	3.0	-0.3	-0.1
B/C类：5万~150万人口[3]	M	115.2	115.3	115.0	116.0	2.6	0.6	0.9	2.1	-0.2	-0.3
中西部城市	M	179.1	178.9	178.4	179.4	1.8	0.3	0.6	1.7	-0.4	-0.3
A类：多于150万人口	M	181.7	181.4	180.9	181.8	2.0	0.2	0.5	1.7	-0.4	-0.3
B/C类：5万~150万人口[3]	M	113.6	113.6	113.3	114.1	1.9	0.4	0.7	1.7	-0.3	-0.3
D类：非城市（少于5万人口）	M	171.8	171.4	171.5	171.8	0.6	0.2	0.2	1.2	-0.2	0.1
南部城市	M	178.1	177.5	177.5	178.2	1.8	0.4	0.4	1.7	-0.3	0.0
A类：多于150万人口	M	180.1	179.1	179.2	179.8	1.8	0.4	0.3	1.9	-0.5	0.1
B/C类：5万~150万人口[3]	M	113.6	113.3	113.3	113.8	1.9	0.4	0.4	1.5	-0.3	0.0
D类：非城市（少于5万人口）	M	175.6	175.4	175.1	175.3	1.2	-0.1	0.1	1.6	-0.3	-0.2
西部城市	M	189.4	188.5	188.3	189.4	1.5	0.5	0.6	1.5	-0.6	-0.1
A类：多于150万人口	M	191.9	191.0	190.6	191.7	1.3	0.4	0.6	1.4	-0.7	-0.2
B/C类：5万~150万人口[3]	M	115.5	114.9	115.2	116.0	1.9	1.0	0.7	1.9	-0.3	0.3
按规模分类											
A[4]	M	169.5	168.9	168.7	169.4	2.0	0.3	0.4	2.0	-0.5	-0.1
B/C[3]	M	114.1	113.9	113.8	114.6	2.0	0.6	0.7	1.7	-0.3	-0.1
D	M	176.9	176.6	176.5	176.9	1.3	0.2	0.2	1.6	-0.2	-0.1

（续表）

CPI-U	价格目录[1]	指数				所有项目					
						与2004年1月相比的百分比变化			与2003年12月相比的百分比变化		
		2003年10月	2003年11月	2003年12月	2004年1月	2003年1月	2003年11月	2003年12月	2002年12月	2003年10月	2003年11月
所选局部区域[5]											
芝加哥—加里—克诺沙, 伊利诺伊州—印第安纳州—威斯康星州	M	185.8	185.6	185.5	185.4	1.5	-0.1	-0.1	1.7	-0.2	-0.1
洛杉矶—里弗赛德—奥兰治, 加利福尼亚州	M	187.8	187.1	187.0	188.5	1.8	0.7	0.8	1.8	-0.4	-0.1
纽约—北新泽西—长岛, 纽约州—新泽西州—康涅狄格州—宾夕法尼亚州	M	200.0	199.4	199.3	199.9	2.7	0.3	0.3	3.2	-0.4	-0.1
波士顿—布罗克顿—纳舒厄, 马萨诸塞州—新罕布什尔州—缅因州—康涅狄格州	1	—	206.5	—	208.4	4.3	0.9	—	—	—	—
克利夫兰—阿克伦, OH	1	—	177.6	—	178.4	2.8	0.5	—	—	—	—
达拉斯—沃思堡, 得克萨斯州	1	—	175.9	—	175.7	1.0	-0.1	—	—	—	—
华盛顿—巴尔的摩, DC—特拉华州—弗吉尼亚州—西弗吉尼亚州	1	—	116.7	—	117.1	2.2	0.3	—	—	—	—
亚特兰大, 佐治亚州	2	180.1	—	179.0	—	—	—	—	1.0	-0.6	—
底特律—安阿伯—弗林特, 密歇根州	2	183.3	—	181.3	—	—	—	—	0.9	-1.1	—
休斯敦—加尔维斯顿—布拉佐里亚, 得克萨斯州	2	166.1	—	164.1	—	—	—	—	2.7	-1.2	—
迈阿密—劳德代尔堡, 佛罗里达州	2	181.6	—	181.6	—	—	—	—	2.1	0.0	—
费城—威尔明顿—亚特兰大城, 宾夕法尼亚州—NJ—特拉华州—马里兰州	2	190.3	—	189.0	—	—	—	—	2.0	-0.7	—
圣弗朗西斯科—奥克兰—圣何塞, 加利福尼亚州	2	196.3	—	195.3	—	—	—	—	1.1	-0.5	—
西雅图—塔科马—布雷默顿, 华盛顿州	2	193.7	—	191.0	—	—	—	—	0.5	-1.4	—

注：1982—1984年=100，特别指出的除外。

（6）所选的局部地区。通货膨胀的预期可能由于你生活和工作地区的不同而发生变化。显然，纽约市生活成本的增加和克利夫兰是不一样的。CPI 报告根据地理区域和人口规模来划分通货膨胀率。为什么该表是有用的？如果你有兴趣重新安置你的工厂或者你是一个正在寻找生活成本更低的地区的退休人员，你能比较每个地区的通货膨胀率并得出一些关于该地区未来价格变化的结论。除了该表中所列的地区，劳工统计局在 1 月和 7 月的 CPI 详细报告中会发布一个半年度的通货膨胀率，包括多于 12 个的其他大都市社区。该发布从月度发布中分离出来，但同样能在劳工统计局网站中找到。

市场效果

债券

CPI 的意外上升能降低债券的价值并促使发行量增加。如果核心 CPI 也上升，那么债券的损失可能更大，因为它代表潜在通货膨胀率的恶化。相反，一个有益的 CPI 报告表明只有一点或没有通货膨胀，对固定收益债券是利好消息，伴随的是债券价格的总体上涨和利率的下降。

股票

股票投资者也厌恶 CPI 特别是核心 CPI 的迅速上升，因为它会导致更高的债券利率，而这将增加企业的借入成本，企业的收入甚至利润可能进入通货膨胀的环境中。此类收入对股东来说是贬值的。股东更乐于见到的收入改善来自于更大的销售量而不是价格的高涨。而且，通货膨胀的威胁很可能促使美联储介入并提高利率，这对股东来说也是一个不利的消息。

相反，如果通货膨胀是平静的，它将保持利率不变并刺激股票价格。此时，投资者通常对未来的收入流入给予更高的价值，因为它将来源于更大的销售额或更高的生产率。

美元

通货膨胀对美元的影响是不太明确的。通常情况是在一个健康的经济扩张中，提高美元的利率能使美元更具吸引力。如果利率的上升主要来自于通货膨胀的增长，它将损害美元的价值。更高的通货膨胀率损害了海外投资者持有的美元投资的价值，因此，CPI 的持续上升对美元有负面的影响。

已经说了这么多，记住，货币交易者也对其他细微差异敏感。例如，如果外汇市场的交易者认为美联储已经迅速行动，灵活地控制通货膨胀的压力，美元可能会保持它的价值甚至升值。

生产者物价指数
Producer Price Index(PPI)

市场敏感度：非常高。

含义：测算商业支付价格的变化。

发布新闻的互联网网址：www.bls.gov/ppi

网址主页：www.bls.gov

发布时间：上午 8 点 30 分（美国东部时间）；报告当月末的两个星期后发布。

频率：每月一次。

来源：劳工部劳工统计局。

修订：月度数据在发布的 4 个月后有一次修订。年度修订在 2 月份发布的 1 月份数据之后进行，可回溯到过去的 5 年。

为什么重要

通货膨胀是金融市场的头号公敌。它能消灭债券投资组合的价值，压低股票的价格并推动利率的上涨。因此，生产物价指标作为当月第一个发布的有关通货膨胀的数字指标，每个人都对其投以热情的关注就不足为奇了。PPI 测算价格的变化，该价格是制造商和批发商在生产的不同阶段为商品支付的价格。这里有任何一点通货膨胀都可能最终被传递到零售业。毕竟，如果商业不得不为商品支付更多，那么他们更乐于把更高的成本转嫁给消费者（我们在后面将看到，生产商价格和消费者价格之间的关系并不是那么简单）。

生产者物价指数并不仅仅是一个指数，它是一组指数，是生产的三个渐进过程的每一个阶段的价格指数：原材料、中间品和产成品。占据所有的头条并对金融市场最有影响的是最后一个，即产成品的 PPI。它代表着这些商品被运到批发商和零售商之前的最终状态。在生产最后状态的价格常常由在原材料和中间品过程中遇到的价格压力来决定。这就是为什么观察所有这三个过程很重要的原因。

原材料 PPI

原材料指数代表原材料第一次进入市场时的成本。例如，未加工的食物：小麦、家畜和大豆。未加工的非食物项目，包括煤、原油、沙子和木材。这些商品的价格通常根据供给变化。可能由于久旱，动物疾病和地缘政治的因素而出现大波动。价格在早期状态的波动将在中间状态时被感觉到。

中间品 PPI

中间品的指数反映了转变成为最终产品之前的商品成本，例如，面粉、某种动物的饲料、纸张、汽车零件、皮革和布都该归入此类。同样，这里价格的变化能传递到最终状态，即产成品。

产成品 PPI

产成品指数是整个 PPI 报告中最受关注的测算指标。它包括服装、家具、机动车、肉类、汽油和燃油。该阶段任何的通货膨胀都被认为是严重的。因为这些是商品零售商支付的价格，所以能影响到消费者看到的价格标签。

生产者物价的变化能决定消费者物价的走向吗？许多经济学家认为二者之间有一点相关性。结论是不是一个清晰的相关性，主要取决于三个主要 PPI 指数的哪一个被选为预测未来消费物价通货膨胀的工具。在 20 世纪 70 年代到 80 年代，原材料和中间品的变化常先于 CPI 变化。然而，那种关系在 20 世纪 90 年代以后就不太可靠了。经受住时间检验的是产成品 PPI 和 CPI 的联系。当然，它们可能在月复一月的基础上偏离，但它们在更长的时间里会趋向于一致，通常在 6～9 个月。这个复杂的关系存在是因为两个重要的通货膨胀测算指标有一些主要的差别和相似。差别是 PPI 不计入服务价格的核算，而在 CPI 中，像住房服务和医药保健这类服务组成了该指数的大半。这些通货膨胀的评价拥有共同背景的地方是"消费品"。该部分占到产成品 PPI 的 75%左右。因此，如果价格在这里涨得更高，CPI 也将承受上涨的压力。

除了保持对产成品 PPI 的关注之外，投资者研究一个称为核心 PPI（core-PPI）的子项。该测算不包括食物和能源等不稳定类别，这两类商品的组合占到了产成品 PPI 的 40%。因此，任何一个反常的气候形势或石油供应的短暂中断都能很大地扭曲通货膨胀的数字，误导分析人士。为了获得一个潜在通货膨胀趋势更精确的报告，产成品核心 PPI 被给予了相同的甚至更多的考虑。

如何计算

生产者物价指数的数据起源于 1902 年，是美国国内最早的通货膨胀测算指标。政府计算 PPI 的方式如下：每个月，在包括第 13 天的那周左右，劳工部从近 3 万家国内企业那里，收回关于大约 10 万个项目的价格问卷。产品计算的范围由代表所有生产时期的项目组成：原材料、中间品和产成品。这些选入计算范围的产品和每一种在 PPI 中的权重由这些产品在经济中产生多大的利润决定。权重每 5 年审核和修改，以反映工业销售的变化。之前的权重是根据 2002 年的模式决定的，在 2007 年初重建了一次生产者物价指数的权重。

某些种类的产品被有意地排除到 PPI 的计算范围之外，它们是服务和进口的商品，也不包括征收消费税的商品。然而，特定改进项目的成本，如低利率的现金折扣被包括在内，因为它降低了制造商的价格。

为了获知价格月度和年度的变化，政府建立了一个基准线，用一个开始为 100 的指数，反映 1982 年商品的平均价格。例如，如果产成品价格指数升至 120，则意味着该种类的通货膨胀比 1982 年上升了 20%。在通货紧缩的情况下，价格下降，指数可能从 100 降到 90，下降 10%。

产成品 PPI 的细分和它们的相对重要性如下：

完工消费者产品	73%
完工消费者食品（19%）	
完工消费者商品（54%）	
资本品	27%
	100%

表：关于未来经济走向的线索

- **表 A　加工过程价格指数的月度和年度变化**

生产者物价指数每月的主要变化可以在该表中找到：

（1）引起特别关注的是生产过程中的价格变化，从原材料、中间品到产成品。你能轻易找到令人担忧的问题，生产的三个时期每个时期都要承受通货膨胀（或通货紧缩）的压力。为了知道价格压力的来源，我们可以假定，价格压力会逐级传递，最后体现在消费者价格上。但不要把 PPI 看作月度基础 CPI 可靠的预测指标。相关性确实存在，但只存在于大约 6～9 月的时间框架下。

（2）长期的展望是观察 PPI 数据的更好方式。表 A 列出了产成品的生产价格通货膨胀在过去 12 个月的表现。相关的原材料和中间品的年度变化在该报告的表 B 中列出。

表 A　加工过程价格指数的月度和年度变化，经季节季节调整

月份	产成品					中间品	原材料
	总变化	食品	能源	非食品和能源	产成品 12 个月以前的变化（未经季节调整）		
2002 年							
9 月	0.3	−0.4	1.2	0.3	−1.8	0.5	2.2
10 月	0.8	0.4	3.4	0.3	0.7	0.7	2.2
11 月	−0.3	0.4	−1.6	−0.1	1.0	−0.1	3.7
12 月	−0.3	0.4	0.2	−0.6	1.2	−0.1	2.0

（续表）

月份	产成品					中间品	原材料
	总变化	食品	能源	非食品和能源	产成品12个月以前的变化（未经季节调整）		
2003 年							
1 月	1.4	1.9	4.6	0.3	2.5	1.2	7.6
2 月	1.1	0.4	7.4	−0.1	3.3	2.0	5.2
3 月	1.4	0.2	5.4	0.7	4.0	2.1	13.0
4 月	−1.7	0.8	−8.1	−0.7	2.4	−2.3	−15.8
5 月	−0.4	r0.1	r−2.9	r0.1	2.5	−0.7	r1.4
6 月	r0.6	r0.3	r3.3	−0.1	2.9	0.5	r4.6
7 月	0.1	−0.2	0.3	0.2	▲ 3.0	0.2	−2.9
8 月	0.4	0.7	1.2	0.1	**2** 3.4	0.5	−1.4
9 月	↑ 0.3	1.2	0.1	0.0	3.5	↑ −0.1	↑ 3.4

1

- 表 B　原材料和中间品价格指数的月度和年度百分比变化

（3）这里能找到原材料和中间品过去 12 个月的每个月生产价格的年度变化。表现出来的价格变化十分不稳定，这些巨大的波动主要来自于食物和能源成本的不可预测的变化。由于干旱、冬季结冰或中东的紧张局势以及经济周期本身导致食物和能源的价格上升或下降。

（4）幸运的是，政府也公布一个生产的每个时期不包括食物和能源的 PPI。这个所谓的核心 PPI 包含了大约 2/3 的项目，能更准确地描述了通货膨胀在经济中的潜在比率。

这里我们看到的是核心原材料和核心中间品的月度价格变化（核心产成品的价格变化在表 A 中列出）。

表 B　原材料和中间品价格指数的月度和年度百分比变化

月份	中间品				原材料			
	食品	能源	非食品和能源	中间品过去12个月的变化（未经季节调整）	食品	能源	非食品和能源	中间品过去12个月的变化（未经季节调整）
2002 年								
9 月	1.1	2.2	0.1	−0.6	1.3	4.6	−0.2	3.1
10 月	−0.3	3.4	0.2	1.6	0.2	5.1	0.3	15.4
11 月	0.5	−1.2	0.1	2.4	1.1	7.8	1.4	13.7
12 月	1.0	−0.5	−0.1	3.2	1.3	3.3	0.2	24.7
2003 年								
1 月	1.5	5.6	0.4	4.5	5.3	13.0	1.3	28.7
2 月	0.7	7.9	0.7	6.6	0.7	9.9	3.4	36.7
3 月	−0.3	10.2	0.4	8.0	−1.8	30.1	−0.3	46.8
4 月	0.1	−11.0	−0.2	4.6	1.2	−30.7	−1.1	18.2
5 月	r1.1	r−4.4	0	4.2	r2.0	r1.9	r−0.7	19.1
6 月	r1.8	r2.1	0	4.5	r−0.7	r11.7	r−0.6	29.4
7 月	−0.4	1.3	▲**4** −0.1	4.4	−3.0	−4.4	▲ 0.8	↑ 24.5
8 月	0.2	2.4	0.1	4.4	3.7	−7.4	**4** 3.7	20.9
9 月	2.3	−2.3	0.1	3.7	7.0	0.6	2.3	22.3

3

尽管生产者物价的核心比率能告诉你一些关于未来通货膨胀压力的情况,但人们不能完全忽视食品和能源的情况。毕竟,这两类商品在最终的分析中是美国经济的根本。因此,通常的规则是观察核心比率以检测通货膨胀的月度变化,但当进行经济增长和更长时期的推算时,核心比率变得没有太大的意义。因为,我们最终都要为食品和能源支付。因此,核心比率可以作为短期通货膨胀的替代,而总的产成品指数有助于决定长期的消费者物价行为。

市场效果

债券

PPI 可能不是一个理想的消费者物价领先指标。你绝不可能知道债券市场对此的反应。生产者物价通货膨胀是政府发布的最热门的经济指标之一。首先,固定收益债券投资者直觉地认为 PPI 的上升能够唤起未来消费者物价通货膨胀走向更高。其次,由于它是政府每月发布的第一个核心的通货膨胀评价。市场倾向于对它更加敏感。如果在 PPI 中发现经济中价格上升的压力,那么债券的价格可能降低,并导致利率更高。生产者物价无变化或者实际的减少被债券持有者都看作是好兆头,因为这表明任何令人烦恼的通货膨胀都不存在。

股票

大多数的情况,股票对通货膨胀信号的反应和债券一样。PPI 的上升意味着企业更高的生产成本,这可能减少利润,并增加股息的风险。然而,一些股票投资者认为,较轻微的通货膨胀是件好事。因为这允许生产者对商品收取更多的费用,保持了收入。通货膨胀的压力高于某点时可能对股利的坏处多于好处。问题是没有关于该点从哪儿开始的统计数据。

美元

PPI 的上升对外汇市场的交易者来说是一个好信号。通常,美元从通货膨胀的略微上升中获利,因为这会促使美国的短期利率更高。然而,一个快速上升的通货膨胀报告可能损害美元的价值,因为美联储对此的积极反应会威胁到美国经济整体的增长。大体来说,通货膨胀的逐步上升并伴随着恰当紧缩的货币政策,可能会导致美元的升值。

雇佣成本指数
Employment Cost Index

市场敏感度：中到高。

含义：关于劳动成本的最具综合性的测算。

发布新闻的互联网网址：www.bls.gov

网址主页：www.bls.gov

发布时间：上午 8 点 30 分（美国东部时间）；在 4 月、7 月、10 月和 1 月的最后一个星期四发布。

频率：每季度一次。

来源：美国劳工部劳工统计局。

修订：不根据季度修订。年度的修订发布在第一个季度的数据中，变化可以回溯到几年前。

为什么重要

通货膨胀是经济的灾害，它使利率更高并压低了股票的价格。因此，那些可以反映通货膨胀压力上升的早期预警指标，对投资者和商业领导者有着重要价值，而其中的佼佼者也许就是雇佣成本指数（ECI）。ECI 记录企业面对的单项最大支出，即劳动成本的变化。与劳动相关的工资、薪金支出、福利的整个范围（如度假、健康保险、社会保障）占到生产成本的 70%。雇员构成如此之大的运营支出，以至于报酬的显著增加能迅速减少企业的利润，并迫使企业把这些额外的成本以更高价格的形式转嫁给消费者。

从历史来看，一旦劳动成本的上升导致通货膨胀，将产生一个难以停止的恶性循环，随着零售商提高他们的价格以补偿雇员支出的增加，工人将最终需要工资和薪金的更大增加，以跟上通货膨胀的速度。雇主如果再次同意并支付更多的货币给工人，它将很快带来另一轮的零售物价上涨。这种通货膨胀自我持续的逐渐升级，被经济学家称为工资价格的螺旋上升。这样的情况对经济十分有害，被列于美联储"黑名单"的较高位置。

公平地看，企业可以将增加了的劳动成本用于除提高价格以外的其他地方。企业可能选择吸收额外的成本，并勉强接受当前的利润，或者他们能决定给劳动者多高的价钱。或者更简单明确地遣散大量雇员，取而代之的是投资新技术，这也许允许相同或更多的产出，但只用更少的工人。最后，企业能简单地决定重新安置他们的生产设备到劳动力更便宜的国家。所有这些对美国劳动成本上升的反应，都对经济和金融市场具有重要的影响。选择提高价格，企业能引起通货膨胀，在某些情况，美联储可能介入，并在工资价格螺旋失去控制之前提高利率。如果企业决定吸收额外的成本，这将削减收入并对股票的价格有不利的影响。将企业移到海外经营会导致美国更高的失业和政府对失业保险的更大支出。综合所有这些原因，ECI 常被美联储官员、投资经理人、商业执行官和联邦领导人密切关注。

如何计算

ECI 根据对私人部门和公共部门的调查计算（仅包括州和地方，不包括联邦薪水支付总额）。每个季度，调查大约 9 400 家私人工业企业，包括对 48 000 种职业的观察，以及在州和地方政府、公立学校、公立医院的 1 400 个机构，包括 9 300 种职业群体被询问关于劳动力成本的问题。该调查在工资支付期间进行，就是 3 月、6 月、9 月和 12 月的第 12 天。然后，所有这些信息被归纳总结以反映由 800 种职业组成的劳动力市场的雇佣情况。

被问的问题是关于工资、薪金和福利的变化。工资和薪金数据的收集用于计算每小时直接时间的支付基础。对那些不以小时为基础支付的雇员，则根据与薪水相关的工作时间分配计算。这个计算包括生产奖金、激励收入、任何其他形式的报酬和生活成本的调整；不包括加班工资和周末及节假日工资，也不包括轮班工资，另外，也不包括职工的股票期权和获得的限制性股票。

ECI 的福利包括假期、病假、度假的支付，加班报酬，轮班工资，保险收益，退休和储蓄收益，医疗，联邦和州强制的社会保险项目。

工资、薪金以及福利成本的变化用一个指数来衡量（初始指数为 100，反映 2005 年的劳动成本）。因此，如果年末的报酬成本是 105，在第二年年末上升到了 110，那么劳动成本在过去的 12 个月中上升了 4.8%。该报告中有单独的指数来反映这些支出如何在私人和公共部门按照工会的地位以及地理区域变化。

数据以季节和非季节调整的形式表示，每季度的数字不进行年度化。

表：关于经济未来走向的线索

- 表 A ECI 3 个月变化百分比

（1）想知道劳动成本在过去的两年是如何变化的吗？该表是开始的地方。该表显示了报酬支出的季度和年度变化：上升、下降或者保持不变。该表的左边部分显示了劳动成本在 2011 年下半年两个季度的百分比变化。

（2）报告的右边部分显示了劳动成本的年度变化。

（3）在列出总报酬成本的同时，我们也能看到该表两个基本组成部分的百分比变化，即工资和薪金成本、福利成本。观察这两类成本的表现非常重要，因为这些数据能告诉你到底是工资或薪金的猛增，还是福利的上升导致了更高的报酬成本。所有的城市工人以及他们隶属的两个群体即私人工业部门、州和地方政府部门都能获知关于报酬成本详细的百分比变化的信息。

表 A ECI 主要参数

变化（%）

报酬组成	3 个月		12 个月未经季节调整				
	2011 年 9 月	2011 年 12 月	2010 年 12 月	2011 年 3 月	2011 年 6 月	2011 年 9 月	2011 年 12 月
城市工人 [1]							
报酬成本 [2]	0.3	0.4	2.0	2.0	2.2	2.0	2.0
工资和薪金	0.3	0.4	1.6	1.6	1.6	1.6	1.4
福利成本	0.1	0.6	2.9	3.0	3.6	3.2	3.2
私人工业							
报酬成本 [2]	0.4	0.4	2.1	2.0	2.3	2.1	2.2
工资和薪金	0.4	0.4	1.8	1.6	1.7	1.7	1.6
福利成本	0.1	0.7	2.9	3.0	4.0	3.3	3.6
州和地方政府							
报酬成本 [2]	0.0	0.3	1.8	1.8	1.7	1.5	1.3
工资和薪金	-0.2	0.3	1.2	1.2	1.2	1.0	1.0
福利成本	0.3	0.3	2.9	3.3	3.0	2.5	2.1

3▶

1   2

经济面临通货膨胀的压力了吗？我们很简单就能找到答案。比较相同时期的私人工业报酬成本的年度比率与非农生产率（参见"生产率和成本"一节）的年度变化。在理想的情况下，你希望看到年度报酬成本的增长比年度生产率的增长慢。企业表现出生产率的稳定改善能为雇员提供更多报酬而不损害利润或使价格上涨。然而，如果雇员报酬的持续上升比生产率的增长快，那就种下了更高通货膨胀的种子。这能给消费者、企业和整个经济带来麻烦。

一些分析人士认为主要就业形势报告中的平均每小时收入（AHE）的数据是一个更好的工资通货膨胀的预测指标。因为它及时，平均每小时收入每月发布，而 ECI 每季度发布。但及时性并不是一切。平均每小时收入只反映了小时工工人的收入，而 ECI 包括了小时工和拿薪金的工人。此外，AHE 不包括福利成本，ECI 包括了所有的主要支出（报酬和福利），而这是劳动者工作获得的结果。

● **表 6 私人企业工人总报酬 ECI，按照工资谈判的地位、地区和区域划分的结果**

（4）这里最重要的部分在于工会和非工会组织工人的报酬成本增长的差别。这两种工人进一步分别按照物品生产业（主要是制造业）和服务生产业进行划分。劳动成本的变化按照月度、季度和年度的基础以报告的形式呈现。

（5）另一个让公司领导以及投资者感兴趣的地方在于发现国家的不同地区劳动成本的表现形式。了解到哪些地区的总劳动成本变化幅度最大，能够提示很多关于当地经济形势的信息，并且会影响公司对于总部和分公司的选址决策。

表6 私营企业工人总报酬ECI，按工资谈判地位、地区和区域划分的结果

（未经季节调整）

谈判地位、人口普查地区	指数（2005年12月为100）			百分比变化					
				3个月（以下为末月）			12个月（以下为末月）		
	2010年12月	2011年9月	2011年12月	2010年12月	2011年9月	2011年12月	2010年12月	2011年9月	2011年12月
谈判地位									
工会	114.8	117.4	117.9	0.2	0.3	0.4	3.3	2.4	2.7
物品生产业 [2]	113.9	116.3	116.9	0.1	−0.1	0.5	3.5	2.2	2.6
制造业	110.5	113.2	113.8	0.0	−0.5	0.5	4.4	2.4	3.0
服务生产业 [3]	115.5	118.3	118.8	0.3	0.5	0.4	3.2	2.7	2.9
非工会	112.1	114.2	114.5	0.3	0.4	0.3	1.8	2.1	2.1
物品生产业 [2]	110.2	112.5	112.9	0.1	0.3	0.4	1.8	2.2	2.5
制造业	110.0	112.8	113.0	0.1	0.3	0.2	2.3	2.6	2.7
服务生产业 [3]	112.7	114.7	115.0	0.4	0.3	0.3	1.9	2.1	2.0
人口普查地区 [4]									
东北部	113.6	115.7	116.1	0.4	0.3	0.3	2.3	2.3	2.2
新英格兰	114.1	116.2	116.3	0.6	0.2	0.1	2.3	2.5	1.9
大西洋中部	113.4	115.5	116.0	0.4	0.3	0.4	2.3	2.2	2.3
南部	112.8	114.7	115.0	0.3	0.3	0.3	1.9	2.0	2.0
南大西洋沿岸	113.3	115.1	115.4	0.3	0.4	0.3	1.6	1.9	1.9
东南中部	110.9	113.0	113.2	−0.1	0.3	0.2	1.5	1.8	2.1
西南中部	112.7	114.7	115.0	0.3	0.3	0.3	2.5	2.2	2.0
中西部	111.3	113.6	113.9	0.3	0.3	0.3	2.5	2.3	2.3
东北中部	110.5	113.1	113.2	0.2	0.4	0.1	2.5	2.5	2.4
西北中部	113.2	115.0	115.6	0.4	0.2	0.5	2.3	2.0	2.1
西部	112.5	114.6	115.1	0.2	0.3	0.4	1.7	2.0	2.3
山地	112.8	114.8	115.3	−0.2	0.8	0.4	1.6	1.6	2.2
太平洋	112.4	114.6	115.1	0.4	0.1	0.4	1.7	2.3	2.4

市场效果

债券

债券交易者对 ECI 的反应类似于他们对通货膨胀预警指标的反应。一个比预期更大的该指数的上升可能会令这些交易者不安，能促使他们大量地卖出固定收益的债券，以增加明显的收益。投资者担心劳动成本的上升没有伴随着生产率的增长，这能提高价格的压力，并最终迫使美联储在工资通货膨胀产生之前增加利率。一个稳定的或低于预期的 ECI 对债券市场有积极的作用。

股票

劳动力成本的持续增长也使股票市场看跌。如果工资和福利的增长快于生产率，运营的成本膨胀，将会危及企业的利润。此外，它能迫使美联储介入。所有这些问题发展的速度取决于经济在周期中的位置及通货膨胀爆发时的状况。

美元

在外汇市场上，ECI 和美元价值之间没有表现出一个稳定的互动关系。显然，如果劳工成本上升，它能促使利率更高。这通常将吸引海外投资者投资美元。然后，更高的劳工成本也降低了美国企业在海外销售商品和提供服务的竞争力。扩大了贸易的赤字，对美元明显不利。大体上，如果货币市场上的交易者认为美联储成功地引导了经济的软着陆，制止了工资通货膨胀的爆发，那么将提升美元的价值。

进出口价格
Import and Export Prices

市场敏感度：中。

含义：记录美国在其他国家市场上买入和卖出商品的价格变化。

发布新闻的互联网网址：www.bls.gov/mxp

网址主页：www.bls.gov

发布时间：上午 8 点 30 分（美国东部时间）；数据在报告月份的大约两周后发布。

频率：每月一次。

来源：美国劳工部劳工统计局。

修订：每次发布包含月度的修订，校正过去 3 个月数据。从 2004 年开始，每年 1 月制定在其他国家市场上买入和卖出商品权重的变化，以反映两年前贸易模式的改变。

为什么重要

当人们谈到通货膨胀时，首先想到的经济指标一般是消费者物价指数、生产者物价指数和 PCE 平减指数。政府给出的另一个不太知名的数据是进出口价格。为什么要观察贸易的成本？美国每年支出 2.5 万亿美元购买其他国家的商品，这些购买支出在 GDP 中的比重超过了 16%。因此，进口价格的较大变化对美国的通货膨胀有重大的影响。如果石油的进口价格迅速上升，司机可能停止购买更多的汽油和燃油。委内瑞拉咖啡豆的减产能明显地增加早餐咖啡的价格。此外，如果美元对世界主要货币的价值迅速下降，将使大范围的商品和服务的进口更加昂贵。

观察进出口价格指数的另一个原因是，它们直接对美国在海外市场上的竞争地位产生影响。如果美国的商品由于国内的通货膨胀或美元的坚挺在海外过于昂贵。海外购买者将停止向美国订货而寻找其他更便宜的供应商。由于出口占到了 GDP 的 14%，所以对其他国家的销售量下滑将减少美国主要企业的收入，并阻碍美国经济的增长。

建立该价格指数的官方原因主要是，把月度的美国贸易额从名义美元转化成实际美元。记录实际形式的贸易流量很重要。如果你以名义美元简单地计算贸易销售额，仍然需要考虑美国更多的进口账单是因为更多产品的购买还是由于其他国家商品价格的上涨。出口也一样，如果美国交付到其他国家货物的价值从一个时期到下一个时期增加了，是因为美国企业销售了更多的产品，还是仅仅由于他们仅提高了价格？分析人士运用该报告的信息能决定实际进出口贸易的数额。

如何计算

每个月，劳工统计局根据多于 20 000 种商品和多于 6 000 家企业及其他资源来收集进出口价格的信息，并要求这些企业报告每月月初发生贸易的交易价格。大多数贸易价格以离岸价（FOB）为基础，反映了出口商品在外国船舷交货时的价值。销售者有责任把商品运至船舷或航空港，但之后的责任就转移给了进口方。FOB 价格不包括保险和关税成本。在出口一边，大量记录了船边交货（FAS）价格，代表了它们在装船前的价值。价格包括保险和运至装船港口的所有成本。不过，货物装船的成本由买方支付。

收集的所有价格，然后根据稳定的进出口商品市场范围赋予价格权重。商品的权数每年调整一次，以反映发生在两年前消费模式的变化。这组数据以 2000 年的数据为基准，将其定义为指数 100。

每月的发布都有常规的修订，回溯到前 3 个月。该报告的数字未经季节调整。

表：关于未来经济走向的线索

• **封面** 进出口价格指数的比率变化

该发布值得仔细观察，因为它记录了影响国内通货膨胀、增长和企业利润的最重要的经济力量之一。

（1）首先，概括的表格可以用来迅速浏览近期进出口价格的运动趋势，表明了与去年月度比率的变化。如果进口的价格上涨，将增加消费者价格向上的压力；而进口价格的持续下降可能导致非通货膨胀（此时通货膨胀率下降），或者不太多见的情况——通货紧缩（此时 CPI 下降）。给定石油价格的易变性及它对进口成本的扭曲，人们应该留意总进口的非石油进口的价格情况。

（2）一般来说，出口价格的持续上升可能损害美国的对外销售，导致国内更低的就业率，并抑制经济增长。然而，这里有很多的问题：一方面，主要取决于美国制造商品价格的上升对美国海外竞争力的损害程度，特别是有大量的海外供应商以更低廉的价格提供相同质量的商品；另一方面，如果这些商品被认为相当特别或者比其相关竞争者有更好的质量，美国企业可能就会成功地争取到海外消费者，尽管此时价格更高。

最终使用种类进出口价格指数的百分比变化，未经季节调整

月份	进口			出口		
	所有进口	石油进口	非石油进口	所有出口	农业出口	非农业出口
<u>2002 年</u>						
10 月	0.0	-0.1	0.0	-0.1	-1.8	0.1
11 月	-0.9	-8.2	-0.1	0.1	2.0	-0.1
12 月	0.6	5.6	0.2	-0.2	-0.5	-0.2
<u>2013 年</u>						
1 月	1.8	14.6	0.3	0.3	0.1	0.4
2 月	1.7	11.3	0.3	0.6	-0.4	0.6
3 月	0.6	-1.1	1.0	0.2	-0.4	0.3
4 月	-3.1	-18.8	-1.0	-0.1	0.4	-0.1
5 月	-0.7	-5.0	-0.2	0.1	2.5	-0.2
6 月	0.9	5.4	0.4	-0.2	-0.5	-0.1
7 月	0.5	5.2r	0.0r	-0.1	-0.1r	-0.1
8 月	0.0r	1.8r	-0.3	0.0	-1.0r	0.1
9 月	-0.4r	-5.0r	0.2	0.4	5.6r	-0.1
10 月	0.1	2.3	-0.1	0.3	2.5	0.1
2001 年 10 月— 2002 年	1.9	32.2	-0.4	0.4	5.9	
2002 年 10 月— 2003 年	0.9	3.4	0.7	1.4	10.5	0.6

▲ 1　　▲ 2

注：r=修正，以反映最新的报告及根据回答者的答案进行的校正。

观察该表的进口一侧，大多数投资者和经济学家会集中注意非农业出口价格的变化。该部分由大多数制造业的商品和服务组成，出口价格的下降将吸引更多的海外订单，从而增加美国企业的收入。

进出口价格变化背后的决定因素是货币市场上美元价值的上升和下降。坚挺的美元降低了进口的价格，但使美国的出口在海外市场上更加昂贵。疲软的美元增加了进口的成本，但有利的一面是美国出口商有更充裕的时间来获得海外订单，因为他们的商品在境外的价格下降了。下面是进出口价格的变化如何影响该国成本、利润和增长的说明。

美元疲软

假如法国向美国销售 25 欧元/瓶的酒，如果美元对欧元的汇率是 1:1，那么对美国消费者来说每瓶酒的价格是 25 美元。现在让我们考虑美元价值下降的情况，现在的比价是 1.25 美元 :1 欧元（即 1 美元仅能兑换 0.8 欧元）。酒的进口价格现在从 25 美元上升到 31.25 美元 （25 欧元×1.25 美元=31.25 美元），上涨了 25%。考虑该美元下降的更广泛的通货膨胀影响。除酒之外，美国也进口欧洲的汽车、干酪、服装、香水、艺术品和家具。进一步，随着进口价格的提高，它将促使美国企业也提高价格，因为他们不必太担心来自国外的竞争。

对于出口商来说，疲软的美元使他们在境外以更低、更具竞争力的价格销售商品。这就是为什么说：美国企业销售到欧洲的牛仔裤每条 25 美元，在美元贬值之前，欧洲消费者可以用 25 欧元购买一条；但当美元降到 1.25 美元=1 欧元时，销往欧洲的牛仔裤价格从 25 欧元下降到 20 欧元（25 美元/1.25 美元=20），便宜了 20%。更低的价格刺激更多的销售，增加美国出口商的收入，并促使整个 GDP 的增长。

美元坚挺

当美元的价值在货币市场上上升的时候，将发生一个对出口商和进口商有所不同的动态情况。我们考虑美国货币的价值上升 25%，而非相等的汇率 1 美元=1 欧元。那么，美国人现在能用 1 美元兑换 1.25 欧元（或者 1 欧元=0.8 美元）。这给美国的出口商造成了很大的困难。美元价值的上升使销往欧洲的牛仔裤成本从 25 欧元上升到 31.25 欧元。由于担心在该价格购买牛仔裤的人数减少，美国企业可能会决定维持欧洲的价格在 25 欧元不变，以保持竞争力。然而，该策略将使美国企业每售出一条牛仔裤就遭受一些收入的损失。由于把价格保持在 25 欧元，美国牛仔裤生产商现在仅从每条售出的牛仔裤中获得 20 美元，而非先前的 25 美元（25×0.8 美元=20 美元）。

另外，进口商和美国消费者乐于见到强劲的美元，因为进口商品现在更便宜了。当美国货币的价值从 1 美元=1 欧元增加到 1 美元=1.25 欧元时，法国的瓶装酒在美国的价格从 25 美元下降到 20 美元。然而，对美国消费者的好处可能是对美国生产商的害处。美国生产商现在不得不和进口到美国的低价商品竞争。这些美国企业因此在巨大的压力下降价，或者承受更大的出口额损失。累积上千种的进入美国的其他商品，你能想见坚挺的美元货币能帮助减轻国内的通货膨胀，但也能让许多美国企业的收入受损。

- **表 3 美国进口价格指数和所选商品种类的比率变化（未列出）**

该表包含了商品、资本品、食品和其他核心产品的进口价格的更加详细的清单。投资分析人士能够找出进口价格下降时工业的繁荣，他们能够从运抵美国的更低价格的进口商品所带来的威胁中避开。

- **表 4 美国出口价格指数和所选商品种类的比率变化（未列出）**

与表 3 的情况类似，该表集中于出口和汇率的变化，能给经济学家和投资者提供一个对美国商品在海外市场竞争力的更好理解。记住，标准普尔 500 强企业几乎一半的收入都来自于美国境外的商业活动。

- **表 7 美国进口价格指数及原产地价格的比率变化**

如果进口的商品来自于通货膨胀恶化的国家，美国的进口价格可能会突然下降，这就是表 7 所反映的。观察五个主要的贸易国家或地区——加拿大、欧盟、拉美、日本和亚洲新兴工业化国家和地区——及每个地区进口价格随时间的变化。美国进口商乐于与通货疲软的国家交易，因为相比通货坚挺的国家他们能从那里购买到更多的商品。另外，美国出口商要面对在通货贬值市场销售的严重困难，因为通货疲软国家通常会有经济危机，他们不可能从美国购买太多，而美元的相对强劲可能使许多美国商品的定价超出市场的接受能力。

表 7　美国进口价格指数及原产地价格的比率变化，2006 年 1 月—2007 年 1 月

（其他特别指出的除外）

种类	美国进口的百分比 1/	指数		百分比变化				
				年度	月度			
		2006 年 12 月	2007 年 1 月	2006 年 1 月比 2007 年 1 月	2006 年 9 月比 10 月	2006 年 10 月比 11 月	2006 年 11 月比 12 月	2006 年 12 月比 2007 年 1 月
2/ 工业化国家………	44.813	117.1	116.4	1.6	−2.2	1.5	0.9	−0.6
非制造业商品…	4.582	187.4	170.9	−13.8	−14.0	9.0	8.9	−8.8
制造业商品……	39.766	111.7	112.1	3.5	−0.9	0.8	0.0	0.4
3/ 其他国家………	55.204	111.9	109.4	−1.6	−2.7	−0.1	1.0	−2.2
非制造业商品…	11.023	190.5	176.7	−9.2	−9.1	−1.1	3.6	−7.2
制造业商品……	43.982	100.9	100.1	0.5	−0.7	−0.1	1.0	−0.8
加拿大………	17.052	129.6	127.5	−2.3	−4.4	2.6	1.9	−1.6
非制造业商品…	3.871	190.1	171.9	−16.6	−15.7	12.8	9.3	−9.6
制造业商品……	12.851	118.7	119.5	2.3	−1.2	0.3	−0.1	0.7
4/ 欧盟………	17.908	120.6	121.2	4.4	−0.7	0.1	0.7	0.5
非制造业商品…	0.389	199.0	185.4	−13.1	−5.8	−5.1	1.2	−6.8
制造业商品……	17.406	119.1	119.8	4.8	−0.5	0.4	0.7	0.6
法国（2003 年 12 月=100）………	1.888	105.7	106.3	3.2	1.0	−0.1	0.7	0.6
德国（2003 年 12 月=100）………	5.008	106.1	106.1	3.9	0.3	0.6	0.3	0.0
英国（2003 年 12 月=100）………	2.845	115.7	115.1	−0.4	−2.1	−0.9	0.3	−0.5
5/ 拉美………	17.619	136.3	133.5	−0.5	−2.8	−0.6	0.6	−2.1
非制造业商品…	4.822	195.9	183.0	−7.7	−8.0	−0.5	4.0	−6.6
制造业商品……	12.721	125.9	125.7	2.4	−0.5	−0.7	0.1	−0.2
墨西哥（2003 年 12 月=100）………	10.163	118.6	118.1	2.0	−1.9	−0.1	0.1	−0.4
6/ 环太平洋地区（2003 年 12 月=100）……	33.452	98.5	98.3	−0.5	−0.3	−0.1	0.1	−0.2
中国（2003 年 12 月=100）………	14.941	97.3	97.3	−0.8	−0.2	0.1	0.0	0.0
日本………	8.308	94.1	94.2	−0.4	−0.2	−0.1	0.0	0.1
7/ 亚洲新兴工业化国家和地区……	6.124	89.1	88.7	−0.3	−0.1	−0.2	0.1	−0.4
8/ 东盟（2003 年 12 月=100）……	5.993	98.0	96.6	0.1	−0.7	−0.3	0.0	−1.4
9/ 亚洲近东地区（2003 年 12 月=100）……	3.765	169.2	161.1	−4.4	−6.4	−1.0	3.2	−4.8

市场影响

债券

进出口价格的发布不是市场主要的鼓动者，尽管固定收益债券市场的参与者可能找到一些通货膨胀压力的前瞻性信号，或者找不到，更高的进口价格可能使债券投资者担忧，他们对通货膨胀上升的轻微信号往往过于敏感。相反，进口价格的下降有助于控制通货膨胀，尽管单独的该报告不可能显著地提高债券的价格。

股票

这里也是一样，对该报告的反应是适度的。但并不是说其对股票投资者不重要。进出口价格的变动对企业的获利能力影响很大。如果进口的成本下降，一些美国企业，特别是从其他国家购买产品部件的企业开始获利。因为这降低了生产成本，其他企业将遭受损失，因为他们受到海外竞争者廉价商品及占有美国市场更大份额的威胁。如果进口更加昂贵，该形势就给了美国企业提高价格、增加利润的机会；然而其他企业将由于高进口成本而出现资金短缺的困难。

就出口而言，价格的下降能创造美国企业境外更高的销售额；而更高的出口价格会减少海外市场对美国商品的需求，损害美国企业的收入。这些在股票市场中的影响取决于单个企业在全球市场的涉入程度。一般来说，主要的股价指数对该指标的反应不大，除非进口价格上涨到了会爆发通货膨胀压力的水平。

美元

外汇市场对该报告的结果通常没有反应。对这些交易者来说，汇率运动如何影响进出口价格的新闻大多已经被考虑到了。使海外投资者感到紧张的情况是，美元疲软或坚挺对美国经济十分不利，以至于华盛顿要介入货币市场。此类情况是很少见的，但并非不可能发生。什么可能导致该情况发生？一些事件可以。迅速增加的通货膨胀、竞争力的急剧恶化或者美国对外贸易赤字的意外扩大，在某些情况下都可能会促使美国决策者采取补救行动。

生产率和成本
Productivity and Costs

市场敏感度：中。

含义：测算生产商品和提供服务的工人效率的变化。

发布新闻的互联网网址：www.bls.gov/lpc/

网址主页：www.bls.gov

发布时间：上午 8 点 30 分（美国东部时间）；初步的报告约在每季度的五周后发布。

发布周期：每季度一次。

资料来源：美国劳工部劳工统计局。

修订：重要。第一次修订在初步数据发布的一个月后，第二次修订在初步修订的 30 天后。随后生产率数据的变化取决于 GDP 和就业数据的修正。

为什么重要

这里有一个问题：什么样的单一手段会使经济在没有通货膨胀的情况下更快地增长，帮助美国的出口者赢得海外市场，使家庭和企业同时富有？答案是生产率的增长。生产率是劳动者工作一小时所能生产的商品和提供的服务，它是一种帮助测算企业使用其雇员和物质资本情况的方式。

生产率是长期经济健康和繁荣的最重要的决定因素。理由是：劳动者的成本占所有商业支出的 70% 左右。因此，如果企业不能有效地使用员工，那将是资源的巨大浪费。如果劳动力使用有效，经济能够生产出足够的供给来满足消费者和商业的需求，而不至于导致短缺和涨价。此外，如果工人每小时产出更多，企业便能增加销售并创造更多的收入。那将提高利润，使股东分配到更多的股利，刺激更多的商业投资支出，工人也可以获得更多的报酬。事实上，三者可以同时兼顾。另外，低的生产率增长是经济萧条的产物，它会导致通货膨胀、更高的失业、更低的增长、实际收入微薄或没有。一个清楚的事实是，劳动生产率的高增长不仅仅是更好的，而且是美国企业面对严重的国际竞争环境的核心。

最后一点是从 20 世纪 70 年代末和 80 年代初的痛苦中学到的，当时的生产率增长接近于平坦的直线。美国的经济失衡，处于高涨的能源成本和局部的深度萧条中。此外，美国企业也失去了海外消费者，海外竞争者向美国市场提供了更加物美价廉的汽车、设备、家用电器和其他产品。由于第二次世界大战前没有国家能够挑战美国经济霸主地位的过度自信，美国企业突然发现他们还没有完全准备好去对抗更加机敏的国外对手。

自以为是的几年之后，美国工业终于觉醒，认识到工厂设备的更新改进和运作更加敏捷的紧迫性。成百上千家企业在 20 世纪 80 年代末和 20 世纪 90 年代初倒闭。兼并、收购和联合的浪潮随之而来，使不再能够盈利的企业充分的破产。和企业一样，美国开始更有效地运作。20 世纪 90 年代中后期快速的技术革新导致了另一个生产率增长的繁荣。这些事件不仅帮助美国重获它在世界贸易中的竞争力，而且从根本上改变了美国人的工作和生活方式。手机、手提电脑、电子邮件、高速网络电信和计算机智能机器引发了一场真正的生产率革命。如此大的生产率技术的突破在历史上少有，或许每百年仅发生一两次。

更为普遍的类型是生产率的腾飞常常伴随着商业周期的出现。生产率增长周期性地向上和向下被更好地理解，呈现出可预测的形式。首先，当经济萧条时，生产率明显下降。由于消费者需求的萎缩，企业开始减少产出，但他们继续保持雇员的数量——至少一直持续到明确经济不会在短时间内恢复时为止。因此，短时间内，生产率迅速下降是因为产出下降——但工资表上人员的数量仍然没有改变。其次，当雇主认识到他们没有选择只好开始解雇工人时，生产率下一时期的循环发生了。毕竟，随着企业收入的萎缩，保留闲置的或生产率低的工人会使成本太高。结果，萧条期间，企业试图雇用尽可能少的工人。最后，随着需求的再一次逐渐上升，经济开始复苏，生产率上升，因为企业开始增加他们的生产线却不把工人雇回。只有当经济开始出现持续的增长时，雇主才开始招聘。越多的人回去工作，工作的小时数越会增加，生产率增长就逐渐下降。这种周期的生产率类型已经在数十年中被观测到了。

然而，一些奇怪的事情发生在 2001 年的萧条和接踵而来的恢复中。这在现代历史中是第一次出现，生产率持续增长甚至在经济向下运行时也是如此，并在恢复期间加速得更快。同样不寻常的是在经济复原之后更少的工人被雇回。其中原因仍然在经济学者之间争论。很多人认为这是因为在 20 世纪 90 年代期间商业为了得到能提高生产率的技术投入了大量资金，尤其是在使用计算机和软件方面。而且管理技术也得到了很大的提升，这使得商业运作更高效。现有的工人们也不得不接受再教育以提升他们的技能。

所有的这些发展进步对经济都产生了深远的影响。公司经营的现代化使得美国能够在国际市场上更好地竞争。但是这也带来了一个副作用：对劳动力的需求减少了。举例来说，美国在 2011 年创下了产品和劳务生产的新纪录，而这只用到了比以前还少 700 万个工人的劳动力。这促使许多人怀疑商界是不是正在一个新的范式下运行，在这个范式中，要想更容易、更低成本地增加输出，美国可以通过提高国内外资本存量（比如高科技设备、现代化装配线和外包生产）的质量，而不是雇用更多的美国工人来实现。

如果这是真的，那么对企业来说是个好消息。因为他们能以更少、更低的价格和更有效的劳动力来满足消费者的需求。然而，另一方面的情况是，持续的生产率增长会严重瓦解美国经济传统的就业提供模式。拥有传统技能的工人将更难在高生产率增长时期找到工作，他们不得不被重新安置到另一个地方，学习新技能。

生产率自身的增长会长期导致高失业吗？传统的常识认为不会。更高的运营效率创造了更多的企业利润，并且导致了更多的商业投资支出。这些支出促使新行业的形成，从而创造了更多的就业机会。事实上，在过去的十年里，失业率一直保持在一个历史性的低水平上。

但一些经济学家现在担心，经济增长、企业利润和就业之间的传统关系是否已经改变了。如果生产率在萧条和扩张时期都能增长，那么它代表着经济关系的历史性变化，特别是就业提供的模式。同时，随着辩论的持续，决策者和经济学家都对季度的生产率数据高度关注。

生产率和成本的报告包含了三个主要的成分：每小时产出（劳动的生产率），每小时报酬和单位劳动力成本。

- 每小时产出。生产率反映生产商品和提供服务时劳动力的有效性，通常对应的是每小时产出。生产率的计算相对直接。下面我们来看一下公司要投入多少劳动力和资本。劳动力和资本代表了投入。然后，我们再来追踪这些投入形成了多少产出。投入与产出之间的关系就反映了生产率的水平。如果一家公司可以在投入不变甚至是减少的情况下增加产量（也就是产出），那么它的生产率就在提高。这会提高边际利润和收入，通常会带来高工资。然而，如果一家公司投入不变产出却在减少，那么它的生产率就在下滑，这会迅速导致公司利润下滑，有时甚至还会导致裁员。

  怎样计算生产率呢？只需要用到一个极为简单的公式。私人、非农经济生产了多少？用该数字除以制造这些商品和提供这些服务的工作小时数（例如，厨房设备制造商，该情形下的生产率依据的是烤面包机工厂的工人的每小时的装配数）。

- 每小时报酬。这是在非农经济中对雇员平均每小时的报酬率。（继续烤面包机的例子，企业给工人每小时多少报酬？）报酬包括工资、薪金、奖金、佣金、股票期权和为雇员支付的福利的价值。这些福利包括健康成本、社会保险基金和养老金。计算出总报酬以后，除以工作小时数。

- 单位劳动力成本。一旦获得了刚刚描述的两个要素——每小时产出和每小时报酬，我们就可以计算单位劳动力成本了。它代表生产一单位产品的劳动成本（用企业制造烤面包机的例子，单位劳动力成本表明制造商支付给工人每生产一个烤面包机的报酬数额）。劳动力是生产的最大成本，代表了所有商业支出的2/3以上。如果单位劳动成本上升，雇主将把这些增加的支出以更到价格的形式转嫁给消费者，或者他们吸收这些成本，减少利润。假如每小时报酬数上升了3%，但劳动生产率

（每小时产出）只增加了 2%。在这种情况下，劳动的成本（或单位劳动成本）增加了 1%。在单位劳动成本和未来消费者价格行为之间有一个高度的统计相关性。如果单位劳动成本呈棘轮式上升，那么零售价格也将最终上升。

考虑劳动生产率以 4% 的增加代替 2% 的情况。现在，每小时劳动产出大于每小时报酬的增加（3%），结果是单位劳动成本下降 1%。当由于高的劳动生产率导致劳动成本下降时，经济获利极大。首先，企业利润增加，接着推动股票价格上升。其次，企业没有提高价格的必要，他们可能以更高的报酬很好地补偿劳动力的有效性。更高的报酬和休止状态的通货膨胀将导致工人更高的生活标准。

如何计算

非农生产率和劳动成本要根据大量的资料来收集。小时工作数的数据来自于月度的就业工资表（见"就业形势报告"一节）。对于产出，政府用总 GDP 减去由政府、非营利组织、家庭的雇工、业主房屋租金的价值和农业部门创造的产出。除去所有的这些因素，仍然剩下 80% 的 GDP。

劳工统计局和经济分析局发布劳动报酬的数据。该数据包括来自于工资、薪金、消费、奖金、佣金和股票期权的直接劳动收入。也包括间接的劳动报酬，如健康保障、社会保险基金和养老金等为雇员支付的福利。在该发布中，总报酬成本以当前美元和通货膨胀调整后的美元表示。

修正可能由于劳动生产率或其他明显的原因而经常发生。许多统计数据构成了该指标的基础，例如，GDP 与工作小时数都经历着周期的修正。因此，那些作为基础的测算的变化也自动导致了生产率和成本数据的修正。

表：关于未来经济走向的线索

- 表 2　非农商业部门：生产率、每小时报酬、单位劳动力成本和价格

当谈到观测生产率数据时，金融市场的交易者偏好观察非农商业部门，该部门组成了GDP 的 75%，是该表的焦点。

（1）第二列正式说明所有人的每小时产出，这是关于经济效率的最好指标。它记录了劳动生产率从一个季度到下一季度以及与去年同期相比的比率变化。劳动生产率被认为是经济中通货膨胀的领先指标。如果经济在没有引起通货膨胀时快速增长，那么这必然导致更高的每小时产出。

为了指出在引起通货膨胀压力前经济能以多快的速度扩张，用该表中劳动生产率的年度增长率加到了年度的劳动力（或达到工作年龄的人口数）增加上。如果每小时产出

在过去的几季度的年度比率平均为 2.5%，劳动力的年度增加为 1%，经济通常能在长期以年度比率为 3.5% 的速度增长，而没有价格的压力。

从这个表格中，我们同样可以看到未来就业状况的发展趋势。如果经济增长速度超过了生产率增长的速度，这将促使企业扩大雇用规模。企业希望通过增加员工来提高产量，以满足经济增长所带来的对商品服务需求的扩大。

（2）中间的一列是每小时报酬，它提供一些出现工资压力的线索。因为劳动力代表了商业成本的主要部分，专家紧跟报酬数字，其特别原因是它们与劳动生产率的增长相关联。每小时报酬和每小时产出生动地联系表现在旁边的标题为单位劳动成本的一列中，该列是反映劳动成本对商业造成的痛苦程度的优秀指标。只要每小时产出增加的速度超过每小时报酬，所有重要的单位劳动成本都将下降。如果单位劳动成本开始上升，这可能发生在报酬支出增长的速度超过生产率时，它能释放通货膨胀的有害力量。

这里有趣的一点是一旦生产率的增长持续，可能促使更多的资本投资支出。理由是在一个高度竞争的全球市场，对制造商、批发商和零售商的压力是保持他们的销售价格低到维持消费者的程度。在该环境下，企业将不能简单地通过提高产品价格的方式来改善利润。否则，国内外的消费者将迅速反应，到其他地方消费。因为依靠定价的方式来增加利润变得相当困难，所以其他的选择是进一步的降低运营成本，这可能会获得一个更高的生产率水平。

市场影响

债券

固定收益债券的交易者很少由于该季度报告的发布而兴奋，甚至对重要的生产率指标态度也是如此。因为像产出和工作小时数这样的指标已经在单独的报告中发布了。然而，债券市场对生产率报告反应的变化取决于通货膨胀和劳动力成本表现的背后情况，这里主要的一点是更高的生产率水平使通货膨胀受到限制。然而，生产率在工资上升期间的下降将使债券市场不安，随着价格的下降和发行量的增加，将导致证券价格的下跌。

股票

该情形下的股票市场的反应大部分类似于债券市场。更高的生产率增长转化成了更低的单位劳动成本和更大的企业利润，这能推动股票的价格上涨。持平的或下降的生产率被认为是股价看跌的信号。

美元

如果在美国的企业生产率增加，美元也处在一个更好的根基上。通过有效的运作，美国企业将在更有利的位置上和其他国家的同行竞争，这是降低月度贸易和经常项目赤字的重要前提。

表 2　非农商业部门：生产率、每小时报酬、单位劳动力成本和价格，经季节调整

年度和季度	每小时产出	产出	小时数	每小时报酬（1）	每小时实际报酬（2）	单位劳动力成本	单位非劳动支付（3）	隐含的物价平减指数（4）
				指数 1992 年=100				
2001 年 第一季度	116.9	140.7	120.3	136.7	111.3	117.0	113.5	115.7
第二季度	117.4	139.7	119.0	137.4	111.0	117.1	114.9	116.3
第三季度	118.3	139.4	117.8	138.2	111.4	116.8	116.8	116.8
第四季度	120.7	140.4	116.3	138.9	112.1	115.1	119.0	116.5
年度	118.3	140.1	118.4	137.8	111.4	116.5	116.1	116.3
2002 年 第一季度	123.4	142.5	115.5	140.2	112.8	113.6	121.5	116.4
第二季度	123.7	142.9	115.5	141.5	112.9	114.4	121.5	116.8
第三季度	125.5	144.7	115.3	142.2	112.8	113.3	123.1	116.9
第四季度	126.0	145.3	115.3	142.8	112.7	113.1	124.3	117.3
年度	124.7	143.9	115.4	141.7	112.8	113.6	122.5	116.9
2003 年 第一季度	126.7	145.8	115.1	r143.7	r112.4	r113.4	r125.2	117.7
第二季度	r128.9	r147.5	114.4	r145.0	r113.2	r112.5	r127.5	117.9
第三季度	131.4	150.6	114.6	146.1	113.4	111.2	131.0	118.4
				与上一个季度相比的年率百分比变化（5）				
2001 年 第一季度	−0.4	−0.9	−0.5	4.3	0.5	4.7	0.8	3.3
第二季度	1.6	−2.7	−4.3	2.0	−1.2	0.3	5.0	2.0
第三季度	3.4	−0.8	−4.1	2.4	1.5	−0.9	6.6	1.7
第四季度	8.3	2.9	−5.0	2.1	2.7	−5.7	7.7	−1.0
年度	1.9	−0.1	−2.0	3.6	0.8	1.7	2.4	1.9
2002 年 第一季度	9.3	6.2	−2.9	3.7	2.4	−5.2	8.7	−0.2
第二季度	1.0	0.9	0.0	3.9	0.3	2.9	−0.9	1.4
第三季度	5.9	5.2	−0.6	2.0	−0.2	−3.7	6.6	0.1
第四季度	1.7	1.7	0.0	1.6	−0.4	−0.1	3.9	1.4
年度	5.4	2.7	−2.5	2.8	1.2	−2.4	5.6	0.5
2003 年 第一季度	2.1	1.4	−0.7	r2.6	r−1.2	r0.4	r2.8	1.4
第二季度	r7.0	r4.6	r−2.2	r3.6	r3.0	r−3.2	r7.4	r0.8
第三季度	8.1	8.8	0.7	3.1	0.8	−4.6	11.6	1.5
				与前一年相应季度相比的百分比变化				
2001 年 第一季度	2.0	1.4	−0.6	4.5	1.1	2.5	1.4	2.1
第二季度	1.1	−0.6	−1.6	4.6	1.1	3.5	−0.3	2.1
第三季度	1.7	−0.8	−2.5	3.0	0.3	1.3	3.7	2.2
第四季度	3.2	−0.4	−3.5	2.7	0.9	−0.5	5.0	1.5
年度	1.9	−0.1	−2.0	3.6	0.8	1.7	2.4	1.9
2002 年 第一季度	5.6	1.3	−4.0	2.5	1.3	−2.9	7.0	0.6
第二季度	5.4	2.3	−3.0	3.0	1.7	−2.3	5.4	0.5
第三季度	6.1	3.8	−2.1	2.9	1.3	−3.0	5.4	0.1
第四季度	4.4	3.5	−0.9	2.8	0.5	−1.6	4.5	0.7
年度	5.4	2.7	−2.5	2.8	1.2	−2.4	5.6	0.5
2003 年 第一季度	2.6	2.3	−0.3	r2.5	r−0.4	r−0.1	r3.1	1.1
第二季度	4.1	3.2	−0.9	r2.4	r0.3	r−1.6	r5.2	0.9
第三季度	4.7	4.1	−0.6	2.7	0.5	−1.9	6.4	1.3

雇员报酬的雇主成本
Employer Costs for Employee Compensation

市场敏感度:低。

含义:测算工资表上雇员每小时的美元成本。

发布新闻的互联网网址: www.bls.gov/news.release/ecec.toc.htm

网址主页: www.bls.gov

发布时间:上午 10:00(美国东部时间);报告季度末的 3 个月左右发布。

频率:每季度一次。

来源:美国劳工部劳工统计局。

修订:没有修订。

为什么重要

近年来,经济学家强烈要求获知关于劳动成本的更多信息。雇员报酬在决定未来的通货膨胀和经济增长中扮演了重要的角色。工资的上涨能增加家庭的信心,刺激消费支出,保持经济的平稳运行。然而,对商业来说,劳动成本的上涨可能对企业的竞争力和利润有不利的影响。如果占到所有运营成本 3/4 左右的雇员成本增加得太快,最终可能会导致通货膨胀。假定雇员成本在经济中如此重要,就容易明白为什么会有如此多的注意力集中在该主题上。雇佣成本指数记录了该支出的变化,但它的结果以指数的形式给出。对一些分析人士更有帮助的是以实际美元形式给出的劳动力成本的数据。

现在来看一个更精确的季度数据。该发布有一个令人遗憾的名称:雇员报酬的雇主成本(ECEC)。它观察工资表上雇员以美元表示的每小时的平均成本。该指标最初一年发布一次,但年度的数据对那些试图预测未来经济趋势的人来说会很快过时。结果,劳工统计局自 2002 年秋季开始每季度发布一次。经济学家称赞该变化,但金融市场和新闻界令人吃惊地很少关注该数据,尽管它更直观。希望 ECEC 尽快被认可为一个有效的和可靠的劳动力成本评价指标,甚至可能成为消费者支出和通货膨胀的领先指标。

如何计算

ECEC 依据私人和公共部门的人口调查(仅包括州和地方;不包括联邦工资表)。每季度,劳工统计局向私人工业部门的 10 000 个机构询问劳动力的成本,包括对 50 000 种职业的观察。它也包括了在州和地方政府、公立学校及公立医院的 1 400 个机构,覆盖 3 500

个职业群体。该调查在支付期间进行，包括 3 月、6 月、9 月和 12 月的第 12 天。

相同的样本也用于计算雇佣成本指数和雇员报酬的雇主成本。收到原始数据后，在这两个劳动力成本测算指标的计算上有一点不同，这能导致它们在年度基础上发散。雇佣成本指数对不同的职业群体适用一个固定的权重，大约每 10 年更新一次，最后一次更新是在 2002 年。而 ECEC 每季度根据列于样本数据中工作人数的变化来形成它的权重。

工资和薪金

数据在每小时直接支付的基础上收集。对于那些不以小时支付为基础的雇员，根据薪金除以相关的工作小时数计算。该计算也包括生产奖金、激励性收入、佣金支付和生活调整成本；但不包括加班工资和周末及假期的工资。

福利

ECEC 覆盖的福利包括度假、病假、假期的支付，加班工资，轮班工资，保险收益，退休和储蓄收益，社会保障，医疗保健及联邦和州强制的社会保险项目。

表：关于未来经济走向的线索

像平均每小时收入和雇佣成本指数这样的劳动成本测算，已经表现出了作为消费者支出和经济增长领先指标的质量。新的 ECEC 季度数据有希望具有相似的预测价值。它与这些经济中的核心指标的相关性也得到了准确的确定。

- **表 1　雇员每小时工作报酬的雇主成本及占总报酬成本的百分比**

想要知道企业对雇员的平均成本是多少吗？你将在该表中找到所有核心的报酬数字，包括总劳动支付的百分比。例如，在 2006 年 9 月，城市工人的平均总报酬（工资和福利）达到 27.31 美元/小时。该表然后把该项分解，以显示它的两个成分：工资和薪金是 19.12 美元/小时，福利支出是 8.18 美元/小时。后者被进一步细分，列为企业提供带薪休假支付、健康和寿险、退休储蓄和法定福利的每小时成本。

然而，这个表格的内容太广泛了，它包含了所有私人产业及州和地方政府的城市工人。在这 24 页报告的子表（本书未包括）中，列出了不同部门实际劳动力的成本。例如，该发布的表 2 中以美元的形式表示了不同职业和产业群体的劳动力成本。

表 5 比较了工会和非工会雇员的赔偿成本。

表 6 记录了商品生产部门相对服务部门的劳动力支出。

表 7 确定了美国不同地区的报酬支出数量。

表 8 显示了不同规模企业的劳动力成本。它计算了雇用 99 位雇员、500 位雇员和多于 500 雇员的企业的平均每小时劳动力支出。

这里的问题是哪一个测算指标——ECI 还是 ECEC——可以更好地用来了解美国工业的劳动力成本变化。答案取决于你在寻找什么。ECEC 给出了在特定时期以美元表示的平

表1 雇员每小时工作报酬的雇主成本及占总报酬成本的百分比：
城市工人，按照主要的职业群体，2003 年 6 月

单位：美元

报酬组成	城市工人[1]		白领		蓝领		服务业	
	成本	百分比	成本	百分比	成本	百分比	成本	百分比
总报酬…………	$27.31	100.0	$45.77	100.0	20.73	100.0	$14.97	100.0
工资和薪金………	19.12	70.0	32.46	70.9	14.78	71.3	10.63	71.0
总福利	8.18	30.0	13.31	29.1	5.95	28.7	4.34	29.0
带薪假期	1.91	7.0	3.67	8.0	1.40	6.8	0.87	5.8
旅游	0.89	3.3	1.66	3.6	0.67	3.2	0.41	2.7
度假	0.63	2.3	1.18	2.6	0.47	2.3	0.27	1.8
病假	0.29	1.1	0.62	1.3	0.20	1.0	0.14	0.9
其他	0.10	0.4	0.21	0.5	0.06	0.3	0.05	0.3
补充支付	0.69	2.5	1.12	2.4	0.45	2.2	0.27	1.8
奖金[4]	0.25	0.9	0.16	0.3	0.13	0.6	0.15	1.0
轮班工资	0.06	0.2	0.09	0.2	0.02	0.1	0.05	0.4
非生产奖金	0.37	1.4	0.87	1.9	0.29	1.4	0.06	0.4
保险	2.22	8.1	3.30	7.2	1.80	8.7	1.23	8.2
寿险	0.05	0.2	0.08	0.2	0.03	0.2	0.02	0.1
健康险	2.09	7.6	3.07	6.7	1.70	8.2	1.18	7.9
短期残疾保障	0.05	0.2	0.07	0.2	0.03	0.2	0.02	0.1
长期残疾保障	0.04	0.1	0.08	0.2	0.03	0.1	([5])	([6])
退休和储蓄	1.18	4.3	2.19	4.8	0.65	3.2	0.57	3.8
指定福利	0.74	2.7	1.33	2.9	0.31	1.5	0.46	3.1
指定捐赠	0.44	1.6	0.87	1.9	0.35	1.7	0.11	0.7
法定福利	2.19	8.0	3.03	6.6	1.64	7.9	1.40	9.3
社会保障	1.54	5.6	2.48	5.4	1.23	5.9	0.87	5.8
联邦社保基金[7]	1.22	4.5	1.95	4.3	0.99	4.8	0.70	4.6
医疗	0.31	1.1	0.53	1.2	0.24	1.2	0.17	1.2
联邦失业保障	0.03	0.1	0.02	([6])	0.03	0.2	0.03	0.2
州失业保险	0.15	0.5	0.14	0.3	0.14	0.7	0.12	0.8
工人补贴	0.48	1.8	0.39	0.8	0.25	1.2	0.37	2.5

均报酬，而 ECI 测算从一个时期到另一时期的报酬成本变化。ECEC 发布的一个问题是它不包括任何历史的表格。想要看到以美元表示的 ECEC 在过去几个季度或几年的变化，请跟随下面的步骤。

1. 登录劳工统计局的网站：www.bls.gov/ncs/ect/home.htm

2. 向下拖动鼠标直至你看到"Databases"，你会看到"雇员报酬的雇主成本"。点击"Top Picks"，选择一或多个劳动力成本的栏目。事实上，这些美国劳工统计局网站有大量的劳动力市场的信息，即便是对门外汉而言，要想检索这些信息也很容易。

市场影响

同样，由于该季度指标相当新，因此它没有获得投资者群体的太多注意。一旦它发展成为一个能预期未来劳动力成本、企业边际利润和消费者支出的路径记录，人们就会认为它是一个有用的指标。

实际收入
Real Earnings

市场敏感度：低到中。

含义：测算通货膨胀调整后工人收入的变化。

发布新闻的互联网网址：www.bls.gov/news.release/realer.toc.htm

网址主页：www.bls.gov

发布时间：上午8点30分（美国东部时间）；和CPI发布在同一天，月份的中间发布上月的收入。

频率：每月一次。

来源：劳工部劳工统计局。

修订：做月度修订，修订的结果发布在上个月的就业形势报告或CPI中。

为什么重要

通货膨胀调整后的美国工人能挣到多少？这是一个备受争议的问题。因为人们为了挣钱努力工作，而上涨的价格却会侵蚀他们的购买力。如果收入的减少速度和通货膨胀率的下降速度一样或比之更快，那么美国人民将在食品、衣服、度假和汽油上支出更少。结果是生活标准的降低和消费者的不满。工人要求更高的报酬以补偿高价格对其造成的损害，动荡的局面可能会随之而来。另外，如果工人的实际收入增加，超过通货膨胀的速度，工资能够买到更多的商品，这可能会促使经济进一步增长。因此，观察实际收入有助于预测未来消费者支出的趋势。

然而，股票和债券市场对该报告没有任何反应。因为实际收入报告简单地合并了两组不同的统计数据。它依据先前就业形势报告发布的收入，然后利用CPI进行通货膨胀调整，这样就促使了实际收入和CPI同时发布。

另一个该指标不被注意的理由是工作收入只是家庭收入的一个来源。它不包括利润分配和家庭从金融资产（如股票和债券）及不动产中获得的资本收益的增加。而所有的这些都对消费者的心理起作用。

如何计算

周度平均收入的数据来源于月度工作发布（参见"就业形势报告"一节），特别是私人非农业部门的工资报告。为了获得周度实际平均收入，经济学家利用本周的美元收入，根据对所有工人的 CPI（CPI-U）的变化进行调整，周度实际平均收入的结果以 1982—1984 年的美元为标准。

表：关于未来经济走向的线索

- **表 A-1 目前的私人非农业部门的工人总实际收入（每季度调整）**

这个表格回答了一个重要的问题：美国工人的工资是合理的吗？也就是说，他们赚的钱比生活花费高吗？如果是这样的话，消费者的购买就会增强，这又会使他们增加支出而促进经济的增长。但是如果工资的增长不及通货膨胀的程度，那么除非消费者使用更多的积蓄或者借贷，否则他们就无法长期维持原来的生活水平。而长期使用积蓄和借贷显然会对经济发展造成负面影响，因为这样一来最终消费者们的收支表会被破坏，导致消费者不得不减少支出。当我们了解到家庭支出占到了总经济活动的 70% 时，就算不是顶级科学家也能轻而易举地领悟到，消费者购买的持续下降会给经济带来多么恶劣的影响。

表 A-1 目前的私人非农业部门的工人总实际收入（每季度调整）

	2011 年 2 月	2011 年 12 月	2012 年 1 月	2012 年 2 月
实际平均每小时收入 [1]	$10.31	$10.24	$10.23	$10.20
实际平均每周收入 [1]	$353.49	$353.31	$353.03	$352.05
城市消费者价格指数	222.008	227.033	227.505	228.433
平均每小时收入	$22.88	$23.25	$23.28	$23.31
平均每周工作小时数	34.3	34.5	34.5	34.5
平均每周收入	$784.79	$802.13	$803.16	$804.20
月度百分比变化				
实际平均每小时收入 [1]	−0.3	0.1	−0.1	−0.3
实际平均每周收入 [1]	−0.4	0.4	−0.1	−0.3
城市消费者价格指数	0.4	0.0	0.2	0.4
平均每小时收入	0.1	0.1	0.1	0.1
平均每周工作小时数	0.0	0.3	0.0	0.0
平均每周收入	0.1	0.4	0.1	0.1
年度百分比变化				
实际平均每小时收入 [1]	−0.2	−1.0	−1.1	−1.1
实际平均每周收入 [1]	0.9	−0.3	−0.5	−0.4
城市消费者价格指数	2.1	3.0	2.9	2.9
平均每小时收入	1.9	2.1	1.8	1.9
平均每周工作小时数	1.2	0.6	0.6	0.6
平均每周收入	3.1	2.7	2.4	2.5

这个表格给出了工人工资的概貌，并让我们知道工人工资与生活支出是怎样建立联系的。例如，它告诉了我们在私营部门受雇者可以得到的实际平均小时收入和实际平均周收入的最新数据，以及在过去的一年、几个月里它是怎样变化的。引用的例子表明，不管是在哪个时期内工资水平的增长在通货膨胀前都会节节败退。

我们可以发现：2011年2月，根据通货膨胀情况调整以后的平均小时收入为10.31美元，一年以后，尽管名义小时工资从22.88美元上涨到了23.31美元，但购买力还是下降到了10.20美元。而从平均周工资中也能看出同样的恼人趋势。实际周工资从2011年2月的353.49美元下降到了一年以后的352.05美元。而且麻烦的是，尽管工作时间与名义工资都增加了也没能阻止实际周工资的下降。实际工资被锓蚀的原因很明显，就是因为虽然工人们的名义小时工资上涨了1.9%，但这期间的生活成本却上涨了2.9%。

现在，我们再反过来分析这个问题。如果消费者购买每年都上升，那么对经济会有损害吗？毕竟如果公司持续的给工人涨工资会导致公司利润减少，股东不满，最终迫使公司产品涨价。这会进一步增加通货膨胀的压力，损害消费者的利益。

那么我们既可以实现企业的盈利增加又能保证家庭购买力上涨吗？答案无疑是肯定的。秘诀就是提高商业生产率（通常依赖于能制造更高效的燃料的技术和更好的雇员培训），这样公司就能够在控制住运营成本的情况下生产并制造出更多的产品。这样的话，公司的利润就会增长得更快，股东和雇员们就可以分享到这些利润了。

因此，这个图表也有利于投资者和经济学家预测消费者支出、个人破产和企业盈利；特别是当实际收入持续下降时，甚至可以作为未来劳工骚乱的指标。

市场影响

债券

实际收入报告对固定收益债券市场没有任何影响，因为它与同时发布的CPI相比显得相形见绌。

股票

股票市场对该报告没有反应。

美元

美元对实际收入不敏感。

收益曲线
Yield Curve

市场敏感度： 中。

含义： 从短期到长期的基金收益。

发布新闻的互联网网址： www.stockcharts.com/charts/YieldCurve.html

www.bloomberg.com/markets/rates/index/html

频率： 随时可能。

来源： 基金市场。

为什么重要

在预测未来经济状况的时候，只有一个指数——收益曲线——比其他形式的指数都精确。没有其他的测算值能够如此成功地表明近期商业活动的转折点。收益曲线是收益点在图像上的集合，覆盖了美国基金市场上票据的所有范围。收益曲线和其他经济指标的区别是，它不是由政府部门或者私人组织计算出来的，而是直接来自于金融市场，并可能在任何时刻及时地影响投资者在经济和通货膨胀方面的判断力。

然而，自2008年起，游戏规则就变了，这让我们不得不寄希望于这种改变是暂时的。联邦储备银行以前所未有的规模介入到混合收入市场中，这暂时性地使收益曲线成为了一个预测工具。传统上，中央银行都是通过控制短期利率来控制通货膨胀，并维持经济和劳动力雇用量增长的。而以前的长期利率则总是由私人资本市场来自发形成。但之后2008—2009年的经济大衰退来了。一开始，在2008年12月美联储几乎把短期利率降到了0。尽管如此，美联储仍然没能让经济复苏，于是又采取了一系列措施（也就是人们说的量化宽松）来使它的收支平衡表上的长期利率下降，包括在长期有价证券市场上购买上万亿美元债券等。

这个实验仍然在进行中，但是过去通过研究收益曲线来预测经济发展趋势的预测专家们，现在反而质疑起了收益曲线是否真的有用。因为在利率再次趋于正常前，美联储要花数年向私营部门出售这些证券。

尽管如此，收益曲线还是不容忽视，无论是对于个人、公司还是政府的资金使用成本来说，它都有着其独特的影响力。随着美联储减少财政部的债券和其他长期有价证券，收益曲线对于预测商业周期中的转折点的作用迟早会再次凸显。

那么我们所说的收益曲线是什么呢？所有收益曲线的图像都有相同的特征。最左端的是最短期的票据，大多数是 3 个月的票据，接着是 6 个月、1 年、2 年、5 年、10 年的债券，直到在曲线最远的右端的 30 年债券。把收益点画在图像上使收益曲线成为了一个强有力的预测工具。曲线的斜率可以逐渐地或陡峭地向上倾斜、平坦或完全相反。在正常的收益曲线上，低水平的收益开始于短期票据，然后随着票据持续期的增长而逐渐增加，（见图 A）。为什么认为这是正常的呢？因为在一个典型的经济扩张里，投资者需要一个长期票据市场上的高利率回报。因此，如果投资者购买 10 年或 30 年的债券，就需要较高收益的额外补偿，来面对未来几年全部的未知风险。这些风险可以包括通货膨胀的波动、政治混乱和战争。相反，由于那些购买短期票据的投资者无需过于担心风险，所以他们愿意接受较低的收益率。因此，他们将接受一个较低的收益。因为，预测未来几月的状况比预测二三十年前的状况要容易得多。

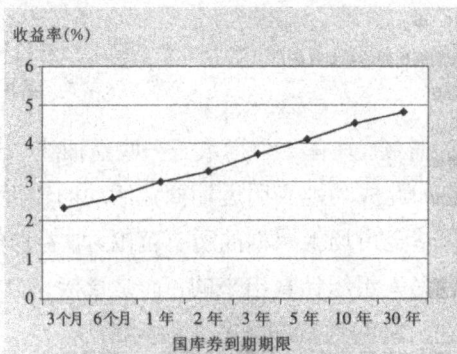

图 A　正常形状的收益曲线

如果一条正常的收益曲线显示收益率随时间的推移而逐渐增加，那么一条陡峭的收益曲线就是一个收益超过正常水平、极快地爬升到较高水平的极限版本（见图 B）。

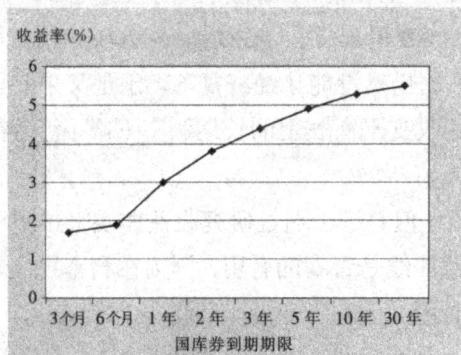

图 B　陡峭的收益曲线

这种状况可能发生在经济开始快速上升时期，导致新的预期使通货膨胀可能成为近期较大的问题。这样的担心可能刺激投资者卖出长期形式的国库券，特别是如果他们认为美联储抑制价格压力的动作过慢时，这将压低债券的价格，并导致长期的收益较高。（如果美联储动作迅速地控制住通货膨胀的爆发，投资者可能会在目前相对便宜的时候迅速地购买长期形式的国库券，以锁定高收益。在这种情况下，陡峭的收益曲线将不再存在，你可以观测美联储的及时介入或未及时介入对整个范围内的债券收益有极大的影响。）

水平的收益曲线存在于，当短期和长期形式的债券几乎提供了相同的收益时。第一个穿过底部的主要点预警经济将出现问题，市场存在着进入萧条阶段的危险（见图 C）。这是一个显著降低通货膨胀风险的说明。交易者常常在如此环境下购买债券以追逐更高的长期收益。结果债券的价格上涨，收益向下移动到接近短期利率。

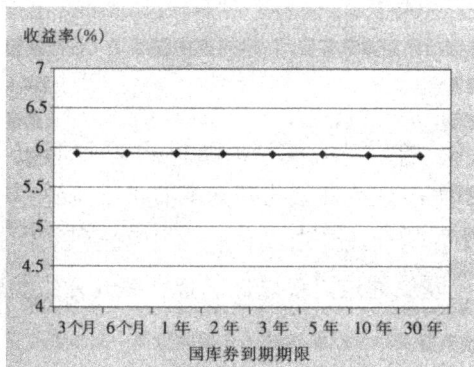

图 C　水平收益曲线

一条倒置的收益曲线预示着萧条就在前方（见图 D），此时短期利率显著高于长期利率。它反映了美联储保持短期高利率的观点（货币将变得稀缺），并且经济向下运行是肯定的。

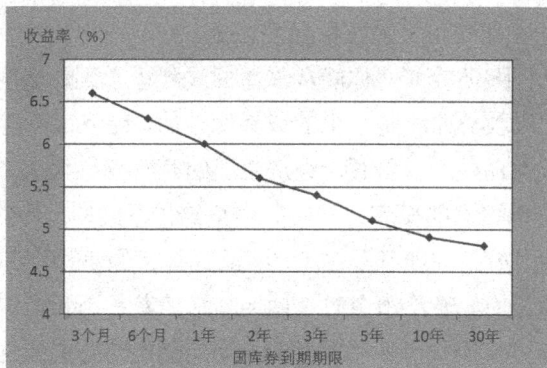

图 D　倒置收益曲线

如何计算

收益曲线图的绘制十分容易。一些主要的报纸如《纽约时报》《华尔街日报》《投资者商业日报》（*Znrestor's Business Daily*），和大多数的金融网站（见本节开始时的域名）都有一个列出近期基金收益的表格。你不必把它们绘成图像以决定曲线的斜率是否正常、水平或倒置，只需简单的记下如下基金的收益：

- 3 月期国库券；
- 6 月期国库券；
- 1 年期国库券；
- 2 年期票据；
- 3 年期票据；
- 5 年期票据；
- 10 年期债券；
- 30 年期债券。

一个正常的收益曲线有一个范围，收益的差别在 30 年期的债券和 3 月期的国库券之间，大约为 2.5%。差别更大的话就被认为是陡峭的收益曲线。一个水平的曲线的所有点均接近同一个利率、一个倒置的曲线是当 3 月期的国库券利率高于 10 年期或 30 年期的债券时出现。理解的要点是美联储通过隔夜联储基金利率设置曲线最短期的收益，但只有市场才能决定其他收益。

表：关于未来经济走向的线索

如前所述，考虑到美联储在长期债券市场的干预活动，经济学家和投资者正努力探索在这种情况下对收益曲线的解释。而多数人认为等到美联储卖掉它不久前入手的债券之后，收益曲线卓越的预测作用又会重新显现出来。

一旦美联储不干预债券市场，你能从收益曲线那里学到什么呢？绘出收益点后，曲线的形状就确定了。如果收益曲线是水平的或者倒置的，经济很可能正处于或者将会出现下滑状态。事实上，收益曲线一旦倒置，经济衰退的几率就会大大增加，几乎不可避免。我们能估计经济萧条会以多大的概率出现吗？历史给出了经验。1969 年到 2007 年的七次经济萧条前的一段时期，收益曲线都是倒置的。其他任何经济指标都没有表现出如此的一致性，甚至股票市场也没有。经济萧条时，短期利率随着货币和信贷的需求减少而降低，美联储向经济中注入更多资金以至于借贷价格更低。当经济作出反应并开始回升时，短期国债的非常低的收益率、10 年期以及 30 年期债券收益率的反弹，会一同形成了一个陡峭的收益曲线。这是经济从萧条转为增长的前兆。在经济恢复健康增长态势之后，美联储会稍微提高短期利率，收益曲线恢复到大概 2.5% 的正常范围。

显然，收益曲线对于预测经济转折点拥有很多令人羡慕的记录。但是，收益曲线的形状也受到很多其他因素的影响。一些出口依赖型国家如中国、日本、OPEC 各国以及韩国，也会利用对美国出口所赚取的美元外汇来购买美国国债。购买美国国债使这些国家能够更好地管理本国货币在外汇市场上的价值。他们并不想拥有过于强势的货币，因为强势货币会损害他们的出口。因此，这些国家为了避免本币升值幅度过大，会更多地购买美国国债以使美元升值。

但这绝不意味着收益曲线永远丧失了它与经济形势的相关性。这种相关性不是由收益曲线恰好倒置而决定，而是更多地取决于倒置收益曲线的取值幅度以及持续时间的长短。美国圣路易斯联邦储备银行基于收益曲线对经济衰退可能性预测的一项报告如下：如果收益曲线是正常的，也就是当 10 年期的国库券收益率高出 3 月期债券 1.2%，出现萧条的可能性低于 5%；而当收益曲线水平、两种债券基本上有相同的收益时，经济萧条的概率会上升至 25%；一旦收益曲线倒置，3 月期的债券收益率比 10 年期的债券高出 2.4%，在未来 18 个月内经济萧条的概率跃至 90%。

市场影响

债券

固定收益债券的投资者对未来经济增加和通货膨胀的预期，决定了哪种国债的到期期限最具吸引力。这样的偏好有助于收益曲线的形成。然而，由于经济活动预期和价格行为的频繁变化使收益曲线经常处于移动的状态。

股票

股票投资市场不太看重收益曲线，尽管它有一定的预期能力。这很令人惊奇，因为股票价格以未来企业所得和所有商业活动的预期为基础，而二者都能被收益曲线预见到。事实上，研究表明，收益曲线作为一个有效的市场同步策略，却不会被投资管理者重视。

美元

海外投资者对水平或倒置收益曲线的反应难以预测。多数取决于倒置收益曲线的程度、短期利率高于长期利率多少、美国的短期利率高于其他国家多少。国际投资者可能会选择避免在美国投资，因为水平或倒置的收益曲线是无力增长的先兆。然而，如果收益曲线如此倒置，使美国的短期利率显著地高于其他国家，这可能吸引海外的热钱（hot money）注入。因为海外投资者会利用这次机会在这里获得的更大回报。"热钱"的含义是什么呢？它是渴望获得最高短期回报的投资者在世界范围内投下的高速流动的资金一旦一项投资失去其吸引力，热钱就会迅速离开一国的市场到世界上另一个有利可图的地方去（例如，当美国的收益相对于它国下降时）。因此，当倒置的收益曲线出现时，美元可能迅速恢复其价值，但它的强度将非常弱。

一条陡峭的收益曲线表明强的经济增长，并预示着短期利率在几个月内的上升。这可能会吸引海外投资者购买和持有以美元为基础的金融资产。

其他值得一提的美国经济指标

信贷经理指数
Credit Manager's Index

含义：一个评估商界贷款条件的报告。

发布最新新闻的互联网网址：http://web.nacm.org

发布时间：上午9点（美国东部时间）；在每个月的最后一个工作日发布，包含了本月的情况。

频率：每月一次。

来源：美国国家信用管理协会。

人们常说信贷是经济的命脉。消费者购物时会广泛地用到贷款，就连公司在购买设备、供给和库存时也要依赖于贷款。商家们也乐于为客户提供贷款，这样客户们就会再次光顾。在经济上升期，信贷可以增加销量，而顾客们也通常会及时付款。但当经济环境变差时，提供赊货服务的公司就会遇到资金回流方面的问题。经济的健康发展亮起了红灯，应当得到投资者和商界领袖们的关注。保持对这种趋势的关注的一种方法就是关注信贷经理指数。

每个月，拥有众多信贷经理和收集员的培训组织——国家信用管理协会——都会对它的成员进行一个调查，以此判断信贷情况是好转还是恶化。该指数的关注点是商业领域的信贷条件：信贷经理是否观察到他们的公司客户在履行经济义务时有困难？债权人的争议增加了吗？是否有越来越多的公司向债权人寻求破产保护？申请贷款的公司是多了还是少了？

商业信贷条件的重要变化成为推测经济转折点的一个重要的领先指标。因此，专业预测人士和投资者对这一指标的兴趣也就越来越浓厚了。

小企业经济趋势
Small Business Economic Trends

含义：一个告诉我们小企业对经济的信心如何及他们的信心对于公司未来的商业计划影响如何的重要报告。

发布时间：上午7点30分（美国东部时间）；每个月的第二个星期二发布，发布的信息为上个月的观察数据。

频率：每月一次。

来源：美国全国独立企业联合会。

这项调查不容忽视。小企业是美国经济中最富活力的部分，美国每三个新的就业机会中就有两个是由小企业带来的。另外，小企业是经济从衰退中走出后最先增加生产及雇用工人量的，也是经济衰退时最先关闭工厂、解雇工人的。小企业在面对经济形式变化时能够快速、敏捷地作出反应，这就是我们要了解小企业对经济发展前景的信心程度的原因。这些预期能很大程度地影响就业和资本支出的趋势。

幸运的是，美国全国独立企业联合会（National Federation of Independent Business，NFIB）发布了一个检测这些小企业对未来期望的月度报告。在这个报告的最为人密切关注的数据中有一个是小企业乐观指数（Small Business Optimism Index）。它总结了公司高管对未来商业情况的预测及其做出预测的原因。然后接下来的也同样重要。通过公司高管们对关键问题的回答，我们可以了解到在接下来的几个月里他们倾向于采取怎样的行动：目前是扩张的好时机吗？他们对定价有什么计划？他们打算扩大招聘吗？他们将在接下来的几个月购买更多的存货吗？他们打算增加资本支出吗？这项调查甚至问了小企业主们认为自己面临的最大的问题是什么？美国全国独立企业联合会目前有35万成员，它从1973年就开始进行这项季度性的调查。但是随着从小企业主那里获得更及时的数据越来越重要，美国全国独立企业联合会从1986年开始每个月都进行民意调查。

卡斯货运指数
CASS Freight Index

含义：一份评估北美每月货运总量及运送成本的报告。

发布最新新闻的互联网网址：www.cassinfo.com/frtindex.html

发布时间：一天中不定时，在每个月的第一个星期发布，涵盖前一个月的出货活动。

频率：每月一次。

来源：卡斯信息系统有限责任公司。

供应链的网络运转的效率是现代经济运行最为核心的部分。当我们提到供应链的时候，在很大程度上我们是在说一个将关键商品和成品运往包括北美的港口、工厂、批发商、零售商在内的各种各样的目的地。监控供应链中的跌涨可以在很大程度上帮助我们了解经济的运行情况。卡斯货运指数和下节将要提到的周度铁路货流量报告就是两个可以很好地起到这种作用的指标。

卡斯货运指数实际上包含了两个度量尺度。第一个反映在特定的月份里被运送的货物的量。你可以想象，当经济发展有劲头时，工厂为了加速生产，对原料的订单就会相应增加；零售商会要求供货商提供更多的库存以满足上升的消费需求；制造商也会往驶向快速发展的新兴国家的商船上装载更多的商品。这样一来，美国和整个世界就都围绕着供应链网络不停地忙碌着。反之，当全球经济放缓的时候，出货量则会减少。

卡斯指数跟踪的第二个指标是运送成本。显然，很多因素可以影响到支出，比如燃料成本、运输能力的有限性，还有有货运资格的司机的竞争会带来的加薪。所有的这些因素都会为美国的经济带来通货膨胀，尤其是在生产者价格水平方面。这个报告是由卡斯信息系统直接整理出来的，而卡斯系统本身就是 350 个大型承运商的代表，他们每年的货运交易量可以达到 200 亿美元。无论是货运量还是支出的数据都是直接从这些承运商那里得到的。

周度铁路货流量
Weekly Railroad Traffic(Freight)

含义：一个关于全国货运车运送的商品的货流量与种类的定期报告。

最新消息的发布网站：www.aar.org

发布时间：上午11点到下午1点之间（美国东部时间）；每个星期四发布前一星期的消息。

频率：每星期一次。

来源：美国铁路协会。

很少会有经济报告兼有高度的及时性与对商业周期变化的敏感性，而由北美的美国铁路协会（Assoeiation of American Railroads）发布的周度铁路货流量就成功做到了。这一报告包含美国、加拿大、墨西哥的13个主要的铁路公司提供的独立的表格。数据也是由设计好的公式表示出来的。首先，需要考虑到包括货车车厢、储料器、油罐车运输方式在内的货运量，这些货物通常是会被送往工厂的原料或中等水平的加工商品。美国铁路协会就跟踪其中的20种不同的商品，包括木材、石油产品、煤、化工产品和金属。当经济处于回升阶段时，这些商品的需求会增加，这一现象会在前一周的周度铁路货流量中体现出来。

该报告还监控多式联运的铁路交通。联合运输是可以在铁轨上进行多种运输方式的运输。比如，一个有平台可载货的平板车可以运载一个拖车，而运载拖车的目的是为了最终运送一个与之相连的货车。另外一个多式联运的单位是没有轮子的封闭容器。它被从单节有轨轨道车的上空升起移动到货船或者平板货车中。多式联运单位包含的一般是直接运往仓库或商店的成品。而两车运输和多式联运都与商业周期有关。一些大宗商品（比如木料或者化工产品）的运输更是经济活动的领先指标，这也是为什么周度铁路货流量报告对于分析当前处于经济周期的哪一个阶段很有用的原因了。

建筑开支指数
Architecture Billings Index

含义：这个指数衡量对建筑服务的需求，可以用来预测商业建筑活动。

最新消息的发布网站：www.aia.org/practicing/economics/

发布时间：上午 8 点到 9 点（美国东部时间）；在每月的第三个或第四个星期的星期四发布，包含了前一个月的活动。

频率：每月一次。

来源：美国建筑师协会。

美国经济中最大的部门之一是商业建筑，它是一个产值为 800 亿美元的产业，占到了美国 GDP 的 5%，它雇用了数以百万计的劳动力。它也是人们对美国整体经济信心的晴雨表，当经济处于持续增长阶段时，商业建筑开支的增长速度通常会超过其他行业。但是当人们开始质疑经济发展的前景时，它的下滑速度也要比一般行业快。而鉴于非住宅建筑的规划和投资成本的影响，对经济前景的信心是项目能否进行下去的必不可少的先决条件。为了帮助建筑师们更好地评估商业建筑活动进展的情势，美国建筑师协会（American Institute of Architects，AIA）从 1995 年开始调查一部分律师事务所的最新业务量。目前，大约有 300 家建筑公司参与这项评估前一个月的开支是上升、下降或者维持不变的月度调查。然后，AIA 就会计算出一个扩散指数，如果这个指数大于 50，就认为大多数的公司业务增长；而指数低于 50 就意味着受访者们的业务量下降了。

建筑开支指数在一系列的预测指数中越来越流行的一个原因是，开支的增长可以预测出未来 9～12 个月内的建筑活动的活跃。而建筑业的繁荣不光对建筑师有利，随之产生的对建筑原料、设备、劳动力的需求的增长也会为经济活动带来动力。

标普凯斯–希勒住房价格指数
S&P/Case-Shiller U.S.National Home Price Index

含义：很多人认为在计算容纳单一家庭的住房的价格方面，这是最可信的一系列数据。

最新消息发布网站：www.homeprice. standardandpoors.com

发布时间：上午9点（美国东部时间）；在每个月的最后一个星期二发布，包含了之前两个月的住房价格变化信息。

频率：每月一次。

来源：标准普尔，费哲金融服务公司，宏观市场研究有限公司。

虽然跟踪家庭住宅价格变化的指标有十多个，但是很多分析家都指出标普凯斯-希勒住房价格指数或许是其中最准确的一个。20世纪80年代和90年代，两个经济学家和一个私人资金经理——耶鲁大学的罗伯特·席勒（Robert Shiller）、威尔斯利学院的卡尔·凯斯（Karl Case）还有艾伦·韦斯（Allen Weiss）——想出了一个计算家庭住宅价格变化的更精确的方法。特别是席勒，他在辨识资产评估（房地产和股票价格尤为突出）中危险的超额方面可以说是遥遥领先并已得到了当之无愧的赞誉。标普凯斯-希勒住房价格指数代表了席勒和他的同事们所完成的杰出研究的一个延伸。让它得以引人注目的因素是它的研究对象是在研究所覆盖的时期内被至少卖出过两次的家庭住宅。通过研究同一所房子在一定时期内的价格变化，我们可以得到房屋价格变化的更可信的数据。与之相比，美国商务部和房地产经纪人公布的数据就可能有偏差，因为这些数据可能包含了每个月销售家庭住宅的不同组合。

标普凯斯-希勒住房价格指数每个月统计一次，并且是基于3个月内的变动的平均水平。举一个例子，11月、12月、1月的销售数据共同组成1月份的数据、要记住标普凯斯-希勒住房价格指数不用美元价格来表示，它是用百分比变化来编制前一个月和前一年的变化水平。而去年同期的数据被认为是更能说明问题的。它的两个最受欢迎的大都会调查群是由十多个和二十多个城市组成的城市圈的综合性价格指数。

第 4 章

国际经济指标：为什么
它们如此重要

美国经济指标帮助我们理解美国的经济正在发生着什么。然而，在今天高度一体化的全球经济中，作为一个成功的投资者或者一个有能力的企业领导人，也需要了解在美国境外正在发生着什么。一位想要把产品卖到海外的职业经理人，或一位想要在股票和债券上获得高回报的投资者，都应该熟悉评估其他国家经济健康状况的指标。

　　为什么如此强调国际商业的景气状况？一个原因是，世界经济的增长大部分是在新兴国家内发生的，而非大型的工业化国家。另一个原因是，国外的发展对美国企业利润水平的影响，以及对股票、债券和美元表现的影响比以往任何时候都要大。欧洲的经济萧条不仅损害当地的公司，也会波及到许多美国本土的公司。标准普尔500强的企业有近一半的收入来自美国境外的销售。比如，能源与技术部门的公司的收益有超过一半是来自海外的，而且，重视国际商业气候能形成出色的商业判断力，察觉到美国境外市场上的新商机。人们不再把投资局限于美国，而是分散到欧洲、亚洲和拉丁美洲各国。事实上，其他市场上有巨大的投资空间。例如，股票投资者能在世界股票交易所上选择45 000多的公众公司，而它们中有75%在美国境外。

　　当然，人们在海外投资时需要考虑额外的风险。最大的风险之一就是汇率的不利浮动。如果你拥有其他国家的证券或资产，而该国的货币对美元的汇率上升了，那就太棒了！投资的所有回报获得一个额外的增长，因为该投资兑换成美元更具价值。然而，如果该国的货币相对于美元贬值，一旦将该资产兑换成美元，投资将贬值甚至遭受损失。因此，汇率价值的变动能使一项海外投资成功或者失败。

　　假如确有货币风险存在，那么避开国际市场的这一简单办法岂不是更有效？当然不是。在外汇交易市场上，美元、欧元、日元、英镑或其他主要的浮动汇率的货币，都没有什么本质上的神秘波动，因为最终货币的长期价值是由一国的经济基础决定的。经济是否增长，通货膨胀是否仍在控制之中，消费者和经营者是否对经济的未来充满信心，政府的财政政策是否到位，国家是否拥有足够的储蓄用于投资，国际贸易收支是否合理平衡，这些因素对货币价值的决定有重大的影响。当然，各国的利率差别、经济或政治不稳定导致的偶然情况也可能使汇率在短期内波动。但是，货币的真实价值大体上以一国背后的经济稳定和活力为基础。

　　另一种对进入国际市场的批评意见认为，全球分散化投资的利润已经被瓜分殆尽了。根据这一论断，海外市场逐渐与美国国内市场一样停滞不前，那么为何还要费心投资到一个风险更大的地方呢？确实，无论在经济、政治或军事危机期间，世界市场都有趋于一致的倾向。然而，这种全球大范围的紧张局势是很少有的，世界范围资产价值的趋同运动的时间很短，至多几天或几周。在通常情况下，海外金融市场有它们各自的发展趋势。从历史来看，加拿大的股票市场与美国的有 65%的相关性；英国与美国有 50%；德国与美国有 55%；日本与美国有 25%。看看一个重要的事实：过去几年在国际股票市场上表现最好和最坏的国家（见表 4-1）。

表 4-1　各国（地区）股票市场表现排名（以当地货币为基准）

	2008 年	2009 年	2010 年	2011 年
表现最好者	突尼斯 哥斯达黎加 摩洛哥	巴西 俄罗斯 秘鲁	菲律宾 泰国 秘鲁	委内瑞拉 印度尼西亚 美国
表现最差者	冰岛 保加利亚 乌克兰	加纳 尼日利亚 哥斯达黎加	希腊 西班牙 意大利	希腊 埃及 意大利

来源：经济展望集团，LLC.

　　正如你所见，美国在近年来最好表现者中仅仅被提名了一次。这张表目的在于强调对于国际投资保持一个开放心态的重要性，尤其是对新兴国家。没人能肯定地预测某一经济和金融市场的表现优于其他市场。在下一代中，我们会见证成千上万的新中产阶级消费者在发展中国家出现，并且他们将会成为接下来几十年里推动全球经济发展的主要力量。因此，毋庸置疑的是海外分散化投资的优点仍然存在。

　　本章力图带领读者进入下一阶段，帮助大家去解读那些提供当前和未来全球经济状况的其他国家的经济指标。某些反映其他国家经济活动的指标和美国的指标有相似的规律，因此，投资者和职业经理人有机会在国际市场上获得成功。问题是，公众领域有大量的国际经济数据，美国也一样。数以百计的国家公布数以千计的具有相同结构的统计资料，即使你把值得观测国家的数量减少到 24 个，观察这些国家的所有指标变动的任务也是令人无法想象的。国际统计数据种类繁多，大多数数据在需要时也很难找到。通常这些经济指标的定义和计算方法不同于美国，而且可能在本质上有很大差别，甚至有大量的数据不是用英文表述的。

这部分试图解决上述问题。在后面的篇幅中，我们将选取最重要的国际经济指标来进行进一步的研究。它们代表了除美国以外的三个市场：欧洲、亚洲和拉丁美洲。和美国的经济统计数据一样，这些国家的经济指标是按照预先安排好的日程向公众公开的。国际经济指标公布的日程可以在第 6 章"查询国际经济指标的最佳网站"开始部分所列的网址中找到。本章所列的指标全部可以在互联网上获得。它们要么来自官方网站，要么来自民间协会网站，对公众免费，并可用英文查看。

最后，读者应该注意国际数据的不同格式。许多国家用逗号代替小数点，在表明千位时，用间隔号或空格代替逗号。例如，美国和德国在表达数字时用小数点和逗号，但有时符号可互换（如 2,325.77 换成 2.325,77）。有时，德国和法国可能用空格代替数位符号（2 325.77）。

世界各国的日期表达也不同。在美国，月在日前；欧洲大多数国家用日-月-年，亚洲习惯用年-月-日。既然世界经济和金融联系得如此紧密，为什么没有适用所有国家的符号标准呢？因为传统和政治，这两大障碍很难克服。那些中意世界规范格式的人们也许需要长期的等待。现在，人们没有选择，只有继续适应各地的传统。

德国工业产值
German Industrial Production

含义：欧洲最大经济体的工业产出。

发布新闻的互联网网址：www.destatis.de/EN/Homepage.html

网址主页：www.destatis.de

发布时间：上午 11 点（欧洲大陆时间）；每月的第二个星期发布两个月前的状况（例如 3 月的数据说明 1 月的产出）。

频率：每月一次。

来源：德国联邦统计局。

修订：每次发布后修订前两个月的数据。

我们从德国开始，德国是欧洲最富有、人口最多的国家。仅产出就占欧洲大陆的 1/3，是欧元使用欧元的 17[①] 个国家之一。因此，德国对欧洲大陆的经济状况有强大的控制能力。它是全欧洲都在依靠，以解决此地区经济灾难的国家。而且，德国的影响也延伸到了欧洲之外。它是世界第五大经济体与第二大出口国。德国也是美国核心的贸易伙伴和重要的投资者。现在两国的贸易额超过 1 400 亿美元。在欧洲之外，美国是德国最大的经济伙伴。事实上，德国公司在美国提供了 80 万个工作机会；同时，美国公司在德国大约提供了 50 万个职位。

作为欧洲经济的主导和世界经济的重要角色，德国工业产值表排在了必看图表的第一位。尽管工业产值低于国家 GDP 的 1/4，但是这个指标联系着整个欧州大陆 GDP 的变化。因此，想在早期发现欧洲强弱信号的投资者和职业经理人将会发现德国工业产值指数是一个很好的领先指标。

[①] 在本书写作时，将欧元作为本国货币的 17 个国家是：奥地利、比利时、塞浦路斯、爱沙尼亚、芬兰、法国、德国、希腊、爱尔兰、意大利、卢森堡、马耳他、荷兰、葡萄牙、斯洛伐克、斯洛文尼亚以及西班牙。

德国伊弗研究所经济景气调查
German IFO Business Climate Index

含义：评估当前和未来经济景气情况的德国商业领先指标。

发布新闻的互联网网址：www.ceifo-group.de/portal/page/portal/ ifoHome/a-winfo

主页网址：www.cesifo-group.de/portal/page/portal/ifoHome

发布时间：上午 10 点 30 分（欧洲时间）；调查当月的第四个星期公布。

频率：每月一次。

来源：伊弗经济研究所。

修订：很少。季节性调整因素变化后周期性修订。

德国伊弗研究所经济景气调查是欧洲每月发布的最具预测性的统计调查之一。自 1949 年公布以来，这一系列已经成为反映德国经济运行情况，更广泛地说，反映几周后欧洲经济运行状况的一个非常好的领先指标。当然，工业生产指数也享有相同的声誉。但是，数据在调查当月发布的及时性使投资者对伊弗的报告相当敏感。

每月之初，研究所会询问 7 000 多位德国商业领导者和高级管理人员关于制造业、建筑业、批发和零售业的情况，并且要求他们评价德国当前的商业形势（好、一般、差）和他们接下来 6 个月的预期（更好、一样、更差）。他们的回答构成整个伊弗商业景气指数的基础，该指数包括两个主要的子项：当期形势指数，评价当前的经济状况；预期指数，预测半年后的商业环境。

从三个指数的结果来看，欧洲金融市场往往更接近预期指数。历史表明，预期指数的变化倾向于引导欧洲工业产出大约 2～3 个月的变化。因此，如果伊弗预期的评价变好了，将在短期表现出德国甚至大部分欧洲的工业产出加速增长。

德国统一后，伊弗研究所分别公布了两份商业景气报告：德国东部地区商业景气报告和德国西部地区商业景气报告。然而，在 2004 年，它决定合并这两组数据，把德国作为一个整体来表现其商业活动。伊弗的经济学家认为，现在这两个区域的商业周期已经在很大程度上趋同了。尽管它们仍然在不同的产出水平上运转。因此，伊弗商业景气指标现在在它的标题索引中公布一个统一的德国数据。那些仍然想要得到东部和西部各自状况数据的人可以通过在伊弗网的数据库搜索到更多的资料。

最后，我们注意到一个有趣的事实，德国伊弗商业景气调查和美国供应管理协会的制造业报告表现出高度的相关性。近几年来，ISM（供应管理协会）数据（滞后 6 个月发布）

会伴随着德国伊弗预期指数的上升而持续上升。注意到美国经济的规模和在世界上的重要性，这也就不足为奇了，两个调查数据的联系也从另一个角度说明国际经济已经相互联系得极其紧密。

德国（指数，2005 年=100，经季节调整）

月/年	04/11	05/11	06/11	07/11	08/11	09/11	10/11	11/11	12/11	01/12	02/12	03/12	04/12
环境	114.0	114.0	114.3	112.9	108.6	107.5	106.5	106.8	107.3	108.4	109.7	109.8	109.9
形势	121.0	121.3	123.2	121.4	118.0	118.0	116.8	116.7	116.7	116.3	117.4	117.4	117.5
预期	107.4	107.2	106.1	104.9	100.0	98.0	97.2	97.6	98.7	100.9	102.4	102.7	102.7

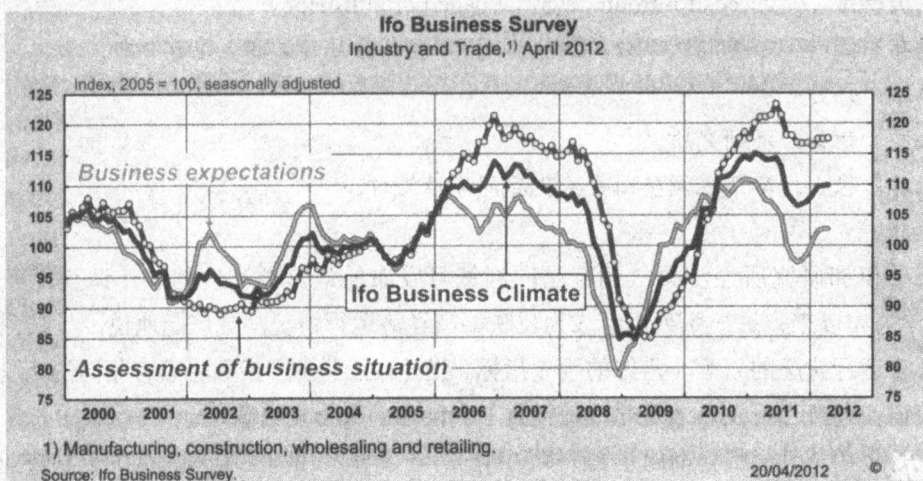

Ifo Business Survey
Industry and Trade,[1] April 2012

Index, 2005 = 100, seasonally adjusted

Business expectations

Ifo Business Climate

Assessment of business situation

2000 2001 2002 2003 2004 2005 2006 2007 2008 2009 2010 2011 2012

1) Manufacturing, construction, wholesaling and retailing.
Source: Ifo Business Survey.

20/04/2012 ©

德国消费者物价指数
German Consumer Price Index

含义：评价欧洲最大经济国的主要价格水平。

发布新闻的互联网网址：www.destatis.de

网址主页：www.destatis.de

发布时间：上午 7 点（欧洲大陆时间）；初步的 CPI 公布于每月的 25 号左右，最终的数据公布于 2 个星期后。

频率：每月一次。

来源：德国联邦统计局。

修订：CPI 月报可能包含过去月份的修订。

作为欧洲经济的支柱，德国可能要充当整个大陆增长的引擎，也可能对整个区域经济的下滑负有责任。德国最终扮演的角色决定于许多因素，但没有比通货膨胀表现更重要的因素了。德国的 CPI 能对欧洲国家的经济和欧洲中央银行的政策产生强有力的影响，它确定了所有使用欧元的国家的短期利率。

如果德国的通货膨胀在一个令人担忧的比率下加剧，欧洲央行将很可能增加利率，即使邻国的经济已表现出通货膨胀得到了相当的控制。在另一个极端，如果德国步入一个通货紧缩的循环，价格持续下降，欧洲央行将介入并降低利率，以免价格的类似下跌蔓延到欧洲大陆的其他区域。

德国的 CPI 在数十年前就已经纳入世界投资者的观测范围了。高度概括地说，它可以追溯到德国政府作出承诺——要不惜一切代价避免 20 世纪 20 年代经历过的灾难性恶性通货膨胀重演。当时像面包和牛奶等生活必需品的价格每天上涨几倍，使国家的货币基本没有价值，那段痛苦的回忆使德国央行在第二次世界大战后设置了一个强硬的、固定的、反通货膨胀的政策，从那以后再也没有改变。数十年来，德国央行始终难以忍受每年超过 2% 的最轻微的通货膨胀。即使是在他们的经济不景气或者失业很严重的时期，央行最主要的任务仍然是保持通货膨胀接近于零，不惜一切代价保护德国的货币——德国马克，就算这样意味着要把利率维持在一个痛苦的高水平上。德国顽强的抵抗通货膨胀导致了长期的高失业率，但同时使它的货币在世界上备受尊崇。

在 20 世纪 90 年代建立欧元的对话期间，德国对欧洲的谈判代表明确表示德国加入货币联盟的条件是新的欧洲央行同意像德国央行那样追求相同的、强硬的、反通货膨胀的目标。德国官方希望欧元在国际货币市场上像马克那样具有相当的地位，这就意味着要使欧元区国家的利率脱离政客的掌控。直到今天，德国对欧洲央行的影响仍是显著的。欧洲央行坚持遵守不允许欧元区的通货膨胀率超过 2%的路线。

这并不意味着作为政策制定者的欧洲央行会漠视这一地区的其他经济压力。例如，在欧元区主权债务危机最严重的时期里，欧洲中央银行采取的更务实的做法让许多人感到惊奇。由于 2011 年欧洲的主权债务危机的加剧，许多人惶恐其后果最终将导致欧元区的灾难性崩溃。但即使此地区通货膨胀保持在中央银行目标之上，欧洲央行仍大胆地将短期利率降至历史最低点，并借给紧张的欧洲各银行大量低成本的基金。

让我们进一步观察德国通货膨胀的测算。CPI 测算家庭购买用以消费的所有商品和服务的平均价格变化。在每月中期，大约 560 位价格收集者在德国的政府办公室外办公，收集 750 种特定商品和服务的价格。大体上，每月获取 40 万个价格，包含税收（增殖税和消费税）和价格折扣（如批发和打折）。然后联邦统计局（FSO）计算德国主要的六个州（巴登沃腾堡、巴伐利亚、勃兰登堡、黑森林、北莱茵威斯特伐利亚和萨克森州）的价格变化，并且发布每月等待已久的初步的通货膨胀率和最近 12 个月的变化。

德国 CPI 的另一优点是它非常及时。政府在调查的同一月份的第三或第四个星期会发布一个对通货膨胀的临时估计。最终的 CPI 在两个星期后发布，在下个月的第 10 天到第 15 天之间。虽然只是一个临时的信号，金融市场的交易者对此的反应仍很大。因为初步的 CPI 和修正后的数字差别可以忽略。

把该主题复杂化没有意义，只需要明白联邦统计局在每月也计算德国通货膨胀的另一个版本，该版本也会发布。为什么计算两个 CPI 版本？原因是为了遵循标准的欧洲测算 CPI 的方式。这使商业领导人、投资者和经济学家能更准确地比较德国和它的邻国的通货膨胀率。消费者物价调和指数（Harmonized Index of Consumer Prices, HICP），通常被写成"hiccup"，是欧盟（EU）对通货膨胀计算。然而，说了这么多，德国 CPI 的国内定义和德国调和 CPI 的差别并不明显。

ZEW 经济景气指数
ZEW Indicator of Economic Sentiment

含义：一个来自德国的测试最高投资者信心的、广受欢迎且具时效性的调查。

发布新闻的互联网网址：www.zew.de/en/publikationen/Konjunkturerwartungen/Konjunkturerwartungen.php3

主页网址：www.zew.de/en//index.php3

发布时间：上午11点（当地时间）；每月中旬发布并包括同月的调查结果。

频率：每月一次。

来源：欧洲经济研究中心（ZEW）。

这一来自德国的终级指示器于20年前形成，具有两大特点：第一，报告发布时间与调查同月，这使它具有很强的时效性；第二，作为德国经济的领导性经济指示器，它有令人赞叹的记录。它是这样被设计出来的：欧洲经济研究中心会在每月的前两个星期，从大约300位投资者及分析者那里征集他们对6个月后德国经济环境的预期。并更明确地寻问了他们对通货膨胀、短期与长期利率、10年期德国政府国库券、股票市场指数、货币、公司盈利的展望，甚至还调查他们对油价的预期。

此调查的另一个特点使之更具价值。这些金融专家被要求不仅要评估德国未来的形势，还要评估整个欧元区，以及美国、日本、英国、法国、意大利的情况。这些问题都在一张纸上，这样使其结果更易被掌握，且缩短了结果公布于众前的时间。因此，每个月我们都会从欧洲投资者处得到一个关于他们眼中世界经济前进方向的实效性强的评估。

计算这一指标的方法十分正确。此指标代表积极分析者与消极分析者在量上的区别。所以，如果55%的参与者认为将来6个月里德国经济环境将好转，20%认为将没有变化，25%认为经济环境将恶化，则ZEW经济景气指数将是30+。因此，一个正数意味着积极者数量超过消极者，反之亦然。

此报告被欧洲投资者与经济学家密切追随着，并与之前提到的伊弗研究所经济景气调查有着紧密的联系。这使之成为欧洲主要市场的原动力。

ZEW-2012年5月金融市场调查结果							
目前经济形势	好		正常		不好		结余	
欧元区	1.4	(−2.3)	37.0	(−6.6)	61.6	(+8.9)	−60.2	(−11.2)
德国	47.3	(+3.7)	49.5	(−4.0)	3.2	(+0.3)	44.1	(+3.4)

（续表）

ZEW-2012年5月金融市场调查结果							
目前经济形势	好		正常		不好		结余	
美国	9.5	(-1.2)	76.0	(+0.4)	14.5	(+0.8)	-5.0	(-2.0)
日本	2.2	(-0.5)	63.7	(+7.8)	34.1	(-7.3)	-31.9	(+6.8)
英国	0.4	(-1.5)	38.3	(-5.0)	61.3	(+6.5)	-60.9	(-8.0)
法国	1.5	(-3.1)	55.0	(-8.5)	43.5	(+11.6)	-42.0	(-14.7)
意大利	1.1	(-0.1)	17.6	(-7.6)	81.3	(+7.7)	-80.2	(-7.8)
经济预期	变好		不变		变坏		结余	
欧元区	22.2	(-6.7)	53.2	(-2.1)	24.6	(+8.8)	-2.4	(-15.5)
德国（ZEW指标）	30.2	(-6.4)	50.4	(+0.2)	19.4	(+6.2)	10.8	(-12.6)
美国	34.8	(-9.2)	56.0	(+7.5)	9.2	(+1.7)	25.6	(-10.9)
日本	26.6	(-6.6)	65.9	(+4.6)	7.5	(+2.0)	19.1	(-8.6)
英国	18.7	(-0.5)	65.3	(-3.8)	16.0	(+4.3)	2.7	(-4.8)
法国	13.4	(-7.5)	58.0	(-3.5)	28.6	(+11.0)	-15.2	(-18.5)
意大利	16.4	(-3.7)	56.0	(-1.5)	27.6	(+5.2)	-11.2	(-8.9)
通货膨胀率	上升		不变		下降		结余	
欧元区	25.4	(-4.0)	47.5	(+3.4)	27.1	(+0.6)	-1.7	(-4.6)
德国	33.8	(+/-0.0)	45.1	(+1.3)	21.1	(-1.3)	12.7	(+1.3)
美国	30.5	(-1.6)	51.4	(+2.5)	18.1	(-0.9)	12.4	(-0.7)
日本	17.3	(-1.5)	75.8	(-0.2)	6.9	(+1.7)	10.4	(-3.2)
英国	22.0	(-4.6)	54.1	(+2.6)	23.9	(+2.0)	-1.9	(-6.6)
法国	23.6	(-5.0)	50.6	(+0.8)	25.8	(+4.2)	-2.2	(-9.2)
意大利	22.6	(-6.7)	46.2	(+1.4)	31.2	(+5.3)	-8.6	(-12.0)
短期利率	上升		不变		下降		结余	
欧元区	6.4	(-2.0)	76.2	(-1.7)	17.4	(+3.7)	-11.0	(-5.7)
美国	6.8	(-3.6)	91.1	(+4.1)	2.1	(-0.5)	4.7	(-3.1)
日本	3.0	(-2.5)	95.9	(+2.6)	1.1	(-0.1)	1.9	(-2.4)
英国	5.7	(-3.5)	87.1	(+4.0)	7.2	(-0.5)	-1.5	(-3.0)
长期利率	上升		不变		下降		结余	
德国	59.3	(-2.3)	34.3	(-2.6)	6.4	(+4.9)	52.9	(-7.2)
美国	53.2	(-3.8)	44.0	(+2.1)	2.8	(+1.7)	50.4	(-5.5)
日本	24.9	(-4.1)	74.7	(+4.1)	0.4	(+/-0.0)	24.5	(-4.1)
英国	41.0	(-5.0)	56.0	(+4.3)	3.0	(+0.7)	38.0	(-5.7)

（续表）

ZEW-2012 年 5 月金融市场调查结果							
股市指数	上升		不变		下降		结余	
斯托克 50 指数（欧元区）	48.3	(+3.1)	33.1	(-7.0)	18.6	(+3.9)	29.7	(-0.8)
DAX 指数（德国）	59.9	(+6.8)	24.2	(-8.5)	15.9	(+1.7)	44.0	(+5.1)
技术股指数（德国）	52.6	(+5.6)	31.7	(-7.3)	15.7	(+1.7)	36.9	(+3.9)
道琼斯工业指数（美国）	56.5	(+5.3)	30.8	(-8.3)	12.7	(+3.0)	43.8	(+2.3)
日经平均指数（日本）	44.8	(+5.1)	43.2	(-3.7)	12.0	(-1.4)	32.8	(+6.5)
英国金融时报股价指数（英国）	36.5	(+4.3)	45.7	(-8.1)	17.8	(+3.8)	18.7	(+0.5)
巴黎 CAC-40 指数（法国）	35.7	(+1.2)	39.4	(-6.1)	24.9	(+4.9)	10.8	(-3.7)
MIBtel 指数（意大利）	34.2	(+5.5)	39.0	(-9.7)	26.8	(+4.2)	7.4	(+1.3)
汇率（对欧元）	升值		不变		贬值		结余	
美元	35.4	(+4.0)	43.7	(-0.3)	20.9	(-3.7)	14.5	(+7.7)
日元	18.1	(+2.6)	55.3	(+3.6)	26.6	(-6.2)	-8.5	(+8.8)
英镑	21.6	(+6.4)	50.0	(-2.7)	28.4	(-3.7)	-6.8	(+10.1)
瑞郎	8.5	(+0.8)	75.2	(+2.3)	16.3	(-3.1)	-7.8	(+3.9)
大宗商品	上升		不变		下降		结余	
布伦特原油	23.7	(-5.4)	51.8	(+7.9)	24.5	(-2.5)	-0.8	(-2.9)
部门	上升		不变		下降		结余	
银行业	13.6	(-8.1)	43.0	(+2.1)	43.4	(+6.0)	-29.8	(-14.1)
保险公司	13.8	(-1.0)	47.9	(-0.6)	38.3	(+1.6)	-24.5	(-2.6)
汽车业	17.9	(-1.8)	60.0	(+0.2)	22.1	(+1.6)	-4.2	(-3.4)
化工/医药	30.1	(-0.5)	61.5	(+0.4)	8.4	(+0.1)	21.7	(-0.6)
钢铁行业	21.9	(+1.3)	54.2	(-1.1)	23.9	(-0.2)	-2.0	(+1.5)
电子业	20.8	(-0.7)	66.9	(-2.3)	12.3	(+3.0)	8.5	(-3.7)
机械工业	25.8	(-1.7)	56.7	(-1.4)	17.5	(+3.1)	8.3	(-4.8)
零售/消费品	34.6	(-0.2)	55.0	(+4.1)	10.4	(-3.9)	24.2	(+3.7)
建筑业	34.3	(-2.4)	51.5	(+1.7)	14.2	(+0.7)	20.1	(-3.1)
公共事业	12.6	(+1.2)	63.9	(+1.5)	23.5	(-2.7)	-10.9	(+3.9)
服务业	25.1	(+3.0)	68.2	(-4.4)	6.7	(+1.4)	18.4	(+1.6)
电信业	13.0	(+1.7)	71.0	(-2.9)	16.0	(+1.2)	-3.0	(+0.5)
信息技术	35.5	(+3.5)	56.4	(-4.9)	8.1	(+1.4)	27.4	(+2.1)

注：284 名分析者参与了在 2012 年 4 月 30 日到 5 月 14 日期间的 5 月调查。分析者需要回答他们对未来 6 个月的经济预期。所有的数字都是百分比的形式（括号中显示月度的百分比变化）。"结余"列指的是正面与负面评估之间的差值。

资料来源：欧洲经济研究 ZEW 中心，已得到使用许可。

日本工业产值
Japan Industrial Production

含义：测算月度工业产值的变化。

发布新闻的互联网网址：www.meti.go.jp/english/statistics

网址主页：www.meti.go.jp/english

发布时间：上午 8 点 50 分（当地时间）；初步的报告发布在下个月的最后一个星期。修正的报告在初步报告的两三个星期后发布。（例如，10 月的数据在 11 月的最后一个星期发布，修订的报告在 12 月中期发布。）

频率：每月一次。

来源：日本经济贸易工业部（METI）。

修订：月度和年度的修订频繁，而且重要。

　　极少有像日本一样遭遇过如此困境的现代经济体。20 世纪 60 年代到 80 年代，日本曾达到过世界上最高的增长率，此后，它开始为获得曾经的地位而奋斗。严峻的股票市场与不动产危机给 90 年代带来反复的衰退，也使之被众人称为失落的 10 年。为了恢复曾经的地位，日本中央银行将短期利率几乎降低到零，政府推动一系列金融与管理改革，以鼓励更多借款、消费与投资。其结果是令人鼓舞的。跨过数年前的几个失误，这个经济体逐渐痊愈。但 2011 年毁灭性的大地震动摇了它的根基。地球猛烈的晃动带来了恐怖的海啸，伴随着福岛核电站的泄漏，这几乎相当于一场核灾难。尽管它终将从投入到受灾地区重建的数十亿中获益，但灾痛依旧。它仍面临人口老龄化、高额公债、经济增长对出口的过度依赖以及在获取全部所需燃油方面不得不依赖于进口等问题。

　　尽管存在这些挑战，日本对国际经济的重要性，以及在国际资本市场中的影响并未减小。它是全球最大的投资资本出口国，且经济总量仅次于美国和中国。每年，它会向其他国家售出价值 8 500 亿美元的商品和服务。日本公司在汽车、电子、机器人等几大主要产业中也是强有力的竞争者。此外，日元一直与美元、欧元并称最重要货币。正是出于这些原因，使国际投资者及商业引领者（尤以美国为甚）密切关注着日本的经济状况。

　　日本是美国政府公债的第二大持有者，这个事实也成了一个重大的阴影，笼罩着美国。其结果是，日本银行、保险公司、政府机构已经持续多年为美国政府预算提供资金，贷出了上千亿美元。然而，这也是担心的原因。如果日本爆发严重的金融和经济问题，能轻易地影响到日本对美国的投资者。例如，他们可能会决定减少购买美国政府公债或者卖掉一些金融资产。他们可以选择用控制日元价值的办法来促进出口。确实，没有其他国家像日本一样如此多地干涉货币市场。

由于日本经济影响世界资本市场的资产价值和货币市场的能力，国际投资者明白他们不得不关注有关日本经济稳定性的信息，这就意味着他们要对日本的工业产出特别关注。许多专家认为该产出是日本商业活动最好的晴雨表之一，分析人士更偏好观测工业生产而非 GDP 是因为前者公布得更快，对商业气候变化的反映更强，并且在制造业和采矿业方面也提供了丰富的信息。事实上，日本的工业产出报告在经济的范围上比美国的更广泛。重要的是，日本的月度产出报告甚至包括了核心制造商期望在下两个月如何表现的预测。

把所有的注意力放在日本的制造商上，你可能会惊奇地看到它的产出少于 GDP 的 1/4，但这是一个非常大的误解。因为制造商对经济的真实影响要大得多。例如，出口是日本的主要增长动力，其他国家对汽车、数码相机、高清晰电视和计算机配件的强烈需求刺激了资本投资支出、就业和所有产业，这种方式恰恰补给了国内经济。

日本在 1953 年开始测算工业产出，现在事实上包括了所有的采矿业和制造业的私营企业，不论规模。它的主要任务是计算产出的 536 个项目的月度变化。图表也给出了产出商品，装船商品的真实数量和商品的库存。

最初的发布在报告月份的下个月月末发布，称为"工业产出的主要指数报告"。修正大概在三个星期后发布，人们可以通过两种方式获得工业产出报告，在网页（www.meti.go.jp/english/statistics）上有一个概述的报告，在这个报告中有一个链接可以从那里下载到完整的 72 页的 PDF 文件，这节的表格来自于详细的报告，数据用英文和日文表述，且很系统，数字经过季节调整，以 2005 年作为基数 100。记住，数据经常修改，可能变化较大。

- 采矿业和制造业：工业产值

（1）这是工业产出报告的摘要页，它提供最新的月度和年度的产出变化（11 月增加 8%，比去年同期增加 3.6%），数据附近的黑三角形表明数据的下降，报告的其他部分（未列出）提供更多的单个部门上升和下降的详细信息。

- 采矿和制造业：出货量

（2）工业出货量表明真实的销售，并可以用于决定需求。如果出货量增加，可能会促使月前的产出进一步增加；如果出货量开始减少，将导致存货水平上升并且降低未来产出的信心（在表中，出货量比上个月增加 1.2%，比去年同期增加 5.1%）。

- 采矿和制造业：存货和库存率

（3）这部分表明工业部门的需求和供给的压力。存货指数的上升影响那些仍未售出货物的产出数量，库存率指数和美国的存货销售率相似，除了它用的是指数而不是月份供给值。存货与出货的比率，可能是未来工业产出的一个领先指标。

- **产出预测的调查**

（4）工业产出的发布中包括下两个月预期产量的推算，它是一个有用的附表。因为该数据提供一个经济可能走向何方的判断（表中的数据显示产出在 11 月预计增加 3.1%，在 12 月减少 0.9%）。该页也把产出的主要构成做了区分。使读者确认哪一个部门将有助于增加产出或导致产出减少（例如，一般机械工业生产预计在 11 月增加 18.7%，在 12 月减少 8.8%）。然而，人们应该对预测的表格持某种怀疑态度，从历史上看，该推算倾向于高水平。

<1. 采矿和制造业

平成 12 年（2000 年）=100
指数 200 年=100

		产值 季节调整后指数	月度或季度变化	产值 原指数	年度变化	企业出货量 季节调整后指数	月度或季度变化	企业出货量 原指数	年度变化
C.Y.	2000 年			100.0	5.7			100.0	5.8
	2001 年			93.2	▲6.8			93.7	▲6.3
	2002 年			92.0	▲1.3			93.5	▲0.2
F.Y.	2000 年			99.9	4.3			100.0	4.4
	2001 年			90.8	▲9.1			91.6	▲8.4
	2002 年			93.3	2.8			94.8	3.5
2002 年	第三季度	93.4	1.7	93.9	3.3	94.6	1.0	95.5	3.4
	第四季度	93.8	0.4	95.2	6.0	95.3	0.7	96.7	6.7
2003 年	第一季度	94.1	0.3	94.1	5.5	95.8	0.5	96.9	5.7
	第二季度	93.4	▲0.7	91.9	2.2	96.0	0.2	92.8	3.0
	第三季度	94.6	1.3	94.7	0.9	96.8	0.8	97.5	2.1
2002 年	8 月	93.3	0.3	86.8	1.2	94.9	1.6	88.3	2.3
	9 月	94.0	0.8	97.4	5.2	95.4	0.5	101.1	4.9
	10 月	94.1	0.1	97.0	5.4	95.7	0.3	97.0	6.5
	11 月	93.7	▲0.4	95.2	5.4	95.6	▲0.1	97.5	7.0
	12 月	93.6	▲0.1	93.3	7.0	94.7	▲0.9	95.5	6.6
2003 年	1 月	95.2	1.7	87.7	8.1	96.9	2.3	88.0	8.4
	2 月	93.5	▲1.8	90.9	4.6	96.4	▲0.5	93.6	6.0
	3 月	93.6	0.1	103.6	3.9	94.1	▲2.4	109.0	3.1
	4 月	92.2	▲1.5	90.7	3.0	95.0	1.0	91.3	3.3
	5 月	94.6	2.6	90.2	1.3	96.8	1.9	90.3	1.1
	6 月	93.4	▲1.3	94.8	2.4	96.3	▲0.5	96.8	4.4
	7 月	93.9	0.5	97.1	▲0.3	95.3	▲1.0	97.8	0.7
	8 月	93.2	▲0.7	85.7	▲1.3	95.8	0.5	88.2	▲0.1
	9 月	96.7	3.8	101.4	4.1	99.4	3.8	106.5	5.3
	10 月	97.5	0.8	100.5	3.6	100.6	1.2	101.9	5.1

（续表）

	企业库存				库存比			
	季节调整后指数		原指数		季节调整后指数		原指数	
	月度或季度变化		年度变化		月度或季度变化		年度变化	
C.Y. 2000 年			99.0	2.1			100.0	▲3.2
2001 年			98.3	▲0.7			110.4	10.4
2002 年			90.4	▲8.0			102.0	▲7.6
F.Y. 2000 年			97.8	2.3			101.3	▲0.2
2001 年			91.8	▲6.1			111.4	10.0
2002 年			86.7	▲5.6			99.4	▲10.8
2002 年 第三季度	92.5	▲0.2	89.6	▲9.9	99.0	2.1	98.7	▲12.4
第四季度	92.3	▲0.2	90.4	▲8.0	98.7	▲0.3	96.1	▲12.6
2003 年 第一季度	90.9	▲1.5	86.7	▲5.6	98.9	0.2	99.8	▲9.3
第二季度	90.4	▲0.6	91.8	▲2.5	97.7	▲1.2	99.6	▲3.4
第三季度	91.2	0.9	88.4	▲1.3	98.8	1.1	98.7	0.0
2002 年 8 月	92.1	▲0.8	93.7	▲11.4	98.5	▲0.2	105.6	▲12.4
9 月	92.5	0.4	89.6	▲9.9	99.7	1.2	92.1	▲12.3
10 月	93.0	0.5	93.2	▲8.7	98.9	▲0.8	97.4	▲12.3
11 月	91.4	▲1.7	92.3	▲9.5	97.9	▲1.0	95.4	▲13.7
12 月	92.3	1.0	90.4	▲8.0	99.4	1.5	95.5	▲11.9
2003 年 1 月	93.5	1.3	95.5	▲5.5	100.0	0.6	112.5	▲9.2
2 月	91.4	▲2.2	93.9	▲6.5	96.9	▲3.1	101.5	▲10.3
3 月	90.9	▲0.5	86.7	▲5.6	99.9	3.1	85.3	▲8.2
4 月	90.8	▲0.1	88.5	▲4.2	98.1	▲1.8	96.8	▲4.3
5 月	91.2	0.4	91.6	▲3.2	96.9	▲1.2	102.4	▲2.7
6 月	90.4	▲0.9	91.8	▲2.5	98.1	1.2	99.7	▲3.1
7 月	91.6	1.3	93.9	▲1.3	99.3	▲1.2	99.1	0.6
8 月	90.9	▲1.1	92.2	▲1.6	100.0	0.7	107.2	1.5
9 月	91.2	0.7	88.4	▲1.3	97.1	▲2.9	89.7	▲2.6
10 月	90.9	▲0.6	91.1	▲2.3	94.0	▲3.2	92.6	▲4.9

▲3

注：企业库存存年、年度、季节值都是指期末值。
各种比例、增长率单位都是百分比（%）。下同。

平成15年（2003年）11月制造业生产预测调查结果

(1) 与前月比（经季节调整）　　　　　　　　　　　　　　　　　　(2) 实现率及预测修正率

月度变化（经季节调整）　　　　　　　　　　（%）　　　　　　　（%）

部门	10月 上月	11月 本月	12月 下月	10月 实现率	11月 预测修正率
制造业	(2.8)	3.1 (2.5)	▲0.9	▲1.1	▲0.5
钢铁	(1.2)	▲1.7 (1.6)	▲1.1	4.0	0.6
有色金属	(2.0)	▲0.4 (▲1.4)	0.4	1.4	2.5
金属制品	(2.8)	▲0.1 (1.1)	▲1.1	▲1.1	▲2.4
一般机械工业	(4.0)	18.7 (14.4)	▲8.8	▲7.2	▲3.7
电工机械	(▲3.2)	4.3 (▲1.1)	6.8	▲1.8	3.6
信息与通信电子设备	(4.2)	▲2.3 (1.7)	2.0	▲1.4	▲5.2
电子零部件	(2.9)	7.7 (7.7)	2.2	▲3.8	▲3.4
运输机械	(1.0)	▲0.8 (▲0.2)	0.8	0.6	▲0.1
化学工业	(3.5)	2.4 (1.6)	▲0.8	▲0.1	0.6
纸浆和造纸	(2.7)	2.2 (▲0.1)	▲0.4	▲2.0	0.2
其他	(▲0.6)	▲2.2 (▲4.3)	▲2.2	0.9	3.0
（特别说明） 电工机械（1995年分类）	(5.2)	4.4 (4.0)	2.1	▲2.7	▲2.3

（参考）

制造业 （原系列）	(▲0.8)	▲0.5 (▲0.2)	0.2		

注：（　）内表示与上次调查的月度变化百分比。

日本短观调查
Japan's Tankan Survey

含义：一份备受期待的有关日本商业信心的报告。

发布新闻的互联网网址：www.boj.or.jp/en/stat/tk/tk.htm

网址主页：www.boj.or.jp/en/

发布时间：上午 8 点 50 分（当地时间）；结果在 4 月、7 月、10 月初及 12 月中期发布。

频率：每季度一次。

来源：日本银行。

修订：统计的校正很少。修订版极少反映出该季度到下季度信心和计划的变化。

　　除美国之外，日本拥有世界上最广泛的经济指标资料，并且大部分用英语发布，可免费在网上获取。它被看作是继美国与中国之后的第三大经济体。日本大量发布的报告是短观调查，该调查由于它的覆盖范围广、预测的前瞻性和向公众公布的速度快，因而赢得了世界范围的认可。国际投资者和跨国公司管理者浏览短观报告中关于日本经济状况的最新材料和月度商业活动的提前预报。该报告背后的机构使得该调查具有特别的可信度。短观调查由日本央行——日本银行做出，它的结果能提供未来货币政策和利率路径的线索。这个被广为关注的报告可撼动股票价格与货币。

　　通常短观调查被认为是一种商业信心调查，但它所包括的内容比商业信心调查要多得多。确实，该报告可以向读者提供比任何类似的美国经济指标都更多的商业团体想干什么的内涵。如果想要知道日本关于未来资本投资的计划、就业情况或者价格水平的预期、日本未来可能升值的预测，都可以读该报告，这个报告涵盖所有这些甚至更多。

　　该调查本身是由日本银行的研究和统计部做出的季度性研究。调查问卷在每季的最后一月（3 月、6 月、9 月和 12 月）发给大约 11 000 家公司。这些公司的规模不同，大型的占样本的 22%，中型的占 27%，小型的占 51%；产业类型不同，非制造业占 60%，制造业占 40%。庆幸的是，这些调查的回复率在 98%左右，回复者需要回答七个问题：

- 商业状况（好或者不好）；
- 供给和需求的状况（过度需求或过度供给）存货（过量或不足）以及价格（上升或下降）；
- 销售和当前利润（百分比变化）；
- 金融机构的固定投资（百分比变化）；
- 就业（过多的就业或非充分就业）；

- 公司金融（宽松的或从紧的货币条件）；
- 金融机构的商业状况（好或者不好）；

在这 7 个话题中，有 4 个需要对质量进行定性评价（第 1、2、6 和 7 题）。这些回复被收集起来，用积极评价的百分比减去消极评价的百分比得出扩散指数。剩下的三个问题（3、4 和 5）要求关于近来的变化和预期将来的变化的数量的百分比变化。

下文强调的是短观调查中一些最有用的表格。

- **大型制造商的商业状况**

（1）在日本，制造业是主要的增长动力之一，因为它包括了该国至关重要的出口产业。表格中，我们看到在 12 月份信心增强（网格 11），代表了 9 月的调查获得 10 个百分点的信心。然而，这些制造商已经预测到在接下来几月相同状况的一个轻微的下降，因为预测的扩散指数回落到了 8。

除了表格顶部总的数字，大多数产业部门如汽车和机械产业的信心水平也下滑了。

- **非制造商的商业状况**

（2）这部分是日本消费者需求强度的一个好的测算。大型非制造商的大多数业务在国内并未从强劲的出口增长中获得太多的利润，可以从标题栏中看到国内需求的情况和特定部门的作用。例如，零售商显示出过去一个季度的细微变化，从-14 移动到-13，然而，注意到随后的 3 个月表现乐观，是因为预期指数增加到了-5。

- **小型企业的商业状况**

（3）是所有的商业利润来自于经济增长还是仅仅只有一部分？日本恢复的范围有多广？通过比较大的公司和小公司的预期水平，人们能够发现商业中的销售和利润是否正在改善，或者主要的大企业的收入是否是有限的。

- **大型制造商的平均汇率预期**

（4）日本出口商成功地在外国市场上销售商品能导致日元与其他通货比价的完全不同。该表表明了主要的日本制造商对日元的平均价值在上半年和下半年或者全年的最好推测。事实上，日元的贬值水平和大制造商的信心有关系。在外汇市场上日元价值越低，大制造商就越乐观，因为它有效地降低了日本制造的商品在海外的价格。

- **大型企业的定价**

（5）能够提高价格的公司通常会获得更高的回报和雇用更多的工人。然而，很多时候想要提高价格是困难的，因为竞争阻止他们这样做，或者经济正处在紧缩的过程中，这种情形下价格承受着持续下降的压力。后一个原因其实是日本从 20 世纪 90 年代至今一直存在的严重问题，这个指数代表企业的价格上升相对于那些降价者的百分比，该数字表明略多的公司在最近的调查中已经提高了的价格，大制造商的这个指数从 9 月的-23 上升到 12 月的-21，但那仅证明是一个短暂的缓和，因为预期指数下降到了-24。

短观调查概要（2003年12月）

2003年12月12日，星期五上午8:50发布
2003年12月12日
研究统计部
日本银行

对日本全部企业的第119次短期经济调查
对日本骨干企业的第186次短期经济调查

样本企业数量

	制造业	非制造业	全部	反馈率
全部企业	3 561	4 643	8 204	98.3%
大型企业	738	627	1 365	99.2%
中型企业	1 036	1 576	2 612	98.4%
小型企业	1 787	2 440	4 227	97.9%
骨干企业	369	291	660	99.8%
（备注）金融机构		168	100.0%	

反馈时间：11月10日至12月11日。

备注：大型生产企业预期汇率平均数 （日元/美元）

	FY2002			FY2003		
		1H	2H		1H	2H
2003年6月	122.37	123.74	121.06	117.88	117.97	117.79
2003年9月	—	—	—	117.99	118.47	117.53
2003年12月	—	—	—	114.68	118.08	111.40

▶4

1. 企业状况

▶1

大型企业

	2003年9月调查		2003年12月调查			
	实际结果	预测	修正后变化	实际结果	预测	变化
制造业	1	3	10	11	-3	8
纺织	-34	-14	20	-14	-11	-3
木材和木制品	-11	-11	22	11	-22	-11
纸浆和造纸	21	29	8	29	0	29
化学	6	5	7	13	9	9
石油和煤炭产品	-29	-29	29	0	-15	-4
陶器、石料、黏土	-22	-26	9	-13	-15	0

中型企业

	2003年9月调查		2003年12月调查			
	实际结果	预测	修正后变化	实际结果	预测	变化
制造业	-10	-8	9	-1	-5	-4
纺织	-41	-41	9	-32	-33	-1
木材和木制品	-14	-23	4	-10	-20	-10
纸浆和造纸	-20	-13	13	-7	-7	0
化学	-12	-6	8	-4	-3	-20
石油和煤炭产品	-10	-10	30		0	1
陶器、石料、黏土	-32	-21	8	-24	-23	

认为形势有利的反馈者比例

▶3

小型企业

	2003年9月调查		2003年12月调查			
	实际结果	预测	修正后变化	实际结果	预测	变化
制造业	-23	-19	10	-13	-15	-2
纺织	-47	-43	4	-43	-37	6
木材和木制品	-26	-27	9	-17	-25	-8
纸浆和造纸	-22	-16	10	-12	-13	-1
化学	-13	-11	8	-5	-7	-2
石油和煤炭产品	-19	-28	4	-15	-19	-4
陶器、石料、黏土	-55	-49	6	-49	-47	2

（续表）

钢铁	15	19	27	12	23	-4	11	0	8	-3	3	-5	-9	-11	-1	8	-11	-10
有色金属	-35	-25	10	45	0	-10	-4	9	9	13	18	9	-4	-5	9	13	9	-1
食品和饮料	0	6	2	2	6	4	-6	-4	-2	4	-3	-1	-18	-12	-18	3	-16	-3
加工后金属	-7	4	14	21	7	-7	-28	-17	-14	14	-11	3	-25	-21	-13	12	-16	0
工业机械	15	14	19	4	19	0	-14	-11	-7	7	-10	-3	-13	-10	0	13	0	-5
电工机械	-5	3	7	12	8	1	-5	-7	6	11	-2	-8	-25	-18	-2	23	-7	0
造船和重型车辆	-40	-60	-60	-20	-40	20	25	33	25	0	17	-8	-35	-26	-36	-1	-36	-7
机动车辆	24	17	35	11	26	-9	12	7	17	5	14	-3	21	11	22	1	15	-8
精密机械	0	0	14	15	4	-11	7	4	25	18	14	-11	-7	-7	3	10	-5	0
基础材料	-6	-3	9	15	5	-4	-18	-14	-9	9	-10	-1	-30	-28	-23	7	-23	0
加工	2	6	11	9	10	-1	-7	-6	1	9	-3	-5	-18	-15	-8	10	-10	-2
非制造业	-13	-8	-9	4	-7	-2	-25	-22	-21	4	-20	1	-31	-30	-28	3	-29	-1
建筑	-26	-30	-29	-3	-25	4	-25	-27	-29	-4	-31	-2	-36	-43	-36	0	-44	-8
房地产	20	20	20	0	20	0	4	0	0	-4	8	8	-12	-11	-4	8	-4	0
批发	4	0	16	12	13	-3	-20	-17	-16	4	-15	1	-35	-30	-31	4	-32	-1
零售	-14	0	-13	1	-5	8	-32	-22	-28	4	-22	6	-45	-40	-44	1	-40	4
运输	-17	-12	-9	8	-15	-6	-26	-25	-17	9	-24	-7	-28	-29	-22	6	-24	-2
通信	40	20	22	-18	11	-11	0	-12	0	0	0	0	23	16	30	7	15	-15
电力和燃气设施	-6	12	12	11	12	0	0	0	0	0	0	0	-15	-7	-4	11	-4	0
服务	-7	-10	-11	6	-9	2	-25	-24	-20	5	-19	0	-23	-20	-20	3	-22	-2
租赁	-11	-11	11	22	10	-1	-15	-20	-7	8	-15	-8	-27	-28	-27	7	-19	1
全部工业	-6	-2	1	7	1	0	-20	-16	-14	6	-13	1	-28	-26	-28	6	-24	-2

全部企业

制造业	-15	-12	-5	10	-7	-2
非制造业	-27	-24	-23	4	-24	-1
全部工业	-21	-19	-15	6	-17	-2

注：（1）反馈率=对企业状况问题做出反馈的企业数（或对固定投资问题做出反馈的金融机构数）/样本企业数×100。

（2）实际结果：调查时间的判断、预测，对 3 个月以后的判断，对实际结果修订后

变化="当前调查实际结果"－"以前调查实际结果"，预测变化="对当前调查预测"－"当前调查实际结果"。

供求状况、存货及价格 　　　　　　　　　　　　　　　　　（%）

		大型企业					
		2003 年 9 月调查		2003 年 12 月调查			
		实际结果	预测	实际结果		预测	
					修正后变化		变化
产品与服务供求状况：	制造业	−23	−23	−19	4	−20	−1
"超额要求"减"超额"供给	基础材料	−27	−28	−22	5	−21	1
扩散指数	加工	−21	−21	−17	4	−20	−3
海外产品供求状况：	制造业	−12	−12	−6	6	7	−1
"超额要求"减"超额"供给	基础材料	−17	−17	−12	5	−11	1
扩散指数	加工	−10	−10	−4	6	−5	−1
产成品和商品存货水平：	制造业	20	14	20	0	13	−7
"过剩"减"不足"扩散指数	基础材料	23	17	24	1	17	−7
	加工	19	12	18	−1	12	−6
批发商存货水平：	制造业	22	19	18	−4	16	−2
"过剩"减"不足"扩散指数	基础材料	24	21	25	1	19	−6
	加工	21	17	16	−5	15	−1
5 ▶ 产品价格变化：	制造业	−23	−23	−21	2	−24	−3
"升"减"降"扩散指数	基础材料	−11	−10	−4	7	−11	−7
	加工	−28	−28	−29	−1	−29	0
投入价格变化：	制造业	−2	−4	−1	1	−1	0
"升"减"降"扩散指数	基础材料	8	6	12	4	9	−3
	加工	−5	−8	−5	0	−6	−1

● 固定投资

（6）资本支出是对经济增长的又一主要贡献者，并且作为公司对未来商业活动信心的标志。我们看到大型制造商在日本 2003 财政年比去年增加投资 11.1%。

固定投资 　　　　　　　　　　　　　　　　　　（年增长率，%）

		2002 财年		2003 财年		
			调整幅度	预测	调整幅度	
大型企业	制造业	−17.4	—	11.1	0.0	◀ 6
	非制造业	−11.1	—	1.6	1.3	
	全部	−13.6	—	5.2	0.7	
中型企业	制造业	−11.5	—	4.8	3.0	
	非制造业	−2.0	—	2.8	−0.7	
	全部	−3.2	—	3.0	−0.3	
小型企业	制造业	−4.0	—	−1.7	7.1	
	非制造业	−2.5	—	1.2	5.9	
	全部	−2.9	—	0.5	6.2	
全部企业	制造业	−14.2	—	7.6	1.6	
	非制造业	−5.4	—	2.1	1.1	
	全部	−7.7	—	3.4	1.3	

- **生产能力**

（7）大量闲置的生产能力是经济的一个难题，它将使未来的商业支出减少。甚至可能使工厂关闭和停工。相反，多数工厂剩余生产能力的减少暗示着消费需求上升和更多的工厂将为满足这些需求而派上用场。扩散指数说明了那些宣传生产能力严重过剩公司的百分比，从表格中可以看出较少的公司生产线闲置。表明过多能力的指数从 17 下降到 14，并且已有的能力进一步使预期的数字下降到 12。

生产能力（报告"产能剩余"的反馈净百分比）

		2003 年 9 月调查		2003 年 12 月调查			
		实际结果	预测	实际结果		预测	
					修正后变化		变化
大型企业	制造业	17	15	14	−3	12	−2
	非制造业	7	6	6	−1	5	−1
	全部	13	11	11	−2	9	−2
中型企业	制造业	18	15	12	−6	11	−1
	非制造业	4	1	4	0	2	−2
	全部	9	7	7	−2	6	−1
小型企业	制造业	18	15	15	−3	14	−1
	非制造业	8	6	7	−1	5	−2
	全部	12	10	10	−2	9	−1
全部企业	制造业	19	15	14	−5	13	−1
	非制造业	6	5	6	0	4	−2
	全部	11	9	10	−1	8	−2

日本私营商业部门的信息和短观调查一样丰富，其中有两点需要我们考虑：首先，报告的后面是强有力的日本银行，被询问的企业熟知他们的答案可能和央行的货币政策有关系，因此，答卷者有可能倾向于使他们的答案能够导出一个优惠的利率政策；其次，调查的大部分取决于预期，这就可能导致不准确。除了这些提醒，短观调查被国际投资组织认为是一个有价值的和受到良好评价的经济报告。

按国家和地区分类的制造业采购经理指数
Manufacturing Purchasing Managers Index（PMI）by Country and Region

含义：一系列关于不同国家与地区制造业活动的报告。

发布新闻的互联网网址：www.markiteconomics.com/Survey/ Page.mvc/PressReleases

主页网址：www.ntc-research.com

发布时间：不同国家不同时间。时间表可见于：

www.markiteconomics.com/Survev/Page.mvc/DiarvofReleaseDates

频率：每月一次。

来源：Markit Economics（前身为 NTC Economics），J.P.摩根，汇丰控股有限公司，供应管理协会（ISM），国际采购与供应管理协会（IFPSM）。

修订：Markit Economics 不会在第一次发布后修改月度调查数据，但经常做季度调整。

美国采购经理调查十分流行，近来在其他国家产生了大量相似的测算。制造业的 PMI 由供应管理协会提供，是每月发布的最热门的经济指标之一。它表明了商业周期预期转折点固有的轨迹记录，并在这种方式产生的变化之前发现通货膨胀压力的增强。事实上，它得到了投资者、经济学家和决策者的高度评价。近年来，许多国家纷纷建立了他们自己的 PMI 系列，并都以美国的为基本模型。英国于 1991 年，德国于 1996 年，法国于 1998 年，日本于 2002 年，中国于 2005 年都纷纷建立了自己的采购经理调查。超过二十个国家提供采购经理指数，它们可以在很大程度上表明这些独立国家的活动，以及全球经济的力量。

这些数据由一所位于伦敦的名为 Markit Economics 的公司收集。谈及全球经济情报，极少有公司能与它提供的金融、商业、经济信息相提并论。在采购经理系列，此公司每月从 20 多个国家的超 16 000 家公司处收集数据，并追踪制造、服务、零售、建筑部的活动。除了为欧元区提供 PMI，Markit Economics 与另一家国际金融服务公司——汇丰公司合作中国 PMI 系列，还与 J.P.摩根合作全球 PMI。这些都可在 Markit Economics 网站上看到。

我们下面讲解三个最令人期待的制造业 PMI 报告：欧元区制造业 PMI、全球制造业 PMI 和中国制造业 PMI。

欧元区制造业 PMI

建立于 1997 年的欧元区制造业 PMI，是每月第一个发布关于八国情况的综合指标。这八个国家为：德国、法国、西班牙、意大利、爱尔兰、希腊、奥地利、荷兰。它们代表了欧元区所有制造活动的 92%。报告基于 3 000 个采购经理的应答。Markit Economics 也从独立的国家调查中收集数据，并对每个主要问题的地区指数进行再计算。最后，所有的指数都被用来计算影响整个区域制造业活动的指数。

调查的关键是对采购经理提的问题，这些问题覆盖了六个核心主题：

1．你公司收到的订单水平比一个月前更高、相同或是更低？

这表明经济需求的问题。如果商品的需求增加，那么它将提高制造业的产出。

2．你公司的产出水平与一个月前相比更高、相同或更低？

这里的焦点是产出，是否由于新的订单而上升到一个更高的水平。

3．你公司存库的存货购买比一个月前相比更高、相同或更低？

制造业要保持生产线平稳地运行，就需要现有原材料的充足供给。但是随着产出的加速增长，供给相对减少，采购经理需要记录更多的存货。因此，新的购买关系着产出的步调。

4．供货商的交付时间与一个月前相比更长、相同或更短？

因为采购经理再次下单补充它的原材料，并不意味着原材料将在一夜间到达。在一个缓慢增长的经济中，供给者通常能够更快地将原材料运到制造商处。然而，在一个景气的经济中，当大量的原料订单同时到达，供给者不能及时满足所有的需求时，瓶颈便出现了，甚至供给者将出现自身的产品限制。结果，对制造商的出货缓慢导致交付的耽搁。因此，在原材料下单和交付之间的时间越长，则表明经济的增长越迅速，而快速的交付则意味着商业活动的缓慢。

5．你公司平均的投入价格与一个月前相比更高、相同或更低？

这并不需要大惊小怪。当许多制造商同步地增加下单时，原材料的需求可能超过供给，这会使工厂的投入价格面临上升的压力。

6．你公司的雇用水平与一个月前相比更高、相同或更低？

制造业的雇用和产出之间存在联系。新订单的更大需求常常导致更多的雇用。然而，随着时间的推移，就业和产出之间的联系变得更少。假定劳动力成本比较高，制造商可能尝试在提升生产率上而不是在扩张劳动力上增加他们的投资以提高产出。因此，从长期来看，产出比就业增加的节奏更快。

结果通常以指数形式给出。当该数字小于 50 点时表明经济在收缩，大于 50 点表明经济在扩张，等于 50 点则说明经济没有发生变化。

综上所述，就计算出一个概括的指数。该指数由 5 个（或 6 个）核心主题的加权平均构成，并根据以下的形式：新订单占 30% 的权重，产出占 25%，雇用占 20%，供给者交付时间占 15%，存库的存货购买占 10%。你可能注意到了 PMI 指数在价格上偏离了均衡。虽然投入品价格是生产者价格通货膨胀的一个非常好的领先指标，但是价格的变化可能由许多对经济周期毫无影响的原因引起。不管经济活动的步调如何，罢工、现金的流动、国际生产者对供给者的限制和恶劣的天气都会影响原材料的投入价格。结果就是价格数据的变化被排除在总的调查指数之外。

全球制造业 PMI

全球制造业 PMI 最早于 2003 年 10 月公布，旨在成为衡量全球制造业发展趋势的标尺。它与欧元区制造业 PMI 是用同样的方法得到的，只不过它涵盖了更大的样本。J.P.摩根和 Markit Economics 共同从 30 个国家 9 000 个采购经理处来收集答案，能代表 86%的世界总产出。而且，所问的问题使此报告意义重大；他们询问真实活动（尤其是产出、新订单、输入价格、雇用），并且不提及个人或主观观点。数字等于 50 表示与上月比没有变化；低于 50 表示经济收缩；高于 50 代表经济扩张。

有必要说明，除了制造业指数，在欧元区与全球 PMI 的服务业部门也有独立的报告。在大多数现代工业经济中，服务业是 GDP 中很重要的部分。新兴国家则并非如此，即便近年来服务业已经它们的经济中占有越来越大的比重。

所以，哪个 PMI 系列——制造业或服务业——可以更好地预示经济拐点？对欧洲来说，答案应该是服务业采购经理指数，因为证据显示这个指数与制造业 PMI 相比，能更好地与 GDP 变化相联系。但是若你想预测全球经济活动的变化，大多数投资者仍追随全球制造业 PMI。理由是对美国以及多数发展中国家来说，产品生产部门会比服务部门更快地对需求变化作出反应。然而，考虑到全球服务业的迅猛增长，你可以期待全球服务业 PMI 指数在接下来的十年间可比肩制造业的影响力。

最后，从互联网上获取欧元区与全球制造业 PMI 数据是相当容易的，即使免费信息的数量有限。关于两个系列的细节，客户基本上是可以找到的。网上也有一些值得一查的有用的材料。

中国制造业 PMI

多亏汇丰公司与 Markit Economics 的通力合作，我们现在可以获得更精准的中国经济数据，这在此时是极为重要的。在过去的 30 年里，中国在全球经济增长速度最快。令人难以置信的是，这个国家仅用了 5 年就超过英国、德国、日本而成为世界第二大经济体系。一些人甚至认为中国正处在将超越美国的时代。如果真是如此，也不会是史无前例的。在大多有记载的历史中，中国曾一度是世界最大的经济体。尽管有过经济衰退时期，但从 1978 年起，中国就以华丽的姿态回归，又一次成为世界经济中的一股强大力量。

如今，投资者、经济学家、商业领袖、政治家在研究中国经济前景上花费的时间与美国、欧洲各国的一样多。帮助分析者理解中国经济潜在动力的重要度量是汇丰与 Markit

Economics 关于中国采购经理制造业活动指数的月度报告。这一调查基于超过 400 家中国小、中、大型制造者（包括私人及国有企业）的采购经理的答复。汇丰每月发布两份关于中国的 PMI 报告。第一份为"闪速"报告，基于 85%~90% 的调查回复。在此一个星期后发布"终极" PMI。二者都会公布制造业方面的产出、新订单、新出口订单、雇用、积压待办工作、价格、完成品发明、采购量、投递次数的离散指数。

汇丰与 Markit Economics 发布的中国制造业 PMI 报告不应与中国官方发布的采购经理系列调查混淆，而二者通常在同一天发布。中国国家统计局及中国物流与采购联合会同汇丰相比，在计算采购经理指数时，采用了更多的样本及不同的方法。当两个制造业采购经理报告的方向不同时怎么办？在这种情况下，我们更偏向于汇丰与 Markit Economics 的调查。

当官方经济统计的报告发布很慢时，采购经理调查就会被公众迅速接受。一些数据，如 GDP，在季度结束后的 60～70 天公布。官方数据的不足就是它采用了与国际标准不同的方法来计算同一指标，这给总体比较带来了很大麻烦。最后，指数质量不高，而且常被修改。

相比而言，Markit Economics 欧元区、全球、中国 PMI 系列上采用相同方法，因此比较起来相对容易。还有，数据的修改是很少的。这并不是说这些国际调查没有缺陷。一个问题是他们没有限定变化的度。譬如，若许多采购经理称他们只目睹了最近一个月经济活动的适度增长，这却能推动指数急速升高。然而，采购经理系列已有大批投资人追随，其数据的发布也在大量场合推动了市场。

OECD 综合领先指标
OECD Composite Leading Indicators

含义：预测世界最大经济体商业活动的工具。

发布新闻的互联网网址：www.oecd.org/std/cli

网址主页：www.oecd.org

发布时间：中午（欧洲大陆时间）；数据发布在月份第一个星期五，报告两月前的活动（例如，1 月的发布报告 11 月的领先指标）。

频率：每月一次。

来源：经济合作与发展组织（OECD）。

修订：上月的数据通常在新发布中修订。

由于领先经济指标具有很强的前瞻性，因而投资者和决策者喜欢跟随这一指标。他们使用那些对近期商业环境变化高度敏感的方法来预测经济的短期运动。美国已有一个由纽约的商业研究团体给出的本土领先经济指标。然而，从全球范围来看，最有名的研究是 OECD 的合成领先指标（CLI），这是一个以巴黎为背景的国际组织用 29 个会员和 6 个主要的非会员计算出的经济指标。这些区域是所有的 OECD 地区、欧元区、七大工业国集团和五个亚洲大国（见表 4-2）。尽管一些国家有自己的领先指标，但 OECD 的指数很有名，并且投资经理人和决策者对它很感兴趣。

OECD 利用它的会员所使用的经济数据来计算 CLI 指数，旨在预测未来的 OECD 国家和区域的工业产出。为什么是工业产出而不是具有更广泛基础的 GDP？首先，工业产出被认为是 GDP 的有效替代。因为，从历史上看，整个经济的转折点在工业产出上同时发生。其次，使用工业产出作为一个参考更具实践性，因为数据每月都会给出，而 GDP 仅能在季度获得。

表 4-2　OECD 综合领先指标

1. 全部 OECD 成员

澳大利亚、奥地利、比利时、加拿大、智利、捷克、丹麦、爱沙尼亚、芬兰、法国、德国、希腊、匈牙利、冰岛、爱尔兰、以色列、意大利、日本、韩国、卢森堡、墨西哥、荷兰、新西兰、挪威、波兰、葡萄牙、斯洛伐克、斯洛文尼亚、西班牙、瑞典、瑞士、土耳其、英国和美国

（续表）

2. 欧元区（17 个国家）

奥地利、比利时、塞浦路斯、爱沙尼亚、芬兰、法国、德国、希腊、爱尔兰、意大利、卢森堡、马耳他、荷兰、葡萄牙、斯洛伐克、斯洛文尼亚和西班牙

3. 五个亚洲大国

中国、印度、印度尼西亚、日本和韩国

4. 七大工业国集团（七大经济体）

加拿大、法国、德国、意大利、日本、英国和美国

现在有一个明显的问题：OECD 的 CLI 真的起作用吗？它获得的关于近期经济增长向下或恢复的信号可靠吗？这里我们获得的是一个"是的，但……"的答案。首先，预测转折点是不容易的。信号常常难以捉摸或模棱两可。其次，大部分取决于政府基本数据的质量，更不用说那些在设置领先经济指标模型时批评的声音和背后的假定。不管怎样，OECD的领先指标序列获得了经济学家和大投资者的称赞，甚至中央银行家在设置欧元货币区的利率政策时也回顾 CLI 的数据。多年过去，CLI 已被证明是一个有效的早期预警系统，能确认未来 9 个月经济活动的波峰和波谷。

OECD 从 1981 年出版 CLI 至今，方法公正直接。一些著名的经济指标为了预测经济的变化也被选为这个指标的一部分。OECD 用来计算 CLI 的最通常的组成部分是股票价格、建造许可证、货币数据和产品订单。事实上，共有 100 多个部分组成了 OECD 合成领先指标（表 1）。

（1）如果 CLI 连续 3 个月内同比发生负面（正面）变化，则整个经济或者某个地区的经济活动很可能在未来的 6 个月到 1 年内达到高潮（低谷）。

（2）OECD 同时会简要地评估，CLI 的最新变化是否预示着经济周期中转折点的出现。

表 1　综合领先指标

	趋势比例，幅度经调节（长期平均=100）					月度变化率（%）					年度变化率（%）	经济周期展望
	2011 年			2012 年		2011 年			2012 年		最后一个月	
	10 月	11 月	12 月	1 月	2 月	10 月	11 月	12 月	1 月	2 月		
OECD 地区	100.0	100.1	100.2	100.3	100.5	–0.0	0.1	0.1	0.2	0.2	–0.5	复苏
欧元区	99.8	99.6	99.6	99.6	99.6	–0.2	–.1	–0.1	–0.0	0.0	–1.9	转折点
五个亚洲大国	99.3	99.4	99.6	100.0	100.4	0.0	0.1	0.2	0.3	0.4	–0.4	复苏
七大工业国集团	100.0	100.1	100.3	100.5	100.7	–0.0	0.1	0.2	0.2	0.1	–0.4	复苏
加拿大	99.7	99.7	99.7	99.7	99.7	–0.1	–0.0	–0.0	0.0	0.0	–1.1	长年活跃

（续表）

	趋势比例，幅度经调节（长期平均=100）					月度变化率（%）					年度变化率（%）	经济周期展望
	2011年			2012年		2011年			2012年		最后一个月	
	10月	11月	12月	1月	2月	10月	11月	12月	1月	2月		
法国	100.0	99.9	99.8	99.7	99.7	−0.1	−0.1	−0.1	−0.1	−0.0	−1.3	持续低迷
日本	100.3	100.4	100.6	100.8	101.1	0.0	0.1	0.2	−0.2	0.3	0.3	复苏
德国	99.5	99.3	99.2	99.2	99.2	−0.4	−0.2	−0.1	0.0	0.0	−3.1	转折点
意大利	99.9	99.7	99.6	99.5	99.4	−0.3	−0.2	−0.2	−0.1	−0.1	−2.1	持续低迷
英国	99.4	99.3	99.3	99.4	99.5	−0.3	−0.1	−0.0	−0.1	0.1	−2.0	转折点
美国	100.1	100.4	100.7	101.0	101.3	0.1	0.2	0.3	0.3	0.3	0.5	复苏
巴西	98.0	97.9	98.1	98.4	98.8	−0.2	−0.0	0.1	0.3	0.4	−2.0	转折点
中国	99.4	99.6	99.9	100.4	101.0	0.0	0.2	0.3	0.5	0.6	−0.1	复苏
印度	97.8	97.9	96.1	98.4	98.6	0.0	0.2	0.2	0.2	0.2	−1.6	转折点
俄罗斯	101.3	101.3	101.3	101.3	101.4	−0.0	0.0	0.0	0.0	0.1	−1.2	有恢复势头的迹象

OECD 提供的最开拓视野的数据是世界主要经济体的宏观经济指示。这是 OECD 为投资者、商业经理、经济学家免费提供大量数据的优秀网站！除了合成领先指标，还可以找到关于 GDP、消费者价格、雇用等信息。综合数据库见于 http://stats.oecd.org/Index.aspx?DatasetCode=MEI_CLI

中国工业产值
China Industrial Production

含义：测算中国工业产值的月度变化。

发布新闻的互联网网址：www.stats.gov.cn/english/statisticaldata/monthlydata

网址主页：www.stats.gov.cn/english

发布时间：上午 10 点到下午 1 点 30 分之间（当地时间）；通常在相关月份结束的两个星期后发布中文版的报告。

频率：每月一次。

来源：中国国家统计局（NBS）。

修订：由于中国官方一直在努力改进统计数据的准确性，数据的修订在未来可能更加频繁。

我们先从显而易见的事开始。中国的迅猛经济发展是现代历史上的任何一个国家都无法比拟的：中国仅仅用了 30 年的时间就使世界中心转移到了东方。毕竟，没有哪个国家能够生产更多的钢铁、水泥、手机、彩电、汽车。事实上，中国的制造能力及其巨大的金融资源使它几乎已拥有工业化国家的水平。这个国家聚集了几个世界级产业，包括航空、汽车、计算机。它技术之高超，几乎无工业国家出其右。中国拥有第二快的超级电脑，建造了世界上最快的高铁，并且已经送宇航员去了太空（是第三个做到的国家）。这些都使中华人民共和国跃升为世界第二大经济体。毋庸置疑，中国已赫然成为重要的世界经济超级力量。

作为一个国际投资者，仅靠想象，你在中国市场的机会是有限的。中国是一个有着 13 亿人口的国家，而且它的人口还在不断增长着。这 13 亿人口中包括 8 亿的劳动力。所有人都渴望工作，都喜欢花钱。由于大多数家庭都已开始改善他们的生活，消费者需求在近 20 年来持续增长。不但这些中国家庭的住宅面积更大、装修更好，而且他们在使用着高科技的消费品。有 5 亿的中国城市居民在网上冲浪（2012 年早期），而在 15 年前这个数字仅仅是 62 万。

在过去 20 年里，中国经济几乎以每年 10%的速度增长。同时，中国的政策制定者成功地使国家避开了世界经济风暴，包括亚洲经济危机、俄罗斯债务危机、网络泡沫崩塌、2008—2009 年全球金融危机。他们之所以能避开这些陷阱，是因为政府快速制定了政策以保护经济免受外部冲击。当其他主要经济体在 2008—2009 年的金融危机中下滑时，中国政府迅速实施了将近 6 千亿美元的经济刺激计划。其结果是在大多数经济体缩水时，在 2008

年到 2010 年，中国的 GDP 平均年增长超过 7%。

但是，随着国家财富的增长，收入分配不公也在扩大，并会产生更多的社会不安定因素。壮观的增长未简单转化为大多数人民的富裕。

为了缩小收入差距并解决其他经济问题，中国正转向一个更加注重市场化的经济体。目前在中国，有超过一半的商业部门由私人掌握。经济决策系统也逐渐减掉了中心式、命令式的模式。另外，中国在 2002 年加入了世界贸易组织，使其经济和货币政策更加接近世界标准，但这是一个痛苦而缓慢的过程。与此同时，中国的快速发展以及巨大的消费者市场一直吸引着国际投资者与跨国公司的领导者。世界级的投资银行家发现了在中国拓展新客户的巨大潜力，因为越来越多的中国公司被允许在国际资本市场上进行融资。信用评级公司，例如标普、惠誉和穆迪，也正进入中国市场，为中国企业和政府机关进行评级。中国已经成长为国际市场上的一个重要角色。由于长期的贸易顺差，中国作为世界上最大外汇储备国，其高达 3 万亿的外汇储备使其有能力购买大量的其他国家的政府债券、股票、不动产及其他形式的资产。

尽管所有的努力都在制造一个超级经济大国，但中国至少有一个需要投资者注意的问题，那就是中国给出的经济统计数据尚须进一步提高精准度。这对需要评估中国现在和未来经济情况的国际公司和投资者来说是一个现实的问题。

令人欣慰的是，中国的领导者非常明白，如果没有一个可靠的经济信息资源，他们将难以制定出引导其他国家投资者的投资政策，也难以制定出正确的财政政策和货币政策。中国官方采取了一些改进措施。第一，中国国家统计局已经在认真地改进经济报告的质量并寻求更好的方式来收集与估计经济数据。例如，2005 年 3 月中国官方决定数据收集者应由国家统计局管理。这可以纠正许多地方统计部门的统计误差。第二，政府修改了 GDP 的计算方式，这次修改是客观的。传统数据报告方式未能捕获成长中的服务业，如房地产机构、商业顾问、提供沟通服务的公司。为修正此缺陷，政府于 2004 年首次展开全国经济普查，结果是惊人的。2005 年年末，中国宣布其经济实际上比之前预想的规模更大。所有上升趋势的修改都来自服务业，代表了超过 40% 的经济活动，比修改之前高了近 10%，这证明了中国经济变得更加多元化。

2011 年，国家统计局为使经济数据更贴近国际标准而采取了重要的策略。它开始在季度基础上公布 GDP 增长率，而不是仅标注产出的同比变化。中国还对滥用经济数据的行为采取了更加严厉的监管措施。

中国把其经济报告提升到全球标准的另一方法是使数据更容易被人取得。中国统计局努力建立一个用户友好型的、包含经济产出、通货膨胀、其他经济表现数据细节的网站，且多用英语。我们可通过访问中国国家统计局主页（www.stats.gov.con/english）以获得这个国家的主要经济数据。

（1）公布日期：国家统计局提供主要经济数据公布时间的日历。

（2）统计数据：高频率经济指标，如零售额、工业生产，销售价格、GDP，可根据公布日期找到。

（3）新闻稿：最新经济数据。工业生产的新闻稿例子在下面给出。

（4）国家统计局工业生产新闻稿（未列出）：中国经济表现中质量最高且最及时的数据便是工业生产系列。它度量工业部门产出的变化，包含制造、采掘、设施。工业生产是经济预测的关键，可预见通货膨胀的变化。例如，高质量工业生产可增加价格压力，并最终使政府通过提高利率或限制银行贷款增长来降低产出。每个月，国家统计局都会发布一份包含最新官方分析、关键部门表现的细致表格、揭示过去 12 个月内产品表现的图表的有关工业产出的 7 页报告。

想要了解中国经济走势的人应熟悉中国国家统计局的网站。前面已经说过，投资者有一个很大的问题需要注意。不公开计算方法的经济指标会限制信息与数据的可信性。官方需要在数据收集、对不同部门的偏好、怎样计算数据方面更加透明。

印度：工业产值和通货膨胀率
India:Industrial Production and Inflation

含义：反映印度经济最重要的两个指标。

发布新闻的互联网网址：http://mospi.nic.in/Mospi_New/site/inner.aspx?status= 3&menu_id=84

网址主页：http://mospi.nic.in/Mospi_New/site/Home.aspx

发布时间：工业产出，每月第二个星期。

消费价格指数：每月第三个星期。

整体销售价格指数：每月第二个星期。

频率：每月一次。

来源：印度中央统计局，统计和计划执行部。

印度强大的经济力量经常会被它庞大的邻居蒙上一层阴影，这是不幸的。不仅印度自身在复苏，而且很多人认为这个国家在人口和总产出方面最终都能超过中国。印度之所以如此引人注目，是因为其经济自 20 世纪 90 年代早期以来的出色增长，这要归功于它所实行的不同于周边发展中国家的发展战略。开始的时候，印度就做了明智的定位，避免与中国及其他亚洲国家竞争。实际上，印度所做的就是避开照本宣科式的经济发展之路。20 世纪崛起的所有国家都利用了它们廉价的劳动力及它们所能够聚集的任何资本来发展制造业或农业。出口和建筑业成为这些国家经济增长的关键驱动因素。

但是，印度通过将它独一无二的比较优势资本化，走出了一条与众不同的路。与中国一样，印度拥有大量的人口（12 亿，中国是 13 亿），但是这两个大国在很多重要的方面存在差异。印度的劳动力更年轻，到过的地方更多，能通过英语进行沟通。鉴于这些因素，企业领导者认为经济的发展更有可能来源于服务业而不是制造业。结果，这个国家现在正在向世界各地展现其服务业的盛况。这包括银行、保险、工程、多媒体、软件、商业资源、医疗、通信和影视娱乐（例如，印度的电影产业是世界上最大的，无论影片产量还是票房收入都是如此）。

印度选择了依靠服务业而不是制造业或自然资源达到经济的健康增长，因而避开了原有的发展趋势。这一决策使印度经济总值达到了 1.7 万亿美元，位列亚洲第三，世界第十一。而且，印度经济喜人的增长率使得服务部门员工的工资上升，尤其是技能型工人。这增加了家庭收入，并且刺激了国内需求。为了便于了解这个国家的发展有多么迅速，我们来看一个例子。1991 年，印度共有 500 万条电话线，而这是现在每个月增加的数量。

投资者热切关注的一个问题是：印度的经济是否会一如既往地保持这种增长速度？在总量上最终会超过中国吗？对这两个问题的回答都是肯定的，不过后者或许需要几十年的时间。印度前景可观是有很多原因的。第一，1991 年以来，这个国家经历了众多的政治和经济改革。它在进口和非传统行业方面开放得更多，允许卢比更自由地浮动，减少了贸易壁垒。

第二，印度的领导人也意识到不能永远依靠服务业来达到保持经济繁荣的目的。他们当然不愿意让自己的国家成为由呼叫中心、消费者求助热线和计算机程序员组成的美国公司的后台支持。因此，新进的国内和国外资本已经被引向建立一个技术熟练的制造业，使用尖端科技和准时制存货管理。迄今为止，其结果令人印象深刻。印度制造业的年增长率几乎与服务业同步。印度服务产业占 GDP 的 63%；工业部门占 20%；国家独立后，短期内是中坚力量的农业，在 20 世纪退步，仅占 GDP 的 17%。

鉴于这个国家所取得的惊人经济成就，国际投资者必然将之与中国进行对比。虽然中国的经济规模是印度的 4 倍，但他们经常会问哪个国家将会真正略胜一筹？

当然，两个国家经济增长和繁荣的潜力都是巨大的。但是，在关乎经济命运走向的方面，它们之间还是存在一些重要差异的：

- 纯粹主义者或许会对此唏嘘不已，但事实是，英语是国际经济的官方语言。在这一方面，印度有巨大的优势。在印度的大学，英语是沟通工具。印度实际上是世界最大的讲英语的国家。对工人和管理流程来说，与世界范围的消费者和投资者有效沟通的能力至关重要；这种能力显然有助于吸引外资以及寻求印度制造的产品的新市场。

- 如果没有能够为消费者和企业提供资金的健康的银行体系，经济就不会繁荣。印度的银行体系虽然在资产规模方面比中国小很多，但是更健康、更加资本化。例如，印度的借贷按照风险定价，因此利率会比中国的高。另外，印度的监管者似乎在开始的时候就希望保持银行财务系统的健全，以避免出现借贷风险一类的情况。他们对借贷者提出了较高的资本要求，确保这些机构有足够的储备，避免坏账。

- 与印度不同，中国在未来将面临着严重的人口减少现象。自 1980 年以来，中国的人口出生率就不断降低，家庭规模不断缩小；印度则没有这样的情况，所以平均来讲，它的人口更加年轻，也更具有动态性。据专家预测，在未来 5 年左右的时间里，印度的人口将超过中国。如果这一趋势成为现实，这将对两国产生深远的影响。中国将为服务老龄化人口牺牲大量的国民储蓄，而印度将拥有更年轻、更有活力和更充裕的劳动力。这也许将推进印度经济在 21 世纪中叶超越中国经济。

但是，印度并不是在所有方面都一帆风顺。如果想要不断挖掘经济的发展潜力，印度首先必须解决一些严重的内部缺陷。其中之一就是它迫切需要升级其落后的基础设施。印度的交通运输行业经营惨淡：高速公路只占道路网络的5%，货物运输很难在这个国家内发展。印度的住宿设施十分短缺，这损害了印度的旅游业，影响了外来商务活动的开展。在2011年，印度全国只有140 000个客房，而中国是其十倍之多。印度的港口也亟须扩建，目前印度的港口不足以承载进出印度的商船量，这进而会阻碍进出口商品的流动。同时，政府官员也需要加强发电系统的建设。现在印度没有足够的发电厂来满足经济不断增长所需的用电量。停电现象在印度并不罕见，甚至在全国高级信息技术聚集地的班加罗尔也是如此。

除了基础设施落后，印度还因为令人窒息的官僚主义、繁文缛节、贪污腐败和一套严格的劳动规则（公司裁员相当困难）等问题而一直备受指责。如果不能解决好这些缺陷和行政问题，印度很难拥有世界级的经济大国的地位。

如果印度政府不能跟进这些公共投资需求，印度经济在未来将会受阻并很可能面临严重的通货膨胀。另外，如果政府官员能够投入足够的资源来改善道路、港口、发电设施和机场建设，以及减少官僚主义低效率现象，将会带来持久且非常显著的福利。无论国家采取哪一种措施，结果都会通过宏观经济数据体现出来，尤其是工业产值和通货膨胀率。为寻找印度这些关键的经济指标，我们可以登录印度统计部的网页，具体是指印度中央统计局（CSO）。

搜索以下网址可以找到主要宏观经济指标的最新数据（汇总在一页纸上）：

http://mospi.nic.in/Mospi_New/site/inner.aspx?status=3&memu_id=84

此网页主要由以下几部分构成。

1. 以现价计算的GDP。

2. 以固定价格计算的GDP（要查看最新季度GDP报告的整篇新闻稿，请搜索：http://mospi.nic.in/Mospi_New/upload/mospi_press_release.htm?status=1&menu_id=120）。

3. GDP的主要组成部分。

4. 工业产值：总体产值和三个主要部门采矿业、制造业、发电业各自的产值。但是更有揭示性作用的是三种主要类别的产品：资本品、中间品、消费品。

5. 通货膨胀率：印度中央统计局（CSO）公布令人眼花缭乱的通货膨胀率指标，确切地说是七种。它们包括GDP隐性物价指数、多达五种的消费者物价指数以及批发物价指数（WPI）。

隐性物价指数是季度性指标，因此并不是很有时效性。在五种消费者物价指数（CPI）中，三种最常用的是最新引用的一组指数：城市CPI（基于印度310个城镇的调查）、农村CPI（基于印度1 181个农村的调查）以及合成CPI（作为整体零售价格通胀率的指标，数据系列开始于2012年）。最近构建的国民CPI很可能会替代批发物价指数，作为印度央行采取货币政策的基准。多年来，印度央行一直视批发价格指数为印度物价压力的晴雨表。而批评者抱怨说，

WPI 往往会低估通胀率，因为它只关注批发产品价格，在很大程度上忽视了服务的成本，但是服务是经济中越来越重要的一个部门。印度的经济学家注意到世界其他地方非常关注 CPI，因为 CPI 最终反映终端用户的价格水平，也就是消费者价格水平。因此，我们相信以上三种 CPI 衡量值最终会起到淡化 WPI 的作用，成为货币政策的最佳领先指标。

6. 批发物价指数（WPI）：印度的 WPI 与其他国家的生产物价指数是类似的。这个指数对商品和工业产品的价格变化敏感，但是正如前文所述，它几乎不能反映服务的价格变化。

实际部门					
预发布日期：2012/04/30					最新发布
本页会定期更新。若未注明，数据为首次发布的原始数据。数据未经季节调整。					
SDDS 数据分类与组件	单位描述	最新数据周期	最新数据	原始数据	原始数据到最新数据的有百分比变化
1	2	3	4	5	6

国民账户					
1 ▶ GDP		千万卢比	10月—12月 2011年	2 150 159	1 882 269	14.2
（现价）						
1.	农业	千万卢比	10月—12月 2011年	450 149	409 549	9.9
2.	工业	千万卢比	10月—12月 2011年	545 327	488 227	11.7
3.	服务业	千万卢比	10月—12月 2011年	1 154 683	984 495	17.3

国民账户					
2 ▶ GDP		千万卢比	10月—12月 2011年	1 339 603	1 262 794	6.1
（固定价格，2004—2005）						
1.	农业	千万卢比	10月—12月 2011年	230 168	224 044	2.7
3 ▶ 2.	工业	千万卢比	10月—12月 2011年	349 958	341 114	2.6
3.	服务业	千万卢比	10月—12月 2011年	759 477	697 635	8.9

国民账户

GDP（综合物价指数）		指数 2004-05=100	10月—12月 2011年	160.5	149.1	7.7
1.	农业	指数 2004-05=100	10月—12月 2011年	195.6	182.8	7.0
2.	工业	指数 2004-05=100	10月—12月 2011年	155.8	143.1	8.9
3.	服务业	指数 2004-05=100	10月—12月 2011年	152.0	141.1	7.7

生产指数（工业产值）

4 ▶	总体产值	指数 2004-05=100	2月 2011年	174.9	166.0	4.1
1.	采矿业		2月 2011年	134.8	132.0	2.1
2.	制造业		2月 2011年	186.5	179.4	4.0
3.	发电业		2月 2011年	145.1	134.3	8.0

基础分类

1.	资本品	指数 2004-05=100	2月 2011年	262.2	237.0	10.6
2.	中间品	指数 2004-05=100	2月 2011年	143.2	144.0	−0.6
3.	消费品	指数 2004-05=100	2月 2011年	199.5	200.0	−0.2

5 ▶ 消费者物价指数（CPI）

1.	CPI-工业工人	2001=100	3月 2011年	201	185	8.65
2.	CPI-农村劳动力	1986-87=100	3月 2011年	626	584	7.19
3.	CPI-农村	2010=100	3月 2011年	116.3	106.9	8.79
4.	CPI-城市	2010=100	3月 2011年	114.6	103.9	10.30
5.	复合CPI	2010=100	3月 2011年	115.6	105.6	9.47

6 ▶ 1.	批发物价指数	2004-05=100	3月 2011年	159.8	149.5	6.89

巴西：工业产值和 IBC–Br 经济活动指数
Brazil's Industrial Production and the IBC-Br Economic Activity Index

含义：巴西两个重要经济统计。第一个反映巴西工业产值，第二个是其 GDP 领先指标。

发布新闻的互联网网址：

工业产值：www.ibge.gov.br/english/presidencia/default_ant.php 与 www.bcb.gov. br/?INDICATORS

IBC-Br 经济活动指数：www.bcb.gov.br/?INDICATORS

发布时间：

工业产值：上午 9 点 30 分（当地时间）；报告在调查月末的 40 天后发布。（因此，1 月的报告发布 11 月的工业表现。）

IBC-Br 经济活动指数：上午 10 点 20 分（当地时间）；调查月份的 45 天之后公布。

频率：每月一次。

来源：巴西国家统计局，巴西地理和统计研究所（IBGE），巴西中央银行。

修订：两份报告都进行数据的修订。

世界上几乎没有像巴西一样拥有如此完美属性的国家。如果你有疑问，请再想想。巴西被划分为新兴国家，它有详细划分的产业部门，包括世界最大的航空产业之一，一个大型汽车生产商，一个世界级能源公司，它甚至有技术与资源生产核潜艇。不只于此，由于地处亚马逊流域，巴西拥有难以置信的物理、自然资源。关于能源，它可以自给自足（这是非常重要的事实），有充足的耕地、油田，终年是宜人的气候，天赐壮丽的海滩，周围是其他民主选举的发展中国家。对许多国际投资者来说，巴西简直是"淘金之地"。

投资者也注意到，巴西因此有能力成为世界经济的领导者。事实上，许多人甚至认为巴西比其他两个亚洲巨人更具经济潜力。中国有更为充裕的人力资源供应（中国 13 亿与巴西 2 亿人相比），但它耗费资源十分迅速。印度人口众多，经济增长快，但它也高度依赖石油及其他重要商品的进口。在人均 GDP 方面、根据 IMF，2011 年巴西是 11 769 美元，远远高于中国（8 382 美元），是印度的 3 倍（3 694 美元）。

巴西已经是全球的新星。它的经济超过英国而成为世界第六。经济规模轻而易举地超过邻国，占拉丁美洲总 GDP 的 40% 还多。

它近 30 年来进行政治和经济改革。在被强大军事力量影响了近半个多世纪之后，巴西在 20 世纪 80 年代中期进行了民主选举的重大转变，这一转变更为引人注目，因为它恰好发生在拉美中部的债务危机之时。除了政治改革之外，巴西的领导人已经放弃了本土的资本市场，允许货币在外汇市场上浮动，设计了一个新的财政支出计划，开放经济使其更具竞争力。此外，巴西开始实施一项私有化的计划，通过立法进一步解除对经济的管制。还有，政府成功使国家转变为能源独立型国家。巴西的酒精计划，以及新发现的原油使其从 20 世纪 80 年代的原油进口国转变为 2006 年的能源自给自足，而现今它正在成为全球主要的原油出口国。

巴西在经济上取得的成绩是显著的。巴西比它的邻国更好地脱离了全球经济滑坡的趋势。在 2000 年与 2001 年，在技术泡沫破裂和股票市场崩溃后，美国和欧洲各国在与萧条作斗争，但巴西的经济活动未受影响，仍然在持续扩张。它甚至经受住了 2008—2009 年国际金融市场的下滑，所受损伤很小。这个国家是 2008 年最后几个陷入萧条的国家之一，却也是 2009 年最早复苏的一个。事实上，2010 年，巴西 GDP 以强劲的 7.5%增长率恢复，2011 年是 2.7%（胜过美国与欧洲各国的表现）。

当然，巴西需要付出更多的努力。它执行货币政策的中央银行还不具备完全的独立性，因此可能会受政治的影响。该国仍然存在由于收入分配的巨大不平等而引起的严重的社会问题，而且它需要进一步改革其司法系统。

但无论怎样，巴西的经济还在前进。国际投资者已经在帮助该国扩张其工业和服务部门。想要了解巴西经济活动的人至少要关注两个关键指标：工业产值与 IBC-Br 经济活动指数。

工业产值

第一个重要指标是工业产值，代表了国家 27%的 GDP（服务业 67%，农业 6%）。为了计算工业产出，政府调查了 8 500 家公司的 900 种产品。巴西的地理和统计研究所（IBGE）收集数据，发布信息，用英文公布在线新闻。有两种在线资源提供最新巴西工业产值数据。

一是 IBGE 网站
（www.ibge.gov.br/english/presidencia/default_ant.php），下面展示。

另一个政府机构，巴西中央银行（www.bcb.gov.br/？INDICATORS），更好地提供了工业产出的统计表格和其他的重要经济指标（即使没有任何相关的评论）此外，投资者可以进一步下载相关信息，尽管费一些精力但很值得。

下载数据之后，页面顶部显示了工业产出的月度价值增加指数，而底部是下列时段的所有百分比变化。

- 最近月份的变化（使用经季节调整的数字）。
- 过去 12 个月的变化（使用已观测的数据，未经季节调整）。
- 当年与上年同期的变化（使用已观测数据）。
- 过去 12 个月与此前 12 个月相比的变化（使用已观测数据）。

页面也把工业产出分解如下。

- 总的工业产出指数：工业产出的所有概览。

- 资本品：一个表明公司是否正在投资的指标。

- 中间商品：未来产出有用的引导信号。

- 消费者耐用商品：包括家用器具和家用电器。

- 消费者非耐用商品：食品和服装。消费者耐用品和非耐用品的产出关系着工资和

个人收入的增长。

IBC-Br 经济活动指数

第二个关键指标是 IBC-Br 经济活动指数（www.bcb.gov.br/？INDICATORS）。每月由
巴西中央银行公布。那些认为它是反映国家 GDP 表现的可靠指标的分析者始终密切关注
着它。经济活动指数原本是地区统计，但是中央银行于 2010 年扩展其至国家经济。此指
数现在包含对巴西三个部门月度产出的预测——工业、服务业与农业——并用近似 GDP
计算方式的方法计算这一指数。追随工业产值与 IBC-Br 经济活动指数可使投资者看到巴
西经济的健康状况及其可能的走向。

经济指标   2004 年 4 月 14 日

工业产值（总体及按用途分类）

1992 年=100

时间	总体		资本品		中间品		消费品					
							总体		耐用品		非耐用和半耐用品	
	观察值	经季节调整	观察值	经季节调整	观察值	经季节调整	观察值	经季节调整	观察值	经季节调整	观察值	经季节调整
2003 年 1 月	124.37	133.45	111.48	122.49	130.23	139.20	115.06	125.87	166.03	182.28	106.27	115.71
2 月	121.43	132.56	117.44	120.28	124.97	138.45	111.79	123.15	170.08	173.57	102.04	115.20
3 月	128.90	132.92	116.23	121.33	140.12	139.76	113.34	123.33	159.35	173.08	105.27	114.81
4 月	128.16	132.99	119.84	122.98	136.05	138.43	114.69	123.43	177.63	171.80	104.24	115.15
5 月	133.42	132.00	123.88	122.86	141.42	137.24	119.82	121.58	178.31	172.20	109.93	113.72
6 月	128.16	130.26	117.96	119.20	135.99	133.72	114.21	120.13	161.63	172.83	105.93	110.79
7 月	136.91	131.14	129.12	124.27	143.79	136.25	122.09	118.42	174.88	177.74	112.95	108.07
8 月	138.07	133.03	128.36	127.18	143.50	138.42	125.01	120.44	176.03	174.71	116.07	110.00
9 月	145.53	138.49	140.49	135.25	147.29	142.13	134.61	125.58	209.97	199.72	122.15	113.52
10 月	153.66	142.20	157.68	143.24	151.81	142.84	144.82	126.54	231.72	208.18	130.58	113.53
11 月	145.24	142.73	158.61	156.13	140.49	142.61	138.23	127.94	228.68	213.63	123.61	114.75
12 月	132.19	139.79	134.94	144.27	131.29	143.61	126.40	130.43	185.07	208.93	116.37	118.02
2004 年 1 月	128.91	138.94	128.97	146.03	133.55	143.72	117.92	130.74	190.58	213.36	106.07	117.08
2 月	123.59	136.42	129.66	142.54	130.34	142.57	109.54	126.20	174.37	201.91	98.91	114.75
1▶ (%) 月	-4.13	-1.81	0.53	-2.39	-2.41	-0.80	-7.10	-3.47	-8.51	-5.37	-6.75	-1.99
(%) 月 (-1)	-2.48	-0.61	-4.42	1.22	1.72	0.08	-6.71	0.23	2.98	2.12	-8.85	-0.79
(%) 月 (-2)	-8.99	-2.06	-14.92	-7.60	-6.55	0.70	-8.56	1.95	-19.07	-2.20	-5.86	2.85
2▶ (%) 过去 12 个月 (-1)	1.78	2.92	10.41	18.50	4.30	2.98	-2.01	2.48	2.53	16.33	-3.06	-0.39
3▶ (%) 年	2.73	3.52	12.98	18.87	3.41	3.11	0.27	3.18	8.58	16.70	-1.60	0.40
4▶ (%) 12 个月	-0.03	0.47	3.94	5.65	1.88	2.07	-2.99	-1.80	2.66	5.39	-4.22	-3.28

经济指标   2012 年 5 月 2 日

1.54-IBC-Br 经济活动指标

2002 年=100

时间	IBC-Br 经济活动指标	
	观测数据	经季节调整的数据
2011 年 1 月	130.11	139.59
2 月	132.33	140.30
3 月	147.12	140.96
4 月	143.89	139.99
5 月	143.04	140.18
6 月	139.42	139.88
7 月	141.29	140.17
8 月	143.39	139.39
9 月	139.80	139.27
10 月	139.48	138.46
11 月	139.26	140.16
12 月	138.19	140.79
2012 年 1 月	131.99	140.53
2 月	133.47	140.20
(%) 月	1.12	−0.23
(%)当年与上年同期月份(-1)	0.86	−0.07
(%) 月 （-1） 年 （-1)	1.44	0.67
(%) 月 （-2） 年 （-1)	1.47	1.57
(%) 全年	1.15	0.30
(%) 12 个月	1.91	2.05

资料来源：巴西中央银行。

加拿大：国际商品贸易、综合领先指标和
毅伟采购经理指数
Canada:International Merchandise Trade, Composite Leading Indicators,
IVEY Purchasing Managers Index

含义：加拿大三个推动市场的经济度量。

加拿大统计局的互联网网址：www.statcan.gc.ca/start-debut-eng, html

毅伟采购经理指数的互联网网址：http://iveypmi.uwo.ca/english/index.htm

发布时间：国际商品贸易上午 8 点 30 分（美国东部时间）：每月第二个星期发布。

综合领先指标：上午 8 点 30 分（美国东部时间）：每月第三个星期发布。

毅伟采购经理指数：上午 10 点（美国东部时间）：后一个月的第四个工作日发布。

频率：每月一次。

来源：加拿大统计局；加拿大西安大略大学毅伟商学院。

我们都听说过近期对美国银行进行的"压力测试"，以决定他们是否能在未来经济震荡中存活。测试中，将银行置入一系列大变动情景中来看在金融方面有多顽强。这是预防未来纳税人抽资的有益训练。但是有一个问题：为什么要费力气设计一个可怕的金融危机？我们回想一下 2008—2009 年全球金融危机中未受损伤的主要产业经济与银行。毕竟，这次事件是终极的压力测试，因此，知晓谁可以在灾难性经历中受到最小的伤害不是很有趣吗？

其结果是，仅有两个发达国家完好无损——加拿大与澳大利亚。我们先讨论加拿大，下一小节讨论澳大利亚。

加拿大吸引人的地方在于它经济的巨大多样性与总体的经济稳固性——如今很难见到这种组合。经济多样性指丰富的自然资源以及制造业与服务业中的高技能劳动力。金融稳定性指银行产业的综合情况，因为若没有银行支持金融经济活动，就没有国家可以良好运转。接下来我们分开来看。

加拿大经济可分为三个部门：资源、制造业与服务业。

资源

这个国家有世界第二大的国土面积（仅次于俄罗斯），其拥有丰富的自然资源也就不足为奇了。中部和西部原油、木材、金、镍、铀的生产快速发展。甚至在东部的部分地区，如纽芬兰与拉布拉多州，这些长期依赖渔业的地区，现在也处在新油气资源开采的领先地位。这些全都有回报。加拿大有世界第三大的原油储备（比科威特与俄罗斯加起来还多）。它也是全球第八大原油出口国，比石油输出国组织里一半国家的量还大。

制造业

除了充足的资源，加拿大还有巨大的制造业基础，由于与美国汽车工业的关联，汽车生产是其最大的产业。即使加拿大的汽车部门十分抢眼，国际投资者还是敏锐地关注着这个国家的其他的主要生产者，如农业机械、原油、油气挖掘设备、制药、高科技电子、造船业。

服务业

近期加拿大使观察者印象深刻的是，其在金融服务部门的力量与稳定性。当世界经济在2008—2009年受创时，如果政府没有出面投入巨额资产进行营救，许多大型国际银行必定崩塌。银行营救在美国、英国、德国和荷兰等地尤为广泛，甚至在冰岛，银行都不得不国有化。但是加拿大银行没有得到政府援助，这里无须政府出面，也无须创造实体去购买不良资产。

是什么使加拿大银行系统如此出色？第一，它比美国或欧洲各国在经营管理上控制得更紧密。例如，加拿大的银行不允许高风险贷款，美国常有的5年期可调利率的"引逗利率"（teaster rate）贷款，一旦利率反弹，美国借贷者会深受冲击。相反，当加拿大银行发布了可调节利率贷款时，他们会调解利率以适应市场。第二，加拿大银行比美国和欧洲各国的更资本化。第三，加拿大借款人常使用一套不同的管理方式。他们更厌恶风险，会避免次级贷款和其他信用度低的贷款人。最能帮助加拿大银行规避风险的因素可能就是他们坚持使用原始的贷款，这政策使他们从开始就会审慎做出借款决定。如果贷款失败，银行就会遭殃。但是美国轻视这种政策。为什么要谨慎？美国借贷者不会坚持原初的贷款，这些贷款很快会和其他借贷混在一起，改装得安全性高且保险，卖给毫不犹豫的投资者。这些虚构品造成大量不动产与借贷泡沫，最终促成历史性的金融危机。即使加拿大在2009年也陷入了萧条，但其下滑程度也比其他国家轻很多。当然，使投资者以及各国政府钦佩的是其金融部门的内在力量，加拿大银行是世界公认最强的。

加拿大经济也有一些脆弱之处。它的产业能力和自然资源使国际投资者大量涌入，导致加拿大元升值，给出口带来压力。

另外，由于1989年加拿大自由贸易协定和1994年北美自由贸易协定，加拿大经济仍与美国紧密关联。事实上，美联储的利率变化可以影响两个国家，因为加拿大75%的出口（大多数为汽车及零件、农产品、原油）去向美国。然而，加拿大也逐渐扩展了与其他国家的贸易关系，例如，与中国的商贸在过去10年翻了不止3倍。

由于以上原因，加拿大金融与实体经济利息会持续增长。投资者可以借助政府主要的经济网站"加拿大统计局"来追寻国家的商业活动。一些数据库需要付费，但加拿大统计局其他有价值的网站是免费提供的。

- 加拿大统计局的主要免费网站

www.statcan.gc.ca/start-debut-eng.html

- **国际贸易**

加拿大统计局每月公布其在世界范围的贸易流动。它提供国外对加拿大商品需求的数据，可影响 GDP 增长、雇用、加拿大货币。从加拿大统计局网站上开始了解最新贸易数字。点击"国际贸易"，你将打开一个网页，左侧有名为"加拿大国际商业贸易"的分类。进入网站，你将得到最新统计数据，可以选择查看报告的 PDF 版本。

（1）关于加拿大出口方向的最新细节。

（2）向加拿大进口的主要国家及数量列表。

（3）加拿大进出口的商品及产成品种类。

表 1　商品贸易：主要贸易地区——经季节调整，现值美元

	2011 年 2 月[r]	2012 年 1 月[r]	2012 年 2 月	2012 年 1 月—2 月	2011 年 2 月—2012 年 2 月
	百万美元			%变化	
主要贸易地区					
出口总计	**35 609**	**41 195**	**39 606**	**–3.9**	**11.2**
美国	26 305	30 425	29 270	–3.8	11.3
日本	973	761	927	21.8	–4.7
欧盟各国[1]	2 795	3 455	3 550	2.7	27.0
其他 OECD 国家[2]	1 474	1 558	1 620	4.0	9.9
所有其他国家	4 062	4 995	4 239	–15.1	4.4
进口总计	**35 630**	**39 249**	**39 314**	**0.2**	**10.3**
美国	21 701	24 367	24 463	0.4	12.7
日本	853	932	932	0.0	9.3
欧盟各国	3 561	3 526	3 627	2.9	1.9
其他 OECD 国家	2 482	3 036	3 040	0.1	22.5
所有其他国家	7 034	7 388	7 252	–1.8	3.1
贸易差额	**–21**	**1 946**	**292**	…	…
美国	4 604	6 058	4 807	…	…
日本	120	–171	–5	…	…
欧盟各国	–766	–71	–77	…	…
其他 OECD 国家	–1 008	–1 478	–1 420	…	…
所有其他国家	–2 972	–2 393	–3 013	…	…

注：[r] 经修订

　　…不适用

1. 欧盟包括奥地利、比利时、保加利亚、塞浦路斯、捷克共和国、丹麦、爱沙尼亚、芬兰、法国、德国、希腊、匈牙利、爱尔兰、意大利、拉脱维亚、立陶宛、卢森堡、马耳他、荷兰、波兰、葡萄牙、罗马尼亚、斯洛伐克、斯洛文尼亚、西班牙、瑞典、英国。

2. OECD 的其他国家有澳大利亚、加拿大、冰岛、墨西哥、新西兰、挪威、韩国、瑞士、土耳其。截至 2012 年 2 月，智利和以色列也包含在"其他 OECD 国家"中。

3. 合计可能不等于各部分总和。

表 2 商品贸易：主要商品分类——经季节调整，现值美元

	2011 年 2 月 ʳ	2012 年 1 月 ʳ	2012 年 2 月	2012 年 1 月—2 月	2011 年 2 月—2012 年 2 月
	百万美元			%变化	
出口总计	**35 609**	**41 195**	**39 606**	**-3.9**	**11.2**
农产品和渔产品	3 251	3 766	3 590	-4.7	10.4
能源产品	8 865	11 494	10 698	-6.9	20.7
林产品	1 790	1 780	1 781	0.1	-0.5
工业产品和原材料	8 746	9 240	9 362	1.3	7.0
机械及设备	6 267	6 618	6 670	0.8	6.4
汽车产品	4 605	6 109	5 383	-11.9	16.9
其他消费品	1 306	1 333	1 240	-7.0	-5.1
特殊交易 [1]	318	351	359	2.3	12.9
其他的收支平衡调整	461	503	522	3.8	13.2
进口总计	**35 630**	**39 249**	**39 314**	**0.2**	**10.3**
农产品和渔产品	2 625	2 768	2 738	-1.1	4.3
能源产品	3 712	4 268	5 047	18.3	36.0
林产品	215	222	206	-7.2	-4.2
工业产品和原材料	7 566	8 271	8 448	2.1	11.7
机械及设备	9 858	10 689	10 466	-2.1	6.2
汽车产品	5 622	6 579	6 172	-6.2	9.8
其他消费品	4 850	5 061	4 800	-5.2	-1.0
特殊交易	400	561	587	4.6	46.8
其他的收支平衡调整	783	830	851	2.5	8.7

注：ʳ 经修订
1. 特殊交易贸易包含一些低价值的交易、维修设备以及产品退回原产国。
注：合计可能不等于各部分总和。

- 综合领先指标——加拿大

加拿大政府公布月度指数以预测经济活动。该指标由 10 个部分组成，可预知商业循环中的拐点。10 个指标中有 4 个来自加拿大统计局外部。它们是住房指数，来源于"住宅信息共享服务"；TSE300 股票价格指数；来自加拿大银行的 M1 货币供给；以及美国经济咨商局的领先经济指标指数。加拿大综合领先指标以及它的组成部分十分平滑，以减少怪异的变化。加拿大统计局使用一个 5 个月移动平均来减少领先指标的变化无常。

www.statcan.gc.ca/daily-quotidien/120420/dq120420b-eng.htm

表 1　领先指数

	2011 年 10 月	2011 年 11 月	2011 年 12 月	2012 年 1 月	2012 年 2 月	2012 年 3 月	最后一个月的可用数据
							%变化
综合领先指数（1992=100）	**256.8**	**259.0**	**260.4**	**262.0**	**263.8**	**264.9**	**0.4**
住房指数（1992=100）[1]	132.7	133.0	134.1	135.1	133.6	134.4	0.6
企业及个人服务业就业（'000）	3 038	3 050	3 061	3 072	3 073	3 078	0.2
S&P/Tsk 股价指数（1975=1 000）	12 578	12 359	12 161	12 097	12 301	12 329	0.2
货币供应量，M1（百万美元，1992）[2]	232 560	234 314	236 339	238 319	239 335	240 188	0.4
美国经济咨商局领先指标指数（1992=100）[3]	140.4	140.3	140.3	140.3	140.6	141.3	0.5
制造业							
平均工作周（小时）	36.9	37.3	37.5	37.7	37.8	37.9	0.3
新订货量，耐用品（百万美元，1992）[4]	25 574	26 496	26 683	26.639	27 056	26 728	−1.2
出货量/产成品存货[4]	1.90	1.92	1.93	1.96	1.99	2.00	0.01[5]
零售业							
家具及家电销售（百万美元，1992）[4]	3 001	2 980	2 945	2 919	2 914	2 908	−0.2
其他耐用品销售（百万美元，1992）[4]	10 753	10 822	10.903	10 872	10 899	10 973	0.7
未平滑的综合领先指数	**260.9**	**264.0**	**261.8**	**266.5**	**266.0**	**266.6**	**0.2**

注：1. 新屋开工和住房销售额的复合指数。

2. 削减了消费者物价指数的所有项目。

3. 本行数据反映了相关月份的公开数据，但这些数据参照了前一个月。

4. 本行数据反映了相关月份的公开数据，但这些数据参照了前两个月。

5. 与上个月不同。

（4）报告包括综合指数及它的 10 个组成部分。综合指数既有平滑形式（基于 5 个月移动平均），也有非平滑点状度量。

- **毅伟采购经理指数（未显示）**

一个基于加拿大采购经理回应的度量月度经济变化的市场敏感报告。由加拿大西安大略大学毅伟商学院调查。调查的问题有上月采购比前一个月是更高、一样，还是更低；也有关于雇用、存货、价格、配送时间的基本问题。50 以上的扩散指数表明增长，50 以下表明下降。

http://iveypmi.uwo.ca/english/historic-data/index.htm

最后，加拿大统计局提供的经济指标以及发布时间表可见于下面的网站：

www.statcan.gc.ca/nea-cen/dates/index-eng.htm#bop

澳大利亚：消费者物价、零售贸易和国际贸易
Australia:Consumer Prices Retail Trade, International Trade

含义：澳大利亚经济健康的三个推动市场的经济度量。

发布新闻的互联网网站：

消费者物价：www.abs.gov.au/ausstats/abs@.nsf/mf/6401.0/

零售贸易：www.abs.gov.au/ausstats/abs@.nsf/mf/8501.0

国际贸易：www.abs.gov.au/ausstats/abs@.nsf/mf/5368.0

网址主页：www.abs.gov.au/

发布时间：

消费者物价：每季度一次，上午 11 点 30 分，当地时间；1 月、4 月、7 月、10 月最后一个星期发布上一季度的数据。

零售贸易：每月一次，上午 11 点 30 分，当地时间；通常每月第一个星期发布，涵盖两个月前的零售。

国际贸易：每月一次，上午 11 点 30 分，当地时间；每月第一个或第二个星期发布，涵盖两个月前的贸易活动。

来源：澳大利亚统计局。

只有一个发达国家未陷入 2008—2009 年金融危机的险境——澳大利亚。那时美国与欧洲各国正面临 20 世纪 30 年代以来最糟糕的经济危机，焦头烂额、自顾不暇。事实上，澳大利亚最后一次陷入萧条是在 1991 年，这意味着这个国家经济持续增长了 20 多年。这是经济持续扩张的最长时间纪录。

这个国家是如何做到的？我们知道经济周期的观点在南太平洋依然流行。所以，这出色的经济增长是源于运气——或者聪明的设计？答案是，两者皆有。

运气方面，澳大利亚继承颇丰。例如，即使文化、地理线深深扎根于西部，它与快速增长经济体在地理上的接近也使澳大利亚获得了许多非常能创造利润的贸易订单。像中国、印度这样需要燃料供给飞速发展的经济的国家，最需要的就是大量的原材料，而恰巧澳大利亚就拥有它们所需的自然与工业产品。

然而，澳大利亚的健康也归功于其良好的设计。澳大利亚储备银行（The Reserve Bank of Australial, RBA）追寻谨慎的货币政策。当其他中央银行在 2008—2009 年金融危机中将比率降到接近零，从而引起更多货币流失时，RBA 并不跟随大流。相反，它采取谨慎措施，以避

免货币基准率降到 3% 以下。这谨慎的措施帮助澳大利亚避开了债务泡沫。澳大利亚金融机构也需要信用。银行经理在借出贷款时总是非常谨慎的，从不屈服于通过超额杠杆或鲁莽借贷而获取一时增长的欲望。澳大利亚银行优秀的政策是很有效果的。过去十年，当大多数国家遭受信用危机时，澳大利亚银行保持着很强的信用评级，也因此更容易融资以支持平衡。

澳大利亚的领导者也智慧地制订了正合时宜的经济刺激计划，以避免经济危机。使澳大利亚步入正轨的最有效措施是 20 世纪 80 年代、90 年代的结构改革。这些变化让国民经济、金融部门处于一个宽松的环境：降低进口关税，允许澳大利亚货币发行，减少了海外资本进入的障碍。所有这些因素几乎都使澳大利亚对经济危机绝缘，失业率低（只有 2.3 千万的人口也发挥了作用），并使其拥有了活跃的金融服务部门。

这里有一个普遍流行的说法，解释了为何国际投资者认为澳大利亚十分有吸引力：这个国家将其经济与中国、印度、印尼、韩国的经济增长挂钩，又仍保持与美国、日本、英国的贸易。

澳大利亚最大的消费者是谁？
十个最大的出口市场有八个在亚洲：

1. 中国
2. 日本
3. 韩国
4. 印度
5. 中国台湾地区
6. 美国
7. 新西兰
8. 泰国
9. 英国
10. 新加坡

（基于 2010—2011 年的数据）

但我们也需要小心。澳大利亚经济是否过于依赖亚洲贸易伙伴的成长了？如果经济活动在这一地区减缓该怎么办？另一考量是海外资本的大量涌入。这的确是澳大利亚信心的一个表现，但大量货币进入国家也会产生问题。开放型经济使资本流入推动澳大利亚货币升值、地产价格升高、通胀压力增加——这些全部可以减缓 GDP 的增长。这就是投资者需对这个国家经济数据保持警惕的原因。经济数据最好的来源是澳大利亚统计局。他们发布成百上千的经济指标，但以下是对金融市场最敏感的几个。

- 你可以由澳大利亚最新经济晴雨表开始：

www.abs.gov.au/AUSSTATS/abs@.nsf/ViewContent

readform&view=ProductsbyReleaseDate&Action=Expand&Num=1.1

- 全部关键的宏观经济指标以及它们的统计数据快照在此网页展示：

www.abs.gov.au/ausstats/abs@.nsf/mf/1345.0

- **消费者物价指数（未显示）**

大多数工业国家每月都会发布 CPI 数字。然而，澳大利亚会在季度基础上发布通胀数据。政府依靠约 10 500 个回复来获得 100 000 个不同报价，继而准备 36 页的零售价格通胀报告。

www.abs.gov.au/ausstats/abs@.nsf/mf/6401.0

- **零售贸易**

澳大利亚消费者还保持着消费心态吗？答案对股票及债券市场有着重要影响。开支的急剧上涨可以推动通胀增长并迫使中央银行采取行动。相反，消费者支出急剧下降也令人担忧，因为它可以导致失业，削减企业利润，减少 GDP 增长。这一度量比较了澳大利亚零售商店的商品与服务的总销售量（除去汽车销售）。

www.abs.gov.au/AUSSTATS/abs@.nsf/mf/8501.0

（1）24 页的零售贸易报告将数据分为三大类：原始数据，未经过季节调整；经季节调整的数据；趋势数据。最后一系列数据，试图用一个复杂的移动平均公式平滑各个月度数字。在这三种数据中，经季节调整的数据与趋势数据需要被密切关注。

2   **各产业的零售营业额——月度百分比变化**

月份	食品零售业 (%)	家居用品 (%)	服装、鞋及个人配饰 (%)	百货公司 (%)	其他零售 (%)	咖啡、酒店及外送服务 (%)	总计 (%)
			原始数据				
2010 年							
12 月	14.5	26.5	53.8	61.4	31.6	12.5	25.7
2011 年							
1 月	−11.5	−28.7	−41.2	−48.7	−31.9	−14.0	−24.6
2 月	−9.0	−11.4	−13.8	−20.9	−4.8	−8.0	−9.9
3 月	8.3	9.8	14.2	18.3	10.6	10.8	10.2
4 月	−0.9	−3.3	4.8	11.4	−3.1	−1.9	−0.5
5 月	−1.9	4.3	4.8	−4.3	1.8	0.2	0.3
6 月	−2.3	4.2	−5.0	4.5	−0.3	−3.3	−0.8
7 月	5.5	−2.0	−5.9	4.1	5.6	7.2	3.4
8 月	0.6	3.2	−2.5	−15.6	1.5	1.4	−0.2
9 月	−1.0	0.9	5.5	4.0	0.0	0.2	0.4
10 月	4.0	4.2	4.4	4.4	0.8	2.6	3.4
11 月	−0.4	4.1	2.8	18.2	9.6	−1.0	3.2
12 月	15.9	24.5	59.9	64.5	28.6	9.4	25.4

（续表）

月份	食品零售业 （%）	家居用品 （%）	服装、鞋及 个人配饰 （%）	百货公司 （%）	其他零售 （%）	咖啡、酒店及 外送服务	总计 （%）
原始数据							
2012 年							
1 月	−14.1	−27.4	−40.5	−50.1	−33.8	−9.1	−25.0
2 月	−4.9	−11.2	−14.8	−16.9	−0.6	−6.5	−7.1
经季节调整的数据							
2010 年							
12 月	0.1	1.5	1.8	−1.4	−0.9	0.5	0.3
2011 年							
1 月	1.9	−3.6	−3.2	1.7	2.3	−1.3	0.1
2 月	0.3	2.1	2.4	0.4	0.9	1.0	1.0
3 月	−0.3	−0.3	−0.2	−2.8	0.2	0.0	−0.4
4 月	0.9	0.4	1.5	3.6	1.6	−0.1	1.0
5 月	−0.3	0.1	−2.4	−2.1	−1.0	0.0	−0.6
6 月	0.1	−0.7	−0.4	−2.9	1.0	−0.5	−0.2
7 月	1.1	0.1	−3.8	1.2	2.0	1.3	0.7
8 月	0.5	1.5	−0.2	−1.0	0.3	1.3	0.6
9 月	0.2	1.0	0.4	0.1	0.1	0.8	0.4
10 月	0.2	0.3	1.3	−0.8	−0.6	0.1	0.1
11 月	0.2	−0.4	0.0	0.0	−0.4	0.4	0.0
12 月	−0.5	0.0	3.7	1.5	0.2	−2.0	0.0
2012 年							
1 月	0.1	−2.0	−0.2	−0.1	0.3	4.2	0.3
2 月	0.3	−0.5	−1.4	0.7	1.8	0.7	0.2
趋势数据							
2010 年							
12 月	0.5	0.0	−0.4	−0.1	0.2	−0.8	0.1
2011 年							
1 月	0.6	−0.1	0.0	0.0	0.4	−0.4	0.2
2 月	0.5	−0.1	0.2	0.0	0.7	0.0	0.3
3 月	0.4	−0.1	0.2	−0.1	0.4	0.1	0.3
4 月	0.3	0.0	−0.3	−0.3	0.9	0.2	0.2
5 月	0.3	0.2	−0.8	−0.5	0.8	0.3	0.2
6 月	0.3	0.4	−1.2	−0.7	0.8	0.5	0.2
7 月	0.4	0.5	−1.2	−0.7	0.6	0.6	0.3
8 月	0.4	0.6	−0.9	−0.6	0.4	0.6	0.3
9 月	0.3	0.5	−0.6	−0.4	0.1	0.6	0.3
10 月	0.2	0.2	0.7	0.0	0.0	0.5	0.2
11 月	0.1	−0.1	1.0	0.2	0.0	0.4	0.2
12 月	0.0	−0.4	0.9	0.3	0.1	0.4	0.1
2012 年							
1 月	0.0	−0.5	0.8	0.3	0.2	0.5	0.1
2 月	0.0	−0.6	0.7	0.4	0.3	0.4	0.1

（2）展示了六个宽泛的零售分类，每个报告的主体部分都有细节。

- **国际贸易**

国际贸易占澳大利亚 GDP 的 40%，这个数字很可观。追踪进出口月度数字不仅对理解经济健康状况至关重要，也可作为对商业活动及利率的预测工具。

www.abs.gov.au/AUSSTATS/abs@.nsf/mf/5368.0

（3）由于与关键伙伴的贸易互动可以左右澳大利亚的总体贸易版图，所以这些国家要重点关注。

14　国际商品贸易（国家及各地区）

	出口				进口				商品贸易平衡	
	2010年—2011年 Sm	2012年2月 Sm	8个月结束2011年2月 Sm	8个月结束2012年2月 Sm	2010年—2011年 Sm	2012年2月 Sm	8个月结束2011年2月 Sm	8个月结束2012年2月 Sm	2010年—2011年 Sm	8个月结束2012年2月 Sm
比利时	1 324	143	836	999	1 645	164	1 088	1 141	−321	−142
巴西	1 519	52	970	911	882	54	570	496	637	415
加拿大	1 345	114	860	960	1 762	193	1 154	1 328	−417	−367
中国	64 856	5 720	41 649	50 071	41 109	2 817	28 419	29 722	23 747	20 349
丹麦	237	11	95	128	941	64	663	743	−703	−615
埃及	593	33	386	308	39	1	18	28	554	280
斐济	300	19	206	207	187	14	132	132	113	75
芬兰	226	11	96	201	862	94	502	671	−637	−470
法国	1 123	94	647	701	3 798	270	2 557	2 526	−2 675	−1 825
德国	2 115	141	1 334	1 461	10 247	809	6 717	7 312	−8 132	−5 852
中国香港地区	3 257	258	2 162	2 002	1 153	74	808	786	2 105	1 216
印度	15 761	1 024	9 985	9 402	2 083	188	1 420	1 624	13 678	7 778
印度尼西亚	4 780	347	2 931	3 650	5 751	352	3 756	4 109	−971	−458
伊朗	157	26	104	140	121	2	112	52	36	89
伊拉克	327	13	116	125	—	—	—	—	327	125
爱尔兰	123	5	85	56	2 177	142	1 475	1 397	−2 054	−1 340
以色列	227	20	152	167	608	56	400	434	−380	−267
意大利	1 274	41	832	802	4 845	351	3 192	3 516	−3 571	−2 714
日本	46 967	3 491	30 749	34 881	16 693	1 837	11 777	13 700	30 274	21 171
韩国	22 556	1 581	14 723	15 664	6 985	678	4 476	5 020	15 571	10 644
科威特	617	42	361	344	317	57	207	332	301	13
马来西亚	4 059	343	2 577	3 117	8 814	792	5 723	5 799	−4 756	−2 682
墨西哥	888	93	426	781	1 592	108	1 042	1 230	−705	−449

（续表）

	出口				进口				商品贸易平衡	
	2010年—2011年 Sm	2012年2月 Sm	8个月结束2011年2月 Sm	8个月结束2012年2月 Sm	2010年—2011年 Sm	2012年2月 Sm	8个月结束2011年2月 Sm	8个月结束2012年2月 Sm	2010年—2011年	8个月结束2012年2月
荷兰	3 024	337	1 847	2 509	1 385	142	905	1 136	1 640	1 374
新西兰	7 691	599	5 206	5 217	7 364	539	4 826	5 024	327	193
巴基斯坦	381	11	246	268	175	21	110	116	207	152
巴布亚新几内亚	2 213	226	1 417	1 579	3 474	129	2 167	2 271	−1 260	−691
菲律宾	1 484	150	1 014	1 080	442	33	302	298	1 042	782
沙特阿拉伯	1 502	147	956	1 021	369	88	205	350	1 132	671
新加坡	5 464	477	3 457	4 321	11 408	999	7 053	10 094	−5 944	−5 773
南非	1 614	136	1 119	1 168	1 006	51	699	533	608	634
西班牙	857	77	503	595	1 702	150	1 094	1 304	−845	−709
瑞典	496	7	287	237	2 316	183	1 485	1 745	−1 820	−1 509
瑞士	410	57	221	495	2 515	264	1 614	2 116	−2 105	−1 620
中国台湾地区	9 109	670	5 911	5 933	3 616	235	2 422	2 617	5 493	3 315
泰国	6 952	275	4 650	3 740	9 118	680	6 300	5 535	−2 166	−1 795
土耳其	427	59	310	532	485	44	328	312	−58	220
阿拉伯联合酋长国	2 199	133	1 515	1 479	3 125	304	1 580	2 785	−926	−1 306
英国	6 604	682	4 223	5 816	5 985	737	3 812	4 919	619	897
美国	9 055	692	5 797	6 561	23 226	2 077	15 041	18 049	−14 171	−11 488
越南	1 801	164	1 192	1 365	2 668	223	1 830	2 002	−866	−636
其他国家	9 800	766	6 407	6 943	21 086	1 892	13 836	16 201	−11 285	−9 258
总计	245 724	19 290	158 564	177 939	214 080	17 909	141 818	159 507	31 644	18 432
APEC	193 931	15 311	125 636	142 002	148 529	12 069	99 215	110 447	45 403	31 554
ASEAN	24 706	1 770	15 938	17 389	39 392	3 086	25 747	28 747	−14 586	−11 358
发展中国家	155 332	12 133	100 004	110 976	110 214	8 698	72 858	81 252	45 119	29 724
最不发达国家	2 284	154	1 547	1 492	378	54	232	393	1 906	1 099
欧盟	17 862	1 579	11 115	13 807	38 514	3 320	25 224	28 344	−20 652	−14 537
OECD	107 747	8 318	69 711	79 506	101 727	9 302	67 273	76 839	6 020	2 667

注：数值均为四舍五入。

（a）查询各国或地区细节见时间序列的表格。

（b）自2008年9月，由于机密限制，"其他国家"的数据未列出。

（c）出口到埃及的钒土未归入该国数据，而是放在了"其他国家"目录下。

（d）该时期，欧盟包括27个成员国。

C HAPTER 5

第 5 章

查询美国经济指标的最佳网站

直到20世纪90年代，大的经济研究公司还会以数千美元的价格，为顾客劳心费神地计算美国和世界经济的统计数据。现在多亏有了互联网，加上金融服务公司围绕吸引顾客展开的激烈竞争，才使得人们不需要花费太多代价，就可以很容易地直接从网上免费获取经济或金融数据。下面就是免费提供此类信息的网上资源的清单。

发布时间表
- 获取发布美国经济统计数据的时间表：

www.dailyfx.com/calendar/briefing/

www.nber.org/releases/

http://fidweek.econoday.com/

经济新闻
- 最新的经济新闻：

www.bloomberg.com/news/economy/

http://money.cnn.com/news/economy/

www.cnbc.com

www.marketwatch.com/economy-politics

http://news.yahoo.com/economy/

手机用户获取经济数据的 APP
- A2Z Economy
- FRED Economic Data
- Mobile.Bloomberg.com
- Bloomberg Radio Plus
- CNBC RT
- Labor Stats（U.S. Dept. of Labor）

美国经济
- 最新的 GDP 报告：

www.bea.gov/newsreleases/national/gd-p/gdpn-ewsrelease.htm

- GDP 及其分量的历史数据：

http://research.stlouisfed.org/fred2/cate-gories/18

- 工业产值和产能利用率：

www.federalreserve.gov/releases/g17/current

- 工厂订货量（又称为制造商出货、存货和订货量）：

www.census.gov/manufacturing/m3/prel/pdf/si-o.pdf

- 耐用品订货量预报：

www.census.gov/manufacturing/m3/adv/pdf/du-rgd.pdf

- 供应管理协会芝加哥分会（ISM-Chicago）：

www.ism-chicago.org/insidepages/repor-tsonbu-siness/

- 商业存货（又称为生产和贸易存货量及销售额）：

www.census.gov/mtis/www/data/pdf/mtis_current.pdf

- 美国领先经济指标指数（以及同步和滞后指标）：

www.conference-board.org/data/bcicou-ntry.cfm?cid=1

- 供应管理协会（ISM）提供的制造业调查报告：

www.ism.ws/ISMReport/index.cfm

- 供应管理协会（ISM）提供的非制造业（即服务业）调查报告：

www.ism.ws/ISMReport/index.cfm

- 历史上的萧条和扩张日期及持续时间（经济周期数据）：

www.nber.org/cycles/cyclesmain.html

- 小企业经济趋势：

www.nfib.com/research-foundation/surv-eys/sm-all-business-economic-trends

- 卡斯货运指数：
www.cassinfo.com/frtindex.html
- 周度铁路货流量：
www.aar.org/NewsAndEvents/Freight-Rail-Traf-fic.aspx

消费者行为

- 个人收入和支出：
www.bea.gov/newsreleases/national/pi/pinewsrelease.htm
- 实际收入：
www.bls.gov/news.release/realer.toc.htm
- 零售额：
www.census.gov/retail/marts/www/marts_current-pdf
- 电子商务零售额：
www.census.gov/retail/mrts/www/data/pdf/ec_current.pdfain
- 国际购物中心协会：
http://reports.wxtrends.com/reports/icscweekly.pdf
- 消费者未尝付信贷：
www.federalreserve.gov/releases/g19
- 彭博消费者舒适度指数：
www.bloomberg.com/consumer-comfortindex/
- 密歇根大学消费者情绪调查：
www.sca.isr.umich.edu/main.php
- 美国经济咨商局消费者信心指数：
www.conference-board.org/data/consu-merconfidence.cfm
- AAII 投资者情绪调查：
www.aaii.com/sentimentsurvey
- 家庭债务分析：
www.federalreserve.gov/releases/housedebt/default.htm
- 信用卡未偿还债务：
www.aba.com/Press+Room/pr_releasesmenu.htm
- 个人和企业破产申请：
www.abiworld.org/am/template.cfm?section=press_releases
- 谷歌搜索解析：
www.google.com/insights/search/
- 拉斯维加斯博彩业收入报告：
http://gaming.nv.gov/mrrindex.htm

- 信用经理指数：
http://web.nacm.org/cmi/cmi.asp

就业形势

- 就业形势报告：
http://stats.bls.gov/news.release/empsit.toc.htm
- 大规模裁员统计：
www.bls.gov/mls
- 周度失业救济申请：
www.ows.doleta.gov/unemploy/claims_arch.asp
- 职位空缺和劳工流动率
www.bls.gov/news.release/pdf/jolts.pdf
- ADP 全国就业报告：
www.adpemploymentreport.com
- 美国经济咨商局招聘广告指数：
www.conference-board.org/data/helpwantedonline.cfm
- ADP 就业报告：
www.adpemploymentreport.com/
- 公司裁员和招聘公告：
www.challengergray.com/press/press.aspx

住房销售额和建筑活动

- 新屋开工：
www.census.gov/construction/nrc/pdf/newresconst.pdf
- 住房市场指数——建筑商对独居家庭住房当前和未来的预期（全美建筑商协会）：
www.nahb.org （在搜索栏中键入"HMI"）
- 成品独居家庭住房销售额（全美房地产经纪人协会）：
www.realtor.org/topics/existing-home-sales/data
- 待成交房屋销售指数（现房）：
www.realtor.org/topics/pending-home-sales
- 新建住房销售额：
www.census.gov/construction/nrs/pdf/newressales.pdf
- 建筑支出：
www.census.gov/c30
- 周度抵押贷款申请（不动产抵押贷款银行家协会）：
www.mortgagebankers.org/NewsandMedia

- 住房购买力指数（全美房地产经纪人协会）：
www.realtor.org/topics/housing-affordability-index
- 标准普尔/凯斯-席勒美国住房价格指数：
www.homeprice.standardandpoors.com
- 建筑开支指数：
www.aia.org/practicing/economics/

国际贸易

- 国际贸易：
www.bea.gov/newsreleases/international/trade/t-radnewsrelease.htm
- 进出口价格：
www.bls.gov/mxp
- 经常项目差额（国际交易）：
http://bea.gov/newsreleases/international/transactions/transnewsrelease.htm
- 美国财政部国际资本流动数据报告：
www.treasury.gov/resource-center/data-chart-center/tic/Pages/ticpress.aspx#1

通货膨胀压力

- 消费者物价指数（CPI）：
www.bls.gov/cpi/
- 生产者物价指数（PPI）：
www.bls.gov/ppi

- 生产率和成本：
www.bls.gov/lpc/
- 雇员报酬的雇主成本：
www.bls.gov/news.release/ecec.toc.htm
- 雇佣成本指数：
www.stats.bls.gov/news.release/eci.toc.htm
- 美国自1913年来的通货膨胀率（CPI）：
www.usinflationcalculator.com/
- 美国自1800年来的通货膨胀估计：
www.minneapolisfed.org/community_education/teacher/calc/hist1800.cfm
- 计算1美元从一个时期到另一时期的通货膨胀：
www.westegg.com/inflation/
www.eh.net/ehresources/howmuch/dollarq.php

美联储报告

- 地区联邦储备银行调查：
  - 费城联储银行：
www.phil.frb.org/econ/bos/index.html
  - 里士满联储银行：
www.richmondfed.org/research/regional_economy/surveys_of_business_conditions/manufacturing/index.cfm
  - 堪萨斯市联储银行：
www.kc.frb.org/mfgsurv/mfgmain.htm
  - 纽约联储银行：
www.ny.frb.org/survey/empire/empiresurvey_overview.html
  - 芝加哥联储银行
www.chicagofed.org/economic_researc-h_and_data/cfnai.cfm
  - 美联储褐皮书：
www.federalreserve.gov/frbindex.htm
  - 联邦公开市场委员会报告（FOMC）：
www.federalreserve.gov/monetarypolicy/fomcc-alendars.htm
  - 美国商业银行资产与负债（美联储）：
www.federalreserve.gov/releases/h8/current/default.htm

联邦预算

- 当前预算与美国联邦预算的历史数据：
www.cbo.gov/
- 美国最新预算计划：
www.whitehouse.gov/omb/budget

利率

- 最新的不动产抵押贷款、不动产抵押再贷款、住房证券抵押贷款、汽车贷款及信用卡贷款的利率：
www.bankrate.com/brm/rate/avg_natl.asp
- 联邦基金和政府公债的历史利率：
www.federalreserve.gov/releases/h15/data.htm
- 联邦基金和政府公债的现期利率：
www.federalreserve.gov/releases/h15/update/
www.bloomberg.com/markets/rates/

货币与信用

- 美国货币供给数据：

www.federalreserve.gov/releases/h6/current

- 美国银行准备金数据：

www.federalreserve.gov/releases/h3/

- 所有商业银行消费者贷款的历史数据：

http://research.stlouisfed.org/fred2/series/CONS-UMER/49

- 未偿还商业银行的商业及产业贷款的当前及历史数据：

http://research.stlouisfed.org/fred2/series/BUSL-OANS/49

美元

- 美元与世界上各种其他货币的实际汇率：

www.x-rates.com/

www.xe.com/ucc/

www.oanda.com/converter/classic

- 历史汇率：

www.federalreserve.gov/releases/h10/hist/

www.oanda.com/converter/classic

- 美元相对主要贸易伙伴的表现：

www.federalreserve.gov/releases/h10/summary

一站式经济统计数据

- 寻找常见经济指标：

www.economicindicators.gov

- 用于制作图表的美国经济统计的原始数据：

www.economagic.com/

http://research.stlouisfed.org/fred2/

- 总统经济报告（包含过去 50 多年的广泛的经济指标）：

www.gpoaccess.gov/eop/index.html

- 联席经济委员会的经济指标（美国国会）：

www.gpoaccess.gov/indicators/

网络上其他有用的经济 数据资源

- 联邦储备委员会的资金流量：

www.federalreserve.gov/releases/z1/

- 经济与金融术语汇总：

www.mondovisione.com/media-and-resources/glossary/

www.economist.com/economics-a-to-z

不同寻常的经济指标

- 展商公关公司：

电影票房。帮助追踪观众支出的变化。

www.ercboxoffice.com/index.php?section=movies&subsection=reports

- 旅游产业协会：

提供航空、铁路、公路旅行支出的月度数据，反映了企业和消费者支出。点击"*View Recent Indicators*"。

http://ustraveltracker.com/

- 燃料会员组织公司：

图解美国全境的燃油燃气价格。

www.gasbuddy.com/gb_retail_price_chart.aspx?time=24

- 美国职工协会：

提供反映临时工和合同工雇用人数的周度指数。

www.americanstaffing.net/statistics/staffing_index.cfm

- 全国餐饮协会：

月度报告——"餐饮绩效指数"，提供餐饮活动数据及最新展望。每份报告都在月底发布。

www.restaurant.org/pressroom/news-releases/

- 创新集团：

含有全国博彩活动的最新数据。

www.theinnovationgroup.com/statistics.asp

- 商业圆桌会议：

该组织每季度调查美国大公司的 CEO，了解他们对经济前景的展望，以及他们的看法对公司招聘和支出计划的影响。

http://businessroundtable.org/studies-and-reports/

- 全球商业旅行协会：

一家商业集团，发布关于最近商业旅行和未来展望的季度统计。

www.gbta.org/lists/news/Allitems_found-ation.aspx

- 房地产数据公司（RealtyTrac）：

发布丧失赎回权的住房统计月度报告，既有当前数据，也有综合数据。

www.realtytrac.com/content/foreclosure-market-report

CHAPTER 6

第6章
查询国际经济指标的最佳网站

这里只列出了可以用英文访问的网站。

国际经济数据发布日程表

www.fxstreet.com/fundamental/economic-calendar/
www.forexfactory.com/calendar.php

全球经济新闻资源

www.cnbc.com/
www.reuters.com
www.iht.com/frontpage.html
www.bloomberg.com
http://money.cnn.com/news/
www.marketwatch.com/

来自其他国家或地区的经济统计

- 欧洲
    - 欧元区　　　　　　　　*http://epp.eurostat.ec.europa.eu/portal/page/ portal/eurostat/home/*
      http://eurocoin.cepr.org/index.php? q=node/64
    - 阿尔巴尼亚：　　　　　*www.instat.gov.al*
    - 安道尔共和国：　　　　*www.estadistica.ad*
    - 奥地利：　　　　　　　*www.statistik.at/index_englisch.shtml*
    - 白俄罗斯：　　　　　　*www.government.by/en/*
    - 比利时：　　　　　　　*http://statbel.fgov.be/*
    - 波斯尼亚和黑塞哥维那：*www.fzs.ba/Eng/index.htm*
    - 保加利亚：　　　　　　*www.nsi.bg/Index_e.htm*
    - 克罗地亚：　　　　　　*www.mingorp.hr/defaulteng.aspx*
    - 捷克共和国：　　　　　*www.czso.cz/eng/redakce.nsf/i/home*
    - 丹麦：　　　　　　　　*www.dst.dk/en*
    - 爱沙尼亚：　　　　　　*www.stat.ee/*
    - 芬兰：　　　　　　　　*www.stat.fi/index_en.html*
    - 法国：　　　　　　　　*www.insee.fr/en/home/home_page.asp*
    - 德国：　　　　　　　　*www.destatis.de/EN/Homepage.html*
      www.ifo.de
      www.ifo-business-climate-index.info
      www.bundesbank.de/index.en.php
    - 希腊：　　　　　　　　*www.statistics.gr/portal/page/portal/ESYE*

- 匈牙利： *www2.pm.gov.hu/web/home.nsf/frames/english*
- 冰岛： *http://eng.fjarmalaraduneyti.is/statistics/*
- 爱尔兰： *www.cso.ie/*
- 意大利： *www.istat.it/English/index.htm*
- 拉脱维亚： *www.csb.gov.lv/en*
- 列支敦斯登： *www.liechtenstein.li/*
- 立陶宛： *www.std.lt/web/main.php*
- 卢森堡： *www.statistiques.public.lu/en/actors/statec/index.html*
- 马其顿： *www.economy.gov.mk/*
- 马耳他： *www.nso.gov.mt/*
- 摩尔多瓦： *www.statistica.md/*
- 黑山共和国： *www.monstat.org/eng/index.php*
- 荷兰： *www.cbs.nl/en/*
  www.cpb.nl/en/
  www.dnb.nl/dnb/homepage.jsp? lang=en
- 挪威： *www.ssb.no/www-open/english/*
- 波兰： *www.stat.gov.pl/english/*
- 葡萄牙： *www.ine.pt/ajuda/mapa_eng.html*
- 罗马尼亚： *www.insse.ro/cms/rw/pages/index.en.do*
- 俄罗斯： *www.cbr.ru/eng*
- 塞尔维亚： *www.nbs.rs/internet/english/index.html*
- 斯洛伐克： *http://portal.statistics.sk/showdoc.do? docid=359*
- 斯洛文尼亚： *www.stat.si/eng/*
- 西班牙： *www.ine.es/welcoing.htm*
- 瑞典： *www.scb.se/*
- 瑞士： *www.bfs.admin.ch/bfs/portal/en/index.htm*
- 土耳其： *www.tcmb.gov.tr/yeni/eng/index.html*
- 乌克兰： *www.ukrstat.gov.ua/*
- 英国： *www.statistics.gov.uk/*
  www.bankofengland.co.uk

- 亚洲
  - 阿富汗： *http://cso.gov.af/en*
  - 亚美尼亚： *www.armstat.am*
  - 阿塞拜疆： *www.azstat.org/indexen.php*
  - 巴林岛： *www.mofne.gov.bh/*
  - 孟加拉国： *www.bangladesh-bank.org/*
  - 柬埔寨： *www.nis.gov.kh/*
  - 中国： *www.china.org.cn/english*
    http://english.peopledaily.com.cn/
    www.stats.gov.cn/english/index.htm
    www.stats.gov.cn/english/statisticaldata/index.htm
    www.stats.gov.cn/english/statisticaldata/monthlydata
    www.pbc.gov.cn/english/
    www.geoinvestor.com/countries/china/main.htm
    www.xinhuanet.com/english/business.htm
  - 塞浦路斯： *www.centralbank.gov.cy/nqcontent.cfm? a_id=1&lang=en*

- 格鲁吉亚：　　　　　www.nbg.gov.ge/? lng=eng
- 印度：　　　　　　　www.rbi.org.in/
　　　　　　　　　　　http://mospi.nic.in/
　　　　　　　　　　　http://mospi.nic.in/Mospi_New/site/home.aspx
　　　　　　　　　　　http://finmin.nic.in/
　　　　　　　　　　　www.censusindia.net/
- 印度尼西亚：　　　　http://dds.bps.go.id/eng/
- 伊朗：　　　　　　　www.cbi.ir/default_en.aspx
- 伊拉克：　　　　　　www.cbi.iq/
- 以色列：　　　　　　www.cbs.gov.il/engindex.htm
　　　　　　　　　　　www.bankisrael.gov.il/firsteng.htm
- 日本：　　　　　　　www.tse.or.jp/english/
　　　　　　　　　　　www.esri.cao.go.jp/index-e.html
　　　　　　　　　　　www.meti.go.jp/english
　　　　　　　　　　　www.meti.go.jp/english/statistics
　　　　　　　　　　　www.stat.go.jp/english/
　　　　　　　　　　　www5.cao.go.jp/keizai3/getsurei-e/index-e.html
　　　　　　　　　　　www.boj.or.jp/en/index.htm
　　　　　　　　　　　www.esri.cao.go.jp/en/sna/menu.html
　　　　　　　　　　　www.cao.go.jp/index-e.html
- 约旦：　　　　　　　www.dos.gov.jo/dos_home_e/main/
- 哈萨克斯坦：　　　　www.eng.stat.kz/Pages/default.aspx
- 韩国：　　　　　　　www.korea.net/korea/kor_loca.asp? code=E0112
- 科威特：　　　　　　www.cbk.gov.kw/WWW/index.html
- 吉尔吉斯斯坦：　　　　www.nbkr.kg/index.jsp? lang=ENG
- 老挝：　　　　　　　www.nsc.gov.la/
- 黎巴嫩：　　　　　　www.cas.gov.lb/
- 马来西亚：　　　　　www.statistics.gov.my/
- 马尔代夫：　　　　　www.mma.gov.mv/statis.php
- 毛里求斯：　　　　　http://bom.intnet.mu/
- 蒙古：　　　　　　　www.mongolbank.mn/eng/default.aspx
- 尼泊尔：　　　　　　www.cbs.gov.np/
- 阿曼：　　　　　　　www.cbo-oman.org/
- 巴基斯坦：　　　　　www.ead.gov.pk/
- 巴勒斯坦：　　　　　www.pcbs.org/
- 巴布亚新几内亚：　　www.spc.int/prism/country/pg/stats/
- 菲律宾：　　　　　　www.nscb.gov.ph/
- 卡塔尔：　　　　　　www.qsa.gov.qa/eng/
- 沙特阿拉伯：　　　　www.saudinf.com/main/e1.htm
　　　　　　　　　　　www.sama.gov.sa/sites/SAMAEN/Pages/Home.aspx
- 新加坡：　　　　　　www.singstat.gov.sg/
- 斯里兰卡：　　　　　www.statistics.gov.lk/index.asp
- 叙利亚：　　　　　　www.syria-report.com/
　　　　　　　　　　　www.syrecon.org/index.php? newlang=eng
- 塔吉克斯坦：　　　　www.nbt.tj/en/
- 泰国：　　　　　　　http://web.nso.go.th/en/stat_theme_eco.htm
- 土耳其：　　　　　　www.tcmb.gov.tr/yeni/eng/index.html

- 阿拉伯联合酋长国： *www.economy.ae/english/Pages/default.aspx*

  www.mof.gov.ae/en/Pages/default.aspx
  - 越南： *www.gso.gov.vn/default_en.aspx? tabid=494&itemid=1631*
  - 也门： *www.economywatch.com/world_economy/yemen/*

    index.html

- 北美洲
  - 安圭拉： *http://gov.ai/statistics/statistics.htm*
  - 阿鲁巴： *www.cbs.aw/cbs/home.do*
  - 巴哈马： *www.bahamascentralbank.com/*
  - 巴巴多斯： *www.centralbank.org.bb/*
  - 伯利兹： *www.cbs.aw/cbs/home.do*
  - 百慕大： *www.bma.bm/*
  - 加拿大： *www.statcan.cawww.bankofcanada.ca/en/*
  - 开曼群岛： *www.cimoney.com.ky*
  - 萨尔瓦多： *www.bcr.gob.sv/*
  - 格陵兰： *www.stat.gl/default.asp? lang=en*
  - 危地马拉： *www.banguat.gob.gt/en/*
  - 洪都拉斯： *www.bch.hn/eng/index.php*
  - 牙买加： *www.statinja.com/*
  - 墨西哥： *www.banxico.org.mx/sitioIngles/index.html/*

    www.shcp.gob.mx/english/Paginas/default.aspx
  - 荷属安的列斯： *www.centralbank.an/*
  - 尼加拉瓜： *www.bcn.gob.ni/en/index.php*
  - 圣基茨和尼维斯： *www.eccb-centralbank.org/*
  - 圣卢西亚： *www.stats.gov.lc*
  - 特立尼达和多巴哥： *www.cso.gov.tt/*
- 南美
  - 阿根廷： *www.indec.mecon.ar/*
  - 巴西： *www.investebrasil.org*

    www.ipeadata.gov.br/

    www.ibge.gov.br/english/

    www.bcb.gov.br/? INDICATORS
  - 智利： *www.bcentral.cl/eng/index.asp*
  - 哥伦比亚： *www.banrep.gov.co/index_eng.html*
  - 圭亚那： *www.bankofguyana.org.gy/bog/*
  - 秘鲁： *www.mef.gob.pe/English/indexen.php*
  - 苏里南： *www.cbvs.sr/english/over-de-cbvs.htm? lang=en*
  - 委内瑞拉： *www.bcv.org.ve/EnglishVersion/Index.asp*
- 大洋洲
  - 库克群岛： *www.mfem.gov.ck/*
  - 马绍尔群岛： *www.rmiembassyus.org/Economy.htm*
  - 新西兰： *www.treasury.govt.nz/*

    www.rbnz.govt.nz/

    www.stats.govt.nz/
  - 萨摩亚： *www.cbs.gov.ws/*
  - 瓦努阿图： *www.vnso.gov.vu/*

- 非洲
  - 阿尔及利亚：   www.ons.dz/index-en.php
  - 博茨瓦纳：   www.cso.gov.bw/
  - 埃及：   www.capmas.gov.eg
  - 埃塞俄比亚：   www.nbe.gov.et/
  - 加纳：   www.finance.gov.gh/
  - 肯尼亚：   www.knbs.or.ke/
                               www.centralbank.go.ke/
  - 莱索托：   www.bos.gov.ls/
  - 利比里亚：   www.cbl.org.lr/index.php
  - 利比亚：   www.cbl.gov.ly/en/
  - 马拉维：   www.nso.malawi.net/
                               www.rbm.mw/
  - 毛里求斯：   www.gov.mu/portal/site/cso
                               www.bom.mu/
  - 摩洛哥：   www.bkam.ma/wps/portal/net/
  - 莫桑比克：   www.bancomoc.mz/Default_en.aspx
  - 纳米比亚：   www.npc.gov.na/cbs/
  - 尼日利亚：   www.cenbank.org/
  - 卢旺达：   www.minecofin.gov.rw/
  - 塞舌尔：   www.nbs.gov.sc/
  - 索马里：   www.somalbanca.org/
  - 南非：   www.statssa.gov.za/
  - 斯威士兰：   www.centralbank.org.sz/statistics.html
  - 坦桑尼亚：   www.tanzania.go.tz/statistics.html
  - 突尼斯：   www.ins.nat.tn/indexen.php
  - 乌干达：   www.ubos.org/
  - 赞比亚：   www.boz.zm/
  - 津巴布韦：   www.rbz.co.zw/
- **澳大利亚**

                               www.rba.gov.au
                               www.abs.gov.au/

查询国际经济统计数据的最佳大型网站

www.principalglobalindicators.org
www.tradingeconomics.com
www.oecd.org
www.oecd.org/std/cli
www.ecb.int
www.ntc-research.com
http://ec.europa.eu/index_en.htm
http://unstats.un.org/unsd/
http://datacentre.chass.utoronto.ca/pwt/
www.latin-focus.com/news
www.worldbank.org/data/countrydata/countrydata.html

《经济指标解读：洞悉未来经济发展趋势和投资机会（第3版）》
编读互动信息卡

亲爱的读者：

感谢您购买本书。只要您以下三种方式之一成为普华公司的**会员**，即可免费获得普华每月新书信息快递，在线订购图书或向我们邮购图书时可获得免付图书邮寄费的优惠：①详细填写本卡并以**传真（复印有效）**或邮寄返回给我们；②登录普华公司官网注册成为普华会员；③关注微博：@普华文化（新浪微博）。会员单笔订购金额满300元，可免费获赠普华当月新书一本。

哪些因素促使您购买本书（可多选）

○本书摆放在书店显著位置　　　○封面推荐　　　　　　　　○书名

○作者及出版社　　　　　　　　○封面设计及版式　　　　　○媒体书评

○前言　　　　　　　　　　　　○内容　　　　　　　　　　○价格

○其他（　　　　　　　　　　　　　　　　　　　　　　　　　　　）

您最近三个月购买的其他经管类图书有

1.《　　　　　　　　》　　　　2.《　　　　　　　　》

3.《　　　　　　　　》　　　　4.《　　　　　　　　》

您还希望我们提供的服务有

1. 作者讲座或培训　　　　　　　　　　2. 附赠光盘

3. 新书信息　　　　　　　　　　　　　4. 其他（　　　　　　　　）

请附阁下资料，便于我们向您提供图书信息

姓　　名　　　　　　　联系电话　　　　　　　　职　　务

电子邮箱　　　　　　　工作单位

地　　址

地　　址：北京市丰台区成寿寺路11号邮电出版大厦1108室　北京普华文化发展有限公司（100164）

传　　真：010-81055644

读者热线：010-81055656

编辑邮箱：jiangshan@puhuabook.cn

投稿邮箱：puhua111@126.com，或请登录普华官网"作者投稿专区"。

投稿热线：010-81055633

购书电话：010-81055656

媒体及活动联系电话：010-81055656　　　　　邮件地址：hanjuan@puhuabook.cn

普华官网：http://www.puhuabook.cn

博　　客：http://blog.sina.com.cn/u/1812635437

新浪微博：@普华文化（关注微博，免费订阅普华每月新书信息速递）